U0615185

河南省金融学会重点研究课题 （2016）

河南省金融学会◎编

中国金融出版社

责任编辑：王雪珂
责任校对：潘　洁
责任印制：陈晓川

图书在版编目（CIP）数据

河南省金融学会重点研究课题：2016（Henan sheng Jinrong Xuehui Zhongdian Yanjiu Keti）/河南省金融学会编 . —北京：中国金融出版社，2017. 2
ISBN 978 - 7 - 5049 - 8829 - 4

Ⅰ . ①河…　Ⅱ . ①河…　Ⅲ . ①地方金融—河南—文集
Ⅳ . ①F832. 761 - 53

中国版本图书馆 CIP 数据核字（2016）第 315599 号

出版
发行　**中国金融出版社**

社址　北京市丰台区益泽路 2 号
市场开发部　（010）63266347，63805472，63439533（传真）
网上书店　http：//www. chinafph. com
　　　　　　（010）63286832，63365686（传真）
读者服务部　（010）66070833，62568380
邮编　100071
经销　新华书店
印刷　保利达印务有限公司
尺寸　169 毫米 ×239 毫米
印张　38
字数　488 千
版次　2017 年 2 月第 1 版
印次　2017 年 2 月第 1 次印刷
定价　86. 00
ISBN 978 - 7 - 5049 - 8829 - 4
如出现印装错误本社负责调换　联系电话（010）63263947

序

　　《河南省金融学会重点研究课题（2016）》是河南省金融学会年度性金融重点课题研究论著。全书搜集了 18 篇各类金融领域专项研究论文和有价值的学术研究报告，其中含有中国小微企业信用评级设计研究，有互联网金融类的商业银行竞争模式、监管模式研究，有金融深化类的结构变迁、货币政策变迁研究，有信托类的家族信托业务探索、消费信托业务研究，有金融效率学说实证研究，有利率市场化下的商业银行盈利分析、业务风险、案件风险防控研究，有商业银行数据发掘与采用研究、银企关系研究，有保险制度安排、体系再造诸领域业务拓展研究，有期货市场定价机制探讨，土地流转研究，有央行国库单一账户制度安排研究、科技金融发展着力点研究等等。林林总总，学术纷纭，充分展现了 2015 年河南省金融学会学术开展百花齐放、百家争鸣的成果，对推动河南省金融理论创新和实践创新有着较大的贡献。

　　从学术深度上来看，上述论文展现当代金融前沿风貌有待进一步发掘和研究以及实践上创新结合。如现代金融理论的开创者——马柯维茨（1952）的"现代资产组合理论（证券组合的风险分散效应）"、MM 定理（金融学发展史上的里程碑，米勒（Miller）和莫迪格利亚尼（Modigliani）（1958，《美国经济评论》）提出了著名的 MM 定理，即企业的市场价值与资本结构无关。）、CAPM 和 APT（20 世纪 60 年代，以马柯维茨的均值一方差模型为基础，夏普（Sharpe，1964）、林特纳（Linter，1965）、莫辛（Mossion，1966）各自独立地提出了著名的资本资产定价模型（Capital Asset Pricing Model，CAPM），夏普因在这个领域中的先驱性成就而获得 1990 年度诺贝尔经济学奖。)、B—S 期权定价公式（"华尔街的第二次革命"）、法玛（Fama，1965）有效市场假说（现代金融理论的基石）等，以及行为金融学、随机最优控制理论、鞅理论、脉冲最优控制理论、微分对策理论、最优停时理论、智能优化理论等对当代金融发展有着较大的影响。

从金融广度上来看，理论结合实践无非有着 4 项功能：1. 融通资金的功能：是金融市场的基本功能。一是资金供需双方的融资；二是金融机构间的融资；三是地域间的资金转移，有利于国际与地区间的经济合作和往来。2. 积累资金的功能：金融市场上资金短缺方运用股票、债券的发行筹措资金，从事生产活动；资金盈余方则通过购买股票、债券，将自己一部分积蓄提交给证券发放者，从事投资活动，这样，以金融工具为媒介，完成了资金投资、增值、积累的全过程。

3. 降低风险的功能：金融市场拥有众多的金融工具可供投资者选择。金融工具有高度的风险性，金融市场的运作有以严格的法定规则为依据。这一切使投资者一方面能分散风险，另一方面又可得到法律的保护，起到降低风险的作用。4. 宏观调控的功能：金融市场是中央银行推行货币政策的场所，通过公开市场业务，吞吐基础货币，直接调控社会货币供应量。金融市场上金融工具的买卖和发行，实质是资金的重新分配和组合，利率的变动使资金得以优化配置，实现经济的宏观调节。当代金融理论都是围绕着金融实践来开展的，金融实践也都是在金融理论指导下自然的市场延伸。

总之，年年有研究，年年有发展和惊喜，这些成果的展现，是河南省金融学会对历史的成品展，相信一年更比一年好。是为序。

2016 年 12 月 8 日

目　　录

中国小微企业信用评级设计研究①

一、信用评级研究现状述评

（一）信用评级的政策述评

1. 国外信用法律法规评级评述

完善的法律法规体系是实施企业信用评级的制度保障，世界各征信国家和政府无不对之高度重视。（1）美国。美国信用法律较为完善。20 世纪 60 年代末期至 80 年代期间，美国开始制订与信用管理有关的法律，并逐步趋于完善，形成了一个完整的框架体系。该框架体系中的美国基本信用管理的相关法律共有 17 项，几乎每一项法律都进行了若干年若干次修改，例如，其中一项被称为《信用控制法》的法律在 20 世纪 80 年代因其内容已不适应日益革新的信用需要而被后来制定的法律代替。在这些法律中约 3/5 是消费者保护法律，由美国政府的联邦交易委员会（PTC）负责主要执法和权威解释；另外 2/5 属于规范金融机构向市场投放信用类的法律，由联邦储备委员会（FRC）负责主要执法和权威解释。其中当以《公平信用报告法》《平等信用机会法》《公平债务催收作业法》《城市租借法》《公平结账法》和与银行有关的《信用卡发行法》《电子资金转账法》最为著名。（2）德国。

---

① 主持人：张维；课题组成员：张曦之、张华、金昊天、叶江丽、李富良、秦俊华、朱超、韩守业、盛毅。

德国也非常注重信用管理相关的立法。其中德国的《通用商业总则》和《个人数据保护法》为公平信用评级打下了很好的基础。（3）英国。英国的《消费信贷法》较为著名。（4）欧盟。欧盟的《欧盟数据保护纲领》较为著名。这些国家和国际联盟的法律为他们的信用评级业的发展提供了条件和法律保障，同时也为全球信用评级准则的制定打下了一定的基础，实践中也对全球市场信用评级机构的乱象进行了制度和流程上的规范做了有益的探讨。（5）日本。日本征信分为企业征信、个人征信和信用评级三块。其法律主要是：1983 年制定的《贷款规制法》和《分期付款销售法》；1988 年制定的《行政机关保有的电子计算机处理的个人信息保护法》；1993 年制定的《行政改革委员会行政信息法纲要》；2001 年制定的《政府信息公开法》；2009 年制定的《金融工具和交易法案（修订案）》；2009 年制定的《内阁府会》。这些法奠定了日本国民尊信守用的基础。违反者要受到法律严肃制裁，由此养成了日本国民从小就有依法守信守诚的基本素质。

2. 我国信用评级政策法规评述

中国政策法规大体分为政策、国家法律、行政法规、部门规章和其他规范性文件几个类别。从目前看，我国用于规范、指导企业信用评级的政策法规体系一直处于理论探讨和实践摸索阶段，且还有相当一段长的信用评级立法和实践执法的路要走。

政策层面上，信用评级规定始见于 20 世纪 90 年代。1992 年国务院颁布的《关于进一步加强证券市场宏观管理的通知》，1993 年国务院颁布的《关于坚决制止乱集资和加强债券发行管理的通知》等，都涉及信用评级问题。党的十八大提出"要加强政务诚信、商务诚信、社会诚信和司法公信建设"，十八届三中全会提出"建立健全社会征信体系，褒扬诚信，惩戒失信"。2014 年 6 月 27 日，国务院发布《社会信用体系建设规划纲要（2014—2020 年）》，这是我国首部国家级社会信用体系建设专项规划，提出要"推进并规范信用评级行业发展"，"建立健全适合小微企业特点的信用记录和评级体系，完善小微企业信用信息查询、共享服务网络及区域性小微企业信用记录。引导各类信用服务机构为小微企业提供信用服务，创新小微企业集合信用服务方式"，"为小微企业便利融资和健康发展营造良好的信用环境"，可以说，这应该是我国在政策层面上首次提出为小微企业进行信用评级服务。

法律层面上，我国没有单独的信用评级法，相关的法律规定仅仅散见于《中华人民共和国证券法》《中华人民共和国公司法》等，对服务于金融机构信贷行为的企业信用评级类的国家法律仍为空白。

行政法规层面上，信用评级可资遵循的有《企业债券管理条例》规定"企业发行企业债券，可以向经认可的债券评信机构申请信用评级"；2013年1月21日，国务院以第631号令发布了《征信业管理条例》（自2013年3月15日起施行），解决了我国征信业发展中无法可依的问题。

部门规章层面上，2006年3月制定的《中国人民银行信用评级管理指导意见》第一次全面、系统地对信用评级机构在银行间债券市场和信贷市场信用评级执业行为进行了规范，并详细列明了信用评级的要素、标识及含义。2007年2月和2008年3月，中国人民银行又分别制订、下发了《信贷市场和银行间债券市场信用评级规范》《关于加强银行间债券市场信用评级作业管理的通知》。2007年8月，中国证监会出台了《证券市场资信评级业务管理暂行办法》。2011年1月，中国银监会下发《关于规范商业银行使用外部信用评级的通知》，明确要求"商业银行应当审慎使用外部信用评级，外部信用评级结果不应直接作为商业银行的授信依据"，"商业银行的重大投资行为原则上应以内部评级为依据"，并提出了商业银行不得使用外部评级结果的三个要件。

其他规范性文件层面上，主要是地方行政法规和各行业、部门的内部规章制度，如国务院整规办、国资委2006年制定的《行业信用评价试点工作实施办法》，深圳市2002年制定的《深圳市企业信用征信和评估管理办法》以及各信用评级机构在国家法律法规框架内制定的相关规章制度、操作规程等。

总体上看，我国信用评级业的立法仍然滞后。一方面，征信数据的开放和使用的法律实践尚处于初级阶段，信用评级机构获得企业信息的来源渠道有限，准确性没有保证，损害了评级结果的准确性，影响了征信报告质量；另一方面，法律法规对评级机构的监督约束不够，造成信用评级机构总体素质和水平偏低，市场运作很不规范，难以树立评级机构的权威性、震慑性、公认性和对市场的覆盖性。

（二）信用评级的机构述评

1. 国外信用评级机构述评

信用评级最早起源于美国。1890 年，约翰·穆迪创办了穆迪公司 Moody's，率先对铁路债券进行信用评估。1929—1933 年世界经济大危机中大批公司破产，引起了人们对信用评级的重要性的认识，促使一些信用评级机构以及信用评级业务蓬勃发展。风生水起，标准统计公司、惠誉公司分别于 1921 年和 1924 年开始评级。1941 年，普尔出版公司和标准统计公司合并组建标准普尔公司。随着近一个世纪以来金融学界对信用风险管理研究的深化，信用评级作为信用风险管理的重要手段在现代金融理论中逐渐占据了相当重要的地位。美国的信用评级是利用数学模型对企业过去的财务数据进行分析，并在此基础上对市场环境、经营者素质等各种因素进行评价。因此，美国的评级不仅包括财务分析的客观性指标，而且重视对行业动态、产业分析等非定量因素的主观评价。英国的信用评级则与美国很不相同，是典型的客观评级，评级主要以客观因素为主，排除主观因素。对企业的信用评级主要考虑三个客观因素：企业规模、资本化比率、利息负担率。换言之，在英国的评级中，只要能够得到有关评级数据库资料，便可以机械地进行评级，评级结果并不会随着评级主体的改变而改变。曾获1977 年诺贝尔经济学奖的美国金融学家罗伯特·莫顿（Merton）教授指出资金的时间价值、资产定价和风险管理是现代金融理论的三大支柱。商业银行对客户的信用评级正是随着 19 世纪 70 年代国际商业银行为了加强对客户信用风险管理而出现的一种新的管理理念。对信用评级研究较为深入且有成效的是美国穆迪公司和标准普尔公司。在标准普尔公司出版的《评级实务——评级结果稳定及转移》报告中指出信用评级指标体系应将产业分析、财务分析、风险分析相结合,强调评级指标应不断检验,可行的方法是建立评级结果检验系统,如加强对违约概率的统计分析。

主要国家信用评级机构。1972 年以前,只有美国有信用评级机构,此后其他国家的信用评级机构陆续诞生。1972 年加拿大债券信用评级公司(CBR5)成立,1975 年日本债券信用评级公司(JBRI)成立,1976 年多伦多债券评级服务公司(DBRS)成立,1978 年 IBCA 公司成立,菲律宾、韩国、印度、墨西哥、马来西亚、阿根廷、泰国、智利、哥伦比亚、委内瑞拉、印度尼西亚等国家相继成立信用评级公司。现在,信用评级已经成为一个巨大的产业,产生了众多有影响力的评级机构,有些已经成为跨国公司。目前,国外信用评级机构分为两类:一类是资本市场上的信用评级机构,即对国家、银行、证券公司、基金、债券及上市大企业的信用进行评级的公司,另一类是对中小企业资信进行评级的机构。

美国主要信用评级机构。当前,美国从事资本市场信用评级的公司有 7 家,主要有 3 家,分别是美国的穆迪(Moody)、标准普尔(S&P)和惠誉国际(Fitch,法律上应属于欧盟信用评级跨国公司)。这三个公司是世界上最大的信用评级公司,根据国际清算银行(BIS)的报告,在世界上所有参加信用评级的银行和公司中,穆迪公司涵盖了 80% 的银行和 78% 的公司,标准普尔公司涵盖了 37% 的银行和 66% 的公司,惠誉公司则涵盖了 27% 的银行和 8% 的公司。对中小企业进行评级的机构主要是美国的邓白氏集团。经过 100 多年市场竞争,邓白氏集团公司最终独占鳌头，成了美国乃至世界上最大的全球性征信机构，也是美国唯一的这类评级公司。

英国信用评级机构。英国目前是一个典型的征信国家。它主要有三家信用评级公司，分别为英国信用体系中负责信用控制的中央银行、负责信用监督的信息专员办公室和艾克飞信用咨询公司。艾克飞信用咨询公司是该国著名市场化信用评级公司，除提供企业信用等级和个人信用信息外，还提供预测分析、信息技术及软件支持和风险管理。艾克飞信用咨询公司所拥有的信息中，75%为个人信用信息，25%为企业信息，所有信息中，该公司均实行计算机管理，更新较快，大额交易实现了每天更新，有6000多万消费者，而其中该公司占2000万。该国经济的平稳增长和相对完善的信用机制致使信用评级在其复杂的金融市场和投资者中发挥着日益重要的作用。

德国信用评级机构。德国社会信用体系包括公共征信系统和私人信用服务系统两个系统。公共征信系统是以德意志联邦银行（德国中央银行）信贷登记中心为主体，私人信用服务系统是以私人信用服务公司为主体。德国信用评级模式分为三种：（1）以德意志联邦银行信贷登记中心为主体的公共模式；（2）以私人信用服务公司为主体的市场模式；（3）以行业协会为主体的会员制模式。

欧盟信用评级机构。惠誉是唯一的欧盟资金投资的国际信用评级机构，经营总部设在纽约，行政总部设在伦敦。1997年底由美国的Fitch投资者服务公司和英国的ICBA公司合并而成，是全球三大国际评级机构之一。惠誉迄今已完成1600多家银行及其他金融机构的评级，1000多家企业评级及1400个地方政府评级，以及全球78%的结构融资和70个国家的主权评级。其评级结果得到各国监管机构和债券投资者的认可。在全球设有40多个分支机构，拥有1100多名分析师。惠誉国际业务范围包括金融机构、企业、国家、地方政府和结构融资评级。1997年底并购英国IBCA公司，又于2000年收购了Duff &Phelps

和 Thomson Bank Watch。公司 97% 的股权由法国 FIMALAC 公司控制。Hearst Corporation 于 2006 年并购了惠誉集团 20% 的股份。迄今惠誉国际已完成 1600 多家银行及其他金融机构评级，1913 年，惠誉国际由约翰·惠誉（John K. Fitch）创办，起初是一家出版公司，1924 年就开始使用 AAA 到 D 级的评级系统对工业证券进行评级。其他欧盟信用评级机构尚处于萌芽阶段。一直以来，美国三大信用评级机构垄断欧盟信用评级市场，充分打压欧盟企业和各国主权信用评级。欧猪五国的欧债危机就是穆迪、标准普尔和惠誉三家公司信用评级为保护美国高盛公司的衍生工具对希腊的诈骗露馅及筑起美国主权信用篱笆而采取的殖民信用评级政策。为打破三大评级机构对评级行业的垄断，欧盟和欧洲国家多次呼吁建立一套属于自己的、受公共监管的评级体系，但迄今尚无明显进展。欧盟方面认为，评级机构对金融危机起到了推波助澜的作用，使希腊等各国陷入"被下调主权评级—融资成本上升、困难增大—经济复苏压力增加—债务/GDP 比重上升—被进一步下调主权评级"的恶性循环之中。欧洲多国领导人对标普公司、惠誉国际评级和穆迪公司的行为提出严厉批评，他们抗议三大评级机构无视各国实施的金融救助计划而"鲁莽地"下调信用评级。国际金融协会今年发布的资本市场监测报告也认为，从金融稳定角度来看，减少对评级机构的过度依赖，鼓励市场参与者自行对风险进行评估较为合理。金融危机以来，欧洲出台多套监管规则，不断限制评级机构针对主权信用评级操作的自由度。此前，欧盟分别在 2009 年 12 月和 2011 年 5 月推出了《欧盟信用评级机构监管法规》和《信用评级机构监管法规》。从 2011 年开始，欧盟为国际信用评级提高政策监管门槛，防止殖民信用评级机构横冲直撞，要求评级机构必须在欧洲证券和市场管理局（ESMA）登记，并持续达到其要求，才能在欧洲开展业务。

国际信用评级机构。"世界信用评级集团"于 2012 年 10 月 24 日在北京宣布成立，计划在 6 个月内完成组建。其由中国大公国际资信评估有限公司、美国伊根—琼斯评级公司以及俄罗斯信用公司在北京宣布联合成立一个新型国际评级组织。世界信用评级集团由来自中国、美国和俄罗斯的三家独立评级机构联合发起成立，由各国与评级无利益冲突的私营机构作为投资人，是一个非主权国际机构，不代表任何国家和集团利益，是一个公司制的经营实体，它将按照信用经济和评级发展规律要求，通过推动国际评级制度变革确定其市场地位和盈利模式，旨在推动和引发世界新评级体系的发展，打破全球评级垄断的现状。

日本信用评级机构。日本是亚洲第一个成立信用评级机构的国家，其信用评级行业随着日本债券市场在 20 世纪 80 年代以来的金融自由化改革中的不断扩张而逐步起航，处于亚洲领先水平。目前，在日本金融服务局（JFSA）注册的信用评级机构共有 7 家，其中有两家日本本土机构——日本信用评级机构（JCR）和日本评级投资信息中心（R&I），其余五家分别是穆迪、标准普尔和惠誉国际在日本的分支机构。此外，还有一家未在 JFSA 注册，实行投资人付费模式的评级机构——三国有限公司（Mikuni）。由于双评级制度等政府扶持措施，日本国内评级市场一直由 R&I 和 JCR 两家本土机构主导。Mikuni、穆迪、标准普尔和惠誉国际的业务份额较小，且穆迪和标准普尔的份额在 1996 年以后进一步下降。

2. 中国国内的信用评级机构述评

中国的评级制度建立于 20 世纪 80 年代。1988 年，中国第一家信用评级机构——上海远东资信评估有限公司诞生。20 多年来，中国信用评级机构的发展经历了一个膨胀、清理整顿、竞争和整合的过程。从这些评级机构最初的业务隶属关系看，大体可以分为 3 类：

市场信用评级主体。一类是市场信用评级主体，如联合资信评估有限公司、中国诚信国际信用评级有限公司、大公国际资信评估有限公司等一批从市场上发展起来的、运作相对比较规范、独立于其他机构的信用评级公司，经历过多年的市场磨炼后正在走向成熟。其业务领域包括企业债券、可转换公司债券、金融机构、银行信贷登记企业、担保公司、申请担保企业及其他工商企业等的信用研究和信用评级等。目前，中国市场规模较大的全国性评级机构为大公国际、中诚信、联合资信、上海新世纪、东方金诚 5 家。然而，自 2006 年起，美国评级机构就开始了对中国信用评级机构的全面渗控。同年，穆迪收购中诚信 49% 的股权并接管了经营权，同时约定 7 年后持股 51%，实现绝对控股；2007 年，惠誉收购了联合资信 49% 的股权并接管经营权；2008 年标普也与上海新世纪开始了战略合作，双方在培训、联合研究项目以及分享信用评级技术等领域进行合作。可以说，美国信用评级机构几乎控制了中国三分之二的信用评级市场。

内设金融机构信用评级主体。一类是内设金融机构评级主体。20 世纪 80—90 年代因市场发展而成立的原来隶属于或挂靠于各级人民银行及其他商业银行的内部评级机构。随着中国金融体制改革的深入和市场的发展，它们正在逐步从各银行中独立出来，或通过合作，或经过改制重组，纷纷以新的姿态走向市场。这类机构原来主要依附于各银行，业务比较单一，独立后其中的一部分真正走向了市场，但大部分仍然服务于其原来挂靠的银行。目前，这类评级机构的数量比较多，不过，它们的业务范围较小，多数属于地方性机构，因而市场影响力较小。

协会信用评级主体。一类是协会信用评级主体。2006 年，商务部和国务院国资委共同组织开展行业信用评价试点工作，组织 96 家全国性商会协会对行业会员进行信用评价。在试点经验的基础上，2009 年，商务部印发了《关于行业信用评价有关事项的通知》，根据这一通知精神，截至 2014 年 12 月，商务部、国务院国资委行业办已先后公布十二批共 194 个行业信用评价参与单位名单，尽管这些行业商会协会不是独立的信用评级机构，但依据行政许可为行业内的商业企业开展信用评级，例如，中国中小企业协会、国际连锁企业管理协会共同在全国范围内开展中小企业信用等级评价工作。

（三）国内外信用评级的现状述评

1. 国外信用评级现状

国外的信用评级机构大都采用市场化的运营模式，向申请评级的发行公司索取评级费用，出售评级报告书，向企业或个人提供其他信用服务。在评级方法上，信用评级机构大都效仿美国的权威机构，以定性分析为主，倾向于信用品质的分析，强调信用分析人员的主观判断在分析中的重要作用，主观色彩很浓。英国的资信评级机构是个例外，它排除分析人员的主观判断，完全依靠客观因素进行评级，但这种方式并不成功，受到商人银行、证券交易商及一部分清算银行的质疑。

2. 中国信用评级现状

中国的信用评级研究及评级机构均有所发展，但总体还很薄弱。

一是指标体系不合理，评级结果大相径庭。由于中国资信评级机构的数量多，竞争激烈，缺乏机构之间的联系和交流，其评级指标、方法、基本程序和收费标准等没有统一标准，各个评级机构都有自己的一套评级体系、评级方法，如定性和定量指标的设置存在很大的差异，尤其在定性分析时所使用的指标，各家评级机构都根据机构自身的情况而设定。资信评级标准缺乏规范性和科学性，不同评级指标算出来的评级结果比较混乱，特别是分析资信规模较小的企业时所给出的评级级别不符合企业实际情况。

二是尚未建立跟踪评级体系，准确度受到质疑。中国评级机构在对受评对象的跟踪监测方面做得较差，与西方国家信用评级有相当大的差距，基本上是一次性评级为主，不管后效。其过程中由于内、外部因素的变化，在资信等级有效期内，原评定的等级可能发生升或降的变化，因此要运用静态分析与动态分析相结合的方法，又必要进行跟踪监测。发达国家的资信评级机构在合同规定的资信评级结果有效期内，评级的监测体系要经常对被评对象的经营状况及资信程度进行跟踪监测，如果影响被评级对象资信等级的因素发生了变化，评级机构就要及时对其资信等级做出调整，确保评级结果准确、客观、公正。与此相较，我国目前资信评级"一评定终身"的做法显得十分简单和草率。这种做法不利于投资者及时了解企业的资信情况和偿付能力，因而增加了企业的信用风险，也使国内其他银行业和企业不相信国内信用评级。

三是缺乏评级结果的检验，市场效用差。违约率是检验评级机构评级质量的最重要方法。违约率检验方法是，对不同信用级别下违约率之间是否存在差异来检验评级系统的有效性，对相同信用级别下不用行业违约率之间是否存在差异来检验评级系统的一致性。但由于中国资信评级发展落后，历史数据积累不够，且大数据也利用不够，跟踪检验工作滞后不到位，评级结果利用率不高，难以统计不同等级内的绝对违约率。目前资信等级只能作为相对指标或辅助指标，揭示的是评级对象的相对风险程度，其结果仅作为参考指标。

四是监管机构法规衔接不够，经验缺乏影响市场评价机制规范运行。中国征信市场监管机构现属于央行，但是央行信用评级理论、技术、政策学习严重不足，跟不上市场信用资源的发掘、利用、服务、提信等，公信力呈现严重失信、失力，主要在供给侧结构服务上出现严重偏差，致使产需脱节，庞大的信用需求市场让位于国际评级信用机构。

因此，对于正处在建立自己的征信和评级体系过程中的中国来说，亟待完善企业信用信息数据库建设，建立相应的法律法规，从评级机构准入设置、评级人员从业要求等多方面入手，明确针对评级市场的监管单位而实施独立监管，倡导金融市场各主体对评级结果的正确使用，促使信用评级业健康发展，提高市场竞争力和行业公信力。

（四）当前经济新常态下商业银行信用评级革新路径

近年来，随着全球金融市场化进程的加快，金融产品创新层出不穷，银行风险的复杂程度也随之上升。在商业银行面临的诸多风险中，信用风险仍然是最主要的风险。因此，在完善信用评级管理的基础上，加强信用风险控制，防范和化解风险仍然是当今银行业面临的首要课题。而我国商业银行对企业进行信用等级评定时多采用定量分析为主，定量分析与定性分析相结合的方法。定量分析的评价内容主要包括偿债能力、盈利能力、营运能力和成长能力等；定性分析的评价内容主要包括管理水平、经营状况、信誉状况和发展前景等。我国商业银行对企业信用评级过程中存在的问题：评级资料的充分性、真实性和有效性不能得到保证，评级指标体系的组成有待进一步深入研究，信用评级体系尚不健全、缺乏完善的制度配套，缺乏信用评级的专业人才。

为此，在经济新常态下应从以下几个方面予以解决：建立和完善商业银行信用评级基础数据库，建立科学有效的商业银行信用评级指标体系，结合民族信用评级公司和国外信用评级公司的理论、政策、制度、技能等建立科学的信用评级体系和独立的信用评级职能部门，强化商业银行信用评级人员的素质，创新做到供给侧结构性信用评级革新，以适应中国加入 STA 以后的金融新常态的挑战。

（五）信用评级选题意义

1. 小微企业迎来了新的历史机遇期，截至 2014 年 3 月末，中国共有小微企业户数 1169.87 万户（见《全国小微企业发展报告》，国家工商行政管理总局 2014 - 03 - 28，新华社），占企业总数的 76.57%，若将 4436.29 万户个体工商户纳入统计，则小微企业所占比重达 94.15%。其中，外资企业中小微企业占其比重 53.94%，国有集体企业中小微企业占 61.39%，私营企业中小微企业占 80.72%。。若将个体工商户视作小微企业，则中国小微企业中的 97% 以上都是私营的（数据来源同上）。截至 2015 年，我国现有小微企业贷款户 1183.32 万户，占全国企业总数的 76.5%（见《中国银监会关于 2015 年小微企业金融服务工作的指导意见》银监发〔2015〕8 号）。小微企业覆盖中国所有行业，最终产品和服务价值相当于国内生产总值的 60% 左右，纳税额占国家税收总数的 50% 左右。在当前中国经济发展进入以降速换挡、提质增效为主要表现特征的新常态下，小微企业推动经济发展转型升级的作用日益凸显，政府层面已把支持小微企业发展作为一项国民经济国家战略予以高度重视。2013年以来，党中央、国务院高度重视大众创新创业，李克强总理也多次对大众创新、万众创业做出重要指示，强调要将此作为新常态下经济发展的新引擎。2013年10月至2015年2月，国务院常务会汶先后15次研究讨论创业创新工作，并推出一系列政策措施。小微企业称呼发端于2011年，如《中小企业划型标准规定》（见工信部联企业［2011］300号），把小微企业定义分为两类：小型微型企业和小型微利企业，指小微企业是小型企业、微型企业、家庭作坊式企业、个体工商户的总称。国家政策全面对小微企业进行政策扶持，2013年下发了《关于暂免征收部分小微企业增值税和营业税的通知》（见财税［2013］52号文），2014年下发了《关于进一步支持小微企业增值税和营业税政策的通知》（见财税［2014］71号文）、《关于小微企业免征增值税和营业税有关问题的公告》（国家税务总局公告2014年第57号），2015年7月中央出台了《2015年小型微利企业所得税优惠政策的通知》（见财税［2015］34号文）、《关于贯彻落实扩大小型微利企业减半征收企业所得税范围有关问题的公告》（见国家税务总局公告2015年第17号）。为使政策可持续推进对小微企业的支持力度，国家在2014年一年内由国务院及相关部委先后出台13个文件为创业创新助力。2015年3月5日，李克强总理在政府工作报告中指出要把"大众创业、万众创新"打造成推动中国经济继续前行的"双引擎"之一。进而国家又推出了"大众创新、万众创新"的载体和平台，清晰地指向了具有巨大潜力、无限活力和无穷创造力的中小微企业。至此，占据我国市场主体绝对主力地位的中小微企业，迎来了前景广阔的发展机遇期。

2. 小微企业融资难的问题仍然较为突出

资金短缺是各国（地区）中小企业发展过程中存在的普遍性问题。

在中国，这一问题尤其突出，已经成为制约我国中小企业发展的主要障碍。中小企业融资难，是企业自身问题和企业外部因素共同作用的结果。从困贷自身原因来说，中小企业经营管理水平不高，财务制度混乱，信用观念比较淡薄，没有多少可用于抵押的资产。从困贷企业外部因素讲，可供中小企业选择的融资渠道单一，主要依靠银行贷款，中小企业社会服务系统不完善，中小企业受融资担保难、抵押难的制约。中小企业本身的问题，许多是由企业自身的特点决定的，还将长期地存在下去。我们应该着重从改善外部融资环境入手，解决中小企业的融资难题。

国际上通行的做法是：国家提供相应的政府担保，鼓励金融机构对中小企业提供贷款，政府按一定比例对符合条件的贷款提供担保，以此降低金融机构的中小企业贷款风险，增强金融机构给中小企业贷款的积极性。但是，银行和信用担保公司必须全面、充分地了解贷款企业的有关信息，进行分析、决策，以防范贷款和保证风险，为此，要耗费大量的人力、物力和时间。目前，银行和信用担保公司对中小企业经营的特点和规律还不能准确地分析把握，为了控制投资风险，只好简单地将这些企业拒之门外，很多具有良好发展前途的中小企业也被排除在支持之外。

3. 开展小微企业信用评级研究具有重要的现实意义

对有贷款意愿的中小企业信用评级，为银行给众多中小企业贷款提供便利，节约成本，协助银行防范风险，有助于形成银行对中小企业贷款的良性循环。目前，我国在对企业信用评级上实行全国一个模式，大中小企业一个标准，主要针对国有大中型企业，不符合中小企业实际，使中小企业的信用等级整体偏低。企业规模成为决定信用等级的关键因素，大型企业能够得到 AAA 级，中小企业不论信用状况好坏，都不大可能达到这个级别。这与企业参加评级的初衷相去甚远，因此弱化了信用评级的作用，多数企业选择不参加评级。因此，建立针对中小企业特别是针对成长型中小企业的信用评级体系，对解决中小企业的融资难问题具有重要的现实意义。

二、研究的方法、数据来源和内容框架

（一）研究方法（与数据来源）

中国小微企业的研究不仅要探讨它的内生性，即生长的胚芽、形成的模式、运行机理、成长路径，而且还要探讨研究它的外生性，即涉及的经济体制、市场环境、资源配置、制度变迁、道德风险、传导路径、约束条件诸多方面。单一的研究方法，单一的分析视角难以抓住问题的实质，很难有所创新、有所发展。为了解决这一缺陷问题，本研究报告综合运用了多种研究方法，并将其有机地结合起来。

1. 实证分析与规范分析相结合方法

实证分析和规范分析是经济科学研究的基本方法。概括来讲，实证分析主要说明"是"或"不是"，而规范分析方法主要说明"应该"或"不应该"。如果说实证分析是相关事实的搜集、描述和整理，那么，规范分析就是基础上的加工、改造和提炼。本文在研究中国小微企业时，一方面利用可以搜集到的一定的相关数据，注重小微企业的由来、内生机理、外生性等政策变迁、制度变迁、特征、功能、资产纠缠、内外生性风险、多级风险传递链进行实证分析，印证它的经验教训，准确、客观地描述中国小微企业现状、特征、功能是什么；另一方面，则运用规范分析方法对现存小微企业结构进行判断，分析其为何是这样，提出"应该是什么"的对策性建议。

2. 比较分析方法

比较分析，是一种揭示问题产生根源非常有效的方法。本研究报告在写作中，通过横向比较、与国外比较，得出市场环境下中小企业成因、结构、功能、特点、缺陷、内外生性的特征、运行机理等，从而发现生存、成长、可持续发展的路径，导出融资难、融资贵的困贷

破解现实门槛；通过纵向比较，从政策、制度、环境等变迁来发现结构的理性调整方式方法以及演绎变化趋势与规律。

3. 定性分析与定量分析相结合方法

在经济分析研究中，定性分析方法与定量分析方法相结合已被实践证明是一种不可或缺的重要方法。大量的中小企业经济管理问题论证和说明都是建立在充分数据化的基础之上的。定量分析的统计描述、相关性分析、主成分分析、因子分析等大量分析工具运用，能使定量分析与定性分析有机地结合起来，使论证逻辑性强，更加充分透彻。

（二）数据来源

本研究报告中所用到的数据来源广泛，有历年《中国统计年鉴》、《地方统计年鉴》、官方统计数据、公告、发展报告征信企业评级模型及指标、商业银行财务指标及模型，除此之外，本研究报告借鉴了之前公开发表的一些国内外企业、银行信用评级有关研究学者们的一些成果，在此基础上，又增加了最新的数据。

（三）技术路线

（四）研究创新点及研究局限

本研究报告试图从解读中国小微企业困贷窘境来逐步分析小微企业的生存状况，包括困贷产生的原因、问题、政策和制度上的约束条件等，找出当前小企业成因、结构、功能、特点、缺陷、内外生性的特征、运行机理等，从而发现生存、成长、可持续发展的路径。在前人研究的基础上，从国际、国内不同角度出发，学习小微企业信用评级的经验和教训，通过论证，在我国建立小微企业信用评级的可能性，对当前征信评级存在的偏差纠偏机制设立的应有方式、方法，使小微企业能够在合理的信用评级中摆脱困贷的路径。本研究报告在对小微企业的信用分析中提出的措施和建议比以往研究得更全面、深入一些，更有针对性一些。可能的创新点如下：

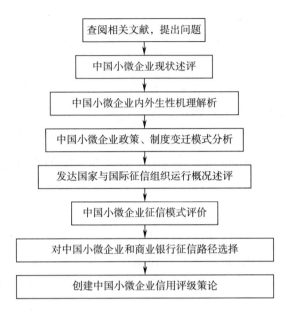

查阅相关文献，提出问题

中国小微企业现状述评

中国小微企业内外生性机理解析

中国小微企业政策、制度变迁模式分析

发达国家与国际征信组织运行概况述评

中国小微企业征信模式评价

对中国小微企业和商业银行征信路径选择

创建中国小微企业信用评级策论

图1 技术路线图

1. 创新点

第一，本研究报告严格按照"what，why，how"这样技术路线写作。本研究报告先介绍中国小微企业现状，国外征信评级政策、制度、机构、技术体系的变迁，及中国国内商业银行和小微企业信用评级的历程、经验和教训，以此推理出建立我国征信评级体系的应有做法和建议。由此显得合乎逻辑，便于理解。

第二，本研究报告在第五部分创新点是综合信用评级模型的建立。采用 AHP（Analytic Hierarchy Process）层次分析法，该方法是由美国著名运筹学家 T. L. Saaty 等人在 20 世纪 70 年代中期提出的一种定性和定量相结合的，系统性、层次化的多目标决策分析方法。该方法经概率统计先验模型证得其高度相关，以此求得模型证明数据核心是将决策者的经验判断定量化，从而增强了决策依据的准确性，将两组风险指标，即财务指标和非财务指标代入模型，进而确立综合信用评级模型中的风险权数。该模型使引入财务指标和非财务指标的商业银行对小微企业风险信用评级得到信贷"三查"各环节能作为重要参考依据，从而具有现实的可操作性。

2. 局限性

由于本研究报告第一是对中国小微企业信用评级认识尚有不足，所以探讨的过程中难免对理论缺乏系统的理解；第二是在实证分析方面，由于官方所公布出来的关于小微企业的数据资料往往与股份制商业银行、农村信用社和农商银行的资料存在一定的数据衔接差距，所以尚待改进运用到商业银行实战中；第三是在第五部分引入模型分析时，由于这方面资料还不完整，本报告对经济金融前沿理论与金融实战技能知识尚欠全面把握，所以只做到了制度经济学分析，缺乏大量的图表，我们将不断完善这方面知识；第四是从整体上看，本研究报告逻辑严谨性还有一定的提升空间，也希望各位专家批评指正。

三、信用评价理论评述

（一）信息不对称理论

信息不对称理论是指在市场经济活动中，各类人员对有关信息的了解是有差异的；掌握信息比较充分的人员，往往处于比较有利的地位，而信息贫乏的人员，则处于比较不利的地位。该理论强调市场中卖方比买方更了解有关商品的各种信息；掌握更多信息的一方可以通过向信息贫乏的一方传递可靠信息而在市场中获益；买卖双方中拥有信息较少的一方会努力从另一方获取信息；市场信号显示在一定程度上可以弥补信息不对称的问题。这一现象早在 20 世纪 70 年代便受到三位美国经济学家的关注和研究，它为市场经济提供了一个新的视角。三位经济学家分别从商品交易、劳动力和金融市场三个不同领域研究了这个课题，最后殊途同归。最早研究这一现象的是阿克尔洛夫，1970 年，他在哈佛大学经济学期刊上发表了著名的《次品问题》一文，首次提出了"信息市场"概念。阿克尔洛夫从当时司空见惯的二手车市场入手，发现了旧车市场由于买卖双方对车况掌握的不同而滋生的矛盾，并最终导致旧车市场的日渐式微。在旧车市场中，卖主一定比买主掌握更多的信息。信息不对称现象的存在使得交易中总有一方会因为获取信息的不完整而对交易缺乏信心，对于商品交易来说，这个成本是昂贵的，但仍然可以找到解决的方法。该年度诺贝尔经济学奖的另外两个得主斯宾塞和斯蒂格利茨，则提供了企业和消费者如何从各式各样的商品中去芜存菁的方法。斯宾塞的研究着重于劳动力市场，他从长期的观察发现，在劳动力市场存在着用人单位与应聘者之间的信息不对称情况，为了谋到一个较好的单位，应聘者往往从服装到毕业文凭挖空心思层层包装，使用人单位良莠难辨。在这里，斯宾塞提出了一个所谓的"获得成本"概念，他举例说，对于用人单位而言，应聘者如果具有越难获得的学历就越具可信度，比如说拥有哈佛文凭应聘者的才能，就比一般学校的毕业文凭更有可信度。对于人才市场的信息不对称现象，斯宾塞在其博士论文《劳动市场的信号》中做了详尽的表述。无论是个人、企业还是政府，当它们不能直截了当地传达其个人偏好或意图时，"信号法"可以提供较大的帮助。斯蒂格利茨将信息不对称这一理论应用到保险市场。信息不对称现象在现代金融、征信领域的表现更为普遍和突出，尤其在新兴市场和东南亚地区乃至中国大陆，企业骗贷、出口骗退和银行呆坏账的涌现，无不与此紧密相关。

信息不对称理论指出了信息对市场经济的重要影响。随着新经济时代的到来，信息在市场经济中所发挥的作用比过去任何时候都更加突出，并将发挥更加不可估量的作用，该理论揭示了市场体系中的缺陷，指出完全的市场经济并不是天然合理的，完全靠自由市场机制不一定会给市场经济带来最佳效果，在征信管理中，市场中卖方比买方更了解相关的各种信息；掌握更多信息的一方可以通过向信息贫乏的一方传递可靠信息而在市场中获益；买卖双方中拥有信息较少的一方会努力从另一方获取信息；市场信号显示在一定程度上可以弥补信息不对称的问题。

征信市场上，信息不对称问题一直存在。对于银行管理者而言，他们无法了解企业当前的经营状况、财务状况。而银行对企业状况的了解程度决定了他们的贷款的授信发放情况，当银行发现某些企业的资产质量下降，风险过大，发放的资金可能遭受损失时，将赶停止贷款。由于信息不对称性，银行无法区分哪些银行是经营健全的优质企业，哪些是风险较大的企业。

（二）交易费用理论

交易费用理论是指企业和市场是两种可以相互替代的资源配置机制，由于存在有限理性、机会主义、不确定性与小数目条件使得市场交易费用高昂，为节约交易费用，企业作为代替市场的新型交易形式应运而生。它是整个现代产权理论大厦的基础。科斯产权理论的形成与发展大致可分为两个阶段：第一个阶段是在 20 世纪 30 年代对正统微观经济学进行批判性思考，指出市场机制运行中存在摩擦，克服这种摩擦的关键在于制度创新，这一阶段的代表作是科斯在 1937 年发表于伦敦经济学院学报《经济学家》上的著名论文《企业的性质》。第二个阶段是在 20 世纪 50 年代末至 60 年代中期，科斯正面论述了产权的经济作用，指出产权的经济功能在于克服外在性，降低社会成本，从而在制度上保证资源配置的有效性。这一阶段的代表作是科斯在 1960 年发表的《社会成本问题》。从科斯产权理论的形成来看，产权问题的考察从一开始就是与企业制度的分析相联系的。《企业的性质》一文的本意在于分析企业在市场机制中的地位，力图说明为什么企业成为市场活动中的基本组织单位。为什么每种要素所有者不是以自己的产品直接参与市场交换，而是把各自的要素组合为企业，然后以企业作为产品的出售者参与市场交易？于是科斯重新提出了一个简单的问题：为什么企业会出现？按教科书答案是：没有企业时，纯消费者都会饿死的。另一个为什么企业会出现的答案是，社会上不同的人对风险有不同的喜好，那些不喜欢冒险的人会成为企业的雇员，而不怕风险的人会成为雇主。雇员拿没有风险的工资，雇主承担所有风险。但科斯反驳道，这只是说明我们需要一个买卖风险的市场，并不说明我们需要企业，保险的买卖完全可以满足对风险态度的人们的需要。科斯定理的核心是交易成本。科斯定理可被定义为：只要交易成本为零，那么，初始的合法权利配置对于资源配置的有效性是无关的。这就是说，只要交易界区是清晰的，资源配置就能有效。（1）在交易费用为零的情况下，不管权利如何进行初始配置，当事人之间的谈判都会导致资源配置的帕累托最优；（2）在交易费用不为零的情况下，不同的权利配置界定会带来不同的资源配置；（3）因为交易费用的存在，不同的权利界定和分配，则会带来不同效益的资源配置，所以产权制度的设置是优化资源配置的基础（达到帕累托最优）。

威廉姆森认为影响市场交易费用的因素可分成两组：第一组为"交易因素"，尤其指市场的不确定性和潜在交易对手的数量及交易的技术结构（指交易物品的技术特性，包括资产专用性程度、交易频率等）。第二组为"人的因素"（有限理性和机会主义）。他指出，由于机会主义行为、市场不确定性、小数目谈判及资产专用性的存在都会使市场交易费用提高。当然，他也没有指出交易费用为什么产生，只是列举了"交易"稀缺性的几个表现或仅指出了市场中交易费用上升的原因。

（三）博弈理论

博弈论又被称为对策论（Game Theory），从行为的时间序列性，博弈论进一步分为静态博弈、动态博弈两类。静态博弈是指在博弈中，参与人同时选择或虽非同时选择但后行动者并不知道先行动者采取了什么具体行动；动态博弈是指在博弈中，参与人的行动有先后顺序，且后行动者能够观察到先行动者所选择的行动。通俗的理解："囚徒困境"就是同时决策的，属于静态博弈；而棋牌类游戏等决策或行动有先后次序的，属于动态博弈。

按照参与人对其他参与人的了解程度分为完全信息博弈和不完全信息博弈。完全信息博弈是指在博弈过程中，每一位参与人对其他参与人的特征、策略空间及收益函数有准确的信息。不完全信息博弈是指如果参与人对其他参与人的特征、策略空间及收益函数信息了解得不够准确，或者不是对所有参与人的特征、策略空间及收益函数都有准确的信息，在这种情况下进行的博弈就是不完全信息博弈。经济学家们所谈的博弈论一般是指非合作博弈，由于合作博弈论比非合作博弈论复杂，在理论上的成熟度远远不如非合作博弈论。非合作博弈又分为：完全信息静态博弈，完全信息动态博弈，不完全信息静态博弈，不完全信息动态博弈。与上述四种博弈相对应的均衡概念为：纳什均衡（Nash equilibrium），子博弈精练纳什均衡（subgame perfect Nash equilibrium），贝叶斯纳什均衡（Bayesian Nash equilibrium），精练贝叶斯纳什均衡（perfect Bayesian Nash equilibrium）。

信息不对称理论推动了博弈论的发展，交易双方的信息不对称问题是由于人们心理活动的"屏蔽性"造成的。交易双方实际是在进行心理上的博弈，为了各自的经济利益进行较量，而这种较量本身是以信息不对称为前提的。因此，对信息不对称问题的研究在一定程度上对博弈论的发展起着重要的推动作用。

商业银行内部传统业务与征信数据业务博弈。在支持经济发展方面，征信业务可作为商业银行的有益补充，提高银行对企业的认识度。随着金融业的不断发展，商业银行为摆脱传统信贷业务这一单一收入来源，愈加重视不占用自身资金的中间业务，甚至有银行要求不断提高中间业务收入，将中间业务收入占比作为一项重要考核内容，理财产品作为商业银行系统内影子业务的典型代表更受青睐。传统信贷部门不肯放弃银行中原有地位，影子业务部门要发展壮大，这必然造成传统信贷业务部门与影子业务部门为银行系统内中心地位进行博弈，为争夺客户资源进行博弈。

（四）风险转嫁理论

风险转嫁理论也称危险转嫁理论，是以美国保险学者 A. H. 魏兰脱和 B. 克劳斯塔为代表人物的保险性质学说。这一学说适应资本主义经济发展对保险提出的新要求，试图通过阐明风险、保险和现实经济活动的关系，即保险对转嫁经济活动中可能遇到的风险的作用，来说明保险的性质。其主要观点为：一是保险的性质体现在把多数个人的危险转嫁给他人或团体的过程之中；二是企业转嫁风险于保险人，是为了赔偿资本的不确定性损失；三是保险人之所以接受被保险人转嫁来的风险，则借助聚集保费、均摊风险的技术手段。风险转嫁说是由损失分担说蜕化而来，与损失赔偿说同出一辙。因为转嫁风险是为了分担损失，最终必然归结为经济补偿。

（五）随机漫步理论

随机漫步理论（Random Walk）认为，证券价格的波动是随机的，像一个在广场上行走的人一样，价格的下一步将走向哪里，是没有规律的。证券市场中，价格的走向受到多方面因素的影响。一件不起眼的小事也可能对市场产生巨大的影响。从长时间的价格走势图上也可以看出，价格的上下起伏的机会差不多是均等的。在很多系统都存在不同类型的无规则行走，他们都具有相似结构。单个的随机事件我们不可预测，但随机大量的群体行为，却是精确可知的，这就是概率世界的魅力，在偶然中隐含着必然。随机性造成了低尺度下的差异性，但在高尺度下又表现为共同的特征的相似性。按照概率的观点"宇宙即是所有随机事件概率的总和"。

四、小微企业评级指标体系的构建

（一）构建原则

1. 全面性与重要性相结合原则

在构建小微企业评级指标体系过程中，最大限度地全面反映所有可能影响企业信用状况的要素指标。不但要考虑企业自身的情况，而且还要研究企业周边的环境、企业所处供应链层级状况、企业家（所有者）的信用状况等。只有在全面性原则指导下建立起来的信用评级体系，才能更真实地反映企业的信用状况。在所有的上述因素中，必然有少数因素的重要程度要远远高出其他因素，我们要做的就是通过分析找到对小微企业信用状况影响最大的少数几个因素，以使得我们的评级体系更具有可操作性。

2. 减少对企业财务报表依赖性原则

财务状况不透明是我国小微企业的主要特征之一，作为银行很难低成本获得企业准确可靠的财务信息；财务报表只反映了企业过去的经营状况，对未来的财务状况及经营走向并不具有权威的预判性。因此，我们在建立小微企业评级指标体系时，应尽量降低对小微企业财务报表的依赖性。

3. 定量计算与定性分析相结合原则

从系统分析的观点来看，定性是定量的基础，定量是定性的深化。一般认为，系统分析应以定量分析为主、定性分析为辅。但由于小微企业财务状况不透明以及信用评级本身的复杂性，我们认为对于小微企业信用评级体系构建来讲，应把定性分析和定量分析置于同等重要的地位，两者互为补充，不可顾此失彼、厚此薄彼。

4. 关联性原则

小微企业的另一个显著特点是独立性弱、关联性强。因此关联性原则也是我们构建小微企业信用评级体系过程中的一个重要原则。

5. 可操作性原则

指标的可操作性是中小企业信用评价指标设计的重要原则，在指标的设计过程中，应尽可能地保证所有指标均可直接或间接观测到，进而保证指标数据的可获得性以及可验证性。还要注意指标概念清晰，避免歧义，以提高实际测量过程中的可操作性。

（二）信用等级设置

目前我国企业征信系统普遍采用 10 个层级的模式，评级主体信用等级的标识符号分别为 AAA、AA、A、BBB、BB、B、CCC、CC、C、D，为便于理解，我们仍然沿用这个等级划分规则。信用等级含义如下：

AAA 级：偿还能力具有最大保障；经营处于良性循环状态，不确定因素对经营与发展的影响最小。

AA 级：偿还能力很强；经营处于良性循环状态，不确定因素对经营与发展的影响很小。

A 级：偿还能力较强；企业经营处于良性循环状态，未来经营与发展易受企业内外部不确定因素的影响，盈利能力和偿债能力会产生波动。

BBB 级：偿债能力一般，目前对本息的保障尚属适当；企业经营处于良性循环状态，未来经营与发展受企业内外部不确定因素的影响，盈利能力和偿债能力会有较大波动，约定的条件可能不足以保障本息的安全。

BB 级：偿债能力较弱；企业经营与发展状况不佳，支付能力不稳定，有一定风险。

B 级：偿债能力较差；受内外不确定因素的影响，企业经营较困难，支付能力具有较大的不确定性，风险较大。

CCC 级：偿债能力很差；受内外不确定因素的影响，企业经营困难，支付能力很困难，风险很大。

CC 级：偿债能力严重不足；经营状况差，促使企业经营及发展走向良性循环状态的内外部因素很少，风险极大。

C 级：偿债能力极差；企业经营状况一直不好，基本处于恶性循环状态，促使企业经营及发展走向良性循环状态的内外部因素极少，企业濒临破产。

D 级：企业无信用，无偿债能力。

除 AAA 及 CCC 以下等级外，每一个信用等级可用"＋"、"－"符号进行微调，表示略高或略低于本等级。

（三）财务指标的确定

在目前流行的企业信用评级体系中，一般商业银行内部都侧重于对企业财务指标的定量分析。但具体到我国的小微企业，企业自身财务的不透明性和企业对外部环境的依赖性是其主要特点，因此本文在构建小微企业信用评级指标体系的过程中，尝试减少对小微企业财务报表的依赖性，而增加了对小微企业外部环境的分析。

表1 财务定量指标层次结构

一级财务指标	二级财务指标	计算公式	序号
偿债能力 M_1	资产负债率 M_{11}	负债总额/资产总额×100%	C1
	速动比率 M_{12}	速动资产/流动负债×100%	C2
	固定资产/长期资金 M_{13}	固定资产/（长期负债+所有者权益）×100%	C3
	全部债务资本化比率 M_{14}	（长期债务+短期债务）/（长期债务+短期债务+所有者权益+少数股东权益）×100%	C4
盈利能力 M_2	净资产收益率 M_{21}	净利润/所有者权益×100%	C5
	总资产报酬率 M_{22}	EBIT/年初年末平均资产总额×100%	C6
	营业利润率 M_{23}	营业利润/营业收入×100%	C7
	成本费用利润率 M_{24}	利润总额/成本费用总额×100%	C8
营运能力 M_3	现金收入比率 M_{31}	销售商品、提供劳务收到的现金/营业收入×100%	C9
	存货周转率 M_{32}	营业成本/年初年末平均存货	C10
	应收账款周转率 M_{33}	营业收入/（年初年末平均应收账款+年初年末平均应收票据）	C11
	总资产周转率 M_{34}	营业收入/年初平均资产总额	C12
发展能力 M_4	营业收入平均增长率 M_{41}	—	C13
	资产总额平均增长率 M_{42}	—	C14
	利润总额平均增长率 M_{43}	—	C15

（四）非财务指标的确定

表2   非财务定性指标层次结构

一级非财务指标	二级非财务指标	序号
企业综合素质 N_1	企业信用状况 N_{11}	C16
	企业发展阶段 N_{12}	C17
	设备及技术水平 N_{13}	C18
	企业创新能力 N_{14}	C19
	市场竞争能力 N_{15}	C20
管理者素质及管理水平 N_2	股东信用记录 N_{21}	C21
	股东主要社会关系 N_{22}	C22
	管理团队素质 N_{23}	C23
	管理模式及管理水平 N_{24}	C24
企业环境 N_3	企业所在区域经济状况 N_{31}	C25
	企业所属行业发展状况 N_{32}	C26
	企业在产业链中位置 N_{33}	C27
	关联企业状况 N_{34}	C28

五、综合信用评级模型的建立

（一）分析方法与模型选择

采用 AHP（Analytic Hierarchy Process）层次分析法，该方法是由美国著名运筹学家 T. L. Saaty 等人在 20 世纪 70 年代中期提出的一种定性和定量相结合的，系统性、层次化的多目标决策分析方法，其核心是将决策者的经验判断定量化，增强了决策依据的准确性。

层次分析法是一种决策思维方式，它把复杂的决策问题分解为各个组成因素，将这些因素按支配关系分组，形成有序的递阶层次结构，通过两两比较的方式，确定层次中诸因素的相对重要性，然后综合人们的判断，以决定诸因素相对重要性的总的顺序，层次分析法体现了人们决策思维的基本特征——分解、综合、判断。

表3 比例标度及其含义

标度值	含义
1	表示两个元素相比，具有同等重要性
3	表示两个元素相比，一个元素比另一个元素稍重要
5	表示两个元素相比，一个元素比另一个元素明显重要
7	表示两个元素相比，一个元素比另一个元素强重要
9	表示两个元素相比，一个元素比另一个元素极端重要
2，4，6，8	如果成对事物的差别介于两者之间时，可取上述相邻判断的中间值
倒数	若元素 i 与元素 j 重要性之比为 a_{ij}，那么元素 j 与元素 i 重要性之比为 $a_{ji} = \dfrac{1}{a_{ij}}$

表4 平均随机一致性指标 RI 值

n	1	2	3	4	5	6	7	8	9
RI	0	0	0.52	0.89	1.12	1.26	1.36	1.41	1.46

（二）指标权重的计算

根据减少对企业财务报表依赖性原则，我们将财务指标与非财务称为 A 级指标，A 级指标的权重分配为财务指标/非财务指标 = 45/55，即财务指标在总指标体系中权重为 0.45，非财务指标在总指标体系中权重为 0.55。

1. B 级指标权重的计算

首先借助经验将各 B 级指标进行重要性的排序，然后对各个指标的相对重要程度进行具体的权衡。其矩阵如表 5 所示。

表5 一级财务指标对比矩阵

一级财务指标	M_1	M_2	M_3	M_4
M_1	1	2	3	5
M_2	1/2	1	2	3
M_3	1/3	2/3	1	2
M_4	1/5	2/5	3/5	1

根据表 5 中得出的数据运用算术平均法计算判断矩阵的特征向量

$W = (W_1, W_2, W_3, W_4)^T$，其中 $W_i = (\prod a_{ij})^{1/n}$ $(1 \leqslant i, j \leqslant 4, n = 4)$，则：

$$W_1 = \sqrt[4]{1 \times 2 \times 3 \times 5} = 2.340$$

$$W_2 = \sqrt[4]{\frac{1}{2} \times 1 \times 2 \times 3} = 1.316$$

$$W_3 = \sqrt[4]{\frac{1}{3} \times \frac{2}{3} \times 1 \times 2} = 0.816$$

$$W_4 = \sqrt[4]{\frac{1}{5} \times \frac{2}{5} \times \frac{3}{5} \times 1} = 0.468$$

得 $W = (2.340, 1.316, 0.816, 0.468)^T$，对 W 做归一化处理，得到权向量 U，则 $U = (0.474, 0.266, 0.165, 0.095)^T$，由于矩阵是人为构造，我们还需要用一致性检验以判别它的合理性，计算 $\lambda_{max} = 4.179$，$CI = \dfrac{\lambda_{max} - n}{n - 1} = \dfrac{4.179 - 4}{4 - 1} = 0.06$，$CR = 0.06/0.89 = 0.067 < 0.1$，一致性检验通过，可以接受。

2. 二级财务指标在一级财务指标下权重的计算（以 M_1 下 C 级指标为例）：

同样，我们根据以往经验将 M_1 下各二级指标按照重要程度排列得到矩阵表6。

表6 M_1 下二级指标对比矩阵

M_1 下二级指标	M_{11}	M_{12}	M_{13}	M_{14}
M_{11}	1	3	5	6
M_{12}	1/3	1	2	2
M_{13}	1/5	1/2	1	1
M_{14}	1/6	1/2	1	1

计算该矩阵每一行元素的 3 次方根，可得 $W = (3.080, 1.075, 0.562, 0.537)^T$，对 W 做归一化处理，得到权向量 $U = (0.586,$

$0.205，0.107，0.102)^{T}$，计算 $\lambda_{max}=4.004$，$CI=0.001$，$CR=0.001<$ 0.1，一致性检验通过。

（三）指标分层排列

依照上述方法我们可将表1和表2中所有指标分层赋权，并计算出二级财务指标在非财务指标体系中的权重：

一级指标权重 = 财务（非财务）指标权重×一级指标权向量

二级指标在指标体系中的权重 = 一级指标权重×二级指标权向量

具体计算结果如表7、表8、表9所示。

表7　　　　　　　　　　　　一级指标权重

指标名称		财务指标	非财务指标
一级指标	权重	0.45	0.55
偿债能力	0.474	0.213	
盈利能力	0.266	0.120	
营运能力	0.165	0.074	
发展能力	0.095	0.043	
企业综合素质	0.505		0.278
管理者素质及管理水平	0.401		0.221
企业环境	0.095		0.052

表8　　　　　　　　　　二级财务指标在指标体系中的权重

	一级指标	偿债能力	盈利能力	营运能力	发展能力
二级指标	权重	0.213	0.120	0.074	0.043
资产负债率	0.586	0.125			
速动比率	0.205	0.044			
固定资产/长期资金	0.107	0.023			
全部债务资本化比率	0.102	0.022			
净资产收益率	0.535		0.064		
营业利润率	0.290		0.035		
成本费用利润率	0.098		0.012		
总资产报酬率	0.076		0.009		

	一级指标	偿债能力	盈利能力	营运能力	发展能力
现金收入比率	0.531			0.039	
存货周转率	0.256			0.019	
应收账款周转率	0.137			0.010	
总资产周转率	0.076			0.006	
资产总额平均增长率	0.571				0.025
利润总额平均增长率	0.286				0.012
营业收入平均增长率	0.143				0.006

表9   二级非财务指标在指标体系中的权重

	一级指标	企业综合素质	管理者素质及管理水平	企业环境
二级指标	权重	0.278	0.221	0.052
企业信用状况	0.578	0.161		
企业发展阶段	0.202	0.056		
设备及技术水	0.131	0.036		
企业创新能力	0.089	0.025		
市场竞争能力	0.083	0.023		
股东信用记录	0.579		0.128	
股东主要社会	0.180		0.040	
管理团队素质	0.145		0.032	
管理模式及管理水平	0.097		0.021	
企业所在区域经济状况	0.531			0.028
企业所属行业发展状况	0.256			0.013
企业在产业链中位置	0.137			0.007
关联企业状况	0.076			0.004

（四）层次总排序一致性检验

利用同一层次中所有层次单排序的结果，就可以计算针对上一层次而言，本层次所有元素相对重要性的权值，即层次总排序从上到下逐层顺序进行。

为评价层次总排序计算结果的一致性，也需计算与层次单排序相类似的检验量，通过计算得出：

$$CI = \sum_{i=1}^{m} a_i CI_i = 0.032$$

又，当 $n = 28$ 时，$RI = 1.667$

可得：$CR = \dfrac{CI}{RI} = 0.019 \leqslant 0.10$

因此，我们认为层次总排序的结果具有满意的一致性。

（五）评估指标的定量化及指标体系的应用

在表 1 和表 2 中，我们共确定了 $C_1 - C_{28}$ 28 个二级指标，利用层次分析法我们给这 28 个指标分别设置了权重。最后一步我们还需要为这些指标进行量化，指标量化的方法一般有等级评分值法和百分值法。将评分得出的结果列入表 10 中得出，每个指标的综合评分值 A_i：

$$A_i = \sum_{i=1}^{28} W_i \cdot Q_i$$

表 10 权重评价表

指标序号	C_1	C_2	C_3	C_4	……	C_{26}	C_{27}	C_{28}
权重 W_i								
评分值 Q_i								
加权值 A_i								

以百分值法为例，通过计算，综合评分值 A 应在 0～100，分数越高，则该企业信用评分等级越高，说明其信用状况越好。

结合我国目前所用 10 级评分方法，我们设定评分值与信用级别对应关系如表 11 所示。

表11   **评分值与小微企业信用等级对应表**

等级	得分区间	含义
AAA	91～100	偿还能力具有最大保障；经营处于良性循环状态，不确定因素对经营与发展的影响最小。
AA	81～90	偿还能力很强；经营处于良性循环状态，不确定因素对经营与发展的影响很小。
A	71～80	偿还能力较强；企业经营处于良性循环状态，未来经营与发展易受企业内外部不确定因素的影响，盈利能力和偿债能力会产生波动。
BBB	61～70	偿债能力一般，目前对本息的保障尚属适当；企业经营处于良性循环状态，未来经营与发展受企业内外部不确定因素的影响，盈利能力和偿债能力会有较大波动，约定的条件可能不足以保障本息的安全。
BB	51～60	偿债能力较弱；企业经营与发展状况不佳，支付能力不稳定，有一定风险。
B	41～50	偿债能力较差；受内外不确定因素的影响，企业经营较困难，支付能力具有较大的不确定性，风险较大。
CCC	31～40	偿债能力很差；受内外不确定因素的影响，企业经营困难，支付能力很困难，风险很大。
CC	21～30	偿债能力严重不足；经营状况差，促使企业经营及发展走向良性循环状态的内外部因素很少，风险极大。
C	11～20	偿债能力极差；企业经营状况一直不好，基本处于恶性循环状态，促使企业经营及发展走向良性循环状态的内外部因素极少，企业濒临破产。
D	0～10	企业无信用，无偿债能力。

六、结论

1. 加强信息网络建设

信息的获取可以减少市场的不确定性，是克服信息不完备、不对称的重要手段。为了减少逆向选择和道德风险对市场的负效用，可以通过大量获取市场信号来平衡交易双方的信息不对称。为获得高质量的信息，还应加强信息基础建设，建设以数据共享为目的的集成数据环境。在项目管理过程中，采用数据标准，建立共享的集成数据环境，避免"信息孤岛"的形成，实现项目管理信息的数字化、自动化、网络化与集成化。通过信息手段的建设，将项目管理过程中的信息不对称现象降低到最低限度，以保证各行为主体决策的正确进行。

2. 设计合理的契约

根据委托—代理理论，业主和承包商之间的关系实质上是一种契约关系，交易双方的交易行为实质上是订立契约的行为。为了确保交易前后双方的利益均衡，设计一种合理的契约是避免由于信息不对称带来的逆向选择和道德风险的重要手段。其核心是要建立一种刺激一致性的信息机制，使委托人与代理人的目标一致。业主为了使承包商在其不能观察的行为中不会因为信息的不对称而损害自己的利益，需要设计一种既能达到业主目的，承包商又愿意接受的契约。设计满足以下两个约束条件的激励合同，第一个约束条件是个人理性约束，又叫参与约束，也就是说要使承包商有积极性参与进来。第二个约束条件是激励相约束，也就是说，要使承包商有积极性按照业主的希望，为了自身的利益而努力工作。

3. 加强政府政策引导

随着现代市场的日趋完善，政府的宏观调控作用日益强化，从信息分析的角度，将政府纳入建筑市场作为实体，体现了政府通过相关信息调控业主和承包商的交易行为的作用。政府对建筑市场进行宏观调控是引导项目管理正常发展，解决逆向选择和败德行为的有效途径，尤其在当前中国发展市场经济、建立有序的市场竞争机制过程中更为重要。为此我们必须贯彻国家有关的方针政策，建立和健全各类建筑市场管理的法律、法规和制度。做到门类齐全，互相配套，避免交叉重叠，遗漏空缺和互相抵触。同时政府部门也要充分发挥和运用法律、法规的手段，培养和发展我国的建筑市场体系，确保建设项目从前期策划、勘察设计、工程承发包、施工到竣工等全部活动都纳入法制轨道。

4. 加强诚信建设

诚信，是指一个人、一个单位的可靠性、社会责任感和可信任程度。在商品经济社会的市场经济环境下，企业及个人商业信用状况，以及整个社会经济信用关系的信赖、认可程度，是衡量某个国家、地区或经济组织的经济环境和运行状况及社会文明程度的重要指标。因此，必须规范和整顿建筑市场秩序，逐步在建筑市场形成诚信为本、操守为重的良好风尚。业主和承包商均应树立诚信意识，对自身行为进行规范，加强相互沟通，着力解决信息不对称的现象。只有加强诚信建设，才能够在业主和承包商之间建立起一种相互信赖、相互认可的经济关系，才能降低逆向选择和道德风险发生的概率。

5. 培育公正、规范的中介机构

为了减少信息不对称，可以通过第三方即监理人员对建设工程项目进行监督和管理。监理人员具有专业上的优势，他们以自身信誉为保证，以信息服务为主要活动内容，是建立和完善行业自律机制的重要因素。为此，要培育公正、规范的中介行业，建立起能使信息达到对称的机制。由行业协会建立"游戏规则"，对信息的披露做出系列的、明确的和具有可操作性的约定，增加信息透明度，使中介行业成为信息流中心"公正、公平和诚信"的平台。

6. 建立项目风险预警机制

控制项目风险的重要一点就是建立项目风险预警机制，加强对"信息不对称"的风险预警。项目风险预警主要是对项目运行过程中各风险因素对项目影响的可能性进行分析、预报；项目风险预警机制则是按项目风险因素设计相应的指标体系和经验性目标参数，经目标值与观测值相比较来决定项目风险程度的事前控制。建立项目风险预警机制有利于快速发现关键风险因素，将这些关键因素作为风险管理系统的风险预警点并及时进行预警，达到提前控制、预先管理的目的。

商业银行参与金融互联网竞争模式选择①

一、绪论

（一）研究背景与意义

1. 研究背景

我国互联网金融虽然起步较晚，但在相对宽松的监管环境下取得了快速发展。以互联网为代表的现代信息科技企业，逐步向金融业渗透，结合自身优势进行创新。随着云计算、大数据、社交网络、搜索引擎等网络技术的发展，以第三方支付、P2P、众筹等为代表的互联网金融竞争模式在市场上大量出现，在给人们带来实实在在收益的同时，以"金融线上化"为代表的互联网金融模式日益兴起，大有颠覆传统金融模式的趋势，商业银行的传统经营模式和中介服务地位受到极大挑战，一场深刻的行业变革正在发生。

2014年2月，中央网络安全和信息化小组第一次会议，习近平主席任组长并召开会议发表讲话，要求把我国建设成为网络强国。李克强总理在2014年《政府工作报告》中首次提出，促进互联网金融健康发展，完善金融监管协调机制，充分显示了对互联网金融这一新生金融产品的重视。互联网金融的发展是大势所趋。互联网金融的出现，对我国加速推进利率市

---

① 主持人：王天宇；郑州银行课题组成员：范大路、黄从璜、景泽京、贺根庆。

场化和推动普惠金融的发展有着重要的意义，并对传统的金融模式产生深远的影响。在新的竞争形势下，传统的商业银行也逐步开始参与金融互联网，与互联网进行技术融合，为客户提供更方便、快捷的金融服务。

2. 研究意义

互联网金融高潮迭起，与之相伴的是人们对传统金融机构特别是商业银行的担忧。互联网公司凭借其平台和技术的优势，立足于客户的需求且大大降低了交易成本和信息成本。对于以"存款立行"的商业银行来说，互联网金融无疑在对其客户、业务等多方面进行强有力的冲击。互联网金融时刻在给银行带来无形的压力。那么，互联网金融对商业银行来说是洪水猛兽吗？它到底会对商业银行产生多大的影响？商业银行今后应该如何应对？

本课题立足于互联网金融飞速发展的大背景，从促进商业银行稳健发展的角度，对互联网金融的实质以及互联网金融对商业银行产生的影响进行探析，并量化分析了互联网金融参与各方的竞合关系，为商业银行参与互联网金融提供了模式选择。本课题的研究对整合互联网金融资源，规范互联网金融与传统金融行业的竞争关系、确保互联网金融的参与各方在统一的规则下开展公平、有序、良性的竞争，保障互联网金融行业的健康发展具有重要的理论和现实意义。

（二）研究思路与研究方法

1. 研究思路

本文的研究思路如下：首先，回顾国内外互联网金融的发展演变历程；其次，对比分析互联网金融和传统金融主要特点以及竞争领域；再次，进行互联网金融竞争格局的推演，对互联网金融的竞争态势进行静态与动态分析；最后，从业务层面分析商业银行参与互联网金融竞争模式的选择策略。

2. 研究方法

第一，定性分析和定量分析相结合。本文分析互联网金融的发展现状，综合判断未来的发展趋势。搜集各大商业银行和互联网金融咨询机构（艾瑞咨询、易观智库等）的数据，在对数据进行挖掘的基础上，理论结合实际，分析互联网金融的特点、实质和演变机制。

第二，比较分析法，本文对互联网金融与传统银行的优劣势进行比较分析，为两者的竞争与合作指出了方向。

（三）研究内容与结构安排

本课题的写作分为五部分。

第一部分为绪论。这一部分主要介绍本课题的选题背景和研究方法，梳理分析国内外的主要文献并进行评述，介绍课题的研究内容和结构安排。

第二部分是互联网金融的发展介绍。一是界定互联网金融的内涵与本质，理清互联网金融和金融互联网的关系；二是深入研究美国金融互联网的发展历程；三是分析我国互联网金融的发展现状及现有模式，总结金融互联网的发展规律和发展方向。

第三部分是互联网金融竞争态势分析。一是对互联网企业和以商业银行为代表的传统金融机构之间的竞争进行推演，界定双方在互联网金融领域的竞争格局；二是对互联网金融竞争态势的静态与动态分析。

第四部分从具体微观业务层面分析了互联网金融和商业银行的竞合形势。

第五部分分析了商业银行参与互联网金融竞争模式选择策略。

第六部分为结论和建议部分，在总结本文观点的基础上，在宏观层面为商业银行应对互联网金融挑战提供了建议。

（四）文献综述

美国是互联网金融的发源地，互联网金融在美国的蓬勃发展推动了学术界和业界对互联网金融的关注和研究。Economides（1993）最先运用网络经济学理论分析金融交易与金融市场发展，认为互联网技术在金融业的普及会极大地降低金融交易成本、扩大金融市场的规模，会对金融产业发展产生重要影响。Bill Gates（1994）预言："传统商业银行是要在 21 世纪灭绝的一群恐龙"。Madhavan（2000）、Pennathur（2001）、Weston（2002）、Claessens et al.（2002）等不少学者认为互联网金融的发展将会对金融市场、传统金融机构与中介以及货币政策与金融稳定形成一系列冲击。Economides（2001）认为金融互联网的出现将加速金融交易的去媒介化，网络外部性的存在将大大提高金融市场的流动性，强化市场竞争，金融业的市场结构与金融机构的竞争策略将发生巨大变化。然而，也有学者对金融互联网与传统金融间的竞争关系保持各自不同的观点。Furst et al.（2002）、DeYoung（2005）认为纯粹的金融互联网模式（如不设物理网点的网络银行）无法从根本上取代传统的金融机构与服务。DeYoung（2001）认为基于互联网技术的新兴金融模式与传统金融将是融合与竞争并存的关系。Mishkin 和 Strahan（1999）指出竞争政策（反垄断）和维护金融体系稳定成为美国金融当局面临的重要挑战。

近年来，中国的一大批互联网企业借助自身的互联网开放平台，寻求网络技术与金融业务的深度整合，第三方支付、网络借贷、网络资产管理平台等形式多样的互联网金融模式得到了快速发展。2012 年下半年以来，互联网金融在中国呈"井喷"式发展，发展速度和规模远超各方预期，对传统银行业形成了不小的冲击。互联网企业新业态，以及以商业银行为代表的金融机构之间的现实竞争成为中国学术界、业界以及金融监管当局关注的焦点。黄旭、兰秋颖、谢尔曼（2013）认为互联网企业拥有资金空间再匹配的优势，商业银行拥有资金时间再匹配的优势。互联网企业与商业银行必将在互联网平台建设、网络支付、标准化产品营销、网络借贷等领域形成多个竞争热点。周艳（2014）基于互联网金融对商业银行影响的角度，认为在互联网金融的冲击下，传统银行会形成银行客户流失，各项业务出现缩水的现象，传统的经营模式改革迫在眉睫。郎炜（2013）认为电商企业涉足金融市场对商业银行的主营业务造成了一定的冲击，因而商业银行需要通过互联网拓展新客户，创造新的利润增长点。费洋（2014）基于互联网金融与传统银行共赢角度，认为未来我国银行业会更多地借鉴互联网金融的优势逐步调整发展战略，实现发展转型，同时互联网金融也会细化自身业务领域避开自身无法克服的经营弱点。王达（2014）认为中国已经基本形成了以国有控股商业银行为代表的传统金融机构、以阿里巴巴和京东为代表的新兴电子商务集团以及以腾讯和百度为代表的网络社交平台和门户网站三足鼎立的竞争格局。传统金融机构在与新兴的互联网金融模式的博弈与竞争中仍然占有一定的优势。

现有研究从多个角度探讨了互联网金融的发展，以及互联网金融与传统金融之间的关系。学者们普遍认为，互联网金融会对传统金融形成一定的冲击，两者之间的竞争也日益明显和普遍。不过，现有研究多集中在理论层面，缺乏深入的分析和研究，对于商业银行如何有效参与互联网金融竞争，实现转型升级具有很大的研究空间，这也是本课题研究的关键所在。通过本课题的研究，旨在为我国的商业银行更好地利用互联网金融谋求经营转型，适应经济新常态的发展提供参考，从总体和长远的角度对互联网金融竞争加以指导和规范，维护金融市场的竞争秩序，充分发挥市场资源配置基础作用，保持金融市场长效稳定的运行。

（五）论文的主要创新点

（1）目前国内关于互联网金融的研究大部分停留在对第三方支付，以及网络小微信贷的独立描述性研究。将互联网金融模式作为一个整体，系统研究互联网金融与传统商业银行竞合关系的文献较少。本文研究美国互联网金融的发展历程，对国内互联网金融的发展现状、现有模式及趋势进行比较分析。研究认为，互联网金融既表现为近两年涌现出的新兴金融业态，也不能忽视传统金融的互联网化，传统金融的互联网化对实体经济发展具有更重要的意义。

（2）本文在对互联网金融进行界定和描述的基础上，从多个视角分析探讨互联网金融的发展规律，依据资金时空再匹配的金融逻辑，对互联网企业与商业银行之间的竞争进行静态及动态推演，最后提出商业银行的应对策略。

二、互联网金融的发展介绍

（一）互联网金融与金融互联网的关系

1. 什么是"互联网金融"

谢平在 2014 年出版的专著《互联网金融手册》中，给出互联网金融的定义，谢平认为："互联网金融是一个谱系的概念，涵盖因为互联网技术和互联网精神的影响，从传统银行、证券、保险、交易所等金融中介和市场，到瓦尔拉斯一般均衡对应的无金融中介或市场情形之间的所有金融交易和组织形式"。①

互联网金融依托"大数据、搜索引擎技术、云计算、移动物联网和移动互联网"等互联网金融特有的技术，对传统金融的支付结算功能、融资形式等产生重大影响。虽然互联网金融的本质是金融，但与传统金融相比，包括行业、社会、技术以及制度等更多内容。谢平指出："互联网和金融在功能（基因）上是耦合的，这种天然的耦合性使得互联网和金融的结合成为可能"。这是互联网技术对传统金融产生影响的根本原因。

2. 什么是"金融互联网"

"金融互联网"是指金融机构将全部或者部分传统业务从线下向线上转移，是一种金融创新。目前在中国，主要存在八种金融互联网模式，第一，商业银行提供的"网上银行"服务，传统的存款、取款等业务都可以通过互联网操作来实现；第二，网络银行，也称"虚拟银行"，它

---

① 谢平，邹传伟，刘海二：《互联网金融手册》，北京：中国人民大学出版社，2014。

指以计算机服务器为主体，没有实际交易网点和柜台作为业务支持的虚拟银行，所有服务都必须通过互联网才能实现，这种模式具有部分互联网金融模式的特征，但仍然属于"金融互联网"的范畴；第三，券商集成平台，平台提供咨询服务，如需证券交易，需利用平台软件同具体证券公司连通；第四，证券公司提供互联网上的证券业务；第五，保险公司提供互联网上的保险业务，总体来说我国保险业务的互联网化水平不高；第六，网络保险公司，1997 年在日本，出现了由美国家庭人寿保险公司和日本电信共同设立的首家完全通过互联网推销保险业务的公司，目前中国还没有完全意义上的网络保险公司；第七，基金、理财和其他类型传统金融业务在互联网上的延伸；第八，传统业务模式的手机平台业务，在该种模式下，移动运营商负责搭建平台，银行、证券、保险、基金、理财等传统金融业务放置到手机平台上，供客户使用。[①]

3. "金融互联网"和"互联网金融"的辨析

关于"金融互联网"和"互联网金融"两者的关系，有三种类型。第一种观点认为"金融互联网"和"互联网金融"是共生关系，持这种观点的学者有贾甫、冯科（2014），吴晓求（2014）和戴东红（2014）；第二种观点以谢平（2014）为代表，认为互联网金融包括金融互联网；第三种观点与第二种观点相反，认为互联网金融是金融互联网的一部分，持此观点的学者有陆崛峰、汪祖刚、史丽霞（2014）。两者概念的比较如表 1 所示：

表 1　　　　　　　　　金融互联网与互联网金融关系

类型	特点
共生关系	（1）互联网金融与金融互联网在核心优势、融资方式、流动性管理以及风险处理等方面存在显著差异，但在金融属性、功能以及技术属性等方面存在共性，二者的边界并不清晰。

---

① 李智：《关于"互联网金融"的几个关键概念辨析》，载《中国商贸》，2014（11）。

续表

类型	特点
共生关系	（2）互联网金融是金融发展质的飞跃，是传统金融的合作者和竞争者，将推动整个金融结构的变革；而金融互联网是基于自身能力的修复与完善，在一定程度上提高了自身的竞争力，但其对金融体系的变革力度远远不如互联网金融。
互联网金融包括金融互联网	金融互联网是互联网金融的六大模式中的一种类型，认为传统金融的互联网化体现了互联网对金融中介和市场的物理网点。人工服务等的替代，典型的包括网络银行和手机银行、网络证券公司、网络保险公司、网络金融交易平台、金融产品的网络销售等。
金融互联网包括互联网金融	从本质属性和内在逻辑演变角度出发，认为在金融界中技术是不能够被完全垄断的，互联网金融在云计算、大数据、移动支付以及搜索引擎等信息技术上的优势将逐步被传统金融业所汲取，成为传统金融提高自身竞争力、完善原有体系的工具。

第一种观点忽略了两者的本质都是金融，主要关注互联网金融与金融互联网的内部运作方式、投融资主体、风险防控和资源配置方式等方面的差异性。本文对二者关系的界定是互联网金融包括金融互联网，互联网金融是一种新的金融模式，是互联网企业和传统金融机构以开放性和共享性为特征，具有普惠性和去中介化特质，利用互联网技术信息的多维采集和运用，在网络平台开展的金融业务，实现资金的融通，为实体经济服务。金融互联网化是互联网金融的一种模式，通过互联网渠道对传统金融实现互联网化，体现在传统金融的市场信息不对称的减少，交易成本降低，中间环节的减少，支付手段更加快捷，效率的提高等方面。

第一种观点忽略了两者的本质都是金融，主要关注互联网金融与金融互联网的内部运作方式、投融资主体、风险防控和资源配置方式等方面的差异性。本文对二者关系的界定是互联网金融包括金融互联网，互联网金融是一种新的金融模式，是互联网企业和传统金融机构以开放性和共享性为特征，具有普惠性和去中介化特质，利用互联网技术信息的多维采集和运用，在网络平台开展的金融业务，实现资金的融通，为实体经济服务。

金融互联网化是互联网金融的一种模式，通过互联网渠道对传统金融实现互联网化，体现在传统金融的市场信息不对称的减少，交易成本降低，中间环节的减少，支付手段更加快捷，效率的提高等方面。

（二）互联网金融的特点与内涵

互联网金融的商业模式与盈利方式与传统银行和资本市场都不同，发展速度最快的模式是手机银行、网上支付和P2P模式，P2P模式主要为中小企业融资困难提供帮助，弥补银行体系的不足。

发展程度较高的手机银行几乎可以实现所有的银行业务，包括账户和信息服务以及经纪业务。商业银行、第三方支付平台和移动运营商都看好手机银行的业务前景。通讯类基础设施建设的加强、手机银行自身的升级换代和移动设备的更新都为手机银行的进一步发展和在银行业务结构中占有一席之地，打下良好基础。

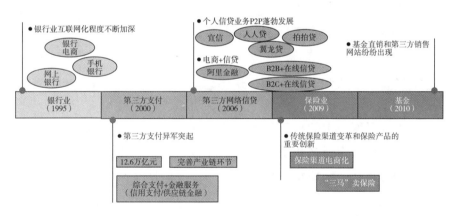

资料来源：易观智库。

图1 互联网已经渗透至金融领域

《金融e时代》中指出金融电子化的兴起是互联网金融发展的基础，书中对金融电子化的定义是："传统金融机构借助信息技术替代原有的手工业务处理，提升业务能力和运营效率。以证券行业为例，通过互联网和移动终端为客户提供网上交易、手机证券、投资顾问、网上开户业务、金融产品销售等服务均属于金融电子化范畴。而电子金融化，则是信息技术和互联网的发展促进金融业务和产品的创新，从而变革金融业务模式，例如社区金融、P2P 融资模式等，未来电子金融化将促进网上金融服务进一步走向多样化。"① 互联网金融已经逐步渗透到金融业的各个领域，如图 2 所示。

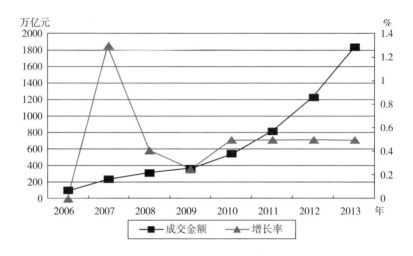

资料来源：Wind 资讯。

图 2　网上支付业务在中国快速增长

伴随互联网技术的日臻成熟，互联网金融迅速发展崛起，互联网金融模式对日常生活产生重大影响，在效率和成本方面对以商业银行为代表的传统金融构成重大挑战和竞争。互联网金融降低信息不对称程度，降低交易成本，支付快捷高效；商业银行和投资银行等传统金融机构的中介作用下降。互联网金融逐渐涉足商业银行的传统核心业务，给商业银行带来猛烈冲击和生存危机感。互联网金融对传统金融的影响和变革表现在以下几个方面：

第一，互联网金融面对客户的服务网点是虚拟的网络，客户倾向于在虚拟网络和传统商业银行的物理网点之间选择适合自己的服务终

---

① 万建华：《金融 e 时代》，北京：中信出版社，2013。

端，接触和服务客户的渠道逐步虚拟化，以上这些因素都迫使金融机构实现互联网化。

第二，互联网技术的智能性和精准性对传统金融由大体量带来的高利润空间构成重大威胁。互联网金融的普惠性体现在其服务对象和业务范围没有特定边界，互联网金融在平台开放和交互式营销方面更注重客户的体验，公众可以获得更高效、快捷的服务。

第三，电子商务环境的改善和提高，支付场景的多元化以及金融创新的不断加强使得互联网第三方支付快速增长。互联网技术的发展改变了公众依赖商业银行实现债权债务清偿过程中时间和空间上的限制，对商业银行的中介服务有冲击。

（三）我国互联网金融的发展现状、现有模式及趋势分析

1. 互联网金融的发展现状

（1）第三方支付发展方兴未艾

为了说明我国第三方支付发展的情况，我们通过图表的描述进行说明，具体如图3所示。

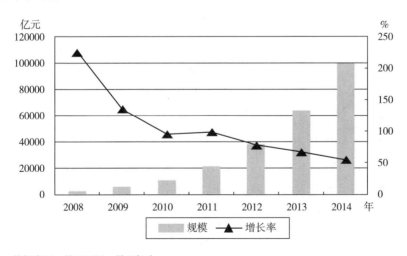

数据来源：易观国际·易观智库。

图3　2008—2014年中国第三方互联网支付市场交易规模

从图 3 可以看出，第三方支付市场规模从 2009 年的 6 万亿元增长到 2014 年的 10 万亿元，虽然同比增长率持续下降，但是依然保持 50% 以上的速度，在 2009—2014 年的 5 年间，平均每年的增长率在 150% 左右，由此可见第三方支付市场规模增长十分迅速。

最初的第三方支付公司有北京首信、网银在线等，至今已经发展了十几年。第三方支付市场整体呈现繁荣增长态势。第三方支付市场发展迅猛，在产业链的各个环节都有第三方支付公司的身影。第三方支付行业的准入许可证的颁发从 2010 年 5 月开始，至今已有将近 200 家企业领取了第三方支付牌照，业绩突出的公司有定位于个人支付的支付宝、财付通和银联，还有快钱、易宝支付和汇富天下等注重细分行业的公司，银联商务和拉卡拉等关注的是银行卡业务。

（2）移动支付异军突起

近年来，移动支付正在全球范围内迅速增长，移动支付体现出便捷可靠性，是极具发展潜力的新兴业务形式。从图 4 可以看出，中国移动支付市场交易规模的增长率从 2011 年的 67% 增长到 2013 年的 77%，中国第三方移动支付市场规模从 2010 年的将近 500 亿元增加到 2014 年的将近 4000 亿元。可见中国第三方移动市场规模的增长速度相对于中国第三方互联网支付市场规模的增长更快。2015 年移动支付占全球支付市场比例约为 2.2%。中国银联主推移动支付标准是 13.56MHz，确定了行业发展的标准，移动支付进入快速发展阶段。

（3）网络借贷风生水起

资金的出借人和借款人足不出户，通过虚拟的网络平台，实现在线交易，网络借贷发端于欧美，已有的模式有：单纯中介模式、中介模式与社交平台相结合的复合模式，以 P2P 作为主要形式。

网络贷款从 2007 年开始，从上海登陆中国，继而影响波及全国，是基于网络而生的信贷平台，目前已经发展到上千家。网络贷款实现小额资金拥有者的投资理财愿望以及需要小额资金投入的投资者的融资需求，弥补了普通民众从银行获取资金的困难，发展非常迅速，规模已达数十亿元。

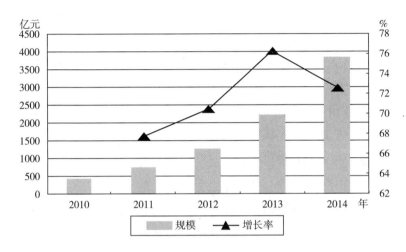

数据来源：易观国际·易观智库。

图4 2010—2014 年中国移动支付市场交易规模

网络贷款不同于传统贷款以抵押物作为防控风险的手段，客户除了固定资产、企业担保外，把网络信用度也作为贷款的参考标准。成立于 2010 年的阿里小贷是中国第一个在网上发放贷款的小额贷款公司，是网络贷款的成功案例。

（4）众筹融资日渐兴起

众筹的本质是众投，从字面理解，每个普通公众可以通过众筹获得投资资金，投向某项创作或者活动，是 C2I 消费投资模式，合意的投资人看到合适的项目利用消费剩余投资。项目发起人的融资来源既可以来自风险投资基金，也可以来自公众。众筹在中国也得到快速发展，成立于 2011 年 7 月的"点名时间"网站，截至 2015 年底发起项目近 80 个，结项项目近 50 个，成功项目 30 多个，成功比率高达一半以上。众筹与传统金融的区别在于融资可以依赖对象的扩大（除了专业投资银行），许多公司可以利用创意赢得资金。

2. 互联网金融的现有模式

（1）第三方支付

第三方支付（Third Party Payment）是指通过第三方平台进行借贷双方的供求匹配，第三方平台帮助资金寻求者寻找合适的贷款人，而资金提供者可以与其他贷款人一起分担信用风险。[①]

第三方支付是互联网支付的延伸和进一步发展，第三方支付公司的运营模式有两种：第一种是独立的第三方支付模式，不对电子商务网站负有担保的责任，仅对客户提供支付产品和支付系统解决方案，典型代表有易宝支付、汇付天下和拉卡拉等。第二种是依托的平台有 B2C、C2C 等电子商务网站，买家将货款交给平台托管，货物到达后，由平台发货并通知卖家货款到达；买方将货款打进第三方平台的账户，买方收货后，第三方支付平台收到买方的确认检验信息后，将货款转给卖方账户。

银行的虚拟电子货币受到第三方支付的影响。第三方支付平台与银行成为竞争与合作的关系。银行的中间业务中的有关基金、保险等个人理财项目的利润空间受到第三方支付平台的挤压。

第三方支付公司可以将其前期业务积累的客户信息（采购、支付、结算）与相关金融机构合作，因为交易成本低廉，为客户提供的金融服务优质、便捷。第三方支付公司与商业银行的业务重叠部分还有信用卡和消费信贷领域，在这些领域与商业银行形成了竞争关系。如果第三方支付机构拥有"账户"权益，银行收到的冲击会是全方位的竞争。

（2）P2P 网络贷款平台

网络贷款可以起到商业银行的信用中介作用，通过引入小额资金组建资金池，小额资金一般没有好的投资渠道，缺乏应对风险的能力，为资金池设计独特的风险定价机制、基于大数据的量化放贷、贷款的

---

① 李东荣：《中国互联网金融发展报告（2015）》，北京：社会科学文献出版社，2015。

二级交易，对解决中小企业融问题提供帮助。

P2P 网贷资金资金量小、资金使用时间短，反应迅速，进入门槛低，资金投向一般是银行不重视的区域，但是面临的是严格的金融监管以及被合并的可能。

目前中信银行、民生银行等已自行或是联合电商平台推出针对性的网络贷款业务。目前有互联网中介性质的平台运营模式（主要是 P2P 网贷、众筹、平安陆金所）以及阿里、P2P 小贷模式 + O2O（Online – to – Offline）模式等。

表 2　　　　　　　　　　信贷类互联网金融商业模式

模式	互联网中介性质的平台运营模式（主要是 P2P 网贷、众筹）			阿里 P2P 小贷模式 + O2O 模式
	无担保线上模式	有担保线上模式	线下交易模式	
平台作用	单纯中介	中介 + 担保	主要信息交易平台，宜人贷借款和出借可线上完成	量化放贷
对应责任	当贷款发生违约风险，不垫付本金	当贷款发生违约风险，承诺先为出资人垫付本金	债权转移；宜人贷开始涉及有担保线上模式	
盈利模式	成交服务费、第三方平台充值、取现服务费	现场考察费、借款管理费、投标管理费、担保费用	账户管理费、服务费	贷款利息
风险管理	借款人按月还本付息、信用审核中引入社会化因素、公开曝光黑名单	客户信息认证且资金托管、逾期欠款多种方式催收、有权正式备案"不良信用记录"列入全国个人信用评级黑名单、风险保证金	客户信息认证、提倡小额出借分散风险、设立独立的还款风险金账户、寄送月度账本	严格的借款人资格规定、拥有网商大量交易数据、具有相对成熟的信用评价体系及较完整的交易数据库、以网点未来收益作为抵押

续表

模式	互联网中介性质的平台运营模式（主要是 P2P 网贷、众筹）			阿里 P2P 小贷模式 + O2O 模式
	无担保线上模式	有担保线上模式	线下交易模式	
平均借款利率	19.62%	18.56	年度费率 2.3%（利息 10.91%，服务费 20.46%）	18.25%~21.9%
国外代表公司	Prosper（2006）	Zopa（2005）		
国内代表公司	拍拍贷（2007）	红岭创投（2009）	宜信财富（2006）	阿里小贷（2010）
备注			因拥有强大线下业务，证大 e 贷和平安"陆金所"也只能充当信息交易平台的职能，类似宜信模式	

资料来源：Wind 资讯。

P2P（Peer - to - Peer lending），一种典型的点对点信用贷款的方式。P2P 平台利用向借款人收取费用的方式和同投资人收取管理与评估佣金的方式来获得利润。其贷款利率的确定有两种方式：第一种方式是由放贷人的竞标结果来确定；第二种方式是通过借款人信誉评估状况或者是银行的利率来进行确定。实际上，P2P 网贷尚未成型，其运营模式也没有合理地确定，尚处于试营阶段。

表3　　　　　银行开展四种 P2P 金融运作模式的不同特点

模式	运作模式	特点
传统模式	搭建网站，线上撮合	有利于数据积累，品牌独立，但优势较小，需要先期投入培养竞争力
债权转让	先将资金借出，然后将债权转售给出借人，赚取利差	适合线下，不利于展业，且程序繁琐，有政策风险
担保模式	引入保险公司，为线上交易双方提供担保	安全，但涉及产业链复杂，合作难以达成
平台模式	将多家小贷公司引入平台，协助其对借款人审核	成本较小，见效快，但核心业务已偏离金融行业

P2P 平台的盈利主要是从借款人收取一次性费用以及向投资人收取评估和管理费用。贷款的利率确定或者是由放贷人竞标确定或者是由平台根据借款人的信誉情况和银行的利率水平提供参考利率。

由无准入门槛、无行业标准、无机构监管，对 P2P 网贷还没有严格意义上的概念界定，其运营模式尚未完全定型。目前已经出现了以下几种运营模式，一是纯线上模式，此类模式典型的平台有拍拍贷、合力贷、人人贷（部分业务）等，其特点是资金借贷活动都通过线上进行，不结合线下的审核。通常这些企业采取的审核借款人资质的措施有通过视频认证、查看银行流水账单、身份认证等；二是线上线下结合的模式，此类模式以翼龙贷为代表。借款人在线上提交借款申请后，平台通过所在城市的代理商采取入户调查的方式审核借款人的资信、还款能力等情况。另外，以宜信为代表的债权转让模式现在还处于质疑之中，这种模式是公司作为中间人对借款人进行筛选，以个人名义进行借贷之后再将债权转让给理财投资者。

从 P2P 的特点来看，其在一定程度上降低了市场信息不对称程度，对利率市场化将起到一定的推动作用。由于其参与门槛低、渠道成本低，在一定程度上拓展了社会的融资渠道。但从目前来看，P2P 网贷暂时很难撼动银行在信贷领域的霸主地位，无法对银行造成根本性冲击。P2P 针对的主要还是小微企业及普通个人用户，这些大都是被银行"抛弃"的客户，资信相对较差、贷款额度相对较低、抵押物不足，并且因为央行个人征信系统暂时没有对 P2P 企业开放等原因，造成 P2P 审贷效率低、客户单体贡献率小，以及批贷概率低等现状，并且很多异地的信用贷款，因为信贷审核及催收成本高的原因，不少 P2P 平台坏债率一直居高不下。

据网贷之家不完全统计，目前全国活跃的 P2P 网贷平台在 800 家左右，根据了解的最近平台相关规划、建设情况，预计在 2013 年底将达到 1500 家左右。从目前整体 P2P 行业来看，先进入者因为有一定的知名度及投资者积累，相对大量的投资者来说，更多的是缺乏优质的信贷客户；而对于一些新上线的平台，因为缺少品牌知名度及投资者的信任，或者被迫选择一些虚拟的高利率的标的来吸引投资者，或者是依托线下合作的小贷、担保公司资源将一些规模标的进行资金规模或者时间段的分拆，以便尽快形成一定的交易量，争取形成良性循环。

P2P 网贷平台还处于培育期，用户认知程度不足、风控体系不健全，是 P2P 行业发展的主要障碍。少数平台跑路的信息也给行业带来了不好的影响，其大都是抱着捞一把就跑的心态，在平台上线不长的时间内依靠高回报率骗取投资人的资金，而很少是因为真正的经营不善而倒闭的。因此，不能因为少数害群之马的恶劣行为来彻底否定一个行业，而是要在逐步建立备案制以及相关资金监管的同时，加大对真正违法诈骗的行为进行严厉打击。

随着互联网金融的火爆，创业热情的高涨，众多的 P2P 网贷平台若想在竞争中取胜，一方面是要积累足够的借、贷群体，另一方面建立良好的信誉，保证客户的资金安全。随着对 P2P 平台的监管加强，平台资金交由银行托管，平台本身不参与资金的流动是必然趋势。另外，与第三方支付平台和电商平台合作，利用互联网积攒的大数据来识别风险，以及各家 P2P 网贷平台共享借贷人信息，建立一个全国性的借款记录及个人征信都将是 P2P 网贷的发展方向，并将进一步加快利率市场化的步伐。

（3）大数据金融：降低成本和解决信息不对称

大数据集合海量非结构化数据，通过实时分析，为互联网金融机构提供了客户全方位信息，通过分析和挖掘客户的交易和消费信息掌握客户消费习惯，并准确预测客户行为，使银行在营销和风控方面有的放矢。大数据的 4V 特性如表 4 所示。

所谓的大数据金融，是在大量收集非结构化数据的基础上，进行数据分析，并将数据分析结果提供给互联网金融机构，使其能够全面地对客户的信息进行了解，提前对客户行为做出评估与预测，有效地提升互联网金融机构的风险评估效率，并以此做出正确的市场判断，达到最终的营销目的。大数据的特性可以总结为4V，简称4V特性，如表4所示。

表4 大数据的4V特性

体量 Volume	非结构化数据的超大规模和增长 总数据量的80%~90% 比结构化数据增长快10倍到50倍 是传统数据仓库的10倍到50倍
多样性 Varity	大数据的异构和多样性 很多不同形式（文本、图像、视频、机器数据） 无模式或者模式不明显 不连贯的语法或句义
价值密度 Value	大量的不相关信息 对未来趋势与模式的可预测分析 深度复杂分析［机器人学习、人工智能 VS 传统商务智能（咨询、报告等）］
速度 Velocity	实时分析而非批量式分析 数据输入、处理与丢弃 立竿见影而非事后见效

资料来源：i Research。

阿里小贷的运作模式分为贷款前、贷款中和贷款后。在贷款前，阿里小贷对企业电子商务的经营状况进行调查研究，重点考察企业的信用还款情况和支付银行贷款的能力，必要时辅以第三方的认证情况；为了更好地实施风险监控，阿里小贷通过监控企业的资金流向和物流运输情况来达到监督目的，实施机构是支付宝和阿里云等机构；贷后是指对违约客户的处理方式和方法，在对客户进行信用评分的基础后，对违约客户加以限制或者要求停业关门，并在网路上给予公开信息的处罚。

电子商务企业以拥有的大量客户数据进行的金融活动构成了金融服务平台的主要内容。大数据的云计算进行信息处理后，可以获取大量的有用信息，实现大数据资产的变现能力，为电子商务企业从事金融活动做好准备。阿里小贷是平台模式的主要代表，京东和苏宁是供应链金融模式。

阿里小贷的贷款额度是 5 万元以下的金额，小额资金贷款一直以来是大银行所不愿意做的，出于成本考虑视角，大银行往往无视这块业务，阿里小贷填补了这方面金融供给的缺失。不同于传统银行的抵押和质押贷款，阿里小贷的运作模式是以客户的信用状况为基础，发放的是无抵押物贷款或者是应收账款类贷款。阿里小贷的业务特点封闭数据和大数据，封闭数据是说阿里小贷只对自己的数据进行分析处理和信息识别。

阿里金融自己的大数据团队在对数据进行处理的基础上，利用自身研发团队的模型，给集团公司的客户提供服务（商店和店主的信用额度计算），为了更好地实施风险控制，支付宝、阿里云等电商平台对客户的资金信息实施全封闭式管理，安全高效地进行放贷。京东和苏宁的供应链金融模式的运作模式如下：为了获得银行授信，以电商企业未来的现金流作为抵押物，获取银行的贷款后，再放贷给供货商。阿里金融的服务运行模式如图 5 所示。

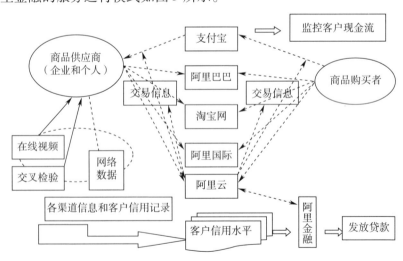

资料来源：阿里巴巴年报及网站。

图 5　阿里金融的服务模式

（4）众筹

众筹的运作模式是大众筹资，让需要资金的人（创业企业、艺术家）各种营销推广方式向公众展示说明自己的项目的创新之处和盈利点，引起公众的投资热情，鼓励公众以团购或者预购的方式投资自己的项目，争取大众的支持，募集所需资金。

众筹的运作模式如下：众筹平台审核由融资方（需要资金的个人或者团队）提交的项目说明书，审查合格后，融资方在众筹平台上创建网页，发布项目说明书，吸引公众的注意和投资。众筹依照的规则是：在规定的筹资天数内，筹集到目标资金量后，融资者可获得相应资金，筹资款在规定时间内达不到目标资金的话，已筹集到资金需退还支持项目的公众。其中众筹平台从筹集成功的项目中提取好处和报酬。

点名时间的网站如图 6 所示。点名时间的运作方式与传统股权投资机构有较大差异，详细对比说明如表 5 所示。

数据来源：公司网站。

图6　中国最大的网上众投投资平台"点名时间"

表5　　　　　　　点名时间的运作方式与传统股权投资机构有较大差异

涉及方面	描述	评述
运作模式	实名认证； 每个项目都有目标金额和时间限制，项目必须在发起人预设的时间内达到或超过目标金额才算成功。没有达到目标的项目，支持款项将全额退给所有支持者。	实名认证起到了见证作用，减少了网上的信息不对称； 运作机制体现了对项目发起者有较强的活动能力要求（把握目标金额和时间限制）。
支持方式	不收取手续费	减少了交易费用
资金成本	项目发起人在接受支持的同时给予支持者一定的回报（可以是实物，也可以是非实物，但不能涉及资金或股权）作为感谢。	一方面体现了公益属性； 另一方面通过赠予体现了隐性的融资成本，但赠予由发起人制定，资金成本相对不高。

资料来源：Wind 资讯。

（5）信息化金融机构

所谓信息化金融机构，是指通过采用信息技术，对传统运营流程进行改造或重构，实现经营、管理全面电子化的银行、证券和保险等金融机构。金融信息化是金融业发展趋势之一，而信息化金融机构则是金融创新的产物。从金融整个行业来看，银行的信息化建设一直处于业内领先水平，不仅具有国际领先的金融信息技术平台，建成了由自助银行、电话银行、手机银行和网上银行构成的电子银行立体服务体系，而且以信息化的大手笔——数据集中工程在业内独领风骚。

目前，一些银行都在自建电商平台，从银行的角度来说，电商的核心价值在于增加用户黏性，积累真实可信的用户数据，从而银行可以依靠自身数据去发掘用户的需求。建行推出"善融商务"、交行推出"交博汇"等金融服务平台都是银行信息化的有力体现。工行的电商平台也预计在 2014 年元旦前后上线，作为没有互联网基因的银行一拥而上推广电商平台，目的何在？

从经营模式上来说，传统的银行贷款是流程化、固定化，银行从节约成本和风险控制的角度更倾向于针对大型机构进行服务，通过信息技术，可以缓解甚至解决信息不对称的问题，为银行和中小企业直接的合作搭建了平台，增强了金融机构为实体经济服务的职能。但更为重要的是，银行通过建设电商平台，积极打通银行内各部门数据孤岛，形成一个"网银＋金融超市＋电商"的三位一体的互联网平台，以应对互联网金融的浪潮及挑战。

信息化金融机构从另外一个非常直观的角度来理解，就是通过金融机构的信息化，让我们汇款不用跑银行、炒股不用去营业厅、电话或上网可以买保险，虽然这是咱们大家现在已经习以为常的生活了，但这些都是金融机构建立在互联网技术发展基础上，并进行信息化改造之后带来的便利。未来，传统的金融机构在互联网金融时代，更多的是，如何更快、更好地充分利用互联网等信息化技术，并依托自身资金实力雄厚、品牌信任度高、人才聚焦、风控体系完善等优势，作为互联网金融模式的一类来应对非传统金融机构带来的冲击，尤其是思维上、速度上的冲击。

（6）互联网金融门户

互联网金融门户是指利用互联网进行金融产品的销售以及为金融产品销售提供第三方服务的平台。它的核心就是"搜索＋比价"的模式，采用金融产品垂直比价的方式，将各家金融机构的产品放在平台上，用户通过对比挑选合适的金融产品。互联网金融门户多元化创新发展，形成了提供高端理财投资服务和理财产品的第三方理财机构，提供保险产品咨询、比价、购买服务的保险门户网站等。这种模式不存在太多政策风险，因为其平台既不负责金融产品的实际销售，也不承担任何不良的风险，同时资金也完全不通过中间平台。目前在互联网金融门户领域针对信贷、理财、保险、P2P等细分行业分布有融360、91金融超市、好贷网、银率网、格上理财、大童网、网贷之家等。

互联网金融门户最大的价值就在于它的渠道价值。互联网金融分流了银行业、信托业、保险业的客户，加剧了上述行业的竞争。随着利率市场化的逐步到来，随着互联网金融时代的来临，对于资金的需求方来说，只要能够在一定的时间内，在可接受的成本范围内，具体的钱是来自工行也好、建行也罢，不论P2P平台还是小贷公司，抑或是信托基金、私募债等，已经不是那么重要。融资方到了融360、好贷网或软交所科技金融超市时，用户甚至无须像在京东买实物手机似的，需要逐一地浏览商品介绍及详细的比较参数、价格，而是更多地将其需求提出，反向进行搜索比较。因此，当融360、好贷网、软交所科技金融超市这些互联网金融渠道发展到一定阶段，拥有一定的品牌及积累了相当大的流量，成为了互联网金融界的"京东"和"携程"的时候，就成为了各大金融机构、小贷、信托、基金的重要渠道，掌握了互联网金融时代的互联网入口，引领着金融产品销售的风向标。

3. 互联网金融发展规律及趋势分析

（1）互联网金融是构筑一国金融核心竞争力的关键

互联网金融将互联网技术与传统金融实现融合，一方面利用大数据，云计算技术降低交易成本，减少信息不对称；另一方面以互联网技术对金融产品和服务进行创新，提高资源配置效率，扩大服务种类和服务范围，这种新型金融产品要求监管当局的监管水平有所提高。从战略层面考虑，互联网金融的创新和国际化能够提高一国金融的综合实力和核心竞争力，应当引起国家的重视，并且给予足够的支持和帮助，为我国的强国之路打好金融基础。

（2）监管互联网金融的安全与效率，做好风险防范工作

美国金融监管当局的主要关注点是行为，对各机构的业务行为进行监督和执行相关法律操作，一般不过多关注金融机构的性质。

以P2P网贷为例，P2P网贷目前尚没有具体划归到某类金融业务类型，具体该接受哪类金融监管机构的监管，不是很清晰；此外，国内的P2P网贷平台基本没有向外公布具体经营情况和相关资料，这就

造成 P2P 网贷在管理上出现既无监管机构，准入门槛极低和行业标准缺失的情况。这给企业不顾风险隐患，为了高额利润链而走险的机会，P2P 行业风险积聚，风险上升。

（3）互联网金融的发展是有边界，不会无限增长

我们可以从经营成本、客户群特质和传统金融与互联网金融的市场占有率三方面入手分析。

①从长期看，互联网金融发展的成本会越来越高。从系统维护的角度看，互联网金融企业需要在新技术发展、信息安全保障和计算设备、存储计算设备等方面投入大量资金，给予保障，随着信息系统的升级换代，上述维护成本也会增加。以上是从物的角度考虑，在人力资源成本方面，互联网金融业务的开展离不开系统架构设计、数据库开发、软件设计开发、用户界面设计、金融产品开发定价、风险控制、信息安全管理、市场营销等多个领域，而且各个领域的专业人才需要深层次的沟通与整合，因此互联网金融的人力资源成本往往远高于其他行业。

②互联网金融无法占有全部金融市场。互联网金融与传统金融的关系和网络购物与传统零售的关系具有类比性，互联网金融给予投资者和资金需求者更多的选择或者提供更便捷的方式来获取服务和产品，然而更多的选择并不能完全代替既有的金融产品和服务。因此，我们可以对互联网金融将来发展的体量与趋势做出一个粗略的感性判断，即互联网金融的扩张速度也会逐步降低，并最终与传统金融形成一个共生关系，如表 6 所示。

表6　　　　　　　　　　　　　互联网倒逼金融转变

	传统金融	互联网金融
信息处理	困难、成本很高	容易、成本很低
风险评估	信息不对称	数据丰富、完整、信息对称
资金供求	通过银行、券商等中介实现期限、数量匹配	完全可以自行解决

续表

	传统金融	互联网金融
支付	通过银行支付	超级集中支付系统和个体移动支付的统一
供求方	间接交易	直接交易
产品	需要设计复杂风险对冲	简单化（风险对冲需求减少）
成本	交易成本极高	金融市场运行互联网化，交易成本较少

资料来源：Wind 资讯。

　　互联网现在或未来会极大地改变传统金融的运行模式，比如金融服务渠道的互联网化和基于互联网的创新金融服务等，对金融构成五要素（对象、方式、机构、市场及制度和调控机制）进行重塑，但是不会改变金融的核心特征（货币流通、信用、持续效用），互联网金融遵守的还是金融规则，如表7所示。

表7　　　　　　　　　　　互联网引入重塑金融五要素

金融对象	可无实际货币资金的流通
金融方式	异于商业银行间接融资及资本市场直接融资。新模式下，支付便捷，市场信息不对称程度非常低，资金供求方在资金期限匹配、风险分担上成本非常低，可以直接交易，金融中介不起作用，贷款、股票、债券等发行交易及券款支付直接在网上进行。
金融机构	不需要，供求方直接交易。
金融市场	充分有效，接近无金融中介状态。
制度和调控机制	针对现有金融机构的审慎监管不存在，以行为监督和金融消费者保护为主。

资料来源：Wind 资讯。

　　③互联网金融不能满足所有金融需求。从目标客户群体和产品的特点来看，在客户群体方面，由于互联网金融产品具有易于理解、使用简单等特点，对于特定的客户群体具有较强的价值和竞争力，但在特定客户之外，产品的竞争力将受到影响。

④互联网金融的三个发展阶段

基于对现有金融体系的影响以及业务发展的成熟度，我们构建了互联网金融的三重境界。其中境界一和境界二是对传统金融业务的拓展和优化，境界三则是对传统金融体系的颠覆和重塑，互联网对现有金融体系的冲击不断加强，如表8所示。

表8　　　　　　　　　　　互联网金融的三个层次

互联网金融内容	对传统金融基本功能影响	代表	依托	进展情况
网络渠道拓展	交易、支付、理财等业务有效整合，属于金融电子化范畴	华创证券、方正证券开办网络商城；国泰君安证券设立网络金融部；雪球网投资咨询功能的发展；基于余额宝进行理财产品销售	渠道拓展	商业模式相对成熟
大数据运用	通过信息优势实现融资功能的完善，补充现有金融体系	阿里巴巴金融等网上小额信贷机构	数据存储和分析的创新	试点中，有较多成熟案例
虚拟信用平台	投资与融资功能的革新，并最终影响资源配置，属于电子金融化范畴	Pros、Facebook、点名时间等社区金融等P2P平台；以比特币为首的互联网货币	信用平台创新	萌芽中

资料来源：国泰君安证券。

层次一：网络渠道拓展。传统金融渠道虚拟化，有效整合交易、支付和理财等业务，利用互联网为客户提供一体化多样化金融解决方案，如券商综合理财账户、余额宝等。互联网络平台突破了时间和地域的限制，促进虚拟市场的形成和发展。

层次二：大数据运用。互联网金融可借助大数据挖掘和信息流优势，实现客户服务的精确定位和无缝推送。大数据是指不用随机分析，而采用所有数据的方法。在缺乏互联网平台的情况下，计算机难以完成巨量数据的储存和处理，难以实现大数据功能。而互联网平台和云计算技术的进步，使得大数据的处理成为了可能。大数据处理带来了传统信息储存和统计处理方法难以实现的信息优势，借此实现新的商业变革。

我们认为，互联网金融主要定位于中等和中下等收入群体，以提供标准化的金融产品为主。未来我国互联网金融产业有望形成与美国等成熟市场国家相类似的格局。金融机构和互联网/IT 公司将基于自身优势积极发展，金融机构利用牌照优势、研究优势和资本优势，互联网公司利用技术优势、客户优势和数据优势，如图 7 所示。

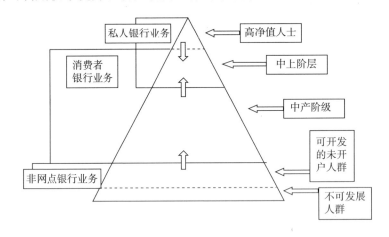

数据来源：埃森哲咨询。

图 7　预计未来我国互联网金融以中等收入用户为主

层次三：虚拟信用平台。革新传统的金融中介及货币发行体系，借助 P2P 网上借贷平台、众投模式、社交网站、电子货币等形式，实现新生代金融生态圈的重构。互联网金融可替代商业银行、投资银行等金融中介功能，革新传统投融资体系，实现较低的交易成本，如图 8 所示。

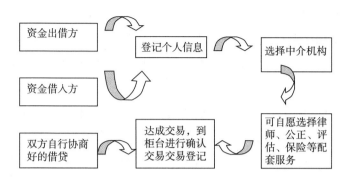

资料来源：谢平：《互联网金融模式研究》。

图8 传统融资业务需要中介的媒介作用，产生交易费用

三、互联网金融竞争态势分析与竞争格局的推演

（一）传统金融与互联网金融的竞争、合作与未来

长期以来，传统金融业锁定高端市场导致低端市场的金融需求得不到满足，正规金融机构一直未能有效解决中小企业融资问题，而我国长期的"金融压抑"现象赋予了互联网金融的发展空间。互联网金融填补了我国金融服务业的部分空白，同时也促进了中国金融业的发展，丰富了我国金融业的服务内容，互联网金融的积极意义显而易见。

1. 传统金融与互联网金融的合作大于竞争

互联网金融和商业银行均存在比较优势。互联网金融的优势在于平台、零售客户资源和数据。商业银行的优势在于资本、批发客户资源、信用和风控能力。互联网金融的优势在于批量化、标准化地服务金融长尾市场。互联网金融客户群以零售客户为主，对商业银行的影响主要都在零售业务。小微企业往往地域分散，贷款需求"短小频急"，缺乏抵押担保。商业银行做小微企业和个人信贷的主要困难在于渠道不畅和信息不对称，因此它们很难批量获得客户，导致信贷投放成本高，效率低。而高端客户的面对面个性化服务是互联网金融的短板。

2. 未来的发展趋势

互联网金融与传统金融利用各自的优势，协同合作倒逼利率形成市场化，从而加快我国金融市场的开放进程，促进中国金融业的发展。主要体现在以下方面：

（1）互联网金融与传统金融的垂直连接是未来发展的方向。笔者认为，互联网金融与传统金融的垂直连接是未来金融发展的必然趋势。凭借传统金融的信誉与风控、人才、政策等优势，可以更快速地进入新兴的互联网金融市场，获得客户的认可。

（2）互联网金融将促使我国金融业混业经营模式的形成。互联网金融的一个特点就是兼容性强，未来的互联网金融能有效整合交易、支付和理财等业务，利用互联网大数据挖掘和信息优势，实现客户的精准定位和无缝传递对接，推送个性化金融产品，为客户提供多样化金融解决方案，增加用户对平台的黏性，从信托、基金、保险、理财产品等非信贷类金融产品着手，做好平台交易的接口与协议，将多个平台积累的信用数据汇集在一起，建立起面向社会的信用平台，建立风控模型的团队，使客户在一个平台上实现多种金融的需求。

（3）互联网金融融资模式的创新。互联网金融的移动支付、社交网络、搜索引擎和云计算等对人类金融模式产生了根本性的影响。这种模式下，支付便捷、市场信息不对称程度非常低；资金供需双方在资金期限匹配、风险分担等的成本非常低，可以直接交易，银行、券商和交易所等金融中介都难以发挥作用，贷款、股票、债券等的发行和交易以及券款支付直接在网上进行。

（4）利率市场化的形成。互联网金融有助于中国资本市场的利率形成市场化。这是因为在互联网金融模式下：①可以分流储蓄存款。以余额宝为例，"T+0"的支付+货币市场基金，从技术上实现了活期存款的利率市场化，商业银行面临着吸收存款的压力越来越大，倒逼利率市场化。②会加剧理财市场竞争。商业银行受到资产证券化等诸多限制，金融产品选择少。而 P2P 平台相比之下产品设计更加灵活，年化投资收益率也更高。

（二）金融互联网竞争态势的静态与动态分析

在宏观经济放缓、利率市场化、规模借贷需求减少、金融脱媒持续的大背景下，经营转型已经成为商业银行的一项十分迫切的任务，而经营转型的一个重要方向，就是利用互联网技术降低运营成本、提高产品和服务的效能、改善客户体验，于是银行电商、银行 P2P、银行版快捷支付、余额理财等产品纷纷面市，欲与互联网企业一分高下。一方是拥有核心信息处理技术和海量客户数据的互联网企业，一方是迫切需要利用互联网和信息处理技术谋求经营转型的商业银行———两类本是毫不相干的市场主体，即将在互联网金融领域展开一场始料未及的激烈竞争。

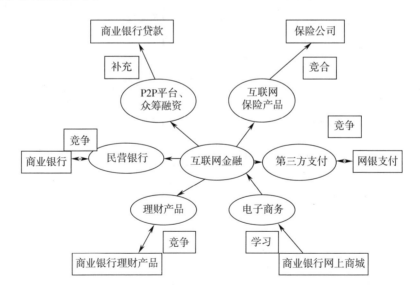

资料来源：Wind 资讯。

图9　互联网金融多样化业务结构与商业银行的竞合关系

互联网金融与传统银行分别利用信息数据优势和信用优势发展各

自优势业务，既有竞争又有合作。从当前竞争形势来看，银行与网贷平台竞争贷款客户过程中优势明显，互联网金融在第三方支付平台、理财平台以及综合平台方面拥有优势，如表9所示。

表9　　　　　　　　　互联网金融与传统银行在竞争中有合作

		支付平台	网贷平台	理财平台	综合平台
银行影响	收入端	支付结算、转账汇款、代扣代缴等手续收入下降	通过合作可提高银行贷款收益水平	代销业务手续费收入下降，支付结算手续费收入有所上升	理财业务手续费收入下降
	成本端	个人活期存款转移，部分活期存款为定期	个人定期存款、理财资金少量流失	个人存款及理财资金的少量流失	个人存款、理财资金流失
当前竞争形势	优势	用户范围广，公信力较强，不受额度限制	贷款利率低	安全性好	存款及银行理财无风险、多币种
	劣势	资金流缓慢、费率、门槛较高，创新能力较弱	门槛高、额度大、期限单一、审评繁琐	申购费高、认购门槛高、赎回慢、产品多样性少、交易便捷性低	收益低，银行理财门槛高，期限少
	地位	对零售客户优势较少	互补而非竞争关系	竞争劣势明显	竞争优势分明

资料来源：Wind 资讯。

1. 收入端

通过分析，我们认为受互联网金融冲击最大的主要为银行支付结算、银行卡、代理业务、理财业务等手续费及佣金收入。

2. 成本端

分流资金提高成本。通过分析，我们认为银行个人客户的全部负债均有遭受潜在冲击可能，包括个人活期存款、个人定期存款及个人理财资金。

3. 竞争形势：双方各有优势业务

互联网金融与传统银行分别利用信息数据优势和信用优势发展各自优势业务，既有竞争又有合作。

从未来竞争格局上看，银行与网贷平台以合作和互补为主，与第三方理财平台则保持着竞争与合作并存的局面，而在支付平台、综合产品的较量中则以竞争为主、合作为次，竞争中银行与互联网公司都具备各自的优势业务和优势客户，如表10所示。

表10　　　　　未来互联网金融与传统银行在竞争中有合作

未来竞争格局	应对措施	追随战略，升级电子银行、自建电子商务平台；合作战略，与第三方电商平台及支付企业的合作	升级系统，有能力实现审评、放款、还款自动化；客户下沉，增加消费贷和小微贷	降低代销费率，升级系统缩短赎回时间，自建综合理财网销平台	提高利率、降低投资门槛、力推开放式理财产品
	竞争类型	竞争为主	竞争为次，以合作和互补为主	竞争和合作兼有	竞争为主
	银行优势业务	B2B支付、大额转账、中老年客户	贷款给资信较优的客户	网银、手机银行上的代销	低风险偏好的个人客户理财、企业理财
	互联网优势企业	B2C及C2C支付、小额转账、年轻客户	贷款给资信较差的客户，并为银行提供数据支持	提供电商平台，多方代销或直销	较高风险偏好的个人客户理财，年轻客户理财

资料来源：Wind资讯。

（三）互联网金融与传统金融（银行）的共生竞合

尽管互联网平台介入金融行业之日起，就呈现出一种与传统金融相互竞争，咄咄逼人的状态。必须看到，互联网技术介入金融与以传统金融企业为代表的金融互联网化之间各自具有对方不可比拟的优势。从长期来看，在解决了金融主权隐患、系统安全、金融实名制、征信完善、风险兜底与规范准入之后，它们之间的竞争应该是相互促进、相互融合的良性竞争态势。

1. 银行业与互联网企业开展广泛合作

第一，与互联网企业进行渠道共享。银行可以借助来自互联网的战略合作方拥有的渠道，通过共享资源、工序外判来完成金融产品与客户的对接。近期一些股份制商业银行如平安、浦发、民生等，纷纷与互联网行业的巨头如百度、腾讯、阿里联姻。浦发银行与腾讯公司签署《战略合作协议》，表示后期将积极与腾讯公司共同研究互联网平台与金融产品的融合创新，创造更契合用户体验习惯的新金融模式。招商银行加大与外部机构的合作力度，在个人理财、信用卡、移动支付、小企业信贷等多个领域创新了产品，在客户服务方面，还先后与腾讯 QQ、微信合作推出智能客服。招商银行发布了"智慧供应链金融平台"，重点是为客户提供供应链上的物流、资金流和信息流的综合金融服务方案。

第二，与互联网企业共建"平台金融"。尽管银行"不差钱"，但自建电商平台毕竟费时费力，短时间难以见效。例如华夏银行整合其现有的业务核心系统，将相关客户散布在银行系统中的各类数据进行数据清理、数据挖掘，形成有价值的信息链，然后把这种链条与客户的供应链信息进行匹配，在资金流、物流、信息流中去发现商业机会，主动将银行的金融服务流程嵌入到客户的业务流程中去。这种模式下，银行无须自建电商平台，而是通过融合发展的模式，实现多快好省。

网上银行很好地解释了金融与互联网结合的强大力量。目前国有大行电子银行对柜面的替代率均已超过 50%，极大地缓解了银行柜台业务的压力。然而这种由商业银行发起的"水泥 + 鼠标"经营小创新尽管在业务、功能等方面有所改善，但始终未能走出其"柜台替代者"的身份。此次金融与互联网的深度融合则由互联网掀起，以互联网为代表的现代信息科技，特别是移动支付、云计算、社交网络和搜索引擎等，将对金融模式产生根本影响。

从目前国内银行金融体系来看，已经形成国家政策银行、国有商业银行、股份制商业银行、城市商业银行、农村金融机构、小额贷款公司这样的层级结构，覆盖了大型央企、地方政府企业、中小民营企业、农户及个体商户。然而市场最缺的还是中小微企业及农业金融服务。互联网金融的兴起正是对小微企业金融服务市场最大的补充。

2. 互联网金融和商业银行竞争的两个要素——便捷与安全

互联网金融企业优势种种，最终落实在用户端只简化成两个字：便捷。"关注用户体验""致力界面友好"，互联网产品的设计理念在金融支付应用中也体现得淋漓尽致。"小额快捷支付"使用户摆脱了 U 盾等安全防护产品的繁琐操作，二维码扫描、语音支付等近场 NFC 应用使"无磁无密"概念延伸到线下，阿里金融甚至革新了传统的信贷理念，以商家在淘宝或天猫上的现金流和交易额作为放贷评估标准，建立了无担保、无抵押、纯信用的小额信贷模型，从申请贷款到发放只需要几秒钟。

越来越快的生活节奏使"便捷"成为多数用户的首选，这一点还体现在金融支付工具的功能集成化。与单独某一家银行或基金公司所能提供的产品相比，互联网金融企业提供的虚拟钱包有更多接口，所能集成的功能更加多元，这无疑简化了用户的支付界面，更容易赢得使用者的青睐。

然而就金融这一特殊产品而言，便捷性与安全性存在显著的矛盾对立。如何保证自有资金、客户备付金、客户信息、运行和业务系统的安全，强化客户身份的识别，规范业务运作，是跨界的互联网金融公司需要着重考虑的问题。此外，以全新的信贷模式涉足贷款领域，未来究竟是否会积累巨大风险，新兴的网络金融公司无法给出肯定的答案。目前，互联网支付公司只有客户交易数据，没有资金流向数据，数据库不能有效掌握贷款人的资金流向，信用风险判断可能发生失误。交易数据是否能支撑金融模型，金融模型是否能确定把违约率降到一定概率，都需要时间来验证。

四、商业银行参与互联网金融竞争模式选择

（一）搭建银行业内的各类服务平台

1. 通过服务平台来获取业务

将平台资源掌控于自己手中，占据产业链的主导地位。

第一，借鉴建行、交行的模式，打造银行属于自己的电商平台。搭建电商平台前期需投入大量的资源及资金，且电商和银行业务的属性各异，通过我们研究分析认为银行可进行创新尝试，中小型规模的银行可建立特定行业的电商平台，比如二手中介类服务交易业务等。

第二，借鉴业内银行的平安，建供应链金融平台，通过对商流、物流、资金流、信息流的整合，提供适应在线的综合金融业务及增值服务。

第三，借鉴业内银行兴业的银银平台，搭建金融业内机构在线交流平台，促进彼此间的信息共享及金融产品的营销。

第四，搭建小贷公司联盟平台，利用业内成熟的风控系统和丰富的网点，在线以 P2P 的模式寻求贷款资源和需求。其次可通过债权转让模式推动小贷资金跨区流动。

2. 打造银行自己的电商平台

平台公司形式各异，包括很多已进入了中小银行的视野，与之寻求合作的企业，例如：阿里巴巴、慧聪、环球资源、金泉、天猫、亚马逊等。

金融业的发展是随着贸易而兴旺发展起来的。例如：伦敦、纽约、香港、新加坡，成为金融中心的前提，均以贸易为中心。贸易带动物流、现金流、交易、业务，最终为金融。金融业的发展链条"贸易的

物流—现金流和信息流—金融"。互联网行业的发展也是如此，电商平台聚合了贸易，于是产生物流、信息流、现金流等，所以具备形成了经营金融的必要条件，这项关键因素是其他服务平台无法具备的，如图 10 所示。

资料来源：光大证券研究所。

图 10　贸易的物流、现金流、信息流是构成金融的根源

随着互联网时代的到来，电商业蓬勃兴起，迅猛发展，逐步渗透和影响各行业，银行业各家机构也纷纷自建电商平台，希望借助电商优势，为自身业务"注入"客户，目前，国内真正具备规模的电商平台屈指可数，除与金融机构合作外，他们根据自身优势，自筹开展金融业务，例如腾讯、阿里巴巴等。

银行做电商平台是顺应互联网时代的趋势，不仅着眼于眼前利益的需要，最重要的核心点是立足长远发展的需要，利用电商平台的极大优势，迅速抢占市场先机、资源、客户。过去，金融机构往往处于电商产业的下游。举例：甲方为支付宝，乙方为金融机构，支付宝利用自身的长处，对金融机构的叫价优势非常强，支付交易手续费被支付宝降到非常低的地步。而银行机构在线下刷卡时交易手续费高达3%，这是银行机构信用卡收入的一项来源。例如：如是银行客户在自家平台上购买，则不会被第三方支付机构排挤了。最重要的是，整笔交易中，银行能掌握交易信息的数据，而第三方支付的服务企业，一般不会向银行提交交易的信息。举例：银行清楚自己的客户在支付宝花 300 元，但它不知这 300 元买了什么。这些数据的信息，恰恰是阿里云最核心的价值所在。银行业内机构都知道，客户数据信息决定了各家银行在市场上的生存空间和发展空间，况且这个客户也是自身持卡的客户。这是银行有必要做电商金融服务项目平台的关键所在，如图11所示。

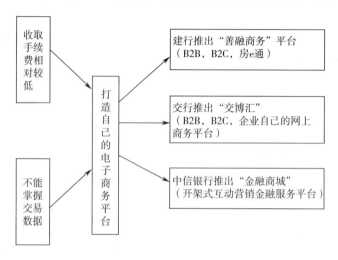

图11 银行打造自己的电商平台

3. 构建以客户为核心，智能化的商业银行

金融市场在未来的竞争中市场细分会愈加明细化，定位更加精准化，才可能赢得长足的发展空间和机遇，这是目前商业银行在未来行业趋势性问题方向把控上所需要面临的重大问题。

银行的小微业务开展多元化的需求、市场细分越细，空间则越大，商业银行则具有更广阔的市场空间。商业银行所面临的是不同需求类型的客户；例如招商银行及区域型的商业银行提供综合型的金融服务就是这个问题典型的说明。

客户是银行生存的立身之本。互联网技术不断地完善及创新，突破了区域的时空障碍，影响了客户的思维方式、消费习性，在改变的过程中，诞生了一系列的新产品和新服务，银行业应不断与时俱进，顺应时代脉搏及市场变化规律，更新观念，加速转型，利用互联网新技术及商业银行经营与管理的丰富经营，塑造智能型银行，重组业务，重新配置，洞悉及满足客户的多元化、个性化的需求，为客户提供超值、增值、便捷的金融服务，扭转及改变以账户为中心的金融服务思维。

智能型的商业银行，须从业务、技术的层面变革创新。无论是前台、中台后台各个流程环节围绕以多元化的市场客户服务为需求进行整合优化，风险控制与管理、高效创新、充分利用新技术及新工具的支撑来进行商业银行业务智能化的服务。

（二）以开放平等的姿态和网络平台开展多方位的合作

1. 商业银行与电商平台合作

商业银行机构与电商联手，在合作模式上创新思路，跨界经营，提供更多更好的产品和服务，实现双赢的局面。

第一，商业银行与电商紧密合作，利用互联网技术开展在线信贷业务。电商拥有数量可观的客户群体及客户资源，在线小贷能极大地满足一部分客户群体融资难的呼声，突破了传统受限于时空限制、资金来源的限制、贷款额度的受限。商行和电商应充分利用各自的自身优势，强强联手、研发出适用于线上客户的信贷产品。

第二，商业银行与电商共同展开信用支付的新业务。为客户提供信用支付的额度及信用卡业务的专业风险管理服务，商业银行和电商可以联发"网络信用卡"，资源共享。

第三，利用第三方支付平台账户资金购买合适的银行理财产品和开展基础银行业务，盘活第三方支付的资金沉淀，以开放的姿态进行深度的紧密合作。

2. 推进与战略伙伴的深度合作，搭建一站式金融服务平台

创新业务模式，搭建一站式服务型金融平台，整合资源、流程再造，为客户提供资金和信息流服务的同时、满足客户日益增多的多元化需求；银行与电商合作双方构建共赢互利、战略同盟的紧密型的合作关系。

互联网世纪的大背景下，商业银行与电商平台、第三方支付、三者只要合作得当，可以共同开辟创新出新兴的庞大市场，举例：脸谱与花旗的合作模式堪称业界典范案例。通过客户消费信息流数据的分

析处理，建立大数据，可以高效精准地对客户进行营销。

第三方支付平台的蓬勃兴起是对商业银行传统业务的弥补，第三方支付与商业银行在业务趋势上来说，合作是必然的历史趋势，优势大于劣势，第三方支付平台不仅可以有效减轻商业银行交易包袱，还能给银行客户带来极大的便捷。

2012年7月23日，阿里巴巴和交行联合推出"交行淘宝旗舰店"，首度开放服务囊括6个频道的金融产品。光大银行也将金融服务产品放到淘宝进行销售，同时开办银行网上营业厅。

2013年初，财付通和中信银行进行战略深度合作，除传统业务外，同时商定在彼此业务服务产品领域在网上展开深度合作，满足彼此不同客户的各类需求，如图12所示。

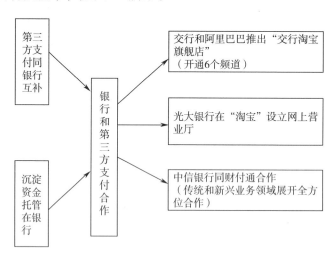

资料来源：Wind资讯。

图12　银行同第三支付合作

围绕以客户服务为中心开展小微业务，在市场细分上，银行业各机构充分发挥自身优势，针对客户推出综合金融服务，除融资需要外，还包括非融资领域开展小微业务，例如：咨询、结算、增值服务等项目，便捷式的综合金融服务模式极大地满足了客户多元化的需求。

（三）抓住移动支付的发展趋势，与移动运营商紧密合作

1. 利用商业银行的优势，开拓移动金融蓝海

移动支付是商业银行业务未来的重点方向，这种商业模式是商业银行通过与移动运营商密切合作产生的一种新模式，商业银行利用移动支付的模式可有效规避第三方支付业务的恶性竞争，可以创新性地开拓出移动金融蓝海。

比如：商行可开拓一系列便民新业务：用手机便捷支付水、电、煤气、话费、信用卡还款、汇款、转账、支付，手机也可成为电子钱包、信用卡等。

2. 零售银行利用支付终端黏住客户

在零售方面互联网金融公司利用支付通道黏住客户群体，客户在B2B领域，由于涉及交易金额大，出于资金安全及信任，更愿选信誉好的商业银行来支付交易。应用—银行—客户，零售银行通过掌握支付终端，留住客户。现今，第三方支付已进入转型期，已向创造需求转型。为了满足人们的消费需求，紧紧围绕移动支付解决方案而进行。移动支付市场，便携刷卡器、支付宝、微信扫码支付这些新商业支付新模式，已逐步取代银行的支付功能。便捷好用是人们最喜欢的支付方式，也是行业方向发展的主流趋势，在未来移动支付将无处不在，成为人们日常生活息息相关密不可分的重要组成部分。

（四）侧重自身金融服务重点，形成差异化竞争力

面对进入小微市场竞争者日益增多，作为不同类型的金融机构及互联网金融机构，应清晰找准客户的定位及自身业务发展的侧重点，提供专业化服务的同时，逐步形成差异化的经营模式。对不同需求及层级的小微客户群体进行细分、定位、信用评估、风险控制和准确定价，这是金融机构所面临的重大问题。举例：阿里信贷将客户在电商系统的数据信息进行信用评估，以此为据发放小贷。招行是在服务于

六千万零售客户层面上做小微业务。

1. 满足客户体验，重新审视金融产品设计

互联网金融的蓬勃兴起，其中关键因素是为客户提供了高效便捷和个性差异化的金融解决方案。随着金融市场需求日益多元化，要求商业银行根据市场的强劲需求，不断开发出适合大众需求的互联网金融新产品，利用移动支付的便捷，与日常生活密切相关，来满足大众客户多元化增长的需求。

2. 依据客户结构层次推进，重新定义金融渠道建设

在互联网金融时代，线上和线下两种渠道作为互补关系。当电子支付从线上进入线下，可以随时随地满足任何环境下的金融服务需求，物理渠道因时、因地制宜的个性化设计就显得格外重要。银行网点不应该也不能再"千人一面"，从最初选址到产品陈列，从前台风格到后台处理，未来银行物体渠道应当体现精准定位和区别化服务的概念，做到因时、因地、因人制宜。

（五）银行积极介入低端客户群体，契合转型背景

银行长期忽视中低端客户群体，但在新的行业背景下这一情况得到改变。我国银行业目前正面临利率市场化、脱媒的挑战（其背景是金融自由化，以及直接金融的发展。我国正处于这样一个进程之中）。参考西方发达国家已有经验，此时银行面临大中型贷款客户的流失，信贷业务转向为小企业或个人（即客户群下沉，倾向长尾市场），为大客户则提供综合金融服务。

因此，发展中小微企业业务成为银行当务之急。银行的服务边界也逐渐向长尾端推进，而互联网金融为银行提供了可行的思维和模式。同样，银行也面临这两个要点：（1）单个客户边际服务成本足够低；（2）客户量足够大（并且最好有黏性）。单个客户的边际服务成本，主要有两块：（1）客户获取和日常维护的成本；（2）信用审核成本。前一类成本是任何企业都会面对的，后一类成本是金融企业开展资产

业务时特有的。大数据在征信方面有其独特价值，可以实现用较低成本达到信用审核的目的，因此，获取大数据成为银行关键的步骤。

大型商业银行是具备较好的大数据基础的，比如工商银行，2013年年报显示其拥有 4.3 亿户个人客户，并掌握这些客户详尽的交易数据信息，加以分析，可为投放在线小额信贷提供信用支持。但是，由于信贷业务的规模经济，银行往往尽可能寻找大型客户，即俗称的"傍大款"，因此大型银行本能上不偏好小微业务。迫使银行开展小微业务的有效办法就是限制其规模，使其无力服务大型客户。因此，小微业务多由中小型银行办理。但是对中小型银行而言，其掌握的信息可能还称不上是大数据。因此，这里存在一个规模与偏好的天然矛盾。

（六）力争服务效率改善，重新审视银行管理模式

1. 依托数据挖掘和信息平台，满足客户的个性化需求

互联网金融的快速发展给商业银行零售业务带来挑战的同时，也带来了开放合作的契机。"三流合一"的非金融企业通过精准定位零售客户的偏好，向其推送包括金融产品在内的各种消费品和服务，这种毛细血管的发达也许可以降低银行微零售的成本，或者间接带来银行日常涵盖不到的客户，从而使银行变得更加高效。未来，零售业务的标准化和批发化运作，可能离不开与包括第三方支付在内其他非金融机构的广泛合作。当客户越来越要求服务的个性化和集成化，银行或许需要重新考虑管理的"集中"和"分布"概念。在业务需求挖掘、客户评价反馈、产品回收机制方面，贴近客户的各地分支机构与手握海量数据的数据中心或许可以承担更多的职责。如何依托数据挖掘和信息平台，个性化满足每一名客户的个性化需求，是商业银行仍需细化思考的问题。

2. 加强商业银行之间的合作，促进银行账户之间的互联互通

降低客户资金跨行流动成本，促进银行账户之间的互联互通，从源头上降低第三方支付对客户的吸引力。客户之所以选择第三方支付

来进行跨行还信用卡和跨行转账等业务，主要原因是第三方支付的方便和便宜。为改变这一局面，商业银行应当加强合作，促进银行账户之间的互联互通，从而降低客户资金跨行流动的成本，降低第三方支付对于客户的吸引力。短期来看，这种做法会减少商业银行赚取的中间业务收入，但在面对金融脱媒和技术脱媒的双重压力下，这样可以增加银行业作为一个行业整体的竞争实力，提高客户资金的黏性，从长远来看是有利于商业银行的发展的。兴业银行建立的银银平台和民生银行成立的亚洲金融合作联盟都在这方面进行了很有益的尝试。

3. 探索银行产品和银行服务的虚拟化，为未来做出长远布局

打造真正意义上的网络银行，依托互联网直接进行金融产品的销售；探索银行产品和银行服务的虚拟化，为未来做出长远布局。借鉴ING Direct 的模式，探索通过网络直接销售金融产品，全力突破远程开户和网络授信核查等关键技术难关，打造适用于网络销售的独特的金融产品体系，以"简单的产品，优惠的价格，直接的渠道，精准的营销，高效的运营"来突破传统网点对银行经营的限制，在网上再造一个商业银行。从长远来看，随着数据化和网络化的全面深入发展，金融服务将向虚拟化方向发展，包括产品的虚拟化、服务的虚拟化、流程的虚拟化等，从而全面颠覆商业银行的管理理念和运营方式。近年来中行推出的"虚拟信用卡"、交行推出的 3D 网银系统等都可以看作是在这方面的有效探索。商业银行应当转变思想观念，加强在产品和服务虚拟化方面的探索，同时加强 IT 支持能力、数据分析能力等配套能力建设，为电子化和虚拟化的未来做出长远布局。

五、结论与建议

（一）主要结论

互联网金融对传统银行业务的"颠覆"，实际上促使了商业银行传统经营模式的变革和创新。互联网金融的快速发展促使金融市场格局

和发展环境发生变化，从各个方面威胁商业银行机构的地位。在这样的形势下，商业银行不得不重新审视自身的优势和不足，构建新的发展模式。主要体现为以下几个方面：

1. 盈利模式革新

受到互联网金融的盈利方式的启示，商业银行的盈利模式将转向"低资本和成本、高风险溢价和高收益"的方向发展。这种盈利模式的调整体现为对结构的挑战，以培育新的业务模式和利润增长点来支撑商业银行的战略转型。

（1）低资本和低成本

以"低资本"投入是因为经济时代资本的稀缺要求商业银行的信贷、理财、交易等业务需要提高有限资本的配置效率，从而提高资本的使用效率，期望实现"帕累托有效"，以获取高额回报。而"低成本"的内涵则仍然体现了现代经济学的"以最小的投入换取最大的收益"的思想，商业银行可以吸取互联网金融的优势，通过借助网络技术和科技信息的力量，逐步发展移动支付、互联网金融的新兴业务来批量开发和经营客户，降低业务开发、运营等方面的成本来提高综合收益。

（2）高风险溢价和高收益

高风险溢价是指为应对金融脱媒和利率市场化的趋势，商业银行可以吸收互联网金融（如阿里小贷）相关业务的经验，积极开拓个人经营贷款和小企业贷款相关业务，通过提高定价水平来获得高的资产盈利目标。而高收益则是指商业银行加强业务联动和提高交叉销售能力，通过发挥综合金融服务的优势，为客户提供"一站式"金融服务来获取客户的综合收益率。

总之，商业银行可以通过多角度的转变：客户结构上，往大、中、小客户协调发展的模式转变；业务结构上，往零售业务与对公业务协调发展的模式转变；资产结构上，向提高资产收益率和资本利用率的方向转变；负债结构上，转向主动负债和被动负债相协调的方式；收入结构

81

上，应将利息与非利息收入相协调等。以此来实现盈利模式上的转型。

2. 功能革新

Bodie 和 Merton（1993）将商业银行机构的基本功能概括为清算、结算、聚集资源、分配资源、风险管理等，而商业银行功能的变化取决于客户需求的变化。从长远看，客户对商业银行的作为支付和信用中介的功能的依赖度逐渐降低，转而对个性化和多样化的综合金融服务的需求明显在增加。参考互联网金融的功能多样的现状及未来，商业银行的单一的货币经营功能下的诸多服务逐渐难以满足客户需要，这势必促使商业银行在功能定位上进行革新。未来商业银行的金融服务模式可能表现为"1 + N"模式，"1"代表的是商业银行传统的"存、贷、汇"业务，"N"则代表的是与金融市场发展和信息技术进步密切相关的"投行 + 资产管理 + 财富管理 + 移动支付 + 网络银行 + 其他"的业务组合，通过结合传统金融业务和互联网金融双向的优势，以充分满足客户的金融需求，来实现低运营成本和多元化的业务收入。

3. 业务模式革新

现代商业银行可能通过吸取互联网金融的发展启示，未来朝着以下三种模式发展：

（1）拓宽传统业务

商业银行仍坚持发展传统的对公业务、零售业务和中间业务。对公业务着重发展投资银行、资产托管、供应链金融、跨境融资结算及金融市场等业务。中小企业客户将是重要的目标客户群体；零售业务的重点是发展消费信贷、理财、个人经营贷款、私人银行、代理贵金属、移动支付、保管箱、书籍和高档商品销售等业务。对于个人客户，包括中高端个人客户、跨境客户、女性客户、老龄客户、年轻消费型客户都是未来零售业务的目标范围。

（2）加强综合经营

互联网金融出现伊始，就涌现出业务多样化和综合经营的特点。

综合经营已成为商业银行发展的重要趋势，这是立足以客户为中心，通过发挥商业银行的金融服务功能，进而寻找并实现差异化战略的目标。在盈利模式方面，行业银行试图追求综合经营产生的协同效应，进而创造范围经济和规模经济效应，并通过降低经营成本，获取高的收益。在组织形式方面，商业银行运用信誉和渠道等优势来代理各类金融服务，未来的商业银行可以朝着作为银行控股公司的方向发展。当然，商业银行的综合经营发展并非无止境的，适度的综合经营能够在提高资本回报率的同时降低经营风险，但无休止的混业扩张则很可能遭遇大的风险冲击，如2008年的全球金融危机便是很好的例证。因此，商业银行的综合经营应当将银行资产作为主体，坚持资本、收益和风险的平衡，稳健经营的原则，以寻求在一定风险条件下的收益最大化。

（3）强化线上业务

商业银行的线上业务是互联网金融的相关业务类似，商业银行要想迈步拓展互联网金融业务，首先要大力强化发展期线上业务。

第一，商业银行的线上业务已充分体现出其便利性、安全性和功能性等优点，这也成为客户选择银行服务的一个重要原因，通过线上业务带动用户的体验，稳定客户，这对于加强商业银行市场竞争具有重要意义。因此，商业银行越来越重视线上业务的发展，并通过该业务与互联网技术的融合和合作逐步扩大互联网金融发展的范围和深度。

第二，商业银行通过线上业务的网络实践，可以获得大量产品和用户的量化数据，并逐步具备大数据分析、整合和提取的能力，并提高其精准营销的水平。

第三，商业银行线上业务的推进，使得其金融产品销售和服务渠道渐趋网络化，这就使商业银行的线上业务初步具有互联网金融某些方面的特质，成为其发展的一大新突破。未来商业银行之间的竞争将越来越多地体现为对线上业务用户的争夺，而这也成为商业银行进入互联网金融的关键途径。

（4）互联网金融模式

商业银行还有一种发展的方向，即大面积地向互联网金融的模式发展。互联网金融是一种新兴的业态和全新的商业模式，本文已探讨过互联网金融的移动支付和网络贷款业务，其业务未来还可能孕育出"云银行服务"这种全新的模式。当前，云计算已经引领各行业的业务模式创新，取得了显著的成绩，而商业银行未来在基于云计算方面可能产生与此相应的"云银行服务"业务模式。

和互联网金融的移动支付和网络贷款相比，"云银行服务"业务模式更具前沿优势：

第一，涌现企业数据新服务。未来的时代将是"大数据时代"，未来企业的发展很可能产生对大量的数据存储和数据管理的需求，这就需要商业银行提供数据托管、财务顾问、代理报表、投资咨询等大量的信息服务，传统商业银行难以满足企业的这种需求。但"互联网金融化"的未来商业银行则由于具备很强的信息技术能力，可以通过"云银行服务"实现这种功能。另外，数据是商业银行最重要的经济资源，商业银行之间的竞争则逐渐体现为对数据信息的角逐。商业银行在每天的业务内要接触庞大的企业和个人客户群体、处理世界范围内大量的交易数据。如何有效地挖掘和利用这些数据并为商业银行所用，可以给银行带来发展机会。

第二，改变传统金融服务模式。在企业数据服务全面出现以后，商业银行可以为客户提供标准化的业务处理和数据服务，从而更深入知悉客户潜在的金融服务需求，这就使得商业银行可以从数据的定量的角度为客户提供有针对性的综合金融服务方案，能够更有效地留住客户，进而获取客户的价值贡献。比如，商业银行为供应链的上下游企业提供云端的从采购到支付的全流程处理支持，实现银行的现金管理、支付和结算、信贷支持等全套服务。相比传统的商业银行零碎的业务及其低效的流程服务，未来的商业银行的数据金融服务产生的效率呈几何级数增长。

第三，提升客户体验。尽管当前手机等移动终端应用已十分普及，但由于移动终端的智能化程度越来越高，以及关于便携性、体积等方面的问题，使得存储能力和计算能力还无法迅速提高。云计算则正好能解决这一问题，它将存储和计算从移动通信终端转移到云计算的服务器，可以大大地提高其对信息的处理效率。客户通过云银行服务，使用手机实现多渠道信息共享、银行流程交互和验证，随意地获得所需要的互联网金融服务。另外，商业银行甚至可以通过云标准化和自主服务，将本来要银行才能处理的业务流程交给客户来完成，比如移动支付。另外，云银行服务还能改变传统商业银行的营销模式、风险管理模式、协同方式、合作形式，以及拓宽未来业务领域等。

互联网对商业银行的渗透，以及互联网金融本身的发展，促进和迫使商业银行主动融入互联网并加强学习，并推动商业银行进行金融创新。这必将成为一个不间歇的发展趋势。反过来，随着金融工具、金融产品、金融业务的创新，传统的商业银行等机构的金融业务越来越难满足消费者的需求，为了稳住市场和维持生存，商业银行必须接受新鲜事物，将自身融入到互联网及互联网大环境中来，以增强其生命力。

(二) 政策建议

通过上文的分析，虽然互联网金融的发展在我国只有短短几年时间，但其对传统金融领域的影响和冲击却很巨大，很多学者认为，互联网金融将会从本质上改变传统金融的"基因"。作为传统金融领域的重要组成部分的我国商业银行体系，尽管目前互联网金融并没有对传统银行业造成致命的打击，但其频繁的金融服务创新，已经刺痛了我国商业银行体系的软肋。"普惠金融"的理念日益深入人心，随着利率市场化改革的推进，我国商业银行不应墨守成规，而应借助互联网金融这股春风，锐意改革，提升服务，实现新的突破。我国商业银行怎样借助互联网金融这股春风呢？笔者认为可以从以下方面入手。

1. 我国商业银行应找准战略定位，接纳并配合互联网金融的发展

互联网金融的发展趋势不可逆转，目前，从我国一些大型商业银行对互联网金融模式采取扼杀、封堵的做法来看，其对互联网金融的定位是偏激的，甚至是短视的。我国商业银行体系要想实现未来的长远发展，必须顺应市场化改革的浪潮，顺应互联网金融这股潮流。转变原有的客户定位和风险控制理念。降低身价主动寻求同互联网金融企业的合作。真正实现资金流和信息流的完美整合，寻求双方相互之间合理的收益分配机制。

首先，商业银行和互联网金融本质相通。互联网金融和商业银行看似是对立的，但本质上二者是相通的。一方面，商业银行和电子商务企业应该致力于互联网金融的发展，逐渐将交易的范围纳入到互联网金融的范围之内；另一方面，互联网金融不能再简单地满足于零售商业的网络化，而应将焦点聚集在商业银行和电子商务平台上来。

其次，以服务客户为宗旨，实现真正的融合。在商业银行和电商看来，金融市场包括实体和虚拟（即互联网金融）两个模块。商业银行则可以据此将其客户划分为实体客户和虚拟客户。在分析两个客户群消费习惯的基础上，区别两个客户群与商业银行发生交叉的地方：实体客户是实体的、真实的自然人，其面对的是传统的持卡客户，而虚拟客户则是在虚拟的互联网上有金融需求的客户。两类客户选择两种市场，表面上是由客户的消费偏好决定，但实质上是由互联网金融的优越之处决定。商业银行应从提升金融服务水平上将实体客户引导到电子渠道上进行业务交易，以节约银行交易成本。商业银行和电商要实现聚焦互联网金融的目标，归根结底在于如何针对互联网上的虚拟客户提供让其满意的金融服务。

2. 我国商业银行应转变服务理念，注重用户体验

互联网金融的优势在于其完善的金融服务平台，交互式的营销手段、个性化的金融产品服务以及方便快捷的操作流程。这些都是传统

商业银行难以比拟的。因此，在互联网金融背景下，传统商业银行应敢于打破传统的服务理念，强调"普惠"和用户体验，不断简化流程，实现与客户之间开放式的信息交互。

3. 我国商业银行应完善征信系统建设

目前，我国关于个人和企业的信用体系建设还不健全，虽然央行向国内各大商业银行开放全国性个人信用基础数据库，但数据库中的个人信用信息也是不全面的。同时，我国又缺乏独立的、具有公信力的商业化征信机构。而互联网金融则可以把用户的行为数据转化为客户的信用信息，进行网络借贷服务。因此，传统商业银行也应注重客户行为数据的积累和分析。而不单单注重客户的资金流量和财产抵押情况。一方面要我国商业银行要努力构建起自己的电子商务平台，利用自身强大的信用能力，开拓市场业务，完成客户信用数据的积累。同时也应创新信贷审批和决策方式，将新型社交网络，例如微信、微博以及搜索引擎等互联网新兴模块积累的数据加入到庞大的个人信息库中。

4. 注重数据的管理和运用，更多地利用数据挖掘技术

我国的商业银行经过多年的数据积累，形成了庞大的客户信息数据库。对数据库中的信息进行数据挖掘，可以对客户根据经济收入、受教育程度、风险态度等因素进行分类，形成子客户群，从而准确定位目标客户。还可以通过建立数据模型对海量客户资料进行分析，确定客户的交易习惯、交易频率和额度，有针对性地提高客户对产品的忠诚度，力争能够针对不同客户提供个性化的定制服务。

5. 努力推动商业银行混业经营

互联网金融的兴起，另一个重要影响就在于推动了我国金融业的混业经营局面。随着大型电商不再局限于第三方支付，而是向销售基金、保险等领域的突破。传统商业银行也应该通过渗透和交叉，实现银行、证券公司、保险公司、信托公司等金融机构在业务上相互融合。互联网金融推动了商业银行进一步信息化，通过混业经营，可以更好

地实现客户资源、硬件资源和人力资源的共享和整合，形成更强有力的资源优势和规模优势，从而带来更强的竞争优势。多元化的业务经营也会增强传统商业银行的风险应对能力。

6. 加强法律建设

首先，明确监管主体。明确商业银行涉及的互联网金融各模式的法律定位及其监管主体。如果监管主体尚不确定，则会导致管理冲突或无人管理的情况，相关法律法规无人制定或无法落实，监管主体的确定犹如产权明确清晰一样，对于互联网金融各业态及商业银行业互联网业务的正常和有序发展，具有决定性的作用。

其次，完善法律法规。逐步完善法律空白，在商业银行涉及互联网业务已有法律法规的基础上，对尚不清晰的规则进行界定，使商业银行互联网业态有据可依。而对已有的商业银行中与提倡互联网金融的创新发展相矛盾的法律法规，则应及时予以修订；而对影响经济发展的、落后的法律法规，则应及时予以消除或重新制定。总之，力争未来商业银行及其互联网金融业态发展要有法可依，有先进的法律保障其具备创新的环境。

7. 加强政策支持

第一，政府应给予优惠的政策和资金支持。商业银行发展互联网金融业务犹如互联网金融企业一样，由于其巨大的现有和潜在价值，应受到行政方面的鼓励与支持，政府相关部门应综合运用优惠税收政策、项目扶持等措施，来激励和扶持商业银行的互联网金融业务以及其他互联网金融企业的发展。

第二，培养互联网金融专门人才。注重互联网金融产业人才的培养，鼓励和支持建立健全互联网金融行业的人才培育机制。针对商业银行和其他发展互联网金融的机构对人才的需求，制定相应人力资源规划，在高等院校、职业学院、研究所以及其他机构专门设置并强化相关专业及课程，在人才引进与毕业生就业方面、落户、子女教育、住房等方面为互联网金融人才提供优惠政策。要培养既懂经济管理知识又懂信息技术的复合型互联网金融专业人才，以适应互联网金融发展的需求。

第三，促进互联网金融产业集群。相关政府部门和商业银行、企业共同探索并建立行业创业基金、并购基金，并以股权投资等形式建立新兴互联网金融企业，并积极引导产业内的资源聚集与整合，实现规模经济效应，促进商业银行互联网业务和互联网金融企业的规模化发展。而对于创业期的小型互联网金融企业，则应提供完善的孵化服务，制定培育战略，扶持其由小变大。

利率市场化背景下银行存贷款
盈利能力思考①

一、利率市场化和银行盈利能力的理论基础

(一) 利率市场化

利率市场化是指在市场经济中，由经济主体自主决定的过程表现为利率水平。它是由市场供求来决定，包括利率决定、传导、结构和管理的市场化。实际上，就是将利率的决策权交给银行等金融机构，由这些金融机构根据自身的资金状况以及对金融市场变动的判断，自主调节利率水平，最终形成以央行基准利率为基础，以货币市场利率为中介，由市场供求决定存贷款利率的市场利率体系和利率形成机制。

关于利率市场化的相关理论基础，较重要的是在 1973 年由美国的经济学家 McKinnon 和 Shaw 基于发展中国家和区域的金融发展问题以及金融与经济发展两者间的相互关系提出的"金融抑制论"和"金融深化论"。McKinnon 在他的《经济发展中的货币与资本》一书中提出，发展中国家由于信贷分配的可选择性及较低的实际利率水平等原因呈现出金融抑制现象，这种金融抑制造成了价格歧视和市场分割，降低了资金配置效率，这是发展中国家经济落后的根本原因。同期，

---

① 主持人：周恩红；课题组成员：王永军　燕法耀　丁艳涛　樊飞舟　朱彦丽。

Shaw 在《经济发展中的金融深化》中指出，金融深化能促进经济发展，金融抑制却导致金融资产总量减少，国内储蓄率低，生产要素产出率低下，有组织的金融市场萎缩，地下金融市场膨胀。因此，两人均提出发展中国家应该实行以放松利率管制为中心的金融自由化方案。

（二）商业银行的盈利能力与盈利模式

商业银行的盈利能力指的是商业银行为其所有者获得利润的能力，是商业银行经营管理状况的综合反映。盈利率的高低决定了股东的收入情况和银行提供充足资本弥补损失的能力。

商业银行的盈利能力与商业银行盈利模式的概念高度相关，盈利能力是商业银行在一定的盈利模式下获取利润的水平的最终表现。因此，分析商业银行的盈利能力，可以直接透过分析其盈利模式来获得答案。

具体来讲，商业银行盈利模式是商业银行以资产和负债情况为基础的一种财务结构，其基本的运作方式是在综合处理好效益、流动性和安全性三者关系的同时，选择必要的途径获取利润，并调节好主导业务与其他次要业务的比例，对部分商业银行来说，就是如何在提高存贷款业务收益贡献的同时，调节好存贷款业务和中间业务的比例。

国外学者对商业银行盈利模式进行了大量的研究，也提出了众多的理论。例如，Tara Rice 和 Robert DeYoung（2002）通过研究美国商业银行盈利情况变化，发现有着不俗业绩的商业银行大都向以非利息收入为主的盈利模式转变。Fotios Pasiouras 和 Ana Lozano – Vivas（2008）指出商业银行的盈利能力越强，其监管水平越高。Christion（2009）研究了自 1997 年开始的 10 年里，加拿大商业银行表外业务的繁荣促成了收入的增长和多样化。Chistopher Graham 和 Etienne Bordeleau（2010）研究了美国与加拿大银行商业银行流动性资产与银行盈利能力的关系后发现，银行只有保持合理的资产流动性才对其盈利能力有积极的作用。

国内方面，艾晨、蒋桂波和袁媛（2011）分别分析了利率的市场化对部分商业银行的积极和消极影响，指出了为应对利率市场化给商业银行带来的挑战，商业银行需要进行业务转型和结构调整，转变盈利模式。乔桂明、吴刘杰（2013）也提出，伴随着利率市场化进一步推进，商业银行盈利水平必将会受到影响，而促使商业银行盈利模式转型。王志华、李婵（2013）则研究了存款利率上限的放开对商业银行盈利水平的影响，并提出了可以采取的问题解决方案。

（三）商业银行盈利模式类型

根据商业银行收入的主要来源，商业银行的盈利模式可以划分为利差主导型和非利差主导型。其中，利差主导型是以存贷利息差为主要收入来源的利差主导型盈利模式，是一种通过吸收存款发放贷款来获取利润的传统的盈利模式，主要依靠信贷业务，尤其是批发业务获得利息收入。在这种盈利模式下，商业银行通过资产和负债的规模扩张实现盈利增长。这种盈利方式会使得产品和服务品种单一化，且银行之间同质化严重。非利差主导型盈利模式与利差主导型盈利模式相对，是指非利差收入占据商业银行收入来源的较大份额，也被称作多元化业务模式。这种盈利模式致力于向客户提供个性化的业务和服务。

二、利率市场化及银行盈利模式的国际经验借鉴

与发达国家相比，我国金融业起步较晚，发展相对落后，经济体制也存在很大不同，但在利率市场化背景下，发达国家一些成功的经验和失败的教训值得我们借鉴。下面以美国、日本为例来加以说明。

（一）美国利率市场化对盈利模式的影响

美国利率市场化是从自由到管制，再到自由的一个过程。在20世纪30年代的大萧条以前，美国实行的是完全市场化的利率。大萧条之后，为了挽救美国的银行业，美国政府颁布了《格拉斯—斯蒂格尔法》，该法的第Q项条款，对商业银行的存贷款利率进行了限制，从此美国进入了利率管制时代。1980年3月，美国政府出台了《存款机

构放松管制的货币控制法》，一次性取消了对贷款利率的限制，并提出分阶段取消对存款利率的限制，随之一系列利率市场化的措施相继执行，最终于 1986 年完全废除了 Q 项条例，实现了利率的市场化。

在利率市场化过程中，美国银行业风险偏好上升，高风险高收益的房地产贷款占比不断提升，从 1985 年之前的 25% 提高至 1990 年的 40%以上。美国银行业信用成本率也从 20 世纪 60 年代的 0.18% 上升到 80 年代后期的 1.54%。信贷结构调整和信贷资产占比提高，促使美国银行业净息差始终保持在 3% 以上的较高水平。同时，美国银行业通过综合化经营，调整业务结构，提高中间业务收入占比，核心竞争力得到增强。伴随利率市场化，美国的综合化经营管制逐步放松，美国银行业加强业务创新，调整业务结构，非利息收入占比由改革之前的 20% 增长到了40%。通过经营模式调整，美国银行业的资产利润率从 20 世纪 60 年代的 1.3% 上升到 80 年代后期的 1.67%，提高约 30%。由于充分利用利率市场化契机，培育真正的核心竞争力，美国银行业的整体盈利能力不仅没有受到削弱，反而持续增强，经营风险也得到了较好的分散。

（二）日本利率市场化对盈利模式的影响

"二战"后，日本制定了以出口为导向的经济发展战略，但是在很长时间内一直维持对利率的管制，并推行低利率政策，以促进经济增长。到了 20 世纪 70 年代后期，日本经济进入低速增长时期，日本政府开始大量发行国债，并为此引入了市场化的发债机制，开启了利率市场化进程。直到 1994 年，日本大约用了 17 年时间最终完成利率市场化改革。

在利率市场化的进程中，日本银行业主要依靠重组做大规模，也一度带来了收益的迅速扩张，但其核心竞争力并未得到根本性的提高。1985 年广场协议后日本经济增长放缓，金融脱媒加剧，银行净息差持续降低。为缓解利率市场化压力，日本银行业大幅增加房地产和非银行金融机构贷款投放，但风险管理的滞后导致日本银行业在 20 世纪 90年代"泡沫经济"破灭后出现了巨额不良资产。随后，日本银行业通过联合、兼并等方式实施综合化经营，也大力开展保险、担保、代理、金融衍生品、投资咨询等新兴业务，但由于经济持续低迷、金融需求和创新不足，联合、兼并只是短期内扩大了日本银行业的资产规模，银行的盈利能力并未相应提高。

（三）国际经验教训带来的启示

通过分析美国、日本的利率市场化进程和盈利模式变化，我们可以发现，利率市场化对商业银行以存贷款利差为主导的传统盈利模式造成冲击，促使商业银行加快金融业务和金融工具创新，通过综合化经营和发展中间业务来实现盈利模式的转型，减轻金融脱媒带来的不利影响。同时，利率市场化改革对商业银行的流动性风险和市场风险管理能力提出了更高要求，健全的风险管控机制和科学的利率定价机制的重要性进一步凸显。

三、我国利率市场化改革的进程

利率市场化改革是金融改革的核心。自十四届三中全会提出利率改革思路以来，我国利率市场化改革逐步推进：

1996年起，利率市场化进程正式启动，同业拆借市场和银行间债券市场相继成立，陆续放开了银行间拆借市场利率、债券回购和现券交易利率、再贴现利率、政策性银行债券以及国债发行利率。

2004年，利率市场化迈出了重要步伐，扩大了金融机构贷款利率浮动区间，实行再贷款浮息制度，放开了商业银行贷款利率上限和存款利率下限，实现了"贷款利率管制下限、存款利率管制上限"的阶段性目标。

2005年，央行完全放松了银行等金融机构的同业存款利率以及再次降低了超额准备金存款的利率水平。

2007年，货币市场基准利率Shibor正式推出，为贴现等利率敏感性业务提供了重要的定价依据。但是，自2008年至2011年，我国的利率市场化改革进程基本处于停滞状态，尤其是存款利率市场化改革迟迟未能突破。

进入 2012 年，利率市场化改革开始加速，并不断取得实质性的突破。央行自 6 月 8 日起，将金融机构存款利率浮动区间的上限调整为基准利率的 1.1 倍，第一次打开了存款利率上浮的空间。随后，央行连续多次放宽存贷款利率浮动区间上下限。

2013 年 7 月 9 日，央行全面放开贷款利率管制，由商业银行根据商业原则自主确定贷款利率水平。

2015 年 10 月 24 日，央行全面放开存款利率浮动上限。我国利率市场化改革经过近 20 年的时间，终于基本完成。

总体而言，我国利率市场化进程是结合经济金融发展实际和金融改革需要而逐步推进的过程，是按照先外币、后本币，先贷款、后存款，存款先大额长期、后小额短期的基本步骤，逐步建立起由市场供求决定金融机构存、贷款利率水平的利率形成机制的过程，最核心的改革原则是不断发挥市场机制在金融资源配置中的主导作用。

四、利率市场化给商业银行带来的机遇

（一）促使商业银行向现代银行转变

长期以来，我国商业银行处于利率管制环境中，这种管制很多时候背离市场导向，而且受到央行价格指导的影响，同时存贷款利差相对固定，利润创造空间被大大压缩，商业银行转型压力相对较小。随着利率市场化的不断推进，存贷款利率波动加大，银行间竞争加剧，商业银行为了自身利益，会加快转变经营理念，强化风险意识，成为可以承受市场变化及风险的市场经济主体，从传统的商业模式向现代化的商业银行转变。

（二）推动商业银行加快金融创新

利率管制时期，商业银行根据市场的变化和客户需求来调整利率的行为受到限制，不能随便扩大利率浮动范围，这种管制措施不仅与

市场经济相悖，而且还会影响银行产品创新的积极性。利率市场化后，商业银行获得了定价自主权，为了应对存贷款利率收窄带来的收益减少，会强化产品、业务和服务创新对收入增长的驱动作用。

（三）有利于商业银行通过合理定价提高收益水平

利率管制时期，商业银行仅仅在有限范围内拥有对自己产品定价的自主权。商业银行的风险与收益不能完整地用价格来充分体现，这会使银行利益受损，风险增加。利率市场化后，商业银行可以充分考虑自身经营战略和利率市场情况，对自己的产品进行合理定价，确定灵活多样的存贷款利率，提高收益水平。

五、利率市场化对商业银行带来的挑战

（一）利率市场化促使商业银行利差持续收窄

1. 存款利率上升

参考国外已经实行利率市场化国家的经验，在经过长时期的利率管制后，一旦实行利率市场化，利率水平往往都会有所提升。美国的利率水平从改革前的负利率上升改革完成后 1985 年的 4% 左右。相似的情况也出现在英国、日本、法国、意大利等国家的利率市场化过程中。就存款而言，负债业务是银行经营的前提，一旦客户拥有与银行就某项存款利率的议价能力，就会更加注重存款的实际利率而不是名义利率。如果发生高通胀，银行会陷入不利境地。若银行无法达到客户预期利率，客户就可能通过其他金融投资渠道实现自己的金融需求，银行利润空间也将被压缩。近期比较典型的例子就是随着互联网金融的兴起和理财产品的热销，商业银行"存款搬家"现象明显增强，甚至对部分中小银行的流动性构成了较大压力。

2. 贷款利率下降

利率市场化后，在贷款市场，银行对优质客户的拼抢将更加激烈，会为他们竞相提供优惠利率来发放贷款，单纯的价格竞争模式必然降

低贷款利率水平。利率市场化在加快金融脱媒的同时，也使得理性客户在贷款的时间和期限上有更多的选择。比如在利率下降时，贷款客户会利用新利率贷款进而提前偿还以往高利率的贷款，实现低利率新债换高利率旧债。即使银行能对提前还款和取款行为采取一些限制措施，但为了尽可能地留住自己的客户资源，银行更可能向客户妥协，被迫承受更高的资金成本和更低的收益。

3. 存贷利差收窄

利率市场化实质就是政府让各经济主体有权决定资金价格。利率市场化后，随着银行抢占优质资源的现象加剧，存款成本持续上升，贷款收益不断下降，其直接结果就是利差持续收窄，银行的净利息收入大幅下降，甚至可能改变商业银行现有的营业收入构成。

（二）利率市场化促使同业竞争更加激烈

国有商业银行业务发展上过度依赖大中型公司客户，这导致各行之间客户结构、业务结构、信贷投向严重"同质化"。利率管制放开后，商业银行之间存款与贷款的竞争加剧，定价策略开始分化。国有商业银行既面临相互之间的竞争，同时也面临创新意识强、特色经营优势明显的中小银行的强有力竞争，将会更加重视资产负债的精细化管理，重视发挥利率在资源配置中的载体作用，提升收益水平。同时，商业银行在存贷款利差持续收窄的大趋势下，会更加重视非利息净收入的拓展，收入结构的优化程度将会成为体现商业银行核心竞争力的重要指标。

（三）银行面临的利率风险进一步加大

利率风险是利率市场化给商业银行所带来的最直接和最重大的风险。利率变动导致银行的资产价值与收益相对于负债成本和价值发生不对称的变化，进而造成收入损失和资产损失。由于利率风险加大，商业银行会被迫加快创新金融产品和业务，推出利率衍生工具。而商业银行风险偏好上升可能增大信用风险管理的难度，也会对流动性风险和市场风险管理能力提出更高要求。

（四）对商业银行定价能力提出更高要求

利率市场化后，由于利率的灵活性，需要商业银行根据不同产品的特点、资金成本、竞争策略、客户价值、风险程度和目标利润进行自主定价，而金融产品的定价不仅涉及经营目标、战略决策和市场策略等因素，还与信贷风险、供求情况和成本费用等紧密相连，这些都对商业银行的定价能力构成了巨大挑战。

六、利率市场化背景下国有商业银行盈利能力分析

（一）国有商业银行盈利能力现状

利率市场化改革在增强商业银行自主权和选择权的同时，也会直接影响商业银行的营业收入以及净利润，甚至改变商业银行的盈利能力和盈利结构。现以五大国有商业银行为例，对近五年来上述银行在利率市场化背景下的盈利变动情况进行分析。

1. 国有商业银行净利润增长情况

从 2010 年开始，五大国有商业银行的净利润增幅持续下降，2014年五大国有商业银行的净利润增幅全部都在 9% 以下，截至 2015 年 6月末，随着央行连续降息，五大国有商业银行净利润增幅再次大幅下降至 2% 以下，利润呈现快速收窄态势。

表1　2010—2015 年五大国有商业银行净利润同比增长情况表　单位：%

金融机构	2010 年	2011 年	2012 年	2013 年	2014 年	2015 年 6 月
工商银行	28.35	25.55	14.51	10.17	5.07	0.70
农业银行	46.01	28.50	19.00	14.52	8.00	0.48
中国银行	28.52	19.29	11.39	12.35	8.22	1.69
建设银行	26.39	25.48	14.26	11.12	6.10	0.96
交通银行	29.82	29.95	15.05	6.73	5.71	1.50

注：表中数据来源于各行年报、半年报。

2. 收入构成角度的国有商业银行盈利模式现状

国有商业银行的营业收入主要包括利息净收入和非利息净收入两大部分。其中，利息净收入主要是银行通过较低利率从居民、单位或中央银行融入资金，再以较高利率贷出或通过投资有价证券、拆借资金来赚取存贷款利息差。从近几年情况看，利息净收入始终是国有商业银行营业收入最主要的组成部分，平均占比达到80%左右。

表2　　2010—2015年五大国有商业银行利息净收入占营业收入比重情况表

单位:%

金融机构	2010 年	2011 年	2012 年	2013 年	2014 年	2015 年 6 月
工商银行	79.76	76.34	77.82	75.19	74.90	70.77
农业银行	83.38	81.33	81.02	81.32	82.54	80.06
中国银行	70.07	69.50	70.19	69.59	70.37	68.20
建设银行	77.57	76.70	76.66	76.59	76.67	72.22
交通银行	81.54	80.82	81.53	79.46	75.97	73.47

注：表中数据来源于各行年报、半年报。

3. 国有商业银行净利息收入分析

自2010年以来，五大国有商业银行利息净收入的同比增幅总体呈下跌态势，2014年除交通银行之外的其余四家国有商业银行增幅有所上升，但2015年上半年再次大幅下降，五大行增幅均在7%以下。

表3　　2010—2015年五大国有商业银行利息净收入同比增幅情况表

单位:%

金融机构	2010 年	2011 年	2012 年	2013 年	2014 年	2015 年 6 月
工商银行	23.57	19.43	15.18	6.10	11.32	5.75
农业银行	33.31	26.86	11.29	10.01	14.27	4.80
中国银行	22.08	17.58	12.67	10.36	13.23	4.29
建设银行	18.70	21.10	15.97	10.29	12.28	6.31
交通银行	27.69	20.71	17.08	8.77	3.15	5.70

注：表中数据来源于各行年报、半年报。

从五大国有商业银行盈利能力变动情况看，我国商业银行盈利模式仍然是以传统的存贷利差为主导。在利率管制时期，存贷利差较稳定，商业银行可以通过吸收存款和发放贷款的规模扩张的方式来取得盈利的增长。但随着利率市场化改革推进，存贷利差持续缩小，单纯依靠扩大存贷款规模实现盈利增长的盈利模式已无法持续，商业银行面临巨大的转型压力。

（二）国有商业银行盈利能力实证分析

本部分选择资产规模、净利差和非利息收入占比作为解释变量，资产收益率作为被解释变量。利用面板数据模型对五大国有商业银行盈利能力进行分析，选取上述银行 2008 年至 2014 年的年度数据作为样本，找出各因素和银行盈利能力之间的相关性。面板数据模型公式设定如下：

$$资产收益率（ROA）= \frac{净利润}{平均资产总额} \times 100\%$$

1. 被解释变量

资产收益率又称为资产回报率，用来衡量每单位资产可以创造多少净利润，能够反映银行资产转化为净利润的能力，是最广泛地衡量商业银行盈利能力的指标。因此将其作为被解释变量，分析其他解释变量对其影响，进而分析银行的盈利能力。

2. 解释变量

本文选取的解释变量有净利差、总资产和非利息收入。

（1）净利差（NIM）

净利差是商业银行平均生息资产收益率与平均计息负债成本率的差额，是目前我国商业银行营业收入的主要来源。在利率市场化进程中，净利差水平能够反映商业银行的效率，影响到商业银行的盈利能力。现假设净利差与资产收益率呈正相关。

（2）总资产（TA）

总资产是指商业银行持有的或控制的、能够带来经济利益的资产。

总资产可以用来表示银行规模。现假设银行资产规模越大，银行盈利能力越强。

（3）非利息收入占比（NIIR）

非利息收入指银行利差收入以外的营业收入，主要是指中间业务产生的收入。随着利率市场化后，净利差的缩窄，我国各银行都开始转向对非利息收入业务的投入，非利息收入占比成为反映银行盈利能力的重要指标。现假设非利息收入占比与资产收益率呈正相关。

3. 构建面板数据模型

面板数据是在时间序列数据中选取截面，在截面上选取观测值作为研究数据形成的。面板数据的使用首先需要进行模型设定，以避免产生非一致性或非有效性的估计值。面板数据模型分为固定效应模型、混合效应模型和随机效应模型三种，所以对于面板数据的回归结果，首先要通过 F 检验对固定效应模型和混合效应模型进行选择，通过 Hausman 检验对固定效应模型和随机效应模型进行选择，最终选择最适合的回归模型。

通过检验，五家国有大型商业银行的模型回归结果中，模型的 F 检验结果和 Hausman 检验结果中均为 $P < 0.05$[①]，所以选择固定效应模型作为拟合回归模型。

表4　　　　　模型的 F 检验和 Hausman 检验结果情况表

		测试 Test	统计量 Statistic	概率（p 值）Prob.
五大国有商业银行	F 检验	Cross – section F	20.3236	(0.0000)
		Chi – square	47.5000	(0.0000)
	Hausman 检验	Cross – section random	81.2946	(0.0000)

注：数据来源于 Eviews 模型检验结果。

4. 模型结果分析

在上述分析基础上，可以得到五大国有商业银行的固定效应模型

---

① P 值小于 0.05 表示可以拒绝系数为 0 的原假设。

回归结果，如表 5 所示。

表 5　　　　　　　　　五大国有商业银行固定效应模型回归结果

变量名称	回归系数 Coefficient	标准误差 Std. Error	T 统计量 t – Statistic
$(NIIR)_{i,t}$	0.022225	0.006396	3.475015
$(NIM)_{i,t}$	0.231501	0.075776	3.055069
$(TA)_{i,t}$	6.89E – 06	3.26E – 06	2.110572
$(CRAR)_{i,t}$	0.047859	0.014070	3.401543
R^2 统计量	0.918906	调整的 R^2	0.888013

注：数据来源于 Eviews 模型检验结果；i，t 表示第 i 家银行在第 t 期。

由模型结果的 R^2、调整的 R^2 和 F 检验等数值可知模型整体的拟合结果很好，说明各解释变量对被解释变量资产收益率的解释力度很好。通过分析五大国有商业银行的回归结果可知，解释变量中，净利差和非利息收入占比均与资产收益率正相关。同时，数据中净利差的系数大于非利息收入占比的系数，说明目前我国国有商业银行的盈利模式还是利差主导型的。还可以看出，总资产所代表的银行规模对盈利能力的影响很小，这可能是由于规模不经济的存在，国有商业银行规模的扩大使得银行平均成本上升，从而使盈利能力下降。

七、我国商业银行应对利率市场化的对策建议

作为利率定价的市场主体，商业银行受利率市场化改革影响最为直接。为增强利率市场化改革适应能力，商业银行需要在经营模式、定价策略等方面积极主动地进行调整、优化和变革。

（一）转变盈利模式，调整资产负债和收入结构

目前，我国经济正处于结构调整发展转型期，改革创新将成为发展的重要推动力量，金融市场将成为社会经济资源配置的重要机制，银行业应顺应时代潮流，从单纯的存款贷款模式转向存款贷款模式、市场交易模式、价值管理模式并重的新型经营体系，建立多元化、可

持续的盈利增长格局，更好地应对利率市场化带来的冲击。

1. 调整资产负债结构

一是努力做到资产结构的多元化，从以信贷资产为主逐步向信贷资产和非信贷资产并重转变，减少高风险信贷资产的投放；二是提高主动负债的比重，加快债券业务创新，增强对负债的主动创新能力，特别是要大力拓展非贷款户存款、结算性存款和储蓄存款；三是以表内业务为主转向探索表内外资产负债合理摆布和科学配置，积极开发高收益、高附加值表外业务；同时，商业银行应主动调整存贷款结构，积极拓展低息、稳定核心存款，合理控制存款成本，保持存款稳定增长，并将宝贵的信贷资源优先配置到小微、涉农、消费等业务和领域。

2. 调整收入结构

商业银行应持续优化收入结构，从以产品为中心转向以客户需求为导向，创新金融产品和服务方式，积极开拓新的利润增长点，特别是要大力提升中间业务收入。但是，大力发展中间业务，绝不意味着忽视传统业务，我国商业银行应该吸取某些西方国家过度金融创新引发风险的教训，在坚持传统业务发展的基础上合规、稳健地开展金融创新，通过发展投资、理财、保险、私行、短期融资、资产证券化等业务来拓宽收入来源，弥补存贷款利差持续收窄带来的不利影响。

（二）完善存贷款定价体系，提高精细化管理水平

利率定价不仅是同业竞争的重要手段，也成为商业银行实现发展目标、价值创造等经营管理意图的重要途径。利率市场化要求商业银行建立起高效合理的定价体系和收益后评价体系，提升精细化定价水平。一方面，商业银行应该转变存贷款经营思路，由固定利差下扩规模逐步转向保持规模和价格的整体平衡，着力提升资产负债综合收益水平，并加快研发基于存贷款基础利率定价的贷款品种和利率互换衍生产品，积极探索并构建自身存贷款基础利率曲线。另一方面，商业银行应该通过建立健全内部资金转移定价系统，精确衡量资金成本，

以效益为中心，实现存贷款业务差异化定价。

（三）明确市场定位，向差异化经营转型

商业银行要走差异化、特色化路线，最关键的是明确市场定位。要突出自身特色，使大型商业银行与中小银行形成互补之势，应该在明确客户、选好服务范围以及业务选择上有自己的特色，这样才能提升自身核心竞争力。在市场定位清晰的基础上，银行开展的产品和服务才具有方向性、针对性，才会有区别于其他银行的差异性。作为国有商业银行，就应该充分发挥自身网点多、资金雄厚、客户群广泛的特点，立足于挖掘基础性客户和大客户的产品需求和服务需求，大力发展保险、基金、理财、外汇业务等方面的传统优势，提供专业化、一揽子的综合服务解决方案，提升综合收益水平。同时，要利用自身资金优势，密切跟踪市场利率变化，大力拓展银行间市场业务。

（四）提高风险管理能力，应对潜在信用风险的增加

目前，利率市场化和信贷资产质量已成为影响国内银行业发展的重要因素，两者又互相影响，一旦利率风险转化为客户的信用风险，银行经营将更加困难，无论微观还是宏观上都将产生极大的风险。为应对利率市场化冲击，商业银行在调整客户结构、产品结构的同时，一是应完善风险管理体系，用好利率敏感性缺口、经济资本等模型，加强风险成本评估和计量，并结合新巴塞尔协议给出的信贷风险评测标准，完善风险评级体系，合理评估信贷资产风险值，减少商业银行不良贷款；二是应进一步加强信用风险管理，构建差异化的信贷管理流程，完善行业和区域政策，完善授信和审批方式，以适应信贷结构调整的需要；三是应加强对重点领域、产能过剩行业的风险管控，增强信贷风险防控的前瞻性，提高风险管理能力，避免重蹈日本利率市场化后银行信用风险骤增的覆辙。

金融结构变迁与货币政策有效性研究[①]

第一章 绪 论

一、研究背景与研究意义

雷蒙德·戈德史密斯（Raymond W. Goldsmith）提出的金融结构理论为认识、分析发展中国家金融特点提供了新的方法论。在此基础上，戈德史密斯认为：金融结构与货币政策紧密相关，货币政策只有与一国金融结构相适应才具有效率；并且金融结构是不断变化的，因此货币政策也要适应金融结构的变化。

随着我国改革开放的不断深化，我国金融结构也发生了重大变化。在改革开放初期随着四大专业银行的分设和中国人民银行行使央行职责，初步具备了货币政策的运行环境。与当时四大专业银行作为金融体系的绝对主体相适应，这个时期我国中央银行货币政策主要是控制现金发行量和信贷总规模，因为控制了现金就控制住了物价，控制了信贷就控制住了投资。到了 20 世纪 90 年代，随着经济金融形势的不断发展，依靠限制贷款规模控制货币供应量的效果越来越不理想。这主要是因为在我国金融市场化不断深化的背景下，交易结算工具越来

———————————

① 主持人：王铭利；课题组成员：耿得科、张馨元、宫正、刘景燕、王萍、范亚欣。

多，现金在商品交易中的比重不断下降；而商业银行能够轻易绕过规模进行放贷，且贷款规模管理与银行商业化经营背道而驰。在金融结构已发生变化，但银行在整个金融体系中仍占绝对比重的情况下，央行货币政策中介目标转向了货币供给量。进入新世纪，我国金融市场在金融资源配置中的地位和作用越来越重要，金融资源通过市场配置的比重越来越大，金融结构发生重大变化，对现有货币政策有效性提出挑战，降低了货币政策的效果。一个突出的例子就是尽管央行不断通过降低存款准备金率、公开市场操作来投放货币、降低利率，但企业特别是中小企业融资难、融资贵的问题依然十分突出，说明现有货币政策对当前基本金融问题作用有限。

造成当前货币政策效果不佳的原因之一可能是现有货币政策同我国金融结构已不相适应。这需要我们分析我国金融结构的变化、特点，并且研究这种变化对货币政策的影响，找出货币政策不适应的地方，提出改进的建议，推动我国经济、金融健康发展，这也是本研究的意义所在。

二、研究思路与研究方法

本文研究的基本思路如下：首先对我国的金融结构进行分析，确认我国金融结构的类型和变化，为分析对我国货币政策的影响提供研究基础。其次实证研究金融结构变化和货币政策之间的相互影响，主要包括两个方面的分析：一是金融市场拓宽了货币政策特别是信贷政策的传导路径；二是货币政策提高了金融市场信息不对称程度；三是提高货币政策效率研究。通过对若干政策变量的实证，研究新形势下如何调整货币政策工具、中介目标乃至传导路径，以实现货币政策最优。最后是政策建议。

三、结构安排与研究内容

本文在理论阐述的基础上，主要采用实证研究方法，从计量技术来讲，将采用多变量回归、协整、误差纠正、向量自回归、方差分解、Granger 因果检验等，以使结论更具说服力。

根据以上研究思路，全文共分为四大部分，包括六个章节。第一部分为绪论，即第一章，主要介绍本文选题背景和研究意义、研究思路、研究方法及创新点等内容。

第二部分即第二章，对我国金融结构进行定位和分析。本章认为，经过多年的金融体制的改革，我国正在由银行主导型向市场主导型的金融结构转变，构成了我国货币政策运行的一个基本环境。

第三部分包含第三、四章，实证研究了我国金融结构变化对货币政策的影响。第三章研究了金融结构改变了我国货币政策的信贷传导渠道，由传统的狭义渠道转变为广义信贷传导渠道，并且广义信贷传导渠道相对于银行信贷传导渠道降低了紧缩货币政策的效力。第四章的研究发现，紧缩的货币政策将导致企业盈余管理行为，提高了金融市场信息不对称程度。

第四部分为提高货币政策效率研究，即第五章。我国货币政策的目标是保持货币币值的稳定，并以此促进经济增长。因此我国货币政策最终目标首先是币值稳定，其次是经济增长。本章对货币供给量、利率、信贷规模以及社会融资总量与通货膨胀率及经济增长之间的关系进行了实证研究，寻求提高货币政策的最优路径。

第五部分为第六章，为结论和政策建议。

本文结构可用图 1 表示。

四、创新点及需进一步研究的问题

本文首次深入、全面、系统、动态地对我国金融结构进行了考察，并提出了优化货币政策操作框架以适应金融结构变化。重点在以下方面进行了创新：

第一，通过对典型国家的金融结构及其中介目标的比较，以及对我

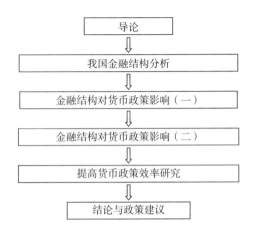

图1　金融结构与货币政策有效性技术路线图

国金融结构特点的分析，认为我国正在由银行主导型向市场导向型金融结构转变，构成了我国货币政策运行的基本环境。

第二，对金融结构和货币政策之间相互作用机制进行了实证研究，拓宽了货币政策的研究范围，并在具体研究方法上进行了创新。

第三，提出了货币政策要适应金融结构变化的观点，并就如何优化货币政策提高政策效果进行了论证和建议。

当然，由于数据来源和研究水平所限，本文还存在不足，如金融结构变化对金融风险控制及保持金融稳定的作用、货币政策为何会滞后于金融结构变化等，这些问题都将作为今后继续努力和研究的课题。

第二章　我国金融结构的特点与定位

货币政策总是在一定的经济环境下发挥作用，货币政策中介目标的选择也必然受到环境因素的影响和制约。改革开放以来，特别是进入新世纪，随着我国市场经济改革不断深化和金融体制改革的不断深入，货币政策运行环境发生了重要变化，特别是金融结构发生了巨大的变化，直接导致我国货币政策效率降低。

一、金融结构的含义

按照丁欣①（2004）的定义，货币政策运行环境包括两个层次上的含义，一是制度层面，即一个国家的社会、政治、法律和经济制度；另一个指组织层面，包括经济增长方式、政策调控方式、企业组织方式和市场结构。金融结构（Finance Structure）是货币政策运行环境的重要组成部分，指构成一国金融体系的各个组成部分的规模和相对构成，体现了一国将储蓄转化为投资的主要途径和效率。金融结构的重要性在于金融体系是货币政策传导的载体，因此，金融结构的特征决定了货币政策传导的渠道和机制，也相应地对货币政策中介目标的选择提供了现实约束。

二、金融结构类型及其代表性国家考察

（一）金融结构类型

金融结构受各国历史、文化和金融制度等影响存在着显著的不同，从总体上来看，一国金融体系按照金融结构可以划分为两大类，即市场主导性（Market – Oriented，以美国和英国为代表）和银行主导型（Bank – Oriented，以德国和日本为代表），这两类金融体系显示出非常不同的特点。银行主导型金融体系中商业银行在金融机构中占据统治地位，直接融资特别是股权融资相对不发达；而在市场主导型金融体系中，金融市场以及同金融市场密不可分的金融中介具有重要的地位和作用，银行系统在金融体系中的地位和作用大大下降。

（二）不同金融结构代表性国家考察

戈德史密斯（1969）认为"各种金融工具和金融机构的形式、性

---

① 丁欣：《中国货币环境与货币运行研究》，中国金融出版社，2004。

质及相对规模共同构成一国金融结构的特征"，因此金融结构的特征主要从以下几个方面进行综合观察和分析：（1）金融资产结构，即各类金融工具资产在金融资产总量中的比重；（2）金融机构结构，即各类金融机构资产的相对比重；（3）企业融资结构，即企业融资来源构成比例，如股票市场融资额度与银行融资额度的比例。

一般认为，美国是市场导向金融结构的代表性国家，德国是银行导向金融结构的典型国家。根据上述戈德史密斯的观点，我们从以下三个方面对以美国和德国的金融结构特点进行对比分析。

首先，从金融机构结构来看，存款型金融机构（主要是商业银行）的资产与 GDP 的比值、存款型金融机构的资产占金融机构总资产的比重这两项指标德国远高于美国，而说明商业银行在德国经济体系中的地位和重要性远高于美国。反过来说明，美国非银行金融机构要比德国非银行金融机构发达得多。从金融机构贷款的角度看，美国存款型金融机构资产仅占 GDP 的 62%，但整个金融体系提供的贷款占 GDP 的 192%，说明在美国非银行金融结构也是通过贷款的主要提供者。而在德国，存款型金融机构的资产仅占 GDP 的 134%，但整个金融体系提供的贷款占 GDP 的 109%，说明在德国几乎所有的贷款都是由银行提供的。

表 1　　　　　　　美国、德国金融机构资产对比 （2007）　　　　单位：%

指标 国家	存款型金融 机构资产/GDP	存款型金融机构 资产/金融机构总资产	金融机构贷款/GDP
美国	62.1	19.5	192
德国	134.1	88.9	109.2

资料来源：根据世界银行全球发展金融数据库以及美国、德国货币当局公布的资金流量表数据整理。以下表 2、表 3 相同。

其次，从金融工具结构来看，在德国金融资产中货币占比达 24%，远高于美国 6.5% 的水平。而且德国货币在金融资产中的占比一直保持稳定，从 1991 年至 2007 年仅下降 3.14 个百分点，而美国同期下降了

10 个百分点。这说明在德国，金融工具创新的进程相对缓慢，货币替代性的金融工具较少，货币供给量始终在德国金融活动中扮演主要角色。反之，美国金融工具的创新导致货币不再是社会经济活动中的主要角色，因此美国在 20 世纪 90 年代初放弃了货币供给量中介目标。

表 2 　　　　　　主要金融工具占总金融资产的比重（2007）　　　　单位:%

指标 ＼ 国家	美国	德国
通货与存款	6.46	24.07
非股票证券	18.75	18.62
贷款	17.46	19.4
股票和其他权益	29.8	25.39
保险技术准备金	9.66	7.39

最后，从非金融企业融资结构来说，尽管美国资本市场发达，但非金融企业的净融资却是通过贷款实现的。2000 年至 2008 年，美国非金融企业从金融体系中（这里仅指通过贷款、债券和股票渠道）筹集的资金总额达到 2.83 万亿美元，然而其中 3.5 万亿美元来自贷款，1.69 万亿美元来源于债券，股票市场的净融资额则为负，即非金融企业在股票市场上净支出 2.4 万亿美元。非金融企业通过金融中介筹集到的资金净额占总融资额的 124%，而通过金融市场反而支出了大量资金。德国非金融企业从金融体系中筹集的资金总额达到 3702 亿欧元，然而其中 2700 亿欧元来自贷款，2000 亿欧元来源于债券，股票市场的净融资额也为负，即非金融企业在股票市场上净支出 1072 亿欧元。德国非金融企业通过金融中介筹集到的资金净额占总融资额的 73%，而通过金融市场筹集占 27%。单纯从融资渠道来看，似乎美国企业对信贷的依赖性更强，但由于美国非银行金融机构实力强大，这些贷款多数是由非银行金融机构创造的；而德国贷款主要由商业银行提供，二者的含义是有所区别的。此外，美国和德国都属于成熟市场经济国家，

非金融企业并未将股票市场视为"圈钱"的工具，没有从股票市场大量套取"廉价"资金，相反，其为股东提供了高额的回报，这是与中国非金融企业部门在证券市场融资行为上最为显著的区别。

表3　　　　　　　　　　　　　　非金融企业融资

年份	美国亿美元（单位）			德国亿欧元（单位）		
	贷款融资	债券融资	股票融资	贷款融资	债券融资	股票融资
2000	3487	1654	−1182	1627.6	−463.7	88.7
2001	1163	3469	−481	742.8	−149.2	343
2002	1025	1365	−162	412.3	556.4	−404
2003	475	1557	−396	−302.7	677.2	249.8
2004	3689	806	−1227	−816.5	492.8	50.9
2005	6262	641	−3431	−294.1	176.7	0.7
2006	6449	2206	−5667	503.3	78.4	−246.7
2007	9221	3190	−7901	418	779.6	−152.4
2008	3356	2077	−3351	418.4	−81.9	−1002.7
累计	35127	16965	−23798	2709.1	2066.3	−1072.7

虽然市场导向和银行导向的金融结构有一定的差别，但并非一成不变的，事实上金融结构的演进呈现出某些普遍性。戈德史密斯（1990）在《金融结构与金融发展》中在对世界35个国家金融发展进行详细的实证考察后发现，随着经济发展，金融相关比率普遍提高，直接融资在融资格局中份额上升，金融机构和金融工具日益多样化，银行体系在金融体系中的地位和作用逐步下降，资本市场特别是证券市场逐步取得主导地位。

三、当前我国金融结构的主要特征

近十年来，随着市场经济体制改革的深入和金融体制改革的深化，我国的金融结构发生了巨大的变化。主要表现在以下几个方面：

（一）金融资产结构

20 世纪 90 年代以来，我国股票、债券、基金和保险类金融资产规模高速增长，金融资产结构向多元化方向发展，经过近二十年的发展，非货币类金融资产在金融资产总量中已占有举足轻重的地位。1994 年，住户部门货币类金融资产占其全部金融资产还高达 91.6%，而债券、股票、基金及保险类等非货币金融资产仅占 8.4%；而到了 2010 年，货币类金融资产占全部金融资产下降到 60% 左右，非货币金融资产上升到 40%（具体见表 4），这说明 M2 已不能代表金融资产的整体状况。为了反映我国金融资产结构分布特点，我们可以将美国和德国的金融体系作为参照系。美国是市场主导型金融体系的典型代表，货币性资产的地位已经大大下降，证券资产占主导地位：货币性资产在住户部门全部金融资产中的比重已经低于 20%，而证券资产的比重已经上升到 60% 左右，其中，债券的比重在 20% 至 30% 之间波动，股票的比重在 30% 至 40% 之间波动（樊明太，2003）。德国货币性资产占住户部门全部金融资产的比重高达 70%，非货币性资产占 30%（殷剑锋，2006）。与德、美两国对比可以看出，虽然非货币性资产占比低于美国，但已高于德国。

表4　　　　　　　　　我国住户部门金融资产相对比重

年份	货币性资产（M2）	非货币性资产 （包括债券、股票、基金、保险公司资产）
1994	91.46%	8.54%
1995	90.33%	9.67%
1996	86.22%	13.78%
1997	83.00%	17.00%
1998	78.35%	21.65%
1999	76.50%	23.50%
2000	73.08%	26.92%
2001	74.89%	25.11%
2002	75.49%	24.51%

续表

年份	货币性资产（M2）	非货币性资产 （包括债券、股票、基金、保险公司资产）
2003	74.56%	25.44%
2004	73.68%	26.32%
2005	72.46%	27.54%
2006	69.00%	31.00%
2007	58.24%	41.76%
2008	64.69%	35.31%
2009	59.99%	40.01%
2010	60.22%	39.78%

注　1. 股票按流通市值计算；

　　2. 根据万得金融数据库、中经网和《中国人民银行货币政策执行报告》整理。

（二）金融机构结构

2001 年加入世贸组织以来，我国加快了金融改革和对外开放的步伐，产生了大量的、新型的金融中介机构，形成比较完善的金融服务体系。表 4 列出了我国金融机构的相对规模，可以发现，虽然近年来证券类机构和保险公司的资产比重有所上升，但是银行类金融机构在我国金融体系中仍然占有绝对的主导地位。2009 年底，全部证券类机构资产仅占金融资产的 5.69%，而保险公司资产仅占金融资产的 4.51%，两者合计也仅占银行资产的 11.67%。而在美国，银行系统的金融资产在社会金融资产总额中的比重由 1962 年的 58.5% 下降到 2007 年的 19.5%。

表 5　　　我国主要金融机构类型及资产、负债规模（2009）

	机构总数	总资产（亿元）	资产占比	总负债（亿元）	负债占比
银行业金融机构	3857	787690.54	87.40%	743348.64	—
证券公司	106	20286.91	2.25%	15446.32	—

	机构总数	总资产（亿元）	资产占比	总负债（亿元）	负债占比
基金公司	60	31000	3.44%	—	—
保险公司	129	40634.75	4.51%	35364.08	—
信托公司	58	20600	2.29%	—	—
期货公司	164	201.05	0.02%	—	—
小额信贷公司	1334	817.2	0.09%	—	—
合计	5708	901230.45	100%	—	—

注 1. 机构数为具有法人资格金融机构统计量；

2. 保险公司总负债按各保险公司平均资产负债率计算；

3. "—"代表数据不可得或不可计算；

4. 本表为不完全统计。

（三）融资结构

央行公布了 2002—2014 年我国企业融资结构变化图（见表 6、表 7）。从两张表中我们可以看到，近年来我国社会融资结构发生了巨大变化，新增人民币贷款在社会融资总量中的占比日趋下降，已不能准确反映实体经济的融资规模：一是直接融资快速发展，如 2010 年企业债和非金融企业股票筹资分别达 1.2 万亿元和 5787 亿元，分别是 2002 年的 36.8 倍和 9.5 倍；二是非银行金融机构作用明显增强，2010 年证券、保险类金融机构对实体经济的资金运用合计约 1.68 万亿元，是 2002 年的 8 倍；三是商业银行表外业务大量增加，2010 年实体经济通过银行承兑汇票、委托贷款、信托贷款从金融体系融资分别达 2.33 万亿元、1.13 万亿元和 3865 亿元，而在 2002 年这些金融工具的融资量还非常小。而且，按照我国中长期金融发展规划，未来将继续大幅度提高直接融资比重，培育各类新型金融机构，可以预见银行信贷在社会融资总量中的比重将继续降低。

表6　　　　　　　2002—2014年我国社会融资规模数据　　　单位：亿元

年份	社会融资规模	人民币贷款	外币贷款（折合人民币）	委托贷款	信托贷款	未贴现银行承兑汇票	企业债券	非金融企业境内股票融资	其他
2002	20112	18475	731	175	—	−695	367	628	431
2003	34113	27652	2285	601	—	2010	499	559	507
2004	28629	22673	1381	3118	—	−290	467	673	607
2005	30008	23544	1415	1961	—	24	2010	339	715
2006	42696	31523	1459	2695	825	1500	2310	1536	848
2007	59663	36323	3864	3371	1702	6701	2284	4333	1085
2008	69802	49041	1947	4262	3144	1064	5523	3324	1497
2009	139104	95942	9265	6780	4364	4606	12367	3350	2430
2010	140191	79451	4855	8748	3865	23346	11063	5786	3077
2011	128286	74715	5712	12962	2034	10271	13658	4377	4557
2012	157631	82038	9136	12838	12845	10499	22551	2508	5216
2013	172904	88917	5848	25465	18448	7751	18021	2219	6235
2014	164133	97813	3556	25069	5174	−1286	23817	4350	5640

数据来源：盛松成主编《社会融资规模理论与实践》第124页。2014年数据来自中国人民银行网站。"—"为数据缺失或数据很小。

表7　　　　　　2002—2014年我国社会融资规模结构数据　　　单位：%

年份	社会融资规模	人民币贷款	外币贷款（折合人民币）	委托贷款	信托贷款	未贴现银行承兑汇票	企业债券	非金融企业境内股票融资	其他
2002	100	92	3.7	0.9	—	−3.5	1.6	3	2.3
2003	100	81	6.7	1.8	—	5.9	1.6	1.6	1.4
2004	100	78.8	4.8	11.1	—	−1	1.8	2.3	2.2
2005	100	82.1	3.7	3.4	—	0.1	7	1.2	2.5
2006	100	79.3	2.5	4.7	2.1	3.8	2.1	3.4	2.1
2007	100	61.3	4.9	5.7	2.9	11.3	3.9	8.1	1.9
2008	100	71.5	0.9	6.2	4.6	1.6	8.1	4.9	2.2

续表

年份	社会融资规模	人民币贷款	外币贷款（折合人民币）	委托贷款	信托贷款	未贴现银行承兑汇票	企业债券	非金融企业境内股票融资	其他
2009	100	68.1	6.6	4.8	3.1	3.3	9.2	3.2	1.7
2010	100	55.6	2.9	7.9	2.7	16.3	8.4	4.1	2.1
2011	100	58.2	4.5	10.1	1.6	8	10.6	3.4	3.6
2012	100	20	5.8	8.1	8.1	6.7	14.3	1.6	3.4
2013	100	51.4	3.4	14.7	10.7	4.5	10.4	1.3	3.6
2014	100	59.4	2.2	15.2	3.1	−0.8	14.7	2.6	3.6

数据来源：盛松成主编《社会融资规模理论与实践》第 125 页。2014 年数据来自中国人民银行网站。"—"为数据缺失或数据很小。

（四）我国金融结构特征分析

由以上的分析中可以得出结论，首先，我国正在由银行主导的金融结构向市场导向的金融结构转化。近十年来，加快资本市场发展成为上下共识，获得了强大的推动力，资本市场已在我国经济生活中具有举足轻重的地位。围绕资本市场的发展出现了一批新型的金融中介机构，如证券公司、基金公司等，同时传统的一些金融中介如保险公司也迅速扩张。股票、债券、基金、保险单等新型金融工具的规模增长迅速，对货币形成了一定的替代性，货币在金融总资产中的比例不断降低。同时，资本市场的发展还推动了企业融资渠道的多元化，企业可以在发行股票、债券还是贷款等融资方式之间进行权衡。金融市场在我国正在逐步发挥金融资源的配置功能。

表 8   **我国股票市场的发展**

年份	上市公司总数	总股本（亿股）	流通股本（亿股）	总市值（亿元）	投资者开户数（万户）
2000	1174	3802	1366	50755	6305
2011	2428	36200	28557	250114	20259

注：数据来源于万得金融数据库。

表9 我国债券市场的发展

年份	债券数量	债券票面总额（亿元）
2000	61	13197
2011	3355	213456

数据来源：万得金融数据库。

其次，虽然我国金融市场有了一定程度的发展，但银行在我国金融体系中的主体地位并没有发生改变，银行仍然是最重要的金融中介机构。因此，我国金融结构具有市场导向和银行导向两种金融结构的特点，而随着金融体制市场化改革的进一步推进，市场导向金融结构的特点将更加鲜明。

四、我国金融结构与货币政策的矛盾

美国次贷危机爆发后，美联储在危机前后的货币政策受到一些专家的严厉批评，例如2008年11月20日，美国国会议员 Ron Paul 在美国众议院的发言中指出，"金融危机的起因中至少有90%都能够被算在美联储头上。信贷、货币供给和利率的人为操纵导致了各种各样泡沫的形成。""这次危机的根源和1929年那次危机没有什么大的区别，都是中央银行惹的祸"（张维迎，2009）[1]；对于危机后美联储的注资政策，英国央行行长 Mervyn King，美国经济学家 Gary Becker，Roubini，以及摩根坦利亚太区前首席经济学家谢国忠和摩根坦利首席经济学家斯蒂芬·罗奇等都认为，该项政策不仅于事无补，反而会产生道德风险和通货膨胀隐患，加重危机[2]。最具代表性的是弗里德里克·S. 米什金（Frederic S. Mishkin）于2010年11月18—19日在德国法兰克福召

---

[1] 转自吕忠泽：《流动性冲击、货币政策失误与金融危机——对美国金融危机的反思》，载《金融研究》，2010（7）。

[2] 转自汤凌霄：《美国次级债务危机的国际传染机制及其因应对策》，载《财政研究》，2008（5）。

开的欧洲中央银行"货币政策再审视：来自危机的教训"会议上宣读的题为"Money Policy Strategy：Lesson from Crisis（货币政策方略：来自金融危机的教训）"的论文①。米什金认为"金融部门发展对经济活动有着远超出我们早先认识的重大影响""宏观经济是高度非线性的""危机前广泛运用的最优货币政策理论存在着一个重要缺陷：这一理论基于宏观经济可以用线性动态方程加以刻画的假设"。米什金敏锐地发现美联储的货币政策从理论到工具已经滞后于美国金融结构的变化，因而未能发挥其降低金融风险、稳定经济增长的作用。但同时米什金也批评了那种认为货币政策在金融危机中无效的观点，提出"扩张性的货币政策有助于减弱负反馈循环，因此在金融危机下更能发挥潜力。货币政策在治理金融危机中所起的作用比平时更大，因而治理金融危机货币政策不是无用，而应担当重要角色"②。随着对金融危机反思的深入，人们逐渐认识到货币政策与金融结构之间的错配和矛盾是造成货币政策效率下降乃至产生金融危机的根源之一。

在我国，货币政策效率同样在降低，比如中国货币发行量很大，但企业融资难、融资贵的问题却越来越突出。追根溯源，也是货币政策滞后于金融结构的变化，同金融结构产生了矛盾。这种矛盾突出表现在金融市场的发展改变了传统货币政策从传导路径和作用方式，对货币政策的有效性提出了挑战。

第三章　金融结构与货币政策传导

传统的货币政策主要通过银行进行传导，特别是通过调控银行信

---

① 该论文中文版发表于《金融评论》2010 年第 6 期。
② 弗里德里克·S. 米什金：《应对金融危机：货币政策无能为力吗》，载《新金融》，2009（7）。

贷实现货币政策目标。随着金融市场的发展，企业融资渠道多元化，货币政策的一个重要传导渠道——银行信贷传导渠道转变为广义信贷传导渠道，使得央行单纯控制银行信贷失去了作用。

一、货币政策的信贷传导渠道

信贷传导是货币政策的重要传导渠道。在早期的研究中，伯南克等重视货币政策通过商业银行信贷的扩张与收缩对经济的影响，提出了银行信贷传导渠道。20世纪80年代以来，美国的一些大型企业不仅通过银行融资，而且通过发行商业票据的形式在金融市场融资，银行信贷在融资总量中的地位不断下降。一些经济学家基于这个事实，提出了广义信贷传导渠道（Oliner和Rudebusch，1996）。他们认为由于金融机构多样化使得企业融资渠道多元化，银行信贷和其他形式信贷存在可替代性，企业有了一定的选择空间，因此银行信贷不再是决定产出的唯一因素，信贷传导渠道有了新的形式。由于信息不对称在所有的金融市场都存在，并不局限于银行贷款市场，信息不对称导致贷款人需要对借款人进行评估和监督，使得外部融资的成本高于内部融资，这就是外部融资溢价。外部融资溢价受货币政策的影响：紧缩的货币政策提高了市场利率，降低了公司抵押品的价值[①]，贷款人要冒更大的风险，必然要求更高的回报，这就提高了外部融资溢价。紧缩的货币政策一般只能抑制银行信贷供给，企业仍可从其他渠道获得资金，但外部融资溢价上升将会抑制企业的信贷需求。后来Bean（2002）将这些渠道称为广义信贷传导渠道，而将银行信贷传导渠道称为狭义信贷传导渠道。2008年金融危机以后，Hendricks和Kempa（2010）基于影子银行在危机中作用重新表述了这一概念。

[①] 资产价值是对未来现金流的折现。紧缩的货币政策提高了市场利率，必然降低资产价值。

对比狭义和广义信贷传导渠道，二者有以下几点区别。首先，狭义信贷传导渠道只强调银行信贷对产出的作用，广义信贷传导渠道则聚焦具有信贷供给能力的各类金融机构，认为信贷之间具有可替代性，因此对产出产生影响的是各类金融机构实际提供信用的总和。其次，狭义信贷传导渠道通过直接限制银行信贷数量进而影响企业生产经营，而广义信贷传导渠道则引入了外部融资溢价等价格因素，强调即使信贷总量没有发生变化，但紧缩的货币政策也会通过提高外部融资溢价影响企业的融资需求。最后，货币政策通过狭义信贷传导渠道发挥作用要以企业对银行完全依赖性为前提，企业是完全被动地适应银行贷款的变化；而在广义信贷传导渠道中，由于金融机构类型众多，企业有一定的主动性，货币政策效果是央行和市场博弈的结果。

长期以来，由于商业银行在我国金融体系中的绝对主体地位，货币政策主要通过狭义信贷传导渠道发挥作用。随着金融体制改革的不断深入，货币政策已具备通过广义信贷传导渠道发挥作用的条件。首先，融资渠道多元化，企业融资具有一定选择的空间，对银行的依赖程度逐步下降，突出表现为银行贷款在社会融资规模中的占比持续下降（见图2）。其次，更为关键的是，随着我国市场经济的不断完善，企业真正成为了自主经营、自负盈亏的经济实体，激烈的市场竞争使得企业对成本有较高的敏感性，这为价格机制发挥作用奠定了基础。但我国是否存在广义信贷传导渠道仍是一个需要实证研究的问题。如果存在的话，我们关心的是，在中央银行仍然坚持使用数量型货币政策工具而非价格型工具的现实情况下，广义信贷传导渠道下货币政策是否还能有效地控制包括商业银行在内的各类金融机构的信贷供给能力，从而实现货币政策目标？在央行仍然坚持数量型调控模式的背景下，货币政策能否保持有效性？

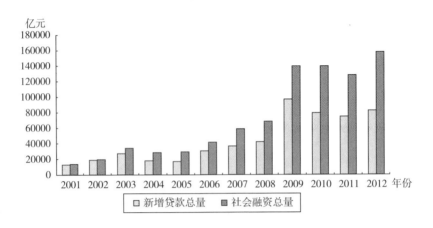

图 2　2001—2012 年我国社会融资总量变化情况

二、广义信贷传导渠道的理论模型

一般认为，企业投资支出对外部资金来源的依赖性较大，通过研究企业投资支出和内部融资的关系可以建立信贷传导渠道模型。假定在外部资金来源稳定的情况下，企业一定会调整内外部资金比例使投资支出融资结构处于最优状态。紧缩的货币政策将减少企业的外部资金来源，而投资支出具有一定的刚性，所以投资支出中内部融资的比例将会提高。而货币政策由紧缩转向宽松时，企业又会将内外部资金比例调整回最优状态（因为假定企业的投资支出稳定，内部资金的成本始终是低于外部融资成本的，因此内部资金的最优使用量不变。货币政策宽松期间企业外部资金来源稳定，内部资金的使用量相同，则对外部资金的使用也会保持不变，所以货币政策稳健和宽松期间投资支出对内部流动性的相关性应保持不变）。因此货币政策变化期间企业投资支出与内部资金来源的相关程度的变化将为观察货币政策信贷传导渠道提供窗口。

货币政策通过狭义或广义信贷传导渠道都能够改变企业的融资结

构。但在外部资金来源稳定时，企业的最优投资结构保持不变，这意味着我们无法比较在货币政策宽松期间两种信贷传导渠道的异同。因此，我们主要研究了货币政策紧缩期间，两种信贷传导渠道效果及其政策含义的差异。为使读者更好地了解广义信贷传导渠道，我们首先建立银行信贷传导的模型。

（一）银行信贷传导渠道的理论模型

狭义信贷传导渠道假定信贷市场上只存在银行这一单一信用供给机构，企业对银行则具有依赖性。当央行公开市场操作或提高存款准备金率以收紧流动性时，银行不得不减少对外贷款，企业融资被迫转向内部。当货币政策转向宽松后，企业调整回归最优融资结构。假定企业对外融资主要依赖银行信贷，则有

$$I^e = F + L \quad L = L(R^f) \tag{3-1}$$

I^e 代表均衡投资，F 代表内部资金，L 代表银行信贷，R^f 为无风险利率——代表货币政策松紧程度，L 受货币政策的影响。R^f 上升，表示紧缩货币政策减少银行信贷时，如果投资支出保持不变，企业对内部资金的依赖必然增强。我们用 Φ 表示均衡投资对内源性资金来源的反应，令

$$\Phi = \frac{\partial \, I^e}{\partial \, F} \tag{3-2}$$

当 $\partial R^f \geqslant 0$ 则必有

$$\frac{\partial \, \Phi}{\partial \, R^f} > 0 \tag{3-3}$$

（二）广义信贷传导渠道的理论模型

在本案例中，我们假设银行等金融中介机构共同构成广义信贷市场，企业和金融中介在信贷市场上地位平等。假定企业处于最优融资结构，在货币政策紧缩减少银行信贷时，企业投资支出中内外部融资的比例将会保持不变，因为企业外部融资有多个渠道，货币紧缩影响

银行信贷时企业可向其他金融中介机构取得资金。然而，信息不对称在借贷市场是普遍存在的，即广义信贷市场是不完全竞争市场。由于存在信息不对称，贷款人在贷前需对借款人进行风险评估以及在贷款后进行跟踪管理，由此必然产生一个外部融资溢价对贷款人承受的风险和费用进行补偿。外部融资溢价和货币政策紧密相关，紧缩的货币政策至少将会从两个方面提高融资溢价。首先根据王铭利（2012）的研究（见附录），紧缩政策导致企业会计信息质量下降，提高了信贷市场信息不对称的程度，贷款人承担的风险上升必然要求更多的补偿，导致外部融资溢价上升。其次，紧缩的货币政策将会降低企业用于融资的抵押品的价值，也会提高贷款人的风险，外部融资溢价必然上升。如果融资溢价超过企业承受能力，企业必然转向内部融资，融资结构将会发生变化。

下面我们给出上述研究思路的理论证明。

广义信贷传导渠道假定借款人和贷款人之间存在信息不对称，因此所有对外借贷都会产生融资溢价，使得外部融资成本高于内部融资。这个融资溢价是对贷款人评估投资项目、监督借款人的补偿。设企业投资总额为 I，内部资金来源为 F，则外部融资需求为 $I-F$，令外部资金资金成本曲线（表示资金成本与投资支出的函数关系）为 S_1。内部资金成本（即内部资金的机会成本）为 $R_1 = R^f + \theta$，R^f 为无风险利率，θ 为风险调整系数。如果借贷市场是完美的，企业内部融资和外部融资的利率是一致的——都是 R_1。但是由于信息不对称产生企业可能违约的风险，这种道德风险将会提高外部融资的成本——外部融资溢价（我们用 Ω 来表示）。Ω 的大小由两个因素决定。首先，Ω 随借贷金额增加而上升（因为借贷规模越大，贷款人风险越大），这意味着 S_1 曲线向上倾斜（见图3）。其次按照 Farmer（1984）和 Gertleran、Hubbard（1988）的研究，Ω 还与无风险利率相关：无风险利率上升将会降低抵押品的价值，增加道德风险。无风险利率则与货币政策紧密相关：紧缩的货币政策意味着货币当局提高基准利率或减少货币供给量，提高基准利率将直接提高市场无风险利率，根据 $IS-LM$ 曲线货币供给量减少在短期内提高无风险利率。因此 $\Omega = \Omega[B^+, R_1^f(M^-)]$，$B$ 为外部融资规模，M 为货币政策代理变量，且 $\partial\Omega/\partial B > 0, \partial\Omega/\partial R_1^f > 0$。$D$ 为投资需求曲线，它与融资成本曲线决定了均衡投资，I_1 为正常货币政策下的投资支出。

当货币政策紧缩时，货币供给量减少提高了无风险利率，无风险利率增加直接提高了外部融资溢价，由于外部融资溢价的提高使得信贷供给曲线从 S_1 转移到 S_2 而不是 S'_1。由此均衡投资将从 I_1 转移至 I_2 而非 I'_1，外部融资额从 $I_1 - F$ 减少到 $I_2 - F$（而非 $I'_1 - F$）。但投资支出具有一定的连续性和稳定性，所以短期内投资差额 $I_1 I_2$（而非 $I_1 I'_1$）只能寻求内部资金的支持。由于货币政策紧缩扩大了外部融资溢价，广义信贷传导渠道加剧了紧缩效应，为了保持投资稳定，企业将更多地转向内部融资，投资支出对内部资金更加敏感。

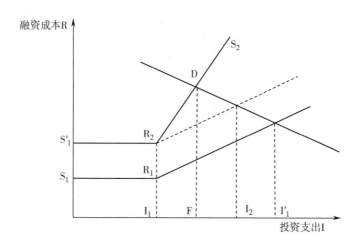

图3　广义信贷传导渠道对融资结构的影响

下面通过建立简化的信贷供求方程来论证上述联系。

信贷供给方程 $R = -kI + v$

信贷需求方程 $R = R_1 + \Omega[B^+, R_1{}^f(M^-)] = R^f + \theta + (\lambda R^f)(I - F)$

这里我们假定 $\Omega(B^+, R_1{}^f(M^-)) = \lambda R^f B = (\lambda R^f)(I - F)$

λ 表示不同类型公司无风险利率的调整系数，k、λ 和 $v > 0$。因为 $\lambda > 0$，所以外部融资溢价 Ω 正向变动于 R^f 与 B。将信贷供给等于信贷需求，得到

$$-kI + v = R^f + \theta + (\lambda R^f)(I - F)$$

整理，均衡投资 $I^e = \dfrac{\lambda R^f}{k + \lambda R^f} \times F - \dfrac{1}{k + \lambda R^f}$

$$\Phi = \frac{\partial I^e}{\partial F} = \frac{\lambda R^f}{k + \lambda R^f} \qquad (3-4)$$

$$\frac{\partial \Phi}{\partial R^f} = \frac{\lambda k}{(k + \lambda R^f)^2} > 0 \qquad (3-5)$$

Φ 表示均衡投资对内源性资金来源的反应。在货币政策紧缩时，无风险利率上升，$\partial R^f > 0$，即外部融资成本增加，这时内部资金对企业投资具有重要意义，所以 $\partial \Phi$ 也是增加的，说明紧缩期企业投资更加依赖内部资金。而一旦货币政策宽松，企业外部融资溢价又回到正常水平，在图 2 中表现为融资曲线又移回 S_1，企业内部最优融资金额不变，则 Φ 值和货币政策稳健期间应当一致。

三、研究设计、实证检验与分析

（一）研究假设

有文献表明，国有、民营企业在融资方面的待遇是不同的，民营企业更易受银行信贷的"歧视"（江伟、李斌，2006；陆正飞、祝继高、樊铮，2009）。但最新的研究表明，银行信贷歧视可能是不存在的。根据方军雄（2010）的研究，由于上市公司无论所有制形式都是"优质客户"以及银行之间的竞争，民营上市公司相对于国有上

市公司并不存在"信贷歧视"，二者主要差异在于融资渠道的宽窄。李斌和孙月静（2013）的研究也表明，国有企业存在"全融资"现象，民营企业融资渠道相对狭窄。实际上，相对于民营上市公司，国有上市公司在融资渠道多样性方面具有优势，例如，近年来我国企业债市场发展迅速，融资额从 2000 年的 114 亿元上升到 2011 年22595 亿元，增长近 200 倍，但根据万得金融数据库的统计，已经发行企业债券的几乎全是国有企业，企业债市场事实上未对民营企业开放。以上分析表明，国有上市公司有多种融资渠道可供选择，而且其经济行为基本市场化；而民营企业虽然具有更强的市场属性，但融资渠道受到限制较为单一，对银行信贷的依赖性较强。据此，我们提出第一个假设：

H1：广义信贷传导渠道主要对国有企业产生冲击，民营企业主要受银行信贷传导渠道的冲击。

当紧缩货币政策减少银行信贷时，对银行信贷依赖性较强的企业不得不调整融资结构，转向内部资金。而对于有多种金融机构和融资渠道可供选择的企业来说，紧缩的货币政策主要通过提高"外部融资溢价"抑制企业信贷需求。由于投资支出的刚性，企业在可承受范围内不会降低对外部资金的需求，而且可以通过对融资渠道和融资方式的选择降低信贷成本上升的冲击。相对于对银行信贷依赖性较强的企业来说，将显著降低紧缩的货币政策对融资结构的冲击。我们提出第二个假设：

H2：银行信贷紧缩时，主要受广义信道传导渠道影响的企业对内部资金的依赖性将低于受狭义信贷传导渠道作用的企业。

（二）样本选择及理论模型

鉴于制造业在我国实体经济中的重要地位，本文选取 2002 年第一季度至 2011 年第二季度沪深主板上市的制造类上市公司作为研究对象，这主要是因为制造类上市公司是我国同类企业中的优秀代表，一般是信贷市场中各金融中介机构的"优质客户"，不存在"信贷歧视"。

　　根据研究要求，我们选择 2002 年第一季度至 2011 年第二季度作为观察货币政策变化的窗口。选择此期间作为观察窗口是考虑多种因素的结果。首先，我们认为，判断货币政策趋向不能依赖央行自我表述，而要看其行为——主要是货币政策工具的使用。其次，偶尔的操作不能作为判断货币政策取向的依据，但连续、频繁地向一个方向使用某个工具就能够说明央行意图。因此我们所指的宽松或紧缩是指央行通过某种行为明确地向外部传达出了政策取向，并且希望获得这种效果。在此期间，中央银行最经常连续使用的货币政策工具是存款准备金率，存款准备金率的调整可以代表央行的货币政策取向，而 2011 年之后，央行货币政策操作日趋复杂，货币政策取向难以判断。图 4 给出自 2002 年第一季度至 2011 年第二季度存款准备金率调整及货币供给量同比变动情况。我们主要按照法定存款准备金率为标准，并参照货币供给量的变化以及各季度央行《货币政策执行报告》，将货币政策在 2002 年第一季度至 2011 年第二季度的变化分为 4 个阶段：2002 年第一季度至 2006 年第二季度是货币政策稳健期（2002 年第一季度至 2006 年第二季度也属于货币政策较为宽松的阶段，但为了和 2009 年极度宽松相区别，我们将其定义为稳健阶段）；2006 年第三季度至 2008 年第三季度为货币政策紧缩期间；2008 年第四季度至 2010 年第一季度为货币政策极度宽松时期（在货币政策第三个阶段，虽然存款准备金率未下降到第一个阶段的水平，但当时实行的是适度宽松的货币政策，货币供给量增幅显著上升）；2010 年第二季度至 2011 年第二季度为货币政策紧缩时期。

　　该货币政策观测期经历了稳健、从紧和宽松再到从紧的一个完整过程。选择这个观测期可以很好地研究企业投资支出中的融资结构对货币政策的反应。

　　本文选取的样本来自沪深上市发行 A 股的制造业公司，并按以下标准进行筛选：

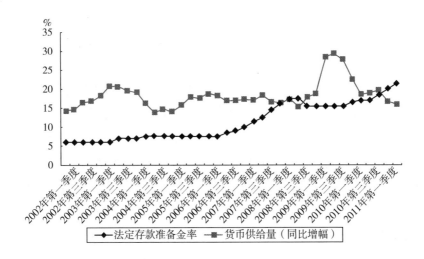

图4　季度法定存款准备金率、货币供给量变动图

虽然我们研究的区间为2002年第一季度至2011年第二季度，但是在2002年度上市公司季度数据不全，为保证样本公司财务数据的连续性，我们选取从2003年第一季度至2011年第二季度在沪深主板市场挂牌交易的制造业公司，并作如下剔除：首先考虑到极端值对统计结果的影响，剔除ST与＊ST类上市公司；剔除上市期间发生重大资产重组导致主营业务改变的公司；剔除投资支出（用"购建固定资产、无形资产和其他资产支出的现金"计量）小于等于零的公司；以及财务信息披露不足和数值异常的上市公司。共得到25359个数据，主要来自Wind金融数据库，部分来自CSMAR数据库。

借鉴Broussard等（2004）的计量模型，本文建立如下模型进行检验：

$$IK_t = \alpha X_t + \beta\, CFK_{t-1} + \mu_t \qquad (3-6)$$

IK_t为企业投资支出，代表企业的投资行为。为降低规模对投资支出的影响，我们用t期的投资支出除以企业t−1期末的总资产。对于新增投资支出，学术界主要采用两种思路来度量：一种为采用资产负债表的数据来度量，即投资支出＝固定资产原值、在建工程及长期投资的季末数和季初数之差①；第二种采用现金流量表的数据来计量，即现金流量表的"购建固定资产、无形资产和其他长期资产所支付的现金"。本文采用第二种方法：用季度现金流量表中"购建固定资产、无形资产和其他长期资产所支付的现金"除以季度初总资产。CFK_{t-1} 代表 $t-1$ 期的现金流②，等于公司季度现金流量表中的"经营活动现金流量净额"。控制变量 X_t 包括滞后一期的投资支出 IK_{t-1}、t 期对 t−1 期的销售收入增长额 ΔS、t 期期初的现金存量 C、资产负债率 LEV 和资产规模 SIZE。根据 Zulkefly（2010）的研究，企业的各期投资支出具有关联性，因此引入滞后一期的投资支出控制这种特征。选择主营业务收入增长额是为了控制企业的成长性对企业投资支出规模的影响，我们估计它们的系数为正。选择期初货币资金是为了控制企业存量资金对企业投资行为的影响，估计其系数为正。选择期初资产负债率是因为考虑到企业资本结构对投资支出的影响，估计其系数为负。IK、CFK、S、C 都是上述定义的变量除以季度初的总资产。我们还控制了规模对单位投资支出的影响。

（三）样本的描述性统计分析

表 10　　　　　　　　　　　变量的描述性统计分析

		投资支出	内部现金流	销售增长率	货币资金	资产负债率	企业规模
N	有效	25358	25358	25358	25358	25358	25359
	缺失	0	0	0	0	0	0

---

①　支晓强，童盼（2007）认为采用资产负债表的数据计量企业投资支出，不及现金流量表的"购建固定资产、无形资产和其他长期资产所支付的现金"数据准确，因为在我国，利用资产减值操纵利润的例子比比皆是，相对而言，现金流量表的数据较难操纵。为了稳健起见，我们也用来自资产负债表的投资支出数据作为因变量做了回归分析，结果与使用现金流量表的数据基本相同，但 R^2 较低。

②　选择滞后一期的现金流量是为了降低同期两个变量之间的相关性。

续表

	投资支出	内部现金流	销售增长率	货币资金	资产负债率	企业规模
均值	0.0209	0.0142	− 0.0015	0.1748	0.4680	21.3441
中值	0.0121	0.0113	0.0023	0.1360	0.4815	21.2060
标准差	0.0319	0.1134	0.2086	0.1395	0.1843	1.0606
极小值	0.0000	− 0.6987	− 1.0642	0.0001	0.0193	18.2659
极大值	2.0451	2.5459	8.9087	0.9053	0.8996	26.1647

表 10 是样本观测值相关变量的描述性统计。在样本企业中，投资支出与季度初总资产之比的中位数和均值分别为 1.21%、2.09%，现金流与季度初总资产之比的中位数和均值分别为 1.13%、1.42%，这表明企业经营活动产生的现金流不足以满足投资支出，需要利用其他渠道为投资活动筹资资金。货币资金与季度初总资产之比的中位数和均值分别为 13.6% 和 17.5%，企业平均的资产负债率为 46.8%。

（四）回归结果与分析

将样本公司按照国有、民营进行分类后分阶段进行回归，结果显示如下：

表 11   **投资支出与内部现金流相关性（国有）**

变量	第一阶段 (2003.1 − 2006.4) 货币政策稳健期间	第二阶段 (2007.1 − 2008.4) 货币政策紧缩期间	第三阶段 (2009.1 − 2010.2) 货币政策宽松期间	第四阶段 (2010.3 − 2011.2) 货币政策紧缩期间
常数项	− 0.0157 (− 2.11)**	− 0.0033 (− 0.38)	0.0089 (1.38)	0.0063 (0.14)
CFK_{t-1}	0.0042 (0.59)	0.0180 (9.81)***	− 0.0065 (− 1.05)	0.0276 (3.19)***
IK_{t-1}	0.3985 (35.93)***	0.4415 (32.42)***	0.4778 (35.24)***	0.1875 (5.78)***
ΔS_t	0.0323 (9.09)***	0.0539 (30.48)***	0.0100 (6.00)***	0.0817 (16.69)***

续表

变量	第一阶段	第二阶段	第三阶段	第四阶段
	（2003.1－2006.4）	（2007.1－2008.4）	（2009.1－2010.2）	（2010.3－2011.2）
	货币政策稳健期间	货币政策紧缩期间	货币政策宽松期间	货币政策紧缩期间
$CASH_t$	0.0111	0.0256	0.0024	－0.0063
	(3.26)***	(6.28)***	(0.91)	(－0.31)
LEV_t	－0.0008	0.0006	－0.0021	－0.0016
	(－0.37)	(0.22)	(－0.97)	(1.30)
$SIZE_t$	0.0013	0.0005	0.0001	0.0001
	(3.60)***	－1.3200	(0.22)	(－0.03)
Adjusted R^2	0.1768	0.2736	0.253	0.174
F	239.75	259.62	211.55	128.86
N	6706	4142	3754	3669

注：＊＊＊、＊＊和＊分别表示在1%、5%和10%水平下显著。

表12　　　　　　投资支出与内部现金流相关性（民营）

变量	第一阶段	第二阶段	第三阶段	第四阶段
	（2003.1－2006.4）	（2007.1－2008.4）	（2009.1－2010.2）	（2010.3－2011.2）
	货币政策稳健期间	货币政策紧缩期间	货币政策宽松期间	货币政策紧缩期间
常数项	0.0083	－0.0241	0.0112	0.0063
	(0.52)	(－1.98)**	(0.71)	(0.14)
CFK_{t-1}	－0.0074	－0.0069	－0.0057	0.2123
	(－0.62)	(－0.87)	(－0.41)	(7.36)***
IK_{t-1}	0.3443	0.3124	0.2586	0.1875
	(18.28)***	(15.38)***	(10.80)***	(5.78)***
ΔS_t	0.0352	0.0188	0.0260	0.0817
	(6.30)***	(5.26)***	(6.16)***	(16.69)***
$CASH_t$	0.0257	0.0218	－0.0020	－0.0063
	(4.94)***	(4.22)***	(－0.26)	(－0.31)
LEV_t	－0.0102	－0.0099	0.0020	－0.0016
	(－2.77)*	(－2.90)***	(0.45)	(1.30)

续表

变量	第一阶段 (2003.1–2006.4) 货币政策稳健期间	第二阶段 (2007.1–2008.4) 货币政策紧缩期间	第三阶段 (2009.1–2010.2) 货币政策宽松期间	第四阶段 (2010.3–2011.2) 货币政策紧缩期间
$SIZE_t$	0.0004	0.0019	0.0001	0.0001
	(0.49)	(3.15) ***	(0.70)	(−0.03)
Adjusted R^2	0.1411	0.2309	0.1762	0.2408
F	73.26	52.52	23.46	47.72
N	2640	2050	1498	900

注：***、**和*分别表示在1%、5%和10%水平下显著。

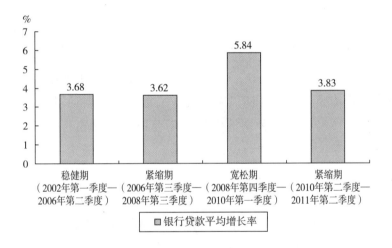

图5　货币政策各阶段季度贷款增长率（几何平均数）

经检验各阶段回归方程均成立，不存在异方差、共线性等问题。回归结果显示，在第一个紧缩期民营上市公司融资结构没有发生变化，而在第二个紧缩期融资结构则发生了显著变化——转向内部融资；而国有企业在两个紧缩期都明显转向内部融资，但Φ值变化不大（在两个紧缩阶段，国有企业 CFK 的系数由 0.018 增加到 0.0276，仅仅变化了不到1个百分点）。我们结合图4对回归结果进行分析。图4表明，在第一个紧缩期，紧缩的货币政策没有降低银行信贷增速（相对于稳健期），民营企业融资结构没有发生变化；而在第二个紧缩期银行信贷增速有了显著下降（相对于宽松期），民营企业融资结构随之转向内部融资，说明其对银行信贷有较强的依赖性——民营企业主要受银行信贷传导渠道的冲击。在第一个紧缩期，国有企业改变了融资结构说明尽管货币政策没有减少外部资金供给，但仍通过提高外部融资溢价即价格机制对企业投资产生影响。而国有企业在两个紧缩期融资结构变化保持稳定则进一步证明了国有企业主要受广义信贷传导渠道的影响——融资渠道多元化有效降低了银行信贷减少的冲击，融资结构保持稳定。于是假设 1 成立。

其次，在银行信贷紧缩的情况下，国有上市公司对内部资金的依赖程度远低于民营企业——在第二个紧缩期民营企业 Φ 值的变化是国有企业的近 10 倍，这说明广义信贷传导渠道对企业融资结构的冲击低于狭义信贷传导渠道。长期以来，我国货币当局主要通过调控银行信贷来调控实体经济，这种调控发挥作用要以企业对银行依赖为前提，即企业主要受狭义信贷传导渠道的冲击。如果我们假定民营企业融资结构的变化是货币当局预期的一般市场经济主体的正常反应，则实证结果表明广义信贷传导渠道降低了紧缩货币政策的效力。

最后，同我们预期的一样，在宽松的货币政策下，国有、民营上市公司投资都表现出对外部资金的依赖性——融资结构没有区别，这同靳庆鲁等（2012）的发现是一致的。尽管我们无法比较宽松货币政策下两种传导路径的差异，但说明宽松的货币政策确实有利于促进企业投资。

四、研究结论

本文以沪深制造业上市公司为研究对象，研究了货币政策所导致企业投资行为中融资结构的变化，发现了货币政策传导新机制。同时，区分、对比分析了两种传导渠道对于货币政策有效性的影响。研究发现：（1）我国存在货币政策的广义信贷传导渠道。（2）对于银行信贷传导渠道，紧缩的货币政策如果没有减少银行信贷规模，则对企业融资行为无效，所以经常看到监管当局频繁动用行政手段限制银行贷款，抑制经济过热。而对于广义信贷传导渠道，紧缩的货币政策无论是否减少了银行信贷可以起到改变融资结构的效果。因此，即使货币政策未对银行信贷产生作用（即狭义信贷传导渠道未发挥作用），紧缩的货币政策也会通过提高外部融资溢价抑制企业融资需求。（3）当紧缩的货币政策导致银行信贷收缩时，相对于狭义信贷传导渠道，货币政策广义信贷传导渠道降低了货币政策的紧缩效力。这说明，在影子银行体系下，企业有广泛的选择空间，可以低成本地进行融资，抵消了紧缩货币政策的效力。而对于那些对银行有较强依赖性的企业则影响较大，这也可以从近年来部分民营企业面对银根紧缩求贷无门，不得不借入高利贷或高息揽储，最后破产跑路得到印证。

本研究的政策启示在于：（1）广义信贷传导渠道使得货币当局通过货币政策调控实体经济更加复杂，单纯紧缩银行信贷难以实现预期目标，货币当局需要监控更广义的信贷才能保证紧缩政策的效力。因此，央行将社会融资规模作为货币政策中介目标是一个适当的选择。（2）加快推进利率市场化，理顺货币政策的价格传导机制。随着我国市场经济体制的不断完善，企业对市场的敏感度越来越强，为利率等价格机制发挥作用奠定了良好的基础。但从本文研究结果来看，价格机制的效力要低于数量机制，说明现实中存在障碍因素阻碍了价格机制的有效性，监管当局需要理顺价格传导机制，加快推进金融市场建设，完善相关监管与法制制度，加强价格机制的效力。（3）当前有一种缓解民营企业融资难的观点认为应当采取有效措施鼓励银行增加向民营企业发放贷款。但本文研究表明，民营企业对银行的依赖性并未发生改变，而银行受货币政策影响较大，当货币政策紧缩时民营企业受到的冲击较大。因此解决民营企业特别是中小企业融资难的途径应当主要是放开金融市场对民营企业的限制，拓宽融资渠道。

第四章　货币政策与会计信息质量

金融市场的发展不仅改变了货币政策的传导路径，同时也改变了货币政策的作用机制，除了对货币、信贷发生作用意外，更对市场信息甚至人们的心理都产生了更加直接和强烈的影响。本章探讨了货币政策对金融市场信息不对称的影响，表明货币政策对实体经济的作用更加复杂。

一、盈余管理概述

国内外已有研究表明，上市公司进行盈余管理的动机多种多样，比如 Watts 和 Zimmerman 提出的三个著名的假设：薪酬计划、债务契约和政治成本（1986）。此外，避税、高管更替、管理层收购都有可能导致盈余管理（Lee&Wu，1995；Scott，2000）。由于转型经济的特殊性，导致中国上市公司进行盈余管理的原因主要有 IPO、配股或增发、防亏保壳等（卢文斌，1998；孙峥、王跃堂，1999；陆宇建，2002；陆正飞、魏涛，2006）。但是以往的研究将政府宏观经济政策作为常量，没有考虑其变动对企业会计行为的影响。事实上当政府宏观经济政策变化影响企业实现其特定经济目的时，企业有可能通过盈余管理抵消政府宏观经济政策变化带来的负面冲击。

货币政策是中央银行代表政府进行宏观调控的重要手段。紧缩的货币政策至少会在以下两个方面影响企业经营：一是紧缩货币政策减少了贷款供给，增加了企业的融资难度；二是贷款利率的提高增加了企业利息支出，导致利润和现金流同时降低。因此货币政策变化会影响公司价值,产生经济后果。本文在引入公司治理因素后,考察了紧缩货币政策对上市公司会计行为的影响,并主要基于货币政策信贷传导渠道①对上市公司盈余管理行为进行了解释。

研究表明,中国上市公司并不是被动地等待或者接受货币政策变化,而是通过会计手段操纵盈余,以规避政策变化所带来的风险。对于从紧的货币政策,中国上市公司存在着较为普遍的盈余管理行为。引入公司治理因素后,控股权性质、外部监管相对于财务压力能够有效抑制上市公司盈余管理行为。总之,运用货币政策调控实体经济时,公司治理因素如控制权性质、外部监管等公司微观经济主体会计行为影响显著。

本文基于沪深上市公司大样本数据,利用广义最小二乘法,证明了货币政策对公司会计政策选择的异质性影响,为研究货币政策对微观经济主体的作用提供了全新的微观证据;基于新兴证券市场的特殊国情,引入上市公司控制权性质、财务状况及外部监管这些内外部治理因素,为研究治理因素对公司会计行为选择提供了新的视角。

二、文献回顾与研究假设

盈余管理是指上市公司为了特定目的而对盈利进行操纵的行为(章永奎、刘峰,2002)。盈余管理破坏证券市场会计信息的有效性,损害投资者的利益。

公司治理因素对盈余管理有着重要影响。按照现代企业理论的观点,企业本质上是各利益相关者(股东、债权人、管理者、员工、客户、供应商和政府等)缔结的一组契约。由于契约的不完备性和经济人的自利性,处于内部控制人地位的控股股东和管理层有可能为了自

---

① 当然紧缩期许多企业可能由于其他动机进行盈余管理,而不仅仅为了获得银行贷款,但是盈余管理的最终结果都是降低了会计信息质量。

身利益最大化而损害其他利益相关者的权益。公司治理的目的是解决委托代理关系中信息不对称和利益冲突问题，保证公司管理层能够最大限度地从维护投资者利益的角度出发经营公司。有效的公司内部治理结构通常是以追求公司价值最大化为目标，受此治理框架约束的管理者唯有真实提高公司业绩才能最大化自己的利益。因此公司治理有效性对企业盈余管理有重要影响。研究证明，公司所有权性质、股权结构、外部监管等治理因素对盈余管理都有影响（Johnson，1999；Leuz，2003；黄少安、张岗，2001；杜兴强、温日光，2007；孙铮等，2006）。

这些研究主要从企业内部治理结构、外部治理环境来解释公司治理对盈余管理的影响，没有考虑宏观经济政策，特别是货币政策对微观企业的异质性影响。就货币政策对微观经济主体的影响，国外学者主要研究货币政策对企业融资的影响。如 Kashyap et al.（1993）利用美国季度数据证明紧缩性货币政策会改变企业内外部融资结构，总体导致外部贷款融资总量下降；Oliner & Rudebusch（1996）利用三十四年的美国制造业数据表明紧缩性货币政策会显著影响小公司的内部融资；Ghosh & Sensarma（2004）利用印度数据，表明货币政策对企业融资行为选择有影响。而目前国内学者对于货币政策对于微观经济主体经济行为异质性影响研究尚不多见，主要有陆正飞、祝继高（2008）研究了货币政策对企业现金持有水平的影响，陈鹄飞（2010）研究了货币政策对企业最优融资的影响等。这些研究也没有涉及货币政策对微观企业的会计行为选择的影响。在我国，政府通过货币政策等宏观经济政策对微观经济主体进行调控，主要体现在增加或减少企业的交易成本，产生经济后果。由于通过会计处理提高盈余水平是一个低成本的选择，上市公司可能会进行盈余管理，减少货币政策变动对自身的冲击。

货币政策通过"货币渠道"和"信用渠道"对微观经济主体产生

影响（Mishkin，2001；Jafee&Stiglitz，2002）①。伯南克和布兰德（Bernanke&Blinder，1992）以及 Kashyap&Stein（2000）利用美国银行业数据研究表明紧缩性货币政策显著影响银行的放贷能力，导致银行减少贷款的供给。相对于成熟市场经济国家，转型经济体中银行体系起主导配置作用。Allen et al.（2005）的研究表明，中国银行业在经济中的作用远大于证券市场，银行信贷占国内生产总值的比例远高于其他国家。蒋瑛琨、刘艳武和赵振全（2005）和索彦峰、于波（2006）以及盛松成、吴培新（2008）的进一步研究均表明银行信贷仍然是中国企业主要融资渠道，货币政策传导渠道主要是银行贷款。王国松（2004）和索彦峰、范从来（2007）的研究表明紧缩货币政策下中国商业银行信贷规模显著减少。

中国上市公司对银行信贷有很强的依赖性。笔者整理了 2002—2010 年中国上市公司年平均资产负债率、长短期借款总额占总负债的年平均值和短期借款占长短期借款总额的年平均值。

表 13　　　　　　　　　　　上市公司负债结构指标　　　　　　　　单位:%

上市公司指标	2002	2003	2004	2005	2006	2007	2008	2009	2010
年平均资产负债率	47.39	49.32	51.04	53.02	53.21	51.52	50.44	49.32	47.52
［（短期借款＋长期借款）/负债总额］年平均值	52.15	53.83	53.22	50.37	47.49	47.13	47.83	46.79	44.76
［短期借款/（短期借款＋长期借款）］年平均值	65.89	67.43	67.15	66.73	66.90	66.15	64.45	59.97	59.07

注：根据万得金融数据库整理。

从中我们可以看到上市公司资产负债率水平较为平稳，负债约有一半是向银行进行融资，而在向银行借贷中短期借款超过长期借款，

---

① 货币政策传导的货币渠道和信用渠道可参看邱崇明：现代西方货币理论与政策［M］. 北京：清华大学出版社，2005：173–205.

表明银行信贷仍是上市公司资金的重要来源，而且以短期融资为主。

会计信息对银行贷款决策有显著影响（Leftwich，1993；孙铮、李增泉、王景斌，2006）。饶艳超、胡奕明（2005）对银行信贷中会计信息的使用情况进行问卷调查，发现银行信贷人员对利润总额的关注程度在所有财务报表科目中排在第三位，仅次于长短期借款和应收账款。银行对于会计信息的依赖，尤其是对利润总额的关注，使得企业在通货紧缩时期为获得银行贷款有动机进行盈余管理。

再融资（增发、配股）也是上市公司解决资金来源的重要渠道。从紧的货币政策会导致股市进行调整，此时在股票市场进行融资会受到严格限制。在上市资源实行审批制的大背景下，只有那些财务业绩异常优异的上市公司才会受到监管部门青睐，获得优先再融资权。企业有动力通过盈余管理提升业绩迎合监管部门的偏好。根据以上分析，从融资的角度我们提出第一个假设：

H1：央行实施紧缩性的货币政策时，上市公司会进行正向的盈余管理①，以提高业绩获得新增信贷资源。

根据以往的研究，我们引入控制权性质、财务压力、外部监管等来考察公司治理因素在货币政策紧缩期间对上市企业盈余管理行为的影响。在影响盈余管理的公司治理诸因素中，控股权性质是重要一环。中国上市公司按控股权性质分为国有和民营两种，目前控股权性质对盈余管理的影响主要有三种不同的意见。第一种意见认为国有性质的上市公司具有较强的盈余管理动机。因为国有企业由于产权虚置会造成内部治理结构失效：国家作为企业的所有者或股东，自身是没有能力控制企业的，而其所委托的行政机关，政府官员也没有真正的积极性去监督企业——因为行政机关与政府官员虽然有剩余控制权，但没

---

① 论文中"紧缩的货币政策导致上市公司正向盈余管理"是指就平均意义而言，上市公司会因为货币政策紧缩而通过增加营业外收支净额调增利润。论文并不否认某些上市公司盈余的真实性。

有剩余索取权，缺乏足够的动力去有效监督和评价管理者，从而产生内部人控制。管理层为实现自身利益最大化（如升迁）或掩盖问题（如亏损），通过会计造假是一个成本较低的渠道，这从郑百文、红光实业、四川长虹等国有上市公司会计造假事件中得到证明。第二种意见认为民营企业进行盈余管理的动力更强。由于国有上市公司并非以盈利为唯一目标，它还承担着诸多社会责任，即使亏损也会受到政府的关照，因此国家控股反而会在一定程度上抑制盈余管理。而民营上市公司并非大家想象的那样产权明晰、内部治理完善，相反，针对中国家族上市公司的研究表明民营上市公司存在更为严重的盈余管理行为（刘伟、刘星，2007；孙亮、刘春，2008）。第三种意见认为随着中国市场环境的不断改善，上市公司治理结构趋同，控股权性质不会对盈余管理产生作用。例如有研究表明股权分散情况下股权性质与盈余管理行为无关（李常青、管连云，2004）。我们仍然从获得融资的角度出发进行分析。在中国，国有控股公司由于所有制的优势享受着超市场待遇，表现在信贷资源分配上存在贷款软约束的情况（林毅夫、李志斌，2004），政府实际上为国有企业贷款提供了一种隐性担保（孙铮、李增泉、王景斌，2007）。在法制不完善、信息严重不对称的市场环境中，银行更愿意向政府背景的国有企业放贷，而不愿意向缺乏有效担保的民营企业倾斜。监管部门也愿意优先安排国有企业上市或再融资。这从降低风险角度是一个理性选择。而对民营上市公司而言，良好的绩效是其获取市场资源的前提。在货币政策从紧带来的融资资源竞争加剧的市场环境下，民营上市公司管理层当然对提高业绩会给予更多的关注。因而我们提出第二个假设：

H2：央行实施紧缩性的货币政策时，相对于国有控股上市公司而言，民营上市公司更有可能进行盈余管理。

从1998年4月22日开始，沪深两市证券交易所对连续2年出现亏损上市公司的股票交易进行特别处理（Special Treatment），对亏损上市公司提出警告，也对投资者进行风险提示。随后在 2003 年，沪深两市证券交易所开始正式实施退市风险警示制度，在已出现连续两年亏损的上市公司股票简称前冠以 *ST 标志。而《公司法》、《证券法》以及《亏损上市公司暂停上市和终止上市实施办法》等相关法律文件均明文规定了对于连续三年亏损的上市公司应给予暂停上市处理，并且如果在宽限期内不能扭亏，公司将被终止上市。上市公司一旦被带上 ST 或 *ST 帽子，公司的市场信誉和财务信用度将会被严重降低，无法再通过配股或者增发股份进行融资，而公司在其他融资方面、经营方面也会受到较大影响；而公司被暂停上市或者终止上市，就意味着上市公司壳资源的丧失。融资能力和壳资源的丧失，对内部人来说是无法承受的巨大代价。央行实施从紧的货币政策时，往往伴随着提高贷款利率，利率提高增加上市公司利息支出，会对经营业绩本来就不佳的 ST 类公司雪上加霜，导致财务状况进一步恶化，尤其是央行短期内连续提高利率更是如此。紧缩期 ST 类上市公司财务压力巨大，有着强烈的改善业绩实现扭亏保壳的动机。因此我们将是否被 ST 作为财务压力大小的划分标准，即按照是否被 ST 将所有样本公司分为两类：ST 类公司表示财务压力大，非 ST 类公司表示财务压力小。我们提出第三个假设：

H3：对于紧缩性的货币政策，ST 公司相对于非 ST 公司更有可能进行盈余管理。

夏立军等（2005）提出：公司治理环境至少包括政府治理、法治水平、产权保护、市场竞争、信用体系等方面。公司治理环境相对于股权结构安排、独立董事制度、信息披露制度、独立审计制度、经理人市场机制、接管和并购市场机制等公司治理机制更为基础性的层面。没有良好的治理环境，这些公司治理的内部和外部机制便很难发挥作用（夏立军、方轶强，2005）。一些研究表明，外部治理环境（如完善的法律体系、政府干预的减少、审计师的意见等）对于提高会计信息质量有重要作用（徐浩萍，2004；夏立军、方轶强，2005；吴永明、袁春生，2007）。作为一种外在的市场准入约束，交叉上市要求更透明的信息披露和更完善的公司治理。Moel（1999）、Huddart et al.（1999）、Pagano et al.（2002）发现，交叉上市能显著提高公司透明度，降低信息不对称性。更多、更规范信息披露能有效地保护投资者利益，交叉上市公司接受更严格的法规要求，其信息披露更透明、公司治理结构也较完善。在成熟市场有效监管下，交叉上市公司进行盈余管理将付出昂贵的成本。相对于国外成熟市场，内地股票市场仍处于发展阶段，监管水平有待提高，监管制度还存在许多不完善的地方，上市公司违法成本低。因此，我们用是否交叉上市作为面临外部监管严格与否的划分标准，提出第四个假设：

H4：对于紧缩性的货币政策，单一上市公司相对于交叉上市公司更有可能进行盈余管理。

三、研究设计

（一）样本选择

我们以 2002—2008 年所有 A 股上市公司为研究对象（按证监会行业分类标准），并按以下标准筛选：（1）剔除金融类上市公司；（2）至少连续上市两年以上；（3）剔除 2005—2008 年无银行贷款或证券融资的公司①；（4）剔除样本期间所有权性质发生变化以及资产重组导致主营业务发生改变的公司②；（5）剔除相关数据缺失的公司。我们最后得到 941 家公司 26348 个公司/季度观测值。数据主要来自 Wind 金融数据库，部分来自 CSMAR 数据库。

---

① 本文主要研究在该期间货币政策通过信用渠道对上市公司会计行为的影响，没有融资的公司即使有盈余管理行为我们也认为是由其他因素导致，因此将没有融资的公司剔除。

② 所有权性质改变或发生重大资产重组会导致前后期数据不可比。

（二）被解释变量

盈余管理衡量指标多种多样，国内研究大多采用应计利润分离模型。国外成熟市场的应计利润分离模型在我国并不一定适用①。盈余管理按调控科目划分可以分为操纵"线上项目"和"线下项目"。线上项目指损益表中营业利润以上的项目，是从正常经营活动取得的收入；线下项目指损益表中营业利润以下的项目，包括投资收益、营业外收支、补贴收入等，是公司从附属的和非持续性的业务活动取得的收入，属于非经常性损益②。由于线上项目具有一定的透明度，并且随着信息披露要求的提高和审计责任的加强，其操控程度得到很大限制。线下项目则不然，具有很强的可操控性。Haw et al.（1998）和廖理、许艳（2005）以及魏涛、陆正飞、单宏伟（2007）的研究表明我国上市公司的盈余管理相当倚重于非经常性损益，其作用远大于扣除非经常损益后的操控性应计利润。借鉴 Chen 和 Yuan（2001）、李维安等（2005）直接用非经常性损益作为我国上市公司盈余管理程度的替代变量，本文首先采用季度非经常性损益与季度初总资产的比例作为盈余管理的衡量指标，然后通过进一步分析，寻找盈余管理最合适的代理变量。目前中国上市公司线下项目（非经常性损益）主要包括：投资收益（TZ）、营业外收支净额（YYW）、补贴收入（BT）。2006 年新准则中，补贴收入纳入营业外收入进行核算。因此盈余管理代理变量为：（营业外收支净额＋投资收益）/总资产。

本文研究时段选择 2002 年第一季度至 2008 年第四季度。在该时期，我国经济保持了快速、稳定、健康的发展，市场经济体制得到进一步完

---

① 应计利润分离法的局限性可参见吴联生，王亚平：盈余管理程度的估计模型和经验数据：一个综述［J］．经济研究，2007（8）：143－151；张昕．对应计利润分离法在中国适用性的反思［J］．财经理论和实践，2008（11）：56－58.
② 关于非经常性损益可参见陈敏：关注非经常性损益［M］．北京：中国财政经济出版社，2008：32－33.

善，央行货币政策调控艺术趋向成熟。2002 年至 2005 年，政府工作报告连续提出实行稳健的货币政策，货币政策保持了连续性和稳定性。2006 年以后，由于外汇储备迅猛增长导致基础货币投放快速增加，经济有全面过热迹象，央行又适时采取紧缩性货币政策，为经济降温，直到 2008 年第四季度为应对次贷危机才转向适度宽松货币政策。央行货币政策工具的使用表明了这一过程（见图 6）。从图中我们可以看到，在 2006 年之前法定存款准备金率一直保持稳定，从 2006 年第二季度起开始上升，并在 2008 年第三季度达到 17.5% 的历史新高，第四季度开始下降。因此这是一个由稳健货币政策转向紧缩货币政策的完整的过程，我们将这个期间的货币政策划分为两个阶段：2002 年第一季度至 2005 年第四季度为货币政策稳健阶段，2006 年第一季度至 2008 年第四季度为货币政策紧缩阶段，通过比较这两个期间的相关会计指标的变化考察紧缩货币政策对会计信息质量的影响。

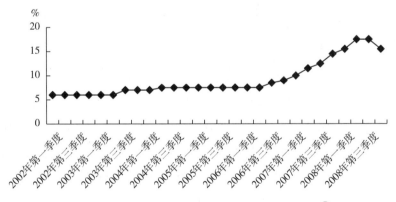

图 6 2002—2008 年央行法定存款准备金率变动图[①]

我们从万得金融数据库中整理得到目标公司季度非经常性损益与

---

① 存款准备金率是央行最经常使用的货币政策工具，被看做货币政策转向的风向标之一。如果法定存款准备金率在一个季度内多次调整，则以最后一次调整后的数据为准。

季度初总资产的比值，将所有目标公司该比值按季度求总和、均值和
法定存款准备金率列示如图2所示（为便于比较，对相关数值单位进
行了统一，以下均如此处理）：

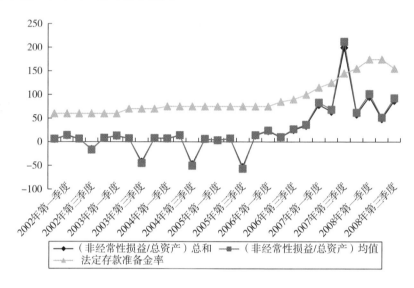

图7　（非经常性损益／总资产）总和与均值变动图

我们发现，在央行实行稳健的货币政策时，上市公司每年各季度
非经常性损益与季度初总资产的比值呈现一个稳定状态，而在从紧的
货币政策下，该比值发生了剧烈波动。我们认为，如果央行在2006年
之后仍然采取稳健的货币政策，则各季度非经常性损益与季度初总资
产的比值仍然会保持稳定；或者说稳健的货币政策对应的是非经常性
损益的正常值。则我们可以通过2006年之后非经常性损益相对于正常
值的变化来判断上市公司是否进行了盈余管理。基于此判断，我们将
上市公司2002—2005年各对应季度非经常性损益与季度初总资产的比
值的均值定义为该季度非经常性损益的正常值，然后用2006—2008年
的对应季度的非经常性损益与季度初总资产的比值减去这个正常值，
作为盈余管理代理变量（例如要求某上市公司2006年第一季度的盈余

管理代理变量，首先将该上市公司 2002 年第一季度、2003 年第一季度、2004 年第一季度、2005 年第一季度非经常性损益与季度初总资产的比值的均值作为该公司第一季度非经常性损益的正常值，然后用 2006 年第一季度非经常性损益与季度初总资产的比值减去这个正常值即得）。

但是非经常性损益中包括投资收益，"投资收益"科目反映企业进行投资（包括证券投资）的收益和亏损。上市公司不仅作为证券市场投资的客体，也作为参与者，成为投资的主体。除基于战略目的的长期股权投资外，上市公司对证券市场的参与大多是以获取短期投资收益为目的的证券投资。上市公司进行短期投资的现象非常普遍。2002 年至 2005 年是我国证券市场的熊市，沪深指数连跌 5 年，证券投资者亏损累累。而从 2005 年以来的大牛市，在 2007 年 9 月达到了顶峰。更让人始料未及的是，从顶点 6124 点股市急转直下到 2008 年 10 月的 1664 点，仅用了一年的时间。股市的大起大落，投资者暴盈暴亏，使得 2002—2005 年投资收益不能代表上市公司投资收益的正常值；而 2006—2007 年的大牛市也使得我们无法判断上市公司巨额投资收益是正常投资所得还是人为操纵导致。由于我们无法控制各种因素对投资收益的影响，而且吴战篪、罗绍德、王伟（2009）的研究表明，2006 年新准则的实施制约了上市公司通过投资收益进行盈余管理，因此我们将投资收益剔除。这样非经常性损益只包括一个项目：营业外收支净额。

营业外收支净额是通过会计上的两个科目得到的：营业外收入和营业外支出；营业外收支净额 = 营业外收入 − 营业外支出。营业外收支是指与企业生产经营活动没有直接关系的各种收入、支出，包括政府补助收入、非流动资产处置、非货币性交换、债务重组的利得或损失。国内研究表明，利用关联交易进行资产置换、债务重组等是我国上市公司盈余管理的主要手段（胡玮瑛等，2003；陈晓和戴翠玉，

2004；魏涛等，2007），因此营业外收支净额作为盈余管理代理指标有一定的代表性。

　　我们整理得到 2002—2008 年目标公司季度营业外收支净额与季度初总资产的比值，将所有目标公司的该比值按季度求均值和法定存款准备金率列示如图 8 所示。

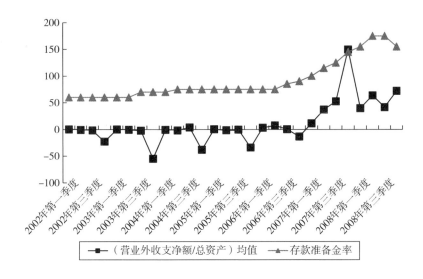

图8　（营业外收支净额/总资产）均值变动图

　　我们发现，2006 年之前上市公司每年各季度营业外收支净额与季度初总资产比值呈现一个稳定状态，2006 年出现了一定的波动，而在 2007 年之后该比值发生了剧烈变动，其变化基本与非经常性损益与总资产的比值变化一致。据此我们认为，如果央行在 2006 年之后仍然采取稳健的货币政策，则各季度营业外收支净额与季度初总资产的比值仍然会保持稳定；或者说稳健的货币政策对应的是营业外收支净额的正常值。则我们可以通过 2006 年之后营业外收支净额相对于正常值的变化来判断上市公司是否进行了盈余管理。基于此判断，我们将上市公司 2002—2005 年各对应季度营业外收支净额与季度初总资产的比值的均值定义为该季度营业外收支净额的正常值，然后用 2006 年、2007 年、2008 年相对应季度的比值减去这个正常值，作为盈余管理代理变量（例如要求某上市公司 2006 年第一季度的盈余管理代理变量，首先将该上市公司 2002 年第一季度、2003 年第一季度、2004 年第一季度、2005 年第一季度营业外收支净额与季度初总资产比值的均值作为该公司第一季度非经常性损益的正常值，然后用 2006 年第一季度营业外收支净额与季度初总资产的比值减去这个正常值即得），该指标越高，上市公司通过营业外收支进行盈余管理的可能性越大。

四、盈余管理变量描述性统计分析

（一）图 9 给出了货币政策紧缩期间各季度营业外收支净额与总资产比值较正常值增加、减少或没有变化的公司数量，选择增加该比值的公司数量季度均值为 631 家，占样本总量的 67%；季度最高值为 725 家，占样本总量的 77%；季度最低值为 577 家，占样本总量的 61%。这说明多数上市公司在紧缩期间增加营业外收支净额以达到提高业绩的目的。

（二）表 14 对紧缩期盈余管理代理变量（营业外收支净额与总资产的比值相对于正常值的季度变化值）的均值的显著性进行了检验（右侧检验）。结果发现，除 2006 年第四季度外，其余季度变化值至少在 10% 的置信度下显著大于零。图 10 给出了紧缩期间（营业外收支净额/总资产）相对于正常值，该比值的季度变化均值变动趋势。从中可以看到，在货币政策紧缩初期，上市公司盈余管理行为并不显著；但随着法定存款准备金率的不断上升，季度变化值显著增长并在高位波动，说明随着紧缩程度不断加深，上市公司盈余管理行为显著。表 14 和图 10 说明从总体上来说，紧缩期间上市公司是正向调增营业外收支净额，盈余管理的方向是增加利润。

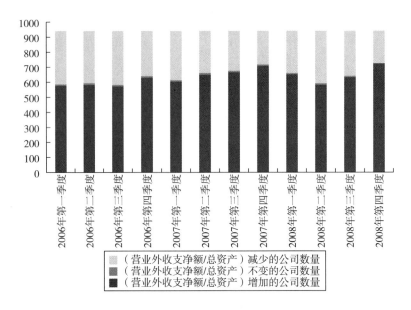

图 9　紧缩期间（营业外收支净额/总资产）变化的上市公司数量图

表 14　　　　　　　　　　　　　　显著性检验

	（营业外收支净额/总资产）变化值季度均值	t 统计量（右侧检验）
2006 年第一季度	0.000320	1.94 * *
2006 年第二季度	0.000858	2.42 * * *
2006 年第三季度	0.000043	0.09
2006 年第四季度	0.002413	1.64 *
2007 年第一季度	0.001125	1.99 * *
2007 年第二季度	0.003819	2.83 * * *
2007 年第三季度	0.005245	2.08 * *
2007 年第四季度	0.018711	2.46 * * *
2008 年第一季度	0.003959	2.24 * *
2008 年第二季度	0.006464	1.73 *
2008 年第三季度	0.004146	2.31 * *
2008 年第四季度	0.010939	2.60 * * *

注：*、* *和* * *分别表示在10%、5%和1%水平下显著。

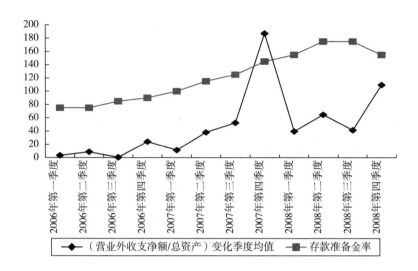

图 10 紧缩期间（营业外收支净额／总资产）季度变化值变动趋势图

（三）图 11、图 12、图 13 列示了不同类型的上市公司营业外收支净额与总资产的比值对货币政策的相对变化。从图中我们发现，在货币政策紧缩前期，不同类型的上市公司该指标季度变化值没有表现出明显差异；但随着紧缩力度的不断加深，相对于国有上市公司和非 ST 类公司，民营和 ST 类上市公司该指标季度变化值显著正向变化；非交叉上市公司较交叉上市公司也表现出显著的正向变动。而整个紧缩期交叉上市公司营业外收支净额变化没有规律，呈随机状，且波动幅度显著低于非交叉上市公司。

五、多元回归检验

（一）被解释变量

根据以上所述，我们用 2006—2008 年目标公司季度营业外收支净额与总资产的比值相对于该比值正常值的差额作为盈余管理代理变量。

（二）解释变量

1998 年，中国人民银行取消信贷规模限制，货币政策调控方式

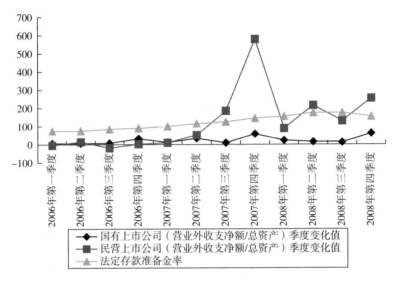

图11　紧缩期国有、民营上市公司（营业外收支净额/总资产）
季度变化值变动趋势

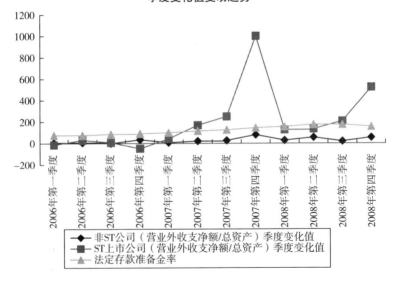

图12　紧缩期 ST、非 ST 类上市公司（营业外收支净额/总资产）
季度变化值变动趋势图

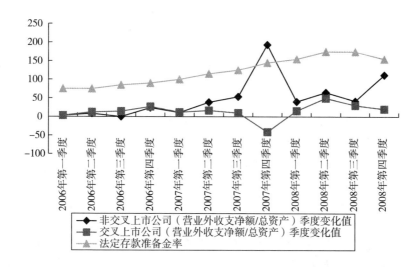

图13 紧缩期非交叉上市、交叉上市公司（营业外收支净额/总资产）季度变化值变动趋势图

由直接向间接转变。央行通过控制贷款基准利率来影响贷款价格，通过法定存款准备影响商业银行的信贷规模和货币供给。经检验，贷款利率和法定存款准备金率存在相关性，考虑到我国中央银行动用存款准备金率的频率远高于贷款利率，存款准备金率具有更强的政策信号指示作用。2002 年至 2005 年我国实施稳健的货币政策，我们以该期间平均法定存款准备金率为基准，将 2006 年至 2008 年法定存款准备金率相对于基准法定存款准备金率的变化作为货币政策解释变量的代理变量，即 ΔCRR = 2006—2008 年季度法定存款准备金率 − 基准法定存款准备金率，ΔCRR > 0 且 CRR 持续上升，货币政策从紧。因为 2008 年第四季度为应对次贷危机对我国的影响，央行连续下调法定存款准备金率，因此在回归分析中剔除 2008 年第四季度的数据。

（三）控制变量

以往的研究表明，公司规模、盈利能力和负债状况等公司自身特征对盈余管理有影响，我们选择公司规模、反映公司盈利能力的资产营业利润率①和反映负债状况的资产负债率作为控制变量，并控制了行业与年度的影响。本文建立如下模型对上市公司盈余管理与货币政策变量之间的关系进行检验：

$$Y_{it} = \alpha + \beta_1 \times MP_t + \beta_2 \times MP_t \times SEO_{it} + \beta_3 \times MP_t \times ST_{it} +$$
$$\beta_4 \times MP_t \times CREOSS_{it} + \beta_5 \times LEV_{it} + \beta_6 \times ROA_{it} +$$
$$\beta_7 \times SIZE_{it} + 行业效应 + 季度效应 + e_{it} \qquad (4-1)$$

其中 $i = 1,2,\cdots,$ 代表样本公司个数；$t = 1$，2，$\cdots$，28，代表观测季度数；Y_{it} 代表公司 i 在第 t 个季度的盈余管理行为；MP 为表征货币政策的代理变量，即 ΔCRR；LEV、ROA、$SIZE$ 为控制变量，用来控制公司自身因素的影响；SEO、ST、$CROSS$ 代表公司类型，共 3 个哑变量，分别对应控制权性质、财务状况和交叉上市；e_{it} 为残差项；β_1 计量货币政策对公司盈余管理行为的直接影响；$\beta_2 - \beta_4$ 计量不同治理因素对货币政策变动的异质性影响。

为了降低变量之间的线性相关性和消除异方差的影响，我们以横截面数据的方差（cross—section）作为权重，运用广义最小二乘法检验货币政策、公司治理和盈余管理之间的关系。主要采用 SAS9.0 进行数据整理，Eviews6.0 软件进行模型计量。

（四）样本的描述性统计

1. 样本总体的描述性统计

从表 15 中数据看上市公司总资产营业利润率均值为负，说明主营业务经营状况并不理想，存在通过非经常性损益（营业外收支）调整利润的可能性。

---

① 由于上市公司可能通过非经常性损益调控净利润，需用反映主营业务利润的营业利润来消除盈余管理对企业盈利能力的影响。因此用经过调整后的能够反映企业整体资产收益情况的季度总资产营业利润率作为公司经营状况的控制变量，即 ROA = 季度营业利润/季度初总资产。

表15   主要变量描述性统计

	DA	ΔCRR	LEV	ROA	SIZE
Mean	0.0048	0.0540	0.7645	−0.1247	21.5373
Median	0.0002	0.0515	0.5458	0.0068	21.5256
Maximum	6.2729	0.1065	1.6091	2.1531	27.4332
Minimum	−1.6740	0.0065	0.0846	−0.5193	10.8422
Std. Dev.	0.0916	0.0361	14.6888	8.7929	1.1994
Observations	10351	10351	10351	10351	10351

2. 变量的相关性分析

表16   主要变量相关性分析

	DA	CRR	LEV	ROA	SIZE
DA	1	—	—	—	—
CRR	0.03232	1	—	—	—
LEV	0.00971	0.0090	1	—	—
ROA	−0.0267	−0.0010	−0.0170	1	—
SIZE	−0.1084	0.0768	−0.1260	0.1204	1

表16为主要变量的相关性分析表。从表中数据看，变量之间不存在相关性问题，可以进行回归分析。

3. 多元回归分析

全样本与分样本回归结果如表17所示：

表17   回归结果

变量	(1)	(2)
C	0.0115	0.009868
	(8.46)***	(7.82)***
ΔCRR	0.033082	0.030118
	(10.45)***	(10.4)***
ΔCRR_ SEO		0.00653

续表

变量	(1)	(2)
		(3.5)***
ΔCRR_ST		0.02974
		(5.93)***
ΔCRR_CROSS		0.017054
		(3.15)***
LEV	0.000022	0.000018
	(0.63)	(1.12)
ROA	0.000048	0.000057
	(1.07)	(1.12)
SIZE	−0.000631	−0.000552
	(−10.23)***	(−9.53)***
行业效应	Controlled	
季度效应	Controlled	
R^2	0.069	0.1117

注：括号中的数值为 t 值，*、**和***分别表示在10%、5%和1%水平下显著。

我们得到如下的回归结果，其中（1）为不包含哑变量的回归。ΔCRR在模型（1）、模型（2）中在1%水平上显著为正：存款准备金率每上升一个百分点，上市公司营业外收支净额平均增加3个百分点。因此，在央行提高存款准备金率实施紧缩的货币政策时，上市公司会提高营业外收支净额，增加利润总额（假设1）。通过模型（2）我们看到，ΔCRR_SEO、ΔCRR_ST、ΔCRR_CROSS系数显著为正，民营企业相对于国有企业、ST类上市公司相对于非ST类上市公司、单一上市公司相对于交叉上市公司营业外收支净额变化大，更有可能通过营业外收支进行盈余管理（假设2、3、4），因此可以判断公司治理因素对上市公司盈余管理行为影响显著。ΔCRR_ST、ΔCRR_CROSS系数远较ΔCRR_SEO大，说明财务状况、外部监管比控制权性质对上市公司会计行为影响更大。

4. 稳健性检验

ST 类公司较易操纵利润以避免退市（陆建桥，1999；蒋义宏、王丽琨，2003；徐文静，2009；翁黎炜、黄薇，2010）。为控制 ST 类公司对回归结果的影响，我们在剔除 ST 类公司之后，对模型重新进行回归，主要结果保持不变。

六、研究结论

我们以营业外收支利润作为盈余管理的代理变量，研究了货币政策紧缩前后上市公司非营业外利润的变化。结果表明，上市公司通过提高营业外利润来增加总利润，因为只有业绩优良的公司才更有可能获得贷款或者发行债券、增发股票。我们得到第一个结论，货币政策紧缩将导致上市公司进行盈余管理，导致会计信息质量下降，加深市场信息不对称的程度。

我们还研究了不同类型的公司在货币政策紧缩期间会计信息质量的变化。相对于国有上市公司、非特别处理公司、交叉上市公司，民营上市公司、特别处理上市公司和单一上市公司营业外利润水平均有显著增加，因此控股权性质、财务状况、交叉上市影响企业会计行为：国有控股、良好的财务状况以及严格的外部监管有利于抑制上市公司的盈余管理行为。

本文证明了货币政策对微观经济主体会计行为产生影响，因此，货币政策不仅影响市场的流动性，而且进一步影响企业的其他行为，甚至是人们的心理。这些都使得货币政策对实体经济的作用进一步复杂化，并不会是简单的线性作用。

第五章 提高货币政策效率研究

我国金融结构的变化对传统货币政策提出了挑战。传统的货币政策是以银行作为主要目标，以货币供给量和信贷作为调控对象，这在我国以银行为主体的金融结构环境下是非常有效的。随着金融市场的发展，金融结构发生了重要变化，使得货币政策传导路径发生改变，即从单纯的银行—信贷—企业转变为从银行—信贷—企业和其他金融机构—其他金融工具—企业两个方向同时发生作用。在这种复杂的金融环境中，到底哪一种指标是央行应该关注和控制的重点，决定新形势下货币政策的有效性。因此，本章对多种央行控制变量与最终目标之间的关系进行了检验，以寻求最优控制变量，提高货币政策效率。

一、货币政策信贷控制变量的相关性检验

根据 Koivu（2008）的研究，我国符合市场取向的货币政策宏观调控体系在 2001 年之后才发挥作用，我们以 2001 年 1 月至 2011 年 12 月作为研究区间，主要选择社会融资规模、银行信贷总量、货币供给量、利率等金融控制变量数据进行分析，来研究市场体制下货币政策间接调控对象选择问题。具体研究分为两个步骤，首先进行社会融资规模和银行信贷之间的比较，再引入货币供给量和利率进行研究。

1. 数据描述及说明。（1）数据均来自"中国经济统计数据库"、"万得金融数据库"和中国人民银行网站。（2）为了减少变量之间的同期相关性，采用月度数据进行检验。（3）在以往的利用 VAR 方程的研究中，大多采用对 GDP 等原始数据进行季节调整后取对数，笔者认为，进行季节调整会丧失原有数据所包含的部分信息，其次月度数据变化并不剧烈，最后相对于绝对量纲变量数据之间的关系，有时我们更关心相对量纲变量数量之间的关系，例如相对于 GDP 绝对量数据，我们更关心GDP 的增长率。因此笔者采用相对指标——月度增长率来研究相关性。（4）采用消费物价指数来反映通货膨胀。同时为了让整个样本区间内的物价具有可比性，本文采用消费物价定基比物价指数。由于我国没有公布定基比指数，我们用公布的消费物价月环比指数构造月定基比指数（以 2000 年 12 月为基期）。（5）由于国内生产总值（GDP）没有月度数据，笔者以工业总产值（月度）作为产出数据的代理变量，并用消费物

价指数（CPI）按照2000年价格水平统一折实。月度社会融资总量和新增贷款量均按上述方法折实。（6）以上指标均换算为月度增长率。

2. 向量自回归（VAR）模型是对多个相关经济指标进行分析的一种模型，它基于数据的统计性质而建立，把系统中每个内生变量作为系统中所有内生变量滞后值的函数，从而将单变量自回归模型推广到多向量自回归模型。VAR 模型在某种程度上摆脱了经济理论的束缚，能够对经济系统的动态特征进行描述，常用于预测相互联系的时间序列变化趋势，以及分析随机扰动对变量系统的动态冲击。具体地，一个普遍适用的结构 VAR 模型表述如下：

$$
\begin{cases}
Y_t = A_0 Y_t + A_1 Y_{t-1} + B_0 P_t + B_1 P_{t-1} + \mu_t & (5-1) \\
P_t = C_0 Y_t + c_1 Y_{t-1} + DP_{t-1} + \upsilon_t & (5-2)
\end{cases}
$$

在上述模型中，Y 是以向量形式表示的宏观经济变量（如经济增长、通货膨胀等），P 是以向量形式表示的政策变量（如政策利率、货币供应量等），μ、υ 分别是以向量形式表示的经济变量和政策变量的随机扰动项。该模型方程的等式表示等号右边决定或解释等号左边的变量，A、B、C、D 分别是相应变量的系数矩阵。由于时滞的存在，可以假设宏观经济变量 Y_t 不对当期的政策变量 P_t 发生影响，即政策决策对宏观经济的反应存在时滞，即式（5-2）中的 $C_0 = 0$。将式（5-2）代入式（5-1），可得：

$$
\begin{cases}
P_t = C_t Y_t + DP_{t-1} + \upsilon_t & (5-3) \\
Y_t = (1-A_0)^{-1} \big[(A_1 + B_0 C_1) Y_{t-1} + \\
\quad (B_0 D + B_1) P_{t-1} + \mu_t + B_0 \upsilon_t \big] & (5-4)
\end{cases}
$$

这是标准的非约束 VAR 模型（Unrestricted Autoregression Model）。在这个模型中，货币政策方程放在 VAR 模型中的第一个，Y_t 除了受自身扰动项的影响外，也受政策变量扰动项 υ_t 的影响，货币政策效应可以通过经济变量 Y 对货币政策扰动项 υ 的脉冲—响应函数来描述。

值得一提的是，上述经济变量和政策变量之间没有同期影响的假

设是重要的，因为这样，模型就可由结构式转化为简约式，不存在约
束条件问题。对于季度数据显然不满足无同期影响这个条件，所以我
们要运用月度数据而不能用季度数据来检验。

3. 相关性检验

以下我们将主要基于 VAR 模型进行 Granger 因果检验，利用脉冲
响应函数和方差分解研究社会融资总量对货币政策最终目标的冲击。

（1）时间序列的平稳性检验

首先我们绘制了工业总产值月度增长率（RIOV）、通货膨胀率（TZ）、
社会融资总量月度增长率（RCR）和新增贷款月度增长率（RLOAN）的
变化图（见图14），初步判断这四个时间序列为平稳时间序列。分别对所
有变量的水平值进行 ADF 单位根检验，以判断所有时间序列的平稳性。检
验结果表明，所有变量均为平稳时间序列。

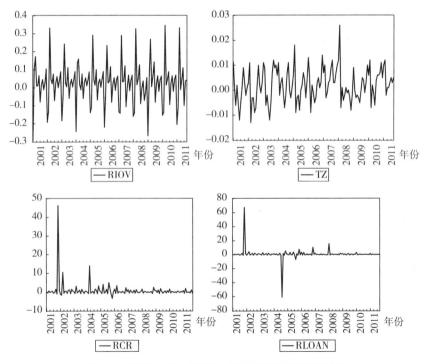

图 14　RIOV、TZ、RCR、RLOAN 增长率变动图

表 18   **ADF 单位根检验结果**

变量	检验形式	ADF 统计量	5% 临界值
RIVO	(C, N, 12)	-2.97	-2.88
TZ	(C, N, 0)	-7.79	-1.94
RCR	(C, N, 3)	-4.73	-1.94
RLOAN	(C, T, 1)	-11.36	-1.94

注：其中检验形式 [C, T (N), K] 分别表示单位根检验方程包括常数项、时间趋势项（不含时间趋势项）及滞后项的阶数。滞后阶数由 AIC 准则决定。

（2）Granger 因果关系检验

上述单位根检验证明，RIOV、TZ 和 RCR、RLOAN 均为平稳时间序列，可以建立 VAR 系统进行 Granger 因果关系检验。分别用社会融资总量月度增长率（RCR）、新增贷款月度增长率（RLOAN）和工业总产值月度增长率（RIOV）、社会融资总量月度增长率（RCR）和通货膨胀率（TZ）建立 VAR 方程。方程的最优滞后阶数为 12。

利用前面建立的 VAR 方程进行 Granger 因果关系检验。表 19 显示了格兰杰检验结果，表中"概率"为接受零假设的概率，该数字越小，说明自变量对因变量的解释力越强。检验结果显示，社会融资总量月度增长率（RCR）与工业总产值月度增长率（RIOV）、通货膨胀率（TZ）之间互为格兰杰因果关系。但新增贷款月度增长率（RLOAN）与工业总产值月度增长率（RIOV）、通货膨胀率（TZ）之间不存在格兰杰因果关系，即新增贷款月度增长率（RLOAN）对工业总产值月度增长率（RIOV）、通货膨胀率（TZ）没有解释能力，央行通过调控新增贷款不能实现货币政策最终目标。这也正是为什么央行放弃新增信贷这一指标的原因。

表 19   **Granger 因果检验**

零假设	观测值	F 统计量	概率
TZ 不是 RIOV 的格兰杰原因	117	3.06086	0.00115
RIOV 不是 TZ 的格兰杰原因		5.66617	3.3E-07

续表

零假设	观测值	F 统计量	概率
RCR 不是 RIOV 的格兰杰原因	117	1.98943	0.03385
RIOV 不是 RCR 的格兰杰原因		2.14867	0.02082
RLOAN 不是 RIOV 的格兰杰原因	117	1.78419	0.06226
RIOV 不是 RLOAN 的格兰杰原因		0.99150	0.46320
RCR 不是 TZ 的格兰杰原因	117	1.64106	0.09380
TZ 不是 RCR 的格兰杰原因		1.98892	0.03391
RLOAN 不是 TZ 的格兰杰原因	117	1.57582	0.11250
TZ 不是 RLOAN 的格兰杰原因		0.70462	0.74327
RLOAN 不是 RCR 的格兰杰原因	117	1.32149	0.22001
RCR 不是 RLOAN 的格兰杰原因		1.51405	0.13319

（3）VAR 方程的稳定性检验

由于新增贷款月度增长率（RLOAN）与工业总产值月度增长率（RIOV）、通货膨胀率（TZ）之间不存在格兰杰因果关系，因此不能进入 VAR 模型。于是我们构建包含社会融资总量月度增长率（RCR）、工业总产值月度增长率（RIOV）和通货膨胀率（TZ）三变量 VAR 方程。经检验，其最优滞后阶数仍为 12。能够描述相互联系的时间序列和分析随机扰动对变量系统的冲击的前提是必须保证系统的稳定性，如果模型不稳定，某些结果就不再是有效的（例如脉冲响应函数）。因此在建立正式的 VAR 系统之前，需要对其稳定性进行检验。

①稳定性检验

如果被估计的 VAR 模型所有根模的倒数都小于 1，即位于单位圆内，则模型是稳定的。由表 20 所示的结果可知，无特征根在单位圆外，表明系统是稳定的。

表 20   VAR 系统特征根检验

特征根	倒数
− 0. 501028 ＋ 0. 862246i	0. 997245
− 0. 501028 − 0. 862246i	0. 997245
0. 493383 ＋ 0. 858879i	0. 990504
0. 493383 − 0. 858879i	0. 990504
− 0. 009323 ＋ 0. 988668i	0. 988712
− 0. 009323 − 0. 988668i	0. 988712
0. 854623 − 0. 487844i	0. 984059
0. 854623 ＋ 0. 487844i	0. 984059
− 0. 845256 ＋ 0. 473581i	0. 968884
− 0. 845256 − 0. 473581i	0. 968884
− 0. 654754 ＋ 0. 700919i	0. 959161
− 0. 654754 − 0. 700919i	0. 959161
− 0. 957480	0. 957480
− 0. 131947 ＋ 0. 945054i	0. 954221
− 0. 131947 − 0. 945054i	0. 954221
0. 428777 − 0. 818516i	0. 924023
0. 428777 ＋ 0. 818516i	0. 924023
− 0. 858696 − 0. 177855i	0. 876921
− 0. 858696 ＋ 0. 177855i	0. 876921
− 0. 850714	0. 850714
0. 720138 ＋ 0. 413893i	0. 830606
0. 720138 − 0. 413893i	0. 830606
0. 811478 − 0. 176516i	0. 830454
0. 811478 ＋ 0. 176516i	0. 830454
0. 033624 − 0. 819907i	0. 820596
0. 033624 ＋ 0. 819907i	0. 820596
0. 814826	0. 814826
− 0. 342475 − 0. 723386i	0. 800360

续表

特征根	倒数
− 0. 342475　+ 0. 723386i	0. 800360
− 0. 690984　+ 0. 391041i	0. 793959
− 0. 690984　− 0. 391041i	0. 793959
0. 477838　− 0. 629792i	0. 790549
0. 477838　+ 0. 629792i	0. 790549
0. 658079　+ 0. 298964i	0. 722805
0. 658079　− 0. 298964i	0. 722805
0. 074204	0. 074204

②自相关检验

非约束 VAR 方程还要求随机扰动项之间不能存在自相关，以保证方程中参数显著性检验的可靠性。选择自相关检验，从滞后各期对应的伴随概率来看，均接受无序列相关性的原假设，VAR 模型中不存在自相关。

表 21　　　　　　　　　　VAR 系统自相关检验

滞后阶数	LM 统计值	概率
1	16. 51364	0. 1569
2	11. 00241	0. 2755
3	15. 20328	0. 0855
4	12. 33484	0. 1951
5	6. 175632	0. 7222
6	4. 933904	0. 8400
7	7. 460175	0. 5893
8	2. 188511	0. 9881
9	11. 55282	0. 2397
10	6. 730293	0. 6652

（4）VAR 方程

经过上述检验，证明 VAR 系统是稳健的，我们给出 VAR 方程。

$$y_t = \begin{bmatrix} -0.2622 & 2.7559 & -0.0033 \\ 0.0321 & 0.4404 & 0.0005 \\ 3.6854 & -27.3454 & -0.2104 \end{bmatrix} y_{t-1} +$$

$$\begin{bmatrix} -0.5519 & -4.1352 & -0.0001 \\ 0.0298 & 0.2074 & -0.0001 \\ -2.2107 & -19.1855 & -0.0190 \end{bmatrix} y_{t-2} +$$

$$\begin{bmatrix} -0.1505 & 2.6414 & -0.0043 \\ 0.0123 & -0.1992 & 0.0002 \\ 5.3973 & 5.5855 & -0.0328 \end{bmatrix} y_{t-3} +$$

$$\begin{bmatrix} -0.2367 & 1.2686 & 0.0017 \\ 0.0205 & -0.0110 & 0.0002 \\ -1.7022 & -25.6649 & 0.1428 \end{bmatrix} y_{t-4} +$$

$$\begin{bmatrix} -0.2702 & 0.0905 & 0.0013 \\ 0.0145 & -0.1388 & -9.19E-05 \\ 7.8871 & 54.0854 & 0.0011 \end{bmatrix} y_{t-5} +$$

$$\begin{bmatrix} -0.2769 & -0.2907 & -0.0006 \\ 0.0396 & 0.1561 & 0.0001 \\ 3.0597 & 26.1526 & 0.0138 \end{bmatrix} y_{t-6} +$$

$$\begin{bmatrix} -0.3095 & -0.0050 & 0.0012 \\ 0.0029 & -0.1531 & -0.0002 \\ 7.1742 & 36.8462 & 0.0392 \end{bmatrix} y_{t-7} +$$

$$\begin{bmatrix} -0.1131 & 1.6165 & 0.0002 \\ 0.0170 & 0.0732 & -5.82E-05 \\ 2.4954 & -33.8417 & -0.0166 \end{bmatrix} y_{t-8} +$$

$$\begin{bmatrix} -0.4258 & -1.5755 & 0.0005 \\ 0.0258 & -0.2193 & -9.79E-06 \\ 3.2658 & -56.3920 & 0.0111 \end{bmatrix} y_{t-9} +$$

$$\begin{bmatrix} -0.3326 & 1.6071 & 0.0009 \\ 0.0122 & -0.0545 & 1.27E-05 \\ -0.0838 & -73.6601 & 0.0087 \end{bmatrix} y_{t-10} +$$

$$\begin{bmatrix} -0.4370 & -6.1106 & -0.0007 \\ 0.0381 & 0.6462 & 5.69E-05 \\ 2.5389 & 33.7974 & -0.0323 \end{bmatrix} y_{t-11} +$$

$$\begin{bmatrix} 0.5424 & 2.2405 & 0.0016 \\ -0.0211 & -0.2904 & -0.0002 \\ 5.1377 & 41.1728 & 0.0377 \end{bmatrix} y_{t-12} +$$

$$\begin{bmatrix} 0.0866 \\ -0.0036 \\ -0.3159 \end{bmatrix} \quad 其中 \ y = \begin{bmatrix} RIOV \\ TZ \\ RCR \end{bmatrix}$$

虽然方程中部分参数不显著，但是参数是否显著不为 0 不是 VAR 模型所关注的，模型表明在系统中各变量之间存在稳定的联系。

（5）脉冲响应函数分析

VAR 模型是一种非理论性的模型，因此在分析 VAR 模型时，往往不分析一个变量对另一个变量的影响如何，而是分析当一个误差项发生变化，或者说模型受到某种冲击时对系统的动态影响，这种分析方法称为脉冲响应函数方法。对上述自回归系统在 Eviews 中用蒙特卡洛模拟方法重复 100 次，可得到通货膨胀率和工业总产值增长率对社会融资总量增长率冲击的响应幅度。

社会融资总量增长率对工业总产值月度增长率产生一定程度的反应（如图 15 所示）：面对 RCR 一个标准差的冲击，RIOV 增长率在第五期达到最大，然后回归稳态增长。

月度通货膨胀率对社会融资总量增速的反应（如图 16 所示）：面对 RCR 的一个标准差冲击，通货膨胀率迅速上升，并在第 4 期前一直保持物价上升状态。因此，相对于产出，融资总量对物价影响更为明显。

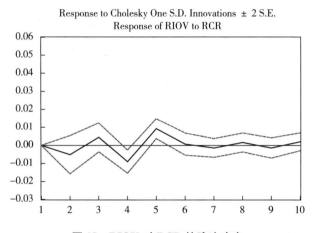

图 15   **RIOV** 对 **RCR** 的脉冲响应

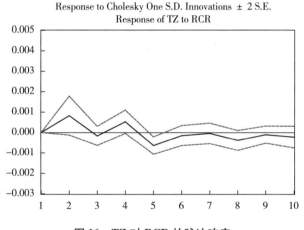

图 16   **TZ** 对 **RCR** 的脉冲响应

（6）方差分解

脉冲响应函数描述的是 VAR 模型中一个内生变量的冲击给其他变量所带来的影响。而方差分解则是通过分析每一个结构冲击对内生变量变化（通常用方差来衡量）的贡献度，进一步评价不同结构冲击的重要性。由于存在影响最终目标的其他金融因素，我们将这些因素引入之后，比较对于最终目标的贡献度，为中介目标的选择提供依据。

二、加入货币供给量和利率等其他控制变量后的相关性检验

我们选择广义货币供给量 M2 作为货币供给量指标。在我国的利率体系中，储蓄存款利率和贷款利率对社会公众和宏观经济的影响最大。央行根据当前及未来一段时期的通货膨胀状况及其他因素来调整一年期储蓄存款利率，而贷款利率一般是由央行在一年期储蓄存款利率的基础上，根据银行的经营管理成本测算加点而成。而贷款利率表示的是非金融经济主体使用资金的价格，对产出和物价影响更大。另外，根据盛松成和吴培新（2008）的研究，我国同业拆借利率和国债回购利率市场化程度较高的利率指标对产出和物价没有解释力，所以本文采用一年期贷款的实际利率作为利率指标。由于本文采用的指标体系是月度增长率，所以需要先将货币供给量和利率绝对指标转换为相对指标。我们首先定义广义货币供给量月度增长率（RM2）和贷款实际利率月度变化率（RDK）。RM2 的转化公式为：

$$RM2 = \frac{M2_t - M2_{t-1}}{M2_{t-1}}$$ 。而一年期贷款实际利率月度变化率的计算稍微麻烦一

些，首先将当月的一年期贷款利率减去同期 CPI 同比指数得到实际利率，再按公式——RDK =（当月贷款实际利率 – 上月贷款实际利率）/上月贷款实际利率——计算出实际贷款利率的月度变化率。

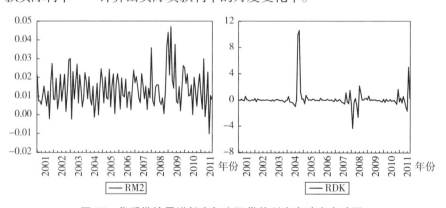

图 17　货币供给量增长率与实际贷款利率变动率变动图

（一）货币供给量和利率指标的平稳性检验

首先我们绘制了广义货币供给量月度增长率（RM2）和贷款实际利率月度变化率（RDK），初步判断这两个时间序列为平稳时间序列。分别对变量的水平值进行 ADF 单位根检验，以判断所有时间序列的平稳性。检验结果表明，所有变量均为平稳时间序列，可以引入 VAR 系统。

表 22　　　　　　　　　　ADF 单位根检验结果

变量	检验形式	ADF 统计量	5% 临界值
RM2	（C，N，3）	－5.26	－2.88
RDK	（C，N，1）	－7.92	－1.94

注：其中检验形式［C，T（N），K］分别表示单位根检验方程包括常数项、时间趋势项（不含时间趋势项）及滞后项的阶数。滞后阶数由 AIC 准则决定。

（二）Granger 因果关系检验

格兰杰因果关系检验表明，广义货币供给量月度增长率（RM2）与工业总产值月度增长率（RIOV）、通货膨胀率（TZ）之间互为格兰杰因果关系。但无论如何选择滞后期，格兰杰检验都表明，一年期实际贷款利率月度变化率（RDK）与工业总产值月度增长率（RIOV）、通货膨胀率（TZ）之间不存在格兰杰因果关系，即一年期实际贷款利率月度变化率（RDK）对工业总产值月度增长率（RIOV）、通货膨胀率（TZ）没有解释能力，这说明利率对经济活动没有影响力。这反映了我国贷款利率由官方规定，不反映市场对资金的供求状况，因此对经济活动的影响力不足的现实。因此，利率作为货币政策中介目标的时机还未成熟。

表 23　　　　　　　　　　格兰杰因果检验

零假设	观测值	F 统计值	概率
RM2 不是 RIOV 的格兰杰原因	124	17.7937	5.6E－13
RIOV 不是 RM2 的格兰杰原因		5.71680	9.7E－05
RM2 不是 TZ 的格兰杰原因	124	6.17004	4.3E－05

续表

零假设	观测值	F 统计值	概率
TZ 不是 RM2 的格兰杰原因		3.05549	0.01264
RDK 不是 RIOV 的格兰杰原因	123	1.06239	0.38959
RIOV 不是 RDK 的格兰杰原因		0.35954	0.90293
RDK 不是 TZ 的格兰杰原因	123	1.34267	0.24445
TZ 不是 RDK 的格兰杰原因		1.71754	0.12350

（三）脉冲响应函数和方差分解分析

我们构建包含广义货币供给量月度增长率（RM2）、社会融资总量月度增长率（RCR）、工业总产值月度增长率（RIOV）和通货膨胀率（TZ）4 变量 VAR 方程。经检验，其最优滞后阶数为 12。经稳定性检验，发现该VAR 系统是稳定的，可以进行脉冲响应函数和方差分解分析（方程略）。

脉冲响应与方差分解的结果依赖于变量进入 VAR 系统的顺序。我们设置各变量进入 VAR 的顺序为：RCR、M2、实际产出、通货膨胀率。理由如下：融资规模的变化引起 M2 的变化，货币供给的变化引起实际产出的变化，通货膨胀率是顺应经济周期的，而且是滞后的。

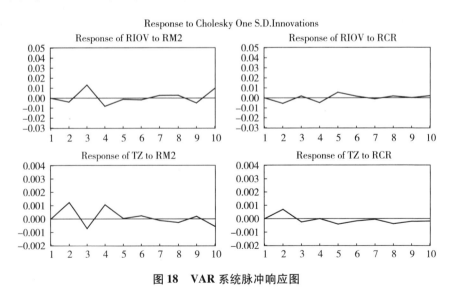

图18　VAR 系统脉冲响应图

从脉冲响应函数和方差分解的结果来看，产出增长率和通胀率对货币供给量增长率冲击的反应更为剧烈，货币供给量增长率对产出和通胀率的贡献度也大于融资总量增长率。货币供给量与最终目标的相关性优于社会融资总量，这也符合我国当前金融结构的特征。但是，货币供给量和融资总量分别位于家庭资产负债表的两边，有不同的信息含量和政策意义（Friedman，1993）。因此最佳选择就是将货币供给量和社会融资总量共同作为货币政策中介目标，构成中介目标体系。

表 24　　各变量对产出（上表）与通胀（下表）方差分解表

滞后阶数	S. E.	RIOV	TZ	RM2	RCR
1	0.045118	100.0000	0.000000	0.000000	0.000000
2	0.050050	92.34350	5.504217	1.419658	0.732620
3	0.054003	80.94502	13.59731	4.652436	0.805239
4	0.055343	77.38435	15.29346	4.805340	2.516848
5	0.057197	75.19189	15.87326	4.594181	4.340670
6	0.057304	74.91451	16.10619	4.621868	4.357429
7	0.057577	74.36417	16.64798	4.655042	4.332812
8	0.057651	74.25385	16.62331	4.726351	4.396485
9	0.057899	73.65268	16.52429	5.460251	4.362779
10	0.058795	71.45291	16.98787	7.293589	4.265622
滞后阶数	S. E.	RIOV	TZ	RM2	RCR
1	0.004507	21.30869	78.69131	0.000000	0.000000
2	0.005138	17.32952	74.63112	6.954541	1.084818
3	0.005589	16.37816	76.31884	6.319650	0.983351
4	0.005684	16.89286	74.06312	7.653676	1.390340
5	0.005764	18.44741	72.03267	7.575415	1.944504
6	0.005794	18.54941	71.88990	7.548856	2.011832
7	0.005886	20.81513	69.91430	7.318790	1.951787
8	0.005902	20.96308	69.51691	7.277431	2.242579
9	0.005922	20.82580	69.05732	7.861672	2.255211
10	0.005956	21.25061	68.65998	7.777993	2.311421

三、研究结论

提高货币政策效率的关键是控制变量的选择。本章利用向量自回归（VAR）对可以作为中介目标的新增信贷、社会融资总量、货币供给量和利率进行了检验。结果表明，新增信贷和利率与货币政策最终目标之间不存在格兰杰因果关系，货币供给量和社会融资总量对最终目标有解释力，并与最终目标之间存在稳定的联系，应当作为货币政策控制变量。

第六章　结论与政策建议

本章对全文进行了回顾和总结，并在此基础上，提出了完善适应金融结构变化货币政策建议。

一、研究结论

金融结构构成了一国货币政策运行环境，势必对货币政策效率和效果产生重大影响。我国金融结构已发生重大变化，使得传统的货币政策操作效率降低，需明确金融结构定位，寻找提高货币政策的有效途径。

金融市场的发展极大地改变了金融结构，对货币政策有效性形成冲击。本文的研究表明，这种冲击至少表现为两个方面。一是改变了货币政策传导路径。随着企业融资渠道的多元化，货币政策的信贷传导渠道由狭义转变为广义，单纯控制银行信贷作用大打折扣。二是货币政策通过金融市场对实体经济的作用机制复杂化。在以银行为主体的金融结构中，货币政策主要影响银行类金融机构，通过货币供给量、银行信贷、利率等增加或减少企业的经营成本实现货币政策目标。但金融市场主导的金融结构中，货币政策通过更多的机制区影响企业，比如增加市场信息不对称等，甚至直接通过心理因素影响社会经济发展。所以人们多次将金融危机归咎于货币政策。

我国正在由银行主导的金融结构向市场主导型金融结构转变，在这个过程中，货币政策必须适应金融结构的变化。我国中央银行提出并将社会融资规模作为货币政策中介目标是适应金融结构变化的一项举措。本文的实证检验表明，相对于银行信贷，社会融资规模与经济增长的相关性更强。社会融资规模同货币供给量具有很强的互补性，可以共同作为调控目标发挥有效作用。

二、政策建议

本文实证研究表明，目前利率与实体经济的相关性较弱，不具备作为央行控制变量，而支持以数量型控制变量为主，特别是支持社会融资总量作为我国货币政策的控制变量。基于前面的分析，本文建议从以下几个方面着手，进一步改善货币政策的适应性，提高货币政策效果。

（一）围绕社会融资总量构建新型金融调控体系

以往以货币供给量为中介目标货币政策调控体系重视对信贷规模的控制，因为信贷通过货币乘数创造货币，因此控制银行信贷是控制货币供给量的关键。央行主要是通过调整法定存款准备金率等总量控制手段甚至运用行政措施来控制信贷，由于这些手段在实践中非常有效，所以央行较少运用利率等价格手段来调控信贷和货币供给量。但随着直接融资的发展，央行无法对直接融资进行行政干预。货币政策对间接融资和直接融资的一个共同影响的渠道是利率的变动。央行重视社会融资总量，而不是仅仅关注银行信贷，意味着利率等价格手段在货币政策调控中的作用将增加。

此外，社会融资总量既包含信贷规模，又包含金融市场指标——企业债和股票发行，因此，未来货币政策操作框架将逐渐从单一的实体经济目标（控制通胀或经济增长）转移到实体经济＋金融稳定的双重目标（通胀＋增长率＋金融资产价格与收益率）上来。这表明我国的金融调控将兼顾实现虚拟经济与实体经济平衡的定位。尽管目前资产价格还不具备作为我国货币政策独立调控目标的条件，但是有必要将其作为货币调控的辅助监测指标纳入央行货币政策操作的视野。未来央行将根据虚拟资产价格的变化对宏观经济影响程度的估计做出相应判断，决定货币政策的力度和货币政策工具的组合类型，进而构建均衡实体经济与虚拟经济的货币政策操作框架。

要发挥货币政策中介目标"名义锚"的作用，引导公众合理预期，并防止央行的机会主义行为。因此，央行在年初，不仅要公布货币供给量的增长目标，还要公布社会融资总量的年度增长目标。

当前，区别于单纯调控货币总量和新增信贷的新型金融宏观调控体系的构建已经起步：2011年9月，我国将商业银行保证金存款纳入存款准备金的缴存范围。纳入上缴基数的商业银行保证金存款包含承兑汇票、信用证、保函三部分。按照当前商业银行保证金存款的规模计算影响，目前冻结资金可能达到近9000亿元。这个大举措，从近处看，是为了能有效弥补社会融资总量的监管漏洞，降低银行系统性风险，更预示着我国正朝着建立能够调控社会融资总量的新型金融调控体系的方向迈出了一大步。

（二）加强对金融结构变化的研究，研究货币政策转型

随着金融市场的发展，货币政策对实体经济的作用机制日趋复杂，甚至影响到人们的心理因素。应研究金融结构变化对货币政策的影响，加快货币政策转型，防止出现系统性风险。同时，完善和发展金融市场，也需要加强金融监管。构建健全有效的宏观审慎监管体制，对于金融市场的健康发展，防范和化解金融风险都是非常必要的。有效的信息披露制度、增加央行的透明度和独立性、完善的市场准入和惩罚制度，都是宏观审慎监管制度的重要组成部分。以社会融资总量作为中介目标可以说是为完善货币政策调控、建立我国宏观审慎监管体系迈出了坚实的一步。

信托公司开展家族信托业务研究[①]

一、引言

(一) 选题背景和选题意义

1. 选题背景

自 2001 年我国颁布《信托法》以来，信托业得到了飞速发展。据中国信托业协会统计，截至 2015 年第二季度末，信托公司受托管理资产规模为 15.87 万亿元，突破 15 万亿元大关，坐稳了我国第二大金融业态的交椅。不过从信托的功能来看，目前我国信托公司的信托业务仍然以资金信托为主，包括融资类信托和投资类信托，而以事务管理为主要目标的服务信托发展则要缓慢得多。家族财富管理信托就是典型的事务管理信托。

家族财富管理信托，又称家族信托 (family trust)，是以家庭财富的管理、传承和保护为目的，受益人一般为本家庭成员。其设立主要用于解决财产跨代传承问题，尤其是家族企业实现有效、平稳的家族股权转移和管理。这更接近受人之托、代人理财的信托本意。家族信托诞生于中世纪的欧洲，为了满足贵族的需求，欧洲的银行家搭建集法律、税务、金融等功能于一体的财富管理平台，协助贵族完成财富由一代人向另一代人的传承，由此诞生了一些古老的私人银行以及家

---

① 主持人：马宝军；课题组成员：罗靖 陈进 李永辉。

族办公室，提供家族信托服务。很长时间以来，欧美地区多数家族富豪选择借助家族信托的方式传承财富，成就了家族财富的基业常青。例如，美国石油大亨洛克菲勒家族①、美国钢铁大王卡内基家族，以及政治世家肯尼迪家族等。

随着中国经济的发展，中国的高净值人群逐渐增多，2015 年 5 月 26 日，招商银行和贝恩公司联合发布的《2015 中国私人财富报告》显示，2015 年中国个人可投资资产 1000 万元人民币以上的高净值人群规模已超过 100 万人，全国个人总体持有的可投资资产规模达到 112 万亿元人民币。如何实现财富的管理与财富传承成为日益突出的问题。家族财富管理逐渐进入人们的视野，比如 SOHO 中国的潘石屹、张欣夫妇，玖龙纸业张茵，龙湖地产吴亚军等，他们早已在海外设立了家族信托，并通过家族信托来持有公司股份。但家族信托在中国仍属于新鲜事物。2012 年 9 月平安信托推出国内首个家族信托——平安财富·鸿承世家系列单一万全资金信托，成为中国内地首个推出正式家族信托产品的金融机构；2013 年 7 月，招商银行也在深圳宣布成立国内私人银行首家家族信托业务；截至目前，中信信托、中融信托、平安信托、外贸信托、长安信托、资金信托、中航信托等都已经启动了家族信托业务。

总体而言，与欧洲和美国长达数百年的家族财富管理历史相比，家族财富管理和家族信托在中国刚刚起步，但其步伐并不小，这源于市场对家族信托的需求。因此，家族财富管理信托的研究亟须加紧跟进，为家族财富的管理设计合理合规的信托运行机制，并且为实践家族信托的运行提供理论上的支持。

2. 选题意义

作为一项古老的信托制度，家族财富管理较我国信托公司长期从

---

① 美国的洛克菲勒家族从 1934 年便开始为后人设立了一系列遗产信托，遗产由信托机构进行专业管理，家族中有能力的人可以去参与企业管理，大部分人则定期从信托基金获得一笔生活保障金。这样既保证对家族产业的控制力，也不会导致子女因争夺财产而反目成仇。

事的政信合作、银信合作业务更贴近于传统信托的本质。在家族信托在我国刚刚兴起阶段，对其进行系统深入的研究，有重要的理论意义和现实意义。

（1）理论意义

信托在我国真正繁荣的时间并不长，我国学界对信托的研究并不系统深入，而且现有的研究集中在信托公司从事的投融资信托，对于传统意义上的事务管理信托并无太多的研究。作为典型的事务管理类信托，家族信托在西方也被称为"遗产信托"，是指遗嘱人立下遗嘱，将自己的遗产设立成专项基金，并把它委托给受托人管理，基金收益则由受益人享有的三方关系。受益人既可以是继承人，也可以是慈善机构或者任何个人或组织。此外，遗嘱人还可以根据自己的需要为基金的管理和支配设定各种条件和要求。委托人、受托人和受益人三方之间的关系，以及各方的权利义务和具体的制度设计是家族信托的关键问题，而这些也是信托法理论的核心问题。因此，借鉴国外的经验，结合我国的实际，对家族信托的运作原理与制度设计进行系统的研究，对家族信托理论的深入，乃至整个信托法理论的完善都有重要的意义。

（2）现实意义

《2013 中国私人财富报告》显示，只有约 25% 的企业主明确表示希望由子女接管家族企业；接近 35% 的"二代继承人"希望接掌家族企业，帮助家族企业更好地发展。其他 60% ~ 70% 的受访"创富一代"和"二代财富继承人"则希望以引入职业经理人或者只担任股东的方式延续家族企业经营，或退出并转卖企业。"二代继承人"不愿意接手父辈家业现象将激发以"家族信托"为标志的家族财富管理的市场需求，通过信托的形式能够帮助企业家一方面防止子女"无度挥霍"家族财产，出现"败家子"现象，也可让其子女不至于"无钱可用"享有合理的优渥生活，更为重要的是可以让其规避未来可能出台的遗产税的困扰。从实践的角度看，家族信托不但可以迎合巨大的市场需求，而且特有的制度优势为其长远发展奠定了良好的基础。因此，以家族财富管理为基础，对家族信托进行研究有重要的现实意义。

（二）文献综述

家族信托在国外已经存在近一千年，最早起源于 13 世纪英国的土地信托，土地所有人将土地转让给受托人，受托人为了他人（受益人）的利益持有和管理该土地。由于其存在的历史长，国外关于家族信托的研究也相对较多，如《管理家族信托》① 等。此外，由于家族信托源于土地信托，目前有关信托的研究都与不动产紧密相连，还成立了专门的不动产与信托法国际学术研究中心②，该中心定期召开会议，出版房地产与信托法研究方面的论文集。虽然我国的土地所有制与国外有一定的区别，但不动产仍然是家族财富的主要部分，并且随着 2007 年《物权法》的颁布实施，私有财产的观念深入人心，不动产信托自然是家族财富管理信托的重要内容。因此，国外既有的研究成果，可以为本文的研究提供很好的借鉴和参考，国外发达的家族信托制度也可以为我们设计家族信托的结构提供有益的帮助。

很长时间以来，国内对家族信托的研究并不多见。2013 年以前，与家族信托相关的研究主要集中在两部分，一是家族企业治理模式，主要的研究成果有"家族企业治理模式及其优化"③、"家族企业研究"④、"信任与家族企业的成长"⑤、"家族企业有效治理模式分析"⑥等，这些研究侧重于家族企业治理模式的优化与变革问题，但与家族信托的目的一样，都着眼于家族财富的传承与家族企业的延续。但这

① Rikoon, Managing Family Trusts, Wiley, 1999.
② 参见 http：//www. international – academy. org/。
③ 李慧：《家族企业治理模式及其优化》，西北工业大学硕士学位论文，2004。
④ 储小平：《家族企业研究：一个具有现代意义的话题》，载《中国社会科学》，2000（5）。
⑤ 储小平、李怀祖：《信任与家族企业的成长》，载《管理世界》，2003（6）。
⑥ 马丽波：《"家族"企业有效治理模式分析》，载《经济与管理》，2002（11）。

些研究成果对于了解家族企业的现状，以及传统家族财富的管理模式
有重要的借鉴意义，可以作为研究家族财富管理信托的基础。二是股
东表决权信托，股权是家族财富的重要组成部分，表决权是股权的表
现形式之一，因此，股东表决权信托是家族财富管理信托的一部分。
我国有学者对表决权信托进行了研究，如"股份表决权信托：解决家
族企业控制权转移的一种方式"①、"表决权信托：控制权优化配置机
制"② 等。虽然这些研究只是家庭财富管理信托的冰山一角，但却表
明，家庭财富管理信托具有可行性，并且已经逐渐受到学界的关注。
随着信托的日益繁荣，社会各界对家族信托的关注也逐渐增多，近两
年来，关于家族信托的研究也逐渐增多。2011 年 12 月，诺亚财富就家
族信托做了一份专题研究报告——《家族财富管理信托面临的障碍》；
《家族办公室与财富管理》、《家族办公室——家族（企业）保护、管
理与传承》，以及译著《家族财富传承》等有关家族财富传承的著作
中，也包括对于家族信托的研究。

本课题拟在以上研究的基础上，借鉴国外家族信托理论研究成果，
对我国家族财富管理信托进行系统深入的研究。

（三）主要研究内容和研究方法

1. 主要研究内容

第一，家族信托的运作机制。家族信托是以信托实现财富传承、
风险隔离、合理避税等目标，通过财富的合理长远规划最终实现财富
保全和家族传承。目前高净值家族有越来越多的特殊需求，如巨额财
富如何投资更有效率；家族和企业如何分离以更好地实现子女接班；
如何打破富不过三代的魔咒；如何有效控制家族矛盾引发的变故及各
类债务的风险隔离；以及如何处理税务筹划以应对即将到来的遗产税

---

① 汪其昌：《股份表决权信托：解决家族企业控制权转移的一种方式》，载《上海经济研究》，2010（6）。

② 覃有土、陈雪萍：《表决权信托：控制权优化配置机制》，载《法商研究》，2005（4）。

和房产税等税务负担。因此，家族信托的制度设计和运作机制至关重要。

第二，如何构建家族信托的信用体系和制度保障。与资金信托相比，家族信托特别需要信用基础和制度保障。在家族信托业务中，信托机构需要建立客户对其充分的信任，针对客户不同的需求，在充分沟通的基础上，提供相应的定制化服务。此外，信托制度不完善、配套制度不健全也是制约家族信托发展的因素，如何构建完善的家族信托法律制度体系，直接关系到信托在家族信托财富管理方面运用的广度与深度。

2. 研究方法

本文拟采用比较分析方法、实证分析方法和逻辑分析方法对家族财富管理的信托机制进行系统深入的研究。

由于家族信托是源于英国并成熟于欧美国家的信托制度，因此，在家族信托基础理论部分，主要借鉴比较法上的资料，运用比较分析方法展开研究。

家族信托的研究是为家族财富的管理与传承服务的，因此，对家族信托在中国的可行性研究和制度设计等必须结合实践中既有的家族财富管理信托案例和家族财富管理的现状，在对实践中的案例进行分析的基础上，进行系统研究。

二、家族信托基础理论

（一）家族信托的含义与历史

1. 家族信托的含义

家族信托（Family Trust），又称家族财富管理信托，是指个人为委托人，按照自己的意愿将部分或全部财产委托给受托人，受托人为受益人的利益或特定目的管理信托财产的财富管理模式，受益人一般为家族成员。从性质上看，家族信托属于典型的民事信托，民事信托是指信托事项所涉及的法律依据在民事法律范围之内（民法、继承法、婚姻法、劳动法等）的信托，例如涉及个人财产的管理、抵押、变卖，遗产的继承和管理等事项的信托。

家族信托的目的是保护委托人及其家人，因为在人的一生中不可避免出现各种各样的变故，这些变故可能带来一些风险，例如财产安全的风险会直接影响到自己及家人的生活，而家族信托可以规避这种风险。基于每个家庭的情况并不相同，因此，家族信托要根据具体情况进行个性化、具体化的设计。

2. 家族信托的历史沿革

家族信托的雏形可追溯到古罗马时期的遗产信托（fideicommissum）。遗产信托是处于对他人的信任而进行的托付，从技术上讲，它是一种临终处置，它被委托给继承人或其他受益人执行。许多制度尤其是继承法中的制度开始时都只不过是信托制度。致使人采取这种极端手段的原因很多，主要地讲，并不是所有的市民尤其是身处异邦的市民都便于通过遗嘱来安排遗赠，而且有时候人民还希望向无权接受遗赠的人留些财产。奥古斯都皇帝首先在一些特殊情况中从法律上认可了这一制度，要求执政官通过非常方式处理这类情况。

由于专设裁判官来负责此类诉讼，因此，遗嘱信托也称裁判官信托。但是按照当时罗马法的规定，能够顺利遗产信托的人要有立遗嘱权（乌尔比安《论遗产信托》）。[1] 受托人起初是出于道德观念或自身利益需要而接受委托的，后裁判法官予以承认形成了正式的信托制度。现代信托制度最早可溯源到罗马法，但毕竟有很大的不同，近现代意义上的信托主要源于英国。[2]

---

① ［意］桑德罗·斯其巴尼编：《婚姻家庭和遗产继承》（罗马法民法大全翻译系列），费安玲译，第591页。

② 江平、米健：《罗马法基础》（第三版），中国政法大学出版社2003年版，第429页。

英国信托法起源于英国衡平法对"用益制度（USE）"的干预和确认。① 信托制度的灵活性可以满足人们多样化的需求，可以自然实现家族财富管理和传承的需求。当时的富裕阶层通常希望他们拥有的土地在子女之间进行分配，因此就出现一种协议安排契据（deed of settlement）。随着英国法的发展，信托的概念在英美法系国家的民法中成为重要的组成部分，并且这种作为协议安排相较于直接的转移更加受到欢迎。②

在美国，家族信托出现于19世纪末20世纪初，最初是由一些富裕家庭创造的。早期的家族信托受相同的法律法规监管，设立家族信托方式较为单一，随着社会和经济的发展，许多州的法律变得更灵活，设立和运营家族信托也变得更加容易，富人因此更容易实现其财富规划和传承的目标。享誉世界的洛克菲勒家族（Rockefeller）、肯尼迪家族（Kennedy）、班克罗夫特家族（Bancroft）等全球资产大亨都通过信托的方式来管理家族财产，成就了家族财富的恒久基业。现如今，家族信托并不专属于顶级富豪，一般富裕家庭也可以使用家族信托规划财产传承。

3. 家族信托的性质

根据信托的创设方法不同，信托可以分为明示信托、默示信托和法定信托。法定信托是由法律规定以信托的形式持有财产。默示信托（implied trust）又可以分为归复信托（resulting trust）和推定信托（constructive trust）。③ 明示信托（express trust），也称宣示信托（declared trust），是指委托人宣布他将特定财产纳入信托。明示信托的进一步区分可以见表1。

---

① 详细论述可参见周小明：《信托制度：法理与实务》，中国法制出版社2012年版，第1－7页。

② Family Trusts: a Plain English Guide for Australian Families of Average Means.

③ 归复信托和推定信托都是英美衡平法上的概念，归复信托是指某些特殊情况下由法院施加的信托；推定信托是针对某些特定情形，衡平法认为，财产所有者纯粹为了自己的利益而持有财产是不合良心的，因而由法院或者法律施加的一项信托。参见何宝玉：《信托法原理与判例》，中国法制出版社2013年版，第40－41页。

表1 明示信托的分类

受托人的义务是否确定	简单信托	又称消极信托，是指委托人并未对受托人施加任何积极的义务，而是留待法律确定受托人的义务。
	特定信托	信托文件确定了受托人的职责，委托人明确地指出了信托的性质和受托人的职责，受托人必须履行这些职责。
受益人的受益权是否确定	固定信托（fixed trust）	受益人对于信托资产的一部分享有确定的权利。例如，委托人将10万美元纳入信托，指示将信托收益分配给自己的儿子。
	自由裁量信托（discretionary trust）	受益人不享有确定的受益权，受托人享有自由裁量的权利，按照其认为合适的对象和数额，向受益人分配信托收益。又分为用尽信托收入的自由裁量信托和积累收入的自由裁量信托。
信托财产是否依法移转	完全设定信托	委托人已经合法、有效地将财产转移给受托人。
	不完全设定信托	委托人未能合法、有效地将财产转移给受托人。
信托是否完全设定	已执行信托	委托人设立信托后已将财产授予受托人，受益人的具体权益已经明确界定，委托人已经做了一些事情使信托生效。
	待执行信托	委托人设立信托后已将财产授予受托人，但受益人的权益有待随后的文件予以确定。
信托目的	私人信托	为了私人利益而设定的信托。
	慈善信托	为了不特定社会公众利益而设立的信托。

　　国外的家族信托较为复杂，涉及的情形较多，一个信托中可以同时包含私益和公益目的；可能是简单信托，也可能是特定信托，但通常属于规定了受托人义务的特定信托；既可能是已执行信托，也可能是待执行信托；但以财产传承为目的的家族信托通常属于自由裁量信托①，也称酌情信托、全权信托，受托人被授予就如何分配信托基金中的收入和本金给各个受益人的酌情决定权（discretion）。受托人拥有的酌情权一般包括谁是受益人、每个受益人应得的收入和本金份额、何时分配、如何分配等。不同的信托中，对于受托人的酌情决定权有不同的规定，例如，梅艳芳设立的信托中，仅规定梅妈和四个侄子侄女为受益人，以照顾她们的生活为目的，但是对于如何照顾、每个受益

---

　　① 自由裁量信托的灵活性，使信托成为对家族理财非常具有吸引力的一种工具。参见 D. J. 海顿：《信托法》（第4版），周翼、王昊译，法律出版社2004年版，第55页。

人取得多少收益、如何取得，并无规定。

我国信托的分类与国外有所不同，《信托法》将信托分为营业信托、民事信托和公益信托。实践中根据信托财产来源、信托功能、信托资金运用方式等可以由不同的分类（见图1）。

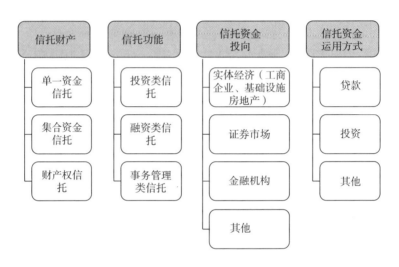

图1　我国信托的分类

家族信托很难归入到现行的分类之中，从信托财产来看，家族信托既有资金信托，也有财产权信托；从信托功能来看，应当归入事务管理类信托；从信托资金投向和信托资金运营方式看，应当包括但不限于现有的类型，因为当不动产、股权等其他财产加入到信托财产中以后，肯定会有不同的管理方式。

（二）家族信托的案例

为了更直观地讨论家族信托的问题，下文首先从两个家族信托的案例入手①，介绍家族信托的架构和用途。

---

① 案例来源，根据媒体报道信息整理，参见 http://www.dyxtw.com/news/2015-02-27/151309-4.html，最后访问时间：2015-08-24。

1. 案例一：梅艳芳家族信托

2003 年末，一代天后梅艳芳病逝，病逝之前，梅艳芳将自己的财产（房产、现金等）设立信托，委托汇丰国际信托有限公司（受托人）管理，受益人为梅妈覃美金和 4 名侄子及侄女。照顾外甥及侄女至部分主要作为教育经费；汇丰国际每月支付给梅妈约 7 万港元作为生活费用；梅妈去世之后，信托中所有的资金会扣除相关费用后，捐给妙境佛学会。由于家族信托的私密性，信托的细节并没有披露，但是根据公开披露的信息以及诉讼情况来看，对于受托人应当如何照顾梅妈的生活，信托文件并无明确的规定，每月支付给梅妈多少的费用应当由受托人根据当地生活水平及其他情况确定。

2004 年初，梅艳芳的母亲覃美金一直坚称，梅艳芳是在神志不清的状态下签订遗嘱，故法庭应判遗嘱无效，希望独得亿元家族信托财产，向法院提起诉讼，开始长达 8 年的遗产之争。2006 年 3 月和 2007 年 8 月，梅艳芳的哥哥梅启明和母亲覃美金又将遗嘱执行人、主诊医师、遗产受益人一并告上法院，质疑三方串通欺骗梅艳芳立下遗嘱窃取其遗产。对于梅家的控告，三被告坚称梅艳芳立下家族信托时神志清醒，不把遗产交给母亲打理，是因为担心母亲不善理财，花尽遗产后生活无依。2004 年到 2011 年的七年多来，梅艳芳的母亲覃美金多次上诉，屡告屡败。2011 年 5 月 10 日，香港高院下达终审判决书，梅艳芳的母亲覃美金再次败诉，财产继续由信托公司管理。

2. 案例二：沈殿霞家族信托

2008 年 2 月 19 日，同为香港著名艺人的沈殿霞因肝癌在香港玛丽医院病逝，享年 62 岁。因为女儿郑欣宜时年刚满 20 岁，没有经验处理多种同类型的资产项目，沈殿霞担心她被人欺骗，同时希望将来女儿的生活得到保障。因而在去世前，沈殿霞已订立信托，将名下的银行资产、市值 7000 万港元的花园公寓、投资资产和首饰转以信托基金方式运作，金额庞大。去世后每当女儿郑欣宜面对任何资产运用事宜，最后决定都要由信托受托人负责审批，并经信托保护人的同意，等到欣宜结婚时可以领走一定比例的资金或是一笔固定金额。信托保护人是沈殿霞的前夫、郑欣宜的生父郑少秋，其他人选包括陈淑芬、沈殿霞的大姐和好友张彻太太。

由于资产在信托之下，动用时必须经过信托保护人的同意，这样可以避免别有用心人士觊觎女儿继承的庞大财产，用欺诈或其他不当方式谋取女儿的资产，有效保障了女儿的未来生活。

3. 案例分析

以上两个案例都是很简单的家族信托的案例，并且都属于委托人对于自己去世后财产的安排，即自己过世后照顾家人的生活。梅艳芳的家族信托设立后，梅妈的反复诉讼引发了社会各界的关注，而沈殿霞的家族信托则并未引起太多的关注。除了梅艳芳的受益人为梅妈，梅艳芳的两个哥哥嗜赌成性，鼓动梅妈诉讼外，还有一个重要原因是，沈殿霞的家族信托中引入了保护人的角色，可以在一定程度上解决受益人和受托人之间的地位不均等、信息不对称等问题。除了可以引入保护人外，家族信托还有哪些不同于一般信托的地方，正是下文要研究的问题。

（三）小结

由以上论述可知，家族信托具有一般信托的特质，在国外，家族信托属于信托的重要组成部分。由于我国的信托起步较晚，实践中的信托主要以融资类信托为主，与作为事务管理类信托的家族信托相差较远。但从我国信托业目前所处阶段来看，转型需求日益迫切，传统业务不可持续，家族财富管理信托可以成为转型的方向之一。

三、家族信托在中国的可行性研究

（一）财富管理市场前景广阔

居民财富的日益积累为资产管理市场的发展提供了有力支撑。资产管理行业的发展繁荣与经济发展及其带来的居民可支配收入增加息息相关。我国居民人均可支配收入处于上升趋势，资产管理市场仍有较大的发展前景，信托作为资产管理市场的重要组成部分，可以大有作为。

1. 私人财富快速积累

2015 年 8 月 18 日，兴业银行携手波士顿咨询公司（BCG）联合发布中国私人银行全面发展报告《中国私人银行：千帆竞渡御风而行》。报告显示，2015 年中国私人财富将达到人民币 110 万亿元，高净值家庭数量达到 201 万户，拥有 41% 的私人财富。报告同时指出，高净值家庭的财富管理需求由个体向家族综合服务转变，84% 的客户有财富传承的需求，21% 的客户已经在进行财富传承安排，34% 的客户会在近期考虑财产传承安排事项；高净值家庭的理财需求由标准化向定制化转变，投资资产大于 3000 万元的客户更加倾向于选择可基于自己需求进行定制及组合配置的产品和服务。① 2015 年 5 月 26 日，招商银行和贝恩公司联合发布的《2015 中国私人财富报告》显示，2015 年中国个人可投资资产 1000 万元人民币以上的高净值人群规模已超过 100 万人，全国个人总体持有的可投资资产规模达到 112 万亿元人民币。"财富传承"的重要性排序则从两年前的第五位跃居到了第二位，在实现财富稳健增值的前提下，越来越多的高净值人群开始系统性地思考和规划如何将物质财富和精神财富有效、有益地传递给下一代。②

2. "富不过三代"警示着财产传承的重要性

中国有"富不过三代"的说法，"富不过三代"并非中国特色，"穷孙子"在全球家族企业中普遍存在。德国也用"创造、继承、毁灭"代表三代人的命运；在美国，家族企业在第二代能够存在的只有 30%，到第三代还存在的只有 12%，到第四代及四代以后依然存在的只剩 3%。大量家族兴衰史表明，家族很难逃过"富不过三代"的宿命。如何实现

---

① 参见 http：//business. sohu. com/20150819/n419241063. shtml。

② 参见 http：//money. sohu. com/20150526/n413807545. shtml。

财富和事业的传承，成为现今中国高净值客户面临的重要课题。

现代社会面临各种各样的风险，企业也面临着许多风险诸如政治风险、宏观经济风险、政策风险等。据统计，中国企业的平均寿命只有 7.3 年，中国民营企业的平均寿命只有 2.9 年。有人说，中国改革开放后的企业史就是这样一部"倒闭史"，旭日升、巨人、爱多、秦池、银广厦、沈阳飞龙、百龙矿泉壶、亚细亚等诸多曾经风光一时的企业都成了历史名词，中国每年约有 100 万家民营企业破产倒闭。很多创富人群在思考财富保值增值的同时，往往容易忽略个人财富与企业财富的风险隔离。在现实操作中，高净值客户多是企业实际控制人，企业财产和个人财产无法清晰界定，当企业面临财务危机时，个人资产往往也成为债务追偿的对象，最终使得"有限责任公司"却承担着"无限责任"，企业破产的背后通常是企业家背负巨额债务。

3. 信托在财富管理领域的优势

通过开展家族信托，为高净值客户提供财富传承和资产配置服务，可以成为信托业务方向之一。家族信托也可以在我国民营企业家和富裕家族的财富传承中发挥重要作用。随着我国民营企业家面临二代接班问题的日益逼近，以及我国富裕家庭的进一步增多，希望借助家族信托方面全面管理家族财富和资产配置的需求潜力巨大。数据显示，在未来 5 年到 10 年内，全国有 300 多万家民营企业将面临企业传承问题。麦肯锡发布的报告更指出，全球范围内家族企业的平均寿命只有 24 年，其中仅有约 30% 的企业可以传承到第二代，不到 13% 的传承到第三代，而第三代后只剩下 5% 的企业还能为股东继续创造价值。国外大的家族企业家或者一些专业人士，例如运动员、律师等都通过设立家族信托或基金的方式对其资产进行保值传承。

作为规模第二大的金融子行业，信托为客户提供了一个安全性高、收益率高的理财产品，2014 年度信托公司向客户实际分配信托利润为 8483 亿元，比 2013 年增长 31.0%，还有 2330 亿元未分配信托利润。目前信托公司的财富管理中心更多地扮演了信托产品销售平台的角色，没有体现其为中高端客户提高"综合资产配置"服务平台的应有作用。而且，信托公司对第三方理财公司和银行渠道的募资依赖性依旧明显。随着我国高净值客户的财富管理需求的日渐多元化，信托产品也需要从由融资需求带动的简单的高收益信托理财产品向由客户需求驱动的能够为客户提供资产配置、财富传承等增值服务的综合财富管理计划来转变。

（二）家族信托的制度优势

家族信托是家族财富管理和信托制度结合的产物。利用信托的制度优势，家族信托可以实现财富的代际传承、资产的隔离保护、全球范围内的资产配置和合理的税务筹划等功能。

1. 财富传承的"定制化"

在过去的很多年，财富传承很少被中国人关注，原因在于：第一，中国传统观念里，对于身后事情总抱着忌讳的态度，认为属于不祥的事情，大多不愿意探讨；第二，中国经济真正发展起来的时间短，财富并没有太多的积累，自然谈不上财富传承的需求。随着居民财富的积累，富裕阶层逐渐显现，财富传承的需求便自然显现了。

财富传承的工具主要包括继承、保险和信托，相比较而言，信托在财富传承领域具有独特的优势，在英美法的判例法体系下，已经积累了成百上千的案例，对信托安排中涉及财富传承的方方面面进行了检验和论证，可以说已经是相当成熟的工具了。[①]

总体来看，实现"定制化"的财富管理和财富传承是富豪们建立家族信托的一个重要原因。委托人可以根据自身财务需求和风险偏好、资产规模及配置情况、家族经营业务情况等，在信托合同中约定信托期限、收益分配条件和分配方式，如"年满 18 周岁"、"结婚"、"婚

---

① 王小刚：《富一代老了怎么办？——财富规划与信托安排》，法律出版社 2012 年版，第 37 页。

姻变故"、"面临法律诉讼"等。必要情况下，还可以设置保护人、监察人等，解决委托人与受托人之间的信息不对称问题，最大限度地保护委托人的利益和信托财产的安全。

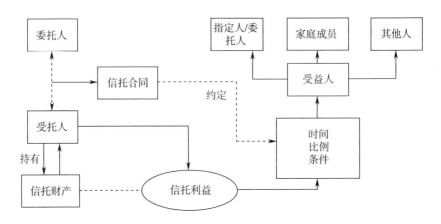

图2　家族信托的财富管理与传承架构

2. 财产的保护（Assets Protection）

设立家族信托使信托财产具有独立性，不但独立于委托人未设立信托的财产，而且独立于受托人的自有财产以及受托的其他委托人的财产，因而可以起到隔离保护的作用，当委托人面临财务危机等其他任何变故时，不影响信托财产的独立存在和继续传承。其基本原理在于，当资产被放入信托后，该部分资产的所有权已经从委托人转移到受托人名下，并且信托受益人也不享有信托财产的所有权。因此，信托财产既不会出现在委托人的资产负债表里，也不会出现在受益人的资产负债表里。受托人虽然是信托财产名义上的所有权人，但是独立于受托人的固有财产。将来无论是委托人、受托人，还是受益人发生债权债务上的纠纷，都不会影响到已经放入信托的财产的安全。具体可以分析如下：

（1）通过家族信托的安排也可以防止家族成员离婚或发生继承时，因财产分割导致家族成员纠纷、因股权分割影响家族企业的存续与经营。婚姻风险是高净值客户必须面对的风险，不但包括客户自身的婚姻风险，也包括客户子女的婚姻风险。通过家族信托可以对财产分配做出提前安排，防范婚姻变故带来的风险。

（2）通过信托可以有效防范委托人的债务风险。通过信托安排，可以将个人面临的债务风险同信托资产隔离开来，可以防范个人或企业债务风险对家庭资产的影响。但是成立信托并不总是可以规避债务。例如，一个委托人已经欠了一大笔债务，然后将个人名下的资产转入信托，是不可以实现破产隔离的。因为《破产法》第三十一条规定，人民法院受理破产申请前一年内，无偿转让财产的，管理人有权申请人民法院撤销。委托人设立信托相当于无偿转让财产。因此，信托的破产隔离功能适用于以下前提：信托成立时委托人没有债务，并且没有可预见的债务。[①]

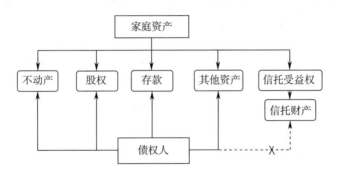

图3 家族信托财产隔离的实现

3. 税务筹划（Tax Planning）

信托的税务筹划功能是信托广受关注并在国外被大量使用的原因。西方国家普遍开征遗产税，经过合理设计的家族信托可以减少一定的遗产税，最大限度地保留家族财富，这也是家族信托在西方国家盛行的原因之一。当遗产税被纳入税收体系时，必然会有反避税措施一同纳入，最为典型的就是赠予税，否则，被继承人可能在死亡前的一段

---

① 王小刚：《富一代老了怎么办？——财富规划与信托安排》，法律出版社 2012 年版，第 26 – 27 页。

时间把遗产赠送给子女，以达到避税的目的。① 目前，一些国家开始取消遗产税和赠予税，例如澳大利亚，但大多数国家仍征收这两个税种。

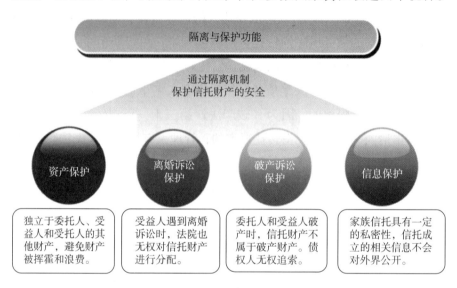

图4　家族信托的隔离与保护功能

表2　　　　　　　　　　　美国、英国遗产税征收方式和税率

	美国	英国
起征点	60 万美元	32.5 万英镑
计税方法	超额累进税率	比例税率
税率	16 级（18% ~ 50%） 250 万美元以上税率 50%	40%
赠予税征收方式	遗产和赠予合并统一计税	如死亡发生在赠予财产后 7 年内，根据死亡时间与赠予时间的差距，按照"递减原则"，分别从 20% ~ 100% 设 5 个税率级次。

我国目前正在讨论开征遗产税的问题，2010 年财政部修订了《中华人民共和国遗产税暂行条例（草案）》，虽然家族信托能否避免遗产

---

① Family Trusts：a Plain English Guide for Australian Families of Average Means.

税还需要具体的法律法规明确，但家族信托具备的税务筹划功能会使其受到更多关注，遗产税开征的预期将加速推动中国家族信托的发展。

信托税务筹划的基本原理在于，信托财产名义上所有权由委托人转移给受托人，受益人对信托财产享有的是期待权。因此，原本委托人承担的信托财产的税收义务便不再适用。信托受托人作为信托财产的所有人，要承担与信托财产相关的义务，包括纳税。基于此，许多高净值人士选择在英属维尔京群岛、开曼群岛、库克群岛等几乎零税率的离岸地设立信托，由注册在这些地方的受托人来管理信托，进而实现通过信托避税的目的。如果仅仅设立离岸公司，股东仍然是个人，当个人被认为是某个国家的税务居民的时候，持有的离岸公司的股份也应当作为个人财产进行纳税。[1]

4. 保密性（Confidentiality）

英美法上，财产转移给信托以后，受托人变成财产名义上的所有人，委托人可以隐藏到信托的背后，但是委托人可以作为受益人或受益人之一。根据英美法的规定，受托人不可以把受益人名单公布出来，这样最终从信托财产中获益的人，就合法地隐藏起来。[2] 这种安排下，受益人自身可能都不知道自己是某项信托的受益人，除非发生信托利益的支付。例如，父母设立信托，约定女儿为受益人，当女儿年满22岁时开始进行信托财产的分配，此种情形，除非父母告知女儿，否则受托人有保密的义务，女儿不可能知道信托的存在。

家族信托的保密性也是备受青睐的原因，这也是许多家族信托无法知悉的原因，例如，梅艳芳的家族信托广为人知是梅妈提起的旷日持久的诉讼，并且关于受益人的安排只是根据诉讼的情况进行的推断；沈殿霞的家族信托也是专业人士根据零星的信息整合判断所得，受益

---

[1]　王小刚：《富一代老了怎么办？——财富规划与信托安排》，法律出版社 2012 年版，第 30 - 31 页。

[2]　王小刚：《富一代老了怎么办？——财富规划与信托安排》，法律出版社 2012 年版，第 23 - 24 页。

人如何取得信托利益，保护人是谁等这些信息并不为公众所知。

我国目前的信托制度对于信托登记等事项规定并不明确，实践中的信托以日益资金信托为主，对于不动产、股权作为信托财产时，如何进行登记、是否需要披露相关信息等有待明确。

（三）家族信托是信托转型方向

1. 我国信托业的现状与问题

自 2001 年《信托法》实施以来，信托已经走过了 15 年的历程，2012 年信托资产规模超过保险，成为第二大金融体系，信托业成为备受瞩目的金融子行业。根据中国信托业协会公布的数据①，截至 2014 年末，信托资产规模创历史新高，达到 13.98 万亿元，较 2013 年末的 10.91 万亿元增加 3.07 万亿元，增速为 28%，为 2010 年以来增速最低值（见图 5）。2013 年以来，整体经济进入新常态带来的行业周期下行与泛资管格局全面开启的市场竞争的加剧，使得信托业必须进行业务结构的调整，开启转型之路。

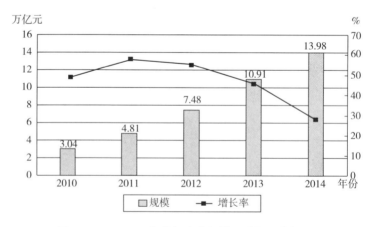

图 5　2010—2014 年信托资产规模及增长率走势图

---

① 本文使用的数据，绝大多数为本书编委会根据各家信托公司披露的年报统计的数据，采用中国信托业协会公布数据的，会单独注明。

2. 家族信托是财富传承的最佳选择

尽管国内家族信托刚刚起步，但在境外却有着悠久的历史，并被广泛采用。在西方发达国家，百年家族比比皆是。享有盛名的洛克菲勒、福特、希尔顿、穆里耶兹、皮特卡恩、罗斯柴尔德、肯尼迪、杜邦、沃尔玛等名门望族，即便在数百年动荡中，依然能长盛不衰，其背后无不借助家族信托的保障与支撑，并以此成功实现了家族财富世代相传和基业常青。默多克的家族信托基金持有超过 38.4% 拥有投票权的 B 类股票，从而实现了对新闻集团的控制；香港的 216 家上市家族公司中，也有三分之一的企业以家族信托形式控股；而包括李嘉诚、李兆基、陈启宗、邵逸夫、杨受成、王守业等香港富豪的家族财团，则在多年前就相继成立各自的家族信托基金，并通过家族信托基金持有上市公司的股票，以摆脱财富传承带来的各种困扰。

随着财富多元化的发展，高净值客户往往不仅拥有存款、股票、基金，而且还持有 PE 投资、企业股权、房地产投资等多种形式的资产，也只有信托，可以把多元化的资产纳入统一的管理模式之下，为客户提供完善的财富管理解决方案，并提供财富报表服务。高净值客户具有个性化的财富管理和传承需求，尤其是民营企业家，不仅有财富层面的传承需求，而且有家族企业股权管理和传承的需求。信托作为最有效率的财富传承方式，信托的私密性、量身定制特征可以很好地满足客户需要。

3. 家族信托可以成为信托未来发展方向

信托制度特有的财产独立和隔离功能，决定了其在财富管理和传承领域具有天然的优势，家族信托可以成为信托业未来发展的方向。

家族财富管理信托是可以真正发挥信托制度优势的业务模式，也是信托本源意义上的业务类型。信托行业进入转型期以后，监管部门出台了一系列文件，意在防范信托风险，同时也为信托行业的转型提供方向性的指引。2014 年银监会下发的 99 号文提出"探索家族财富管理，为客户量身定制资产管理方案"。2014 年末的信托业年会上，家族财富管理信托分别被杨助理和李主任讲话中分别强调，并认为以财富传承为目的设立的家族信托是信托业发展的最高阶段。杨家才主席助理提出，信托最大的转型就是实现由受托人主动发起变委托人主动发起，即由为了增值保值做信托向为了财富传承做信托发展。① 财富管理是家族财富管理的核心要义，家族信托则很好地实现这一功能。信托公司经历了多年的发展，不但积累了一定的高净值客户资源，并且在资产的管理和配置方面也积累了一定的经验，已经具备开展家族财富管理的能力。

由此我们可以看出，监管层认为回归信托本源才是正确的发展方向，对于信托业推动我国家族信托业务发展创新持积极肯定的态度，家族信托将成为信托业务转型的重要方向。

（四）小结

我国目前实践中开展的信托，主要是作为理财方式的信托产品。从本质上看，信托可以作为一种理财的方式，但并非仅局限于理财（财富的增值）。信托具有的财富传承与财产保护等功能在过去很长一段时间并未得到重视。随着信托业务转型的日益迫切，作为信托制度本源的家族财富管理信托逐渐受到关注；高净值人士的财富管理需求已超越单纯的财富增值保值，逐渐向个性化的、综合性的财富管理需求转变，也推动了家族财富管理信托业务的开展。从现阶段发展情况来看，越来越多的信托开展布局家族财富管理信托，着力发挥信托制度的优势，挖掘信托的财富管理职能，逐步向以"财富管理为中心"的财富管理信托业务转型。

四、家族信托制度设计与业务模式

（一）家族信托制度设计

围绕信托的构成要素，家族信托的制度设计主要是从信托的目的、

---

① 杨家才在 2014 年信托年会上的讲话。

信托财产、信托的委托人、信托的受托人、信托的受益人以及信托保护人等六个方面进行讨论与分析。

1. 家族信托的目的

信托目的是委托人确定的，通过受托人委托管理运用信托财产所要实现的目的。委托人设立信托必须要有目的，目的不明确或者不能确定的，受托人无法实施信托，信托自不能成立。根据信托目的不同，信托可以分为公益信托和私益信托。家族信托的目的通常是为了家族子孙后代利益的私益信托，但也可以包含公益的目的，即部分信托财产用来从事公益事业。例如，梅艳芳的家族信托中则同时包含私益和公益的目的。

在家族信托制度中，委托人的信托目的可能是多样的，并且不同类型的家族信托，信托目的有所不同。例如，侧重于子女教育的家族信托主要目的是子女教育费用的支付，侧重于家族财产保护的家族信托托主要目的是防止家族财产被分割或侵占。但是许多家族信托的目的可能并不是单一的，而是一个综合的家族财富管理和传承方案，其中既涉及家族财富的传承，也涉及子女的教育、财产的保护、公益事业的参与等目的。

需要特别注意的是，家族信托的核心目的是家族财产的保护和传承，而非财富的增值和保值。这也是家族信托区别于目前信托产品的根本所在。在开展家族信托的起步阶段，囿于法律制度的限制以及高净值客户认识上的限制，信托财产仍以资金为主，与传统的单一资金信托区别不大，但无论是受托人还是委托人都必须摆正态度，正确地认识家族信托的目的。否则，家族信托很难长远地发展下去。

2. 家族信托的委托人

信托法律关系中的委托人是指将财产委托他人管理的人，是通过信托行为把自己的财产转移给受托人，并委托受托人为自己或自己指定的其他人的利益或特殊的目的对信托财产进行管理或处分，并以此设立信托的人。委托人设立信托是基于对受托人的高度信任，如果委托人对受托人欠缺这种信任，则绝不可能将自己的财产交给后者运用，从这种意义上说委托人在信托关系中的地位十分重要。在一定程度上可以说没有委托人就没有信托。

委托人的行为能力。根据《信托法》第十九条的规定，信托法律关系的委托人同时具备民事行为能力和对要设立的信托财产享有所有权或依法处分权。家族信托制度中，委托人在签订信托协议时也应该具有民事行为能力。可以签署合同并承担相应的合同后果。当然，委托人订立的信托是否有效应当结合委托人的身体状况、精神状态等多重因素综合判断。例如，梅艳芳去世后，梅妈和其两个哥哥向法院提起诉讼，请求确认信托无效的理由就是，梅艳芳是在病重、意识不清楚的状态设立信托的，受到医生和其他人的蛊惑，因此，信托并不是梅艳芳真实的意思表示，应当是无效的。香港高等法院在案件审理过程中，对于多份信托文件进行了反复的研究和推敲，认为在不同的信托文件中，随着时间的推进，委托人的语言表述越来越精练和专业，并结合其他证据，应当认为梅艳芳是在完全有意识的状态下设立的信托，信托应当是有效的。

委托人的权利。根据《信托法》第二十条、第二十一条、第二十二条以及第二十三条的规定，信托法律关系中委托人具有信托运作知情权、信托财产管理方法调整请求权、对受托人不当信托行为的撤销申请权以及对受托人解任权等。具体而言，家族信托制度的委托人具有以下权利：（1）委托人有权了解信托财产的管理运用、处分及收支情况，并有权要求受托人做出相应的说明；（2）委托人有权查阅、抄录或者复制与其信托财产有关的信托账目以及处理信托事务的其他文件；（3）受托人违反本合同规定的信托目的处分信托财产的，或者因违背管理职责、处理信托事务不当，致使信托财产受到损失的，委托人有权申请法院撤销该处分行为，并有权要求受托人予以赔偿；（4）受托人不能胜任信托事务的，委托人可以解聘该受托人。解聘后，委托人应该另行指定受托人；（5）家族信托中，委托人可以指定保护人，以代表自己和受益人的利益，对受托人的行为进行监督，以解决信托不对称问题，也可以在委托人过世后，确保信托财产的运营安排，因为家族信托的存续时间通常较长。

委托人的义务。根据信托原理和《信托法》的规定，委托人的义务可以分为其作为信托设定人所应承担的义务和信托成立后信托存续期间其所承担的义务，具体包括移转信托财产的义务和支付报酬的义务。家族信托制度的委托人同样负有上述两种义务，具体体现为：（1）委托人按照合同的约定将信托财产委托给受托人。（2）委托人承诺设立该信托的信托财产权属明晰，不存在法律上的纠纷，同时也不损害任何其他人的合法利益。（3）按照本合同约定以信托财产承担信托费用和有关税费。

3. 家族信托的受托人

受托人是指接受委托人的委托，为受益人的利益而管理信托财产的人。受托人在信托关系人中发挥着核心的作用，一方面受托人接受信托财产，使信托得以有效运作，另一方面受托人经营管理财产为受益人利益服务。在信托中，受托人是一个享有很多权利，同时也被科以极重义务的人。就权利而言，受托人可以像财产所有人一样对信托财产进行占有、使用、管理、处分，决定信托财产的运用方式；就义务而言，受托人必须按照信托条款或信托目的的要求去管理信托财产，处理信托事务，并向受益人承担信义义务。

家族信托受托人的选择。根据《信托法》第二十四条的规定，受托人应当是具有完全民事行为能力的自然人、法人。从理论上来看，自然人（委托人的近亲属、朋友）、法人（信托公司）[①] 均可以作为受托人。但从实践来看，自然人不适合担任家族信托的受托人，理由在于：

---

① 在我国，未经银监会批准的信托公司不得开展信托业务，因此，目前阶段法人受托人只能是信托公司。

第一，自然人通常不具备财产管理的经验，不能对家族财产进行很好的管理和运作，而且容易造成资产的减值和贬损，会损害受益人的利益；第二，自然人的道德风险很难防范，我国目前并无信托登记制度，自然人作为受托人难以实现受托资产和自己资产的分离，容易引发道德风险；第三，目前并无自然人担任受托人的先例，对于高净值客户而言，很难信任自然人作为受托人管理自己的财产。从现阶段情况看，作为经银监会批准开展信托业务的信托公司是家族信托受托人的最好选择，作为受到严格监管的金融机构，信托公司的道德风险较律师事务所、会计师事务所以及其他机构要低很多。实际上，如何解决委托人对受托人的信任将是制度设计的重点。在家族信托中，可能出现共同受托人的情形，及信托公司和委托人信任的人共同担任受托人，以更好地管理信托财产。

受托人的权利。受托人的权利最主要是来自信托文件的授权，当然也可以来自法律的直接规定。但是如果在信托协议中没有具体明示或者在法律中也没有直接规定，受托人却为实现信托目的，执行信托事务所必需的权利，则可以推定此种权利为受托人所享有。受托人主要享有处理信托事务的权利、请求支付报酬的权利、请求补偿费用的权利以及请求辞任的权利。具体而言，家族信托制度的受托人享有以下权利：（1）受托人有权依照本合同的约定收取报酬；（2）受托人有权按照本合同的约定以自己的名义管理、运用和处分信托财产；（3）设立信托后，经委托人和受益人同意，受托人可以辞任。受托人辞任的，在新的受托人选出之前仍应履行管理信托事务的职责。

受托人的义务。受托人的义务设定主要是为了束缚受托人的权利，以更好地保护委托人或者受益人的利益。受托人应当遵守信托文件的规定，恪尽职守，履行诚实、信用、谨慎、有效管理的义务，为受益人的最大利益处理信托事务。受托人的主要义务包括：（1）忠实义务，即受托人负有为受益人利益而处理信托事务的义务，而不得借此为自己或任何第三人谋取利益。（2）受托人的分别管理义务，即受托人应该将信托财产和受托人的自有财产相互分离进行管理，不得混合。（3）受托人自己管理义务，即受托人原则上应当亲自处理信托事务。（4）受托人的谨慎义务，即受托人在管理信托事务中应当尽到谨慎的合理注意义务。（5）受托人的保护义务，即受托人在信托法律关系存续期间，应该妥善保护信托财产。（6）其他义务。受托人按照本合同的约定，每年向委托人报告信托事务管理情况；受托人有按照委托人的要求，向其披露特定事项的义务；委托人的信托财产有遭相关机关查封、扣押或强制执行等情形时，受托人于知悉时应当立即通知委托人；受托人对于委托人管理信托事务负有保密的义务。（7）法律法规规定的其他义务。

4. 家族信托的受益人

我国《信托法》第四十三条规定，受益人是指委托人欲使其享有信托利益的人。信托关系的本质决定了信托利益应当由受益人享有：一方面信托是为受益人的利益而设计的一种财产管理制度，一项信托不能没有受益人；另一方面信托的成立与实施都不需要受益人的积极参与，但其享受财产管理所带来的利益。在信托法中，之所以对受托人规定了种类繁多的义务并赋予受托人极大的权利都是为了使受益人能真正地受益。根据委托人与受益人的关系，信托可以区分为自益信托和他益信托，委托人为受益人的是自益信托，我国目前的集合资金信托只能是自益信托①。

家族财富管理信托的受益人通常是委托人的家庭成员，一般属于他益信托。具体而言，家族信托制度中的委托人在签订的信托文件中通常会约定信托受益人、信托财产的分配时间，在不同受益人之间的分配顺序等。除了委托人的家庭成员外，委托人也可以指定家庭成员之外的人作为受益人，得到信托的照顾，这正是信托的灵活性所在，并且家族信托特有的保密性，也有助于实现此目的。

———

① 《信托公司集合资金信托计划管理办法》第5条。

受益人的权利。受益权是受益人在信托中享有信托利益的权利，也是其最主要的权利。受益权主要是指受益人享有在信托存续期间取得信托财产收益的权利，在信托终止后委托文件没有另外规定信托财产归属人的情况下获得信托财产的权利。具体而言，受益人的权利包括信托权益的享有权、监督信托事务的权利以及受益人的附随信托受益权的其他权利。家族信托的受益人通常是多个人，在法律上被称为共同受益人，《信托法》第四十五条规定，共同受益人按照信托文件的规定享受信托利益。信托文件对信托利益的分配比例或者分配方法未作规定的，各受益人按照均等的比例享受信托利益。

受益人的义务。就义务而言，家族信托制度中受益人的权益是来自信托协议的约定，所以在信托法律关系中不承担任何义务。因此受益人在信托法律关系中仅仅是一个受益者。但是如果委托人在信托文件中约定了受益人取得信托利益的条件和前提的，则受益人应当遵守约定或者履行相应的义务，否则没有办法取得信托利益。例如，北京信托的家业恒昌家族信托中，委托人约定两个孙子应当承担对生父、祖父母之墓进行祭扫的义务，否则将丧失受益权。

5. 家族信托的信托财产

（1）家族信托中信托财产概述

信托的实质是委托人将一定的财产转移给受托人，由受托人为受益人的利益加以管理和处分，信托财产是设立信托不可或缺的要件之一。信托财产主要包括受托人因接受信托而取得的财产或财产权，以及受托人对其进行管理运用、处分进而取得财产或者财产权的。信托财产首先应该是可以用金钱计算价值的财产或者财产权；其次，信托财产应该是积极财产，换言之，单纯以债务为标的物而成立的信托，难有信托利益可言，应属无效信托；再次，信托财产应当是委托人可以处分、转让的财产；最后，信托财产必须是确定且存在的合法财产。家族信托制度中的信托财产应当是指委托人合法持有并且能够依法转让的合法财产，以非法财产设立信托的，信托无效。①

（2）家族信托中信托财产范围

家族信托中的信托财产应该是受托人所接受信托取得的财产，以及受托人管理、运用、处分该财产所获得的财产。原始信托财产是在设立信托时转移或者委托给受托人的财产，也就是委托人合法持有并且愿意委托给受托人管理的财产。根据《信托法》的规定，除了法律、行政法规禁止流通的财产之外的委托人合法所有的财产和财产权利均可以成为信托财产。② 但是《信托法》第十条规定了法律、行政法规规定应当办理登记手续的，应当办理信托登记，未登记且未补办的，信托不产生效力。但是目前又没有关于信托登记的具体规定，因此，以房屋等不动产、股权等设立信托时，则面临无法办理信托登记，信托无法设立的情形。基于此，现阶段，原始信托财产还是仅限于现金、艺术品等其他动产，并且以现金为主。从长远来看，不动产、股票等金融资产都有望纳入信托，成为家族信托的信托财产。

受托人因管理运用、处分原始信托财产的财产也属于信托财产。对于上述财产的管理，如果信托协议中有约定就应该按照信托协议的约定进行管理；如果信托协议没有约定，受托人应该按照信托目的合理妥善地管理。如果信托协议中写明老年人的财产管理方式，受托人就应该按照协议进行管理。

家族信托的特殊性在于，受托人可以是信托公司和委托人指定的其他人共同担任，被指定的人的角色就是执行人（enforcer）。在此种情形下，信托财产的管理通常由执行人负责，在较为复杂的家族信托中，特别是信托财产为股权时，一般会有执行人的存在，以确保信托

---

① 《信托法》第十一条第3项。对于委托人交付的财产是否是非法财产，受托人应当承担怎么样的判断义务是需要探讨的问题。从比较法上的经验看，受托人并不承担实质的审查义务，只要按照法律法规的规定，进行审核即可。

② 《信托法》第十四条、第七条。

财产的运作符合受益人利益最大化原则。

6. 家族信托的保护人

家族信托较一般信托的特殊性在于，更注重财产的安全，因此，在家族信托的制度设计中，通常会引入保护人的角色，以确保受托人可以按照委托人的意愿管理财产，避免损害受益人的利益。

保护人的定位。我国《信托法》中并未规定信托保护人，仅仅在公益信托部分规定了信托监察人[①]。为了避免与公益信托的监察人相混淆，本文在家族信托的制度设计中使用保护人的概念。委托人、受托人以及受益人均是家族信托制度法律关系当事人，而保护人并非该法律当事人，但保护人与该制度的实施又密切相关。保护人并非必须存在，但考虑到家族信托的复杂性以及对委托人和受益人的重要性，并为信托财产的安全，建议在家族信托中设立保护人。信托保护人是为了在一定的情形下保护受益人的利益而设立的，其主要的职责是在受托人做出针对信托财产的重大处置、决策等影响受益人利益的情形下保护受益人的利益。国外的家族信托中通常设置了保护人，本文开始提到的沈殿霞的家族信托中也设置了保护人，以便可以尽可能保护受益人的利益。

保护人的选择。从国外信托的实践来看，保护人可以是机构，也可以是个人；可以是一个人，也可以是两个以上的多个人。对于谁可以成为监察人，并没有具体的规定。依据民法的基本理论，无民事行为能力人、限制行为能力人不得担任信托保护人，并且考虑到家族信托的存续期限长、直接影响到子孙后代等家族成员的利益等，建议选择保护人时充分考虑保护人的年龄、身体状况、专业能力等多种因素。鉴于家族信托的复杂性，可以引入专业人士担任保护人，如律师、会计师等，但是也要注意到保护人可能与受托人串通损害受益人利益的

---

① 《信托法》第六十四条规定，公益信托应当设置信托监察人。信托监察人由信托文件规定。信托文件未规定的，由公益事业管理机构指定。

风险。因此，在信托文件中必须规定保护人的选择标准、保护人的解任等事项，尽可能避免出现保护人滥用职权或保护人缺位等情形。

保护人的权利和义务。保护人的权利和义务应当在信托文件中进行具体的约定，并且不同类型的家族信托中富裕保护人的义务和职责可能不尽相同。总体来看，保护人的权利主要包括：（1）按照合同约定领取报酬；（2）按照合同的约定，自某一时点起，例如在委托人过世时，代委托人行使委托人权利。而保护人的义务则体现为：（1）监督受托人管理信托事务；（2）以信托保护人名义，为委托人进行诉讼上或诉讼外的行为；（3）信托终止后，负责信托财产的清算。

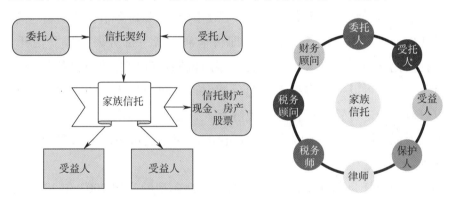

图6 家族信托的基本架构和参与方

总体上看，家族信托除了委托人、受托人和受益人，并引入了保护人外，通常还会有法律顾问、税务顾问等角色。因为家族信托涉及的财产类型复杂多样，并且期限较长，涉及委托人的子孙后代，其中涉及的税收问题也非常重要，尤其是在离岸信托中，可能需要了解不同国家、地区的法律、税制等。在我国现阶段私人银行和信托公司合作开展家族信托业务的时候，还存在私人银行在整个信托架构中作为财务顾问角色。

（二）家族信托的业务种类和模式

我国目前市场上的信托主要是作为理财方式的信托产品。从本质上看，信托可以作为一种理财的方式，但并非仅局限于理财。从本质上看，家族信托并非独立的信托产品，而是通过信托安排为家族财富的管理和传承提供服务的总称。根据个性化程度不同，可以分为针对超高净值客户的个性化、定制化的家族信托和专门针对高净值客户某一领域需求的标准化家族信托产品。根据信托财产类型不同，可以分为资金信托、不动产信托、股权信托、艺术收藏品信托以及事务管理信托。根据信托发挥职能的不同，可以分为家族财富传承信托、家族企业股权信托、购房信托、子女教育信托、遗产信托和离婚信托等。

1. 遗产信托

遗产信托是非常古老的信托，西方国家许多高净值人士选择遗嘱信托作为身后财产的规划方式，即将全部或者一部分财产成立信托，委托信托公司（受托人）在自己百年后依照遗嘱内容执行信托相关事宜，一方面可以按照委托人意愿分配财产，防止他人侵占，另一方面可以对遗产进行管理运作，避免继承人任意挥霍财产，以致未来生活无法保证。同时，在征收高额遗产税的国家，还可以起到合理避税的效果。

遗产信托目前在中国并不多见，较为典型的当属 2003 年 12 月香港艺人梅艳芳病逝时设立的遗产信托。梅艳芳将其近亿元的遗产转移到汇丰国际信托有限公司，设立信托基金，信托公司每月按照嘱托支付 7 万元生活费给其母亲，一直持续到她去世。虽然其母希望直接得到这笔钱，甚至采用了诉讼的方式，但最终香港高等法院判决梅艳芳遗嘱有效，财产继续由信托公司管理。

2. 离婚信托

离婚时最重要的问题是孩子抚养和财产分割，通常情况下，离婚后孩子由母亲负责抚养，分给母亲的家庭财产再加上子女抚养费，会是一笔不小的财富。但如果母亲不善于理财，很可能还未等到子女成人，财产就已经所剩无几。通过信托可以很好地解决这个问题，即将

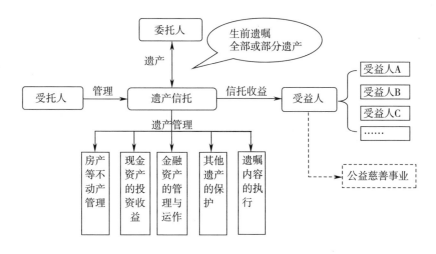

图7 遗产信托的架构

赡养费或其他财产作为信托财产设立信托；由信托公司进行管理或投资理财，收益划入信托账户；信托公司定期向收益人支付生活费，并负担疾病等突发事件的费用支出。

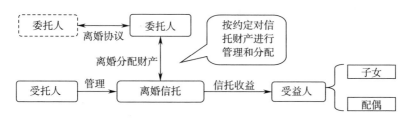

图8 离婚信托的架构

3. 购房信托

购房信托是指高净值客户作为委托人，将信托资金交付给受托人设立单一信托，受托人根据信托合同的约定购买委托人指定的房产，信托存续期间，受托人作为房产的名义持有人并按照委托人的意愿进行管理，委托人指定的受益人拥有使用权，信托到期后，将信托财产原状向受益人进行交付。

209

上文提到的北京信托的房产传承信托与购房信托类似，但不同在于房产传承信托中设立单一资金信托购买的是自己的房产，目的是解决房产目前不能作为信托财产设立信托，无法实现按照自己的意愿进行传承的问题。购房信托的主要目的是委托人不愿意以自己的名义持有房产，有希望通过信托持有的诉求，并且以后如果遗产税开征，可以有效规避遗产税。

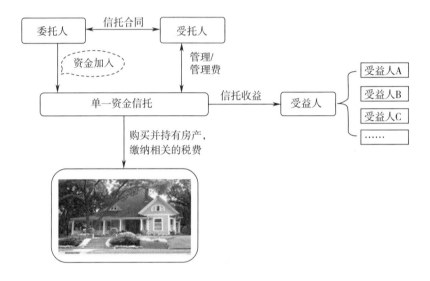

图9 购房信托的架构

4. 子女教育信托

子女教育是家庭财产管理和分配中必不可少的组成部分，对于高净值客户而言，更是如此。子女教育信托是家族信托产品中专门针对子女教育的产品，委托人将信托资金交付给信托公司，设立专门的子女教育信托。信托公司通过专业化投资管理实现信托财产的保值增值，在满足委托人支付子女教育经费目的的同时，还可以实现投资收益。

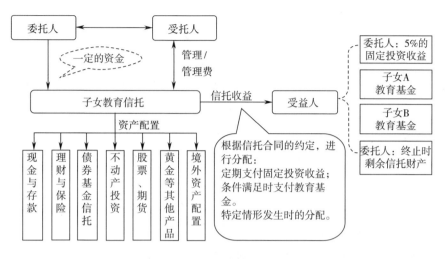

图 10 子女教育信托的架构

5. 家族企业股权信托

股权结构稳定是企业稳健运行与持续发展的保障，但是股东会成员家庭状况、婚姻状况的变化可能对公司股权造成重大影响。通过设立信托，以家族信托持有公司股权可以有效维护公司股权的稳定。2012 年龙湖地产掌门人吴亚军与丈夫蔡奎离婚，但并未影响到龙湖地产的股权结构和运营情况就得益于提前通过家族信托方式对股权进行的分割和安排。

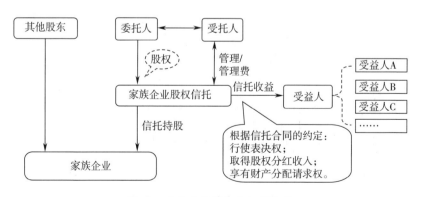

图 11 家族企业股权信托的架构

6. 家族财富传承信托

委托人将其持有的现金设立信托，受托人百瑞信托根据信托合同约定对资金进行管理运作实现保值增值，同时按照委托人意愿在约定的条件下向受益人支付信托利益。实现家庭财富与企业资产的风险隔离；实现家族财富的保值增值；实现家族财富的传承；有效节税；避免婚姻风险对家族财富的分割。

在信托合同中进行明确约定，根据客户需求灵活设置分配机制，可包括：定期定额分配，支付生活费、学费；受益人年满18周岁时定额支付；受益人购买房产时定额支付；受益人结婚时定额支付；受益人生子时定额支付；受益人创业时定额支付；剩余财产支付安排。信托期限可以是50年至100年，根据委托人意愿制定，到期经受益人与受托人协商一致可延期。信托资金可以投资于各类金融产品，包括同业存款、银行人民币理财、低风险信托产品、其他低风险金融理财产品、债券、基金、股票、QDII、QDIE境外理财产品。具体投资标的及投资比例由受托人和委托人在信托合同中进行约定。

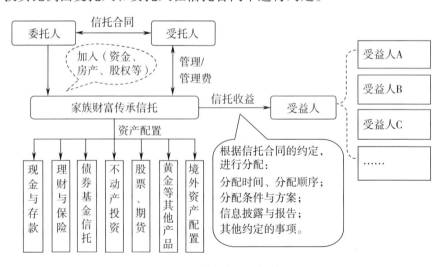

图12　家族财富传承信托的架构

综上所述，家族信托涉及的财产形式多样，可以采取多种灵活的设计，可以满足不同客户多样化的需求。但正如上文所述，家族信托不但需要相关法律法规的完善，也要求信托公司必须具有综合的资产管理能力和资产配置能力。可是目前我国大部分信托公司还是更擅长于开展投融资业务，并且信用体制的不完善，没有遗产税和赠予税等税收制度上的刺激，均导致我国的家族信托市场发展缓慢。此种背景下，许多超高净值客户盯上了境外市场，通过离岸家族信托实现包括家族企业股权在内的家族财富的传承。

五、结语

随着中国经济的快速发展，许多早期的创业者累积了大量的财富，这些高净值人士的财富管理和财富传承需求日益增长；中国自古以来"富不过三代"的魔咒更是时刻警示着这些高净值人士要事先做好财富传承的安排。信托因其独有的财产隔离和风险隔离机制而逐渐受到高净值人士的青睐。随着同业竞争的加剧和传统投行业务经营风险的增大，信托公司开始拓展新的业务领域，谋求新的发展空间，逐步向综合的财富管理机构转型。高净值人士的财富传承需求与信托公司的业务拓展需求相结合，家族信托应运而生。

信托在我国的历史较短，家族信托更是近几年才开始受到关注，在业务转型压力下，国内的信托公司也将家族信托视为转型的方向。从家族信托的制度设计来看，除了委托人、受托人和受益人的基本架构外，还应当引入保护人的角色，保护信托财产的安全，同时应当聘请专业的法律机构和税务机构，实现法律和税务的筹划。从家族信托的性质来看，家族信托多数属于自由裁量信托，这个与目前市场上信托产品的较大区别，自由裁量信托的优势在于可以确保收益权分配的灵活性，适应家族信托期限较长的特色。从家族信托的设立地点来看，可以分为境内家族信托和离岸家族信托，目前境内的家族信托局限于以资金为信托财产并且尚未大规模开展；离岸家族信托主要是国内知名的企业家以企业股权为信托财产在离岸地设立的信托。长远来看，境内家族信托和离岸家族信托应当共同发展。

家族信托之所以受到青睐，在于其独特的魅力。目前，国内有机构已经推出了家族信托产品，但囿于法律环境的限制，当前的家族信托还是以现金管理为主，离真正意义上的家族信托还有一定的距离。从长远来看，我国家族信托市场前景广阔，信托财产转移和登记制度、信托税收机制的完善为家族信托的发展提供了制度支撑，信托公司资产配置能力提升和社会信用机制的培育是家族信托大规模发展的基本前提。

金融效率驱动区域经济增长实证研究[①]

——以许昌等地市为例

一、引言

(一) 研究背景和意义

金融是经济的核心,在经济活动中占据日益重要的地位。金融的主要功能之一是聚集储蓄资金,并将资金转化为贷款和投资,进而影响宏观经济活动的运行。金融效率的高低是金融对经济发展影响作用效果的重要表现,金融效率的高低不仅决定着金融发挥作用的大小,还对金融发挥作用的成本起着决定性的作用,直接引导资金流向,决定着资金规模,从而在很大程度上影响着经济的发展速度。伴随着我国市场化改革进程的加深,金融对经济的推动作用已经从最初的"适应性"阶段转变为"主动性"阶段,再转变到现在的"主导性"阶段,金融对经济发展的作用程度不断提升。随着经济发展水平的提高,金融因素对经济增长以及人们的经济活动也产生了越来越深远的影响。

随着经济的货币化、金融化程度不断加深,理论和实证方面的研究都认为金融发展与经济增长之间存在很强的正相关关系。但仍需看

---

① 主持人:徐庆炜;课题组成员:刘学杰、王晓峰、王志娟、程志远、白献萍、张斌、刘春岭。

到，在改革开放初期，金融对经济增长的促进作用更多是通过金融资源总量的增加来实现的，然而，当我国经济发展到一定程度时，原有的量性发展已经不能满足经济增长的需求，金融深化改革还有待加强，探究金融效率对经济增长的影响，是具有非常重要意义的。为此，人们从金融的运行效率和金融资源的配置效率两方面来研究金融与经济增长之间的关系，希望寻求新的经济增长点。

西方国家认为金融效率与金融发展是内生性关系，所以单独对金融效率的研究较少，中国现代金融起步较晚，金融总量和金融效率是分离的，所以西方现有的经济理论就无法对我国的经济金融现状给予解释说明。国内学者对于金融效率多集中于全国性角度的研究，但是不同城市的经济与金融发展情况各不相同，仅仅把所有的城市笼统放在一起研究，得出来的结果可能不会很理想，在这其中，多数学者拘泥于定性地描述我国金融效率的现状，鲜有学者定量地对金融效率进行评价分析，更少有人从区域层面将金融效率与经济增长进行关联性分析。鉴于此，本文将在前人的理论和实证研究基础上，分城市来研究金融效率对经济增长的影响关系，对各微观城市主体金融效率进行定性定量双重分析，从区域层面探析金融效率及其对经济增长的作用机制。

近十几年来，伴随着民营经济的日趋活跃，许昌的经济发展取得了良好成绩，2014 年全地区国内生产总值达到 2108 亿元，在全省地市排名中稳居前列。金融随着经济增长也取得了较为显著和长足的发展，但目前许昌金融发展水平是否适应经济增长的需要，金融效率是否达到最优，金融资源是否得到合理化配置等疑问随之而来。因此，研究许昌金融效率对经济增长的影响关系，探讨改善该地区金融效率的各种措施，这对许昌的经济发展具有重要意义。

（二）研究方法与思路

1. 研究方法

本文对于多种研究方法的综合应用非常注重，具体包括以下几种：

第一，理论研究与实证研究相结合。本文对金融效率和经济增长的研究，不仅从理论视角进行了较为深入的分析，而且十分注重实证研究的开展。从典型地市的实际发展情况出发，进一步抽象出金融效率支持经济发展的内在机理，运用理论研究的成果对许昌地区进行评价并提出发展建议。

第二，定性分析与定量研究相结合。从定性角度介绍了金融效率的定义、指标和评价方法，并分析了金融效率对经济增长影响的作用机理。在搜集相关数据的基础上，从定量角度采用回归模型检验许昌等地市金融效率对经济增长影响作用的显著程度，增强评价的精准性。

第三，比较分析的方法。本文对相关学者的多种理论观点作比较研究，提出各方面的不同观点；同时对选取典型城市的金融效率和经济发展情况也做了对比分析。

2. 研究思路

本文旨在通过理论与实证分析相结合来研究许昌金融效率对经济增长的影响关系。首先，介绍经济增长与金融效率的相关理论，并从储蓄动员效率、储蓄投资转化效率和投资投向效率三方面论述金融效率对经济增长影响的作用机理。其次，综合典型地市的实际情况，选取金融效率指标，对2003—2014年各地市的储蓄动员效率、储蓄投资转化效率、投资投向效率进行评价。然后根据帕加洛内生经济增长模型构建回归模型，根据模型选取经济增长率的自然对数作为被解释变量，选取储蓄动员效率、储蓄投资转化效率和投资投向效率的自然对数作为解释变量，其中储蓄动员效率、储蓄投资转化效率和投资投向效率的衡量指标选取的是存款总额占GDP比重、存贷比和边际贷款生产率，然后对各地市金融效率对经济增长的影响程度进行实证分析。最后，在总结本文研究结论的基础上，提出改善许昌金融效率的相关建议，以期促进许昌的经济增长。

本文主要分为六章，主要内容如下：

第一章，引言。本章首先介绍了本文选题的研究背景及意义，然后对本文的研究内容、思路和研究方法进行了说明，最后指明本文的创新点和不足之处。

第二章，金融效率与经济增长的相关文献研究。梳理了国内外有关经济增长、金融效率理论及两者动态关系的理论观点，并进行简单的评述。

第三章，金融效率影响经济增长的机制研究。本章是全文的理论基础，首先介绍了金融效率的定义、指标，然后从储蓄动员效率、储蓄投资转化效率和投资投向效率三方面论述金融效率对经济增长影响的作用机理。

第四章，金融效率结构的实证比较研究。首先选取2003—2014年的相关数据，然后对比分析许昌和比较地市的经济发展水平和结构，最后对比较地市的储蓄动员效率、储蓄投资转化效率、投资投向效率的变化趋势进行评价。

第五章，金融效率对经济增长影响的实证比较分析。首先基于帕加洛内生经济增长理论构建了金融效率对经济增长影响的回归模型，其次选取计量模型的各变量，然后进行六地市金融效率对经济增长影响程度的实证研究，最后对实证结果进行原因分析。

第六章，总结与政策建议。主要是归纳总结本文的研究结论，然后提出改善许昌金融效率，促进许昌经济增长的相关建议。

（三）本文的创新与不足

本文的创新之处主要体现为：

1. 从研究视角来看，国内外有关于金融效率对经济增长影响的研究，主要集中于从全国的视角进行分析，而从微观区域视角分析较少，尤其是特定城市金融效率对经济增长影响的研究几乎空白，因此本文研究视角较为新颖。

2. 本文对金融效率指标选取做了改进，主要是加入反映间接金融市场资金使用情况的贷款边际生产率指标。这在一定程度上能够提高考察地级市金融效率情况的准确性，更符合当前的现实情况。

3. 为促进许昌经济发展提供切实可行的具体措施。本文揭示金融效率推动经济增长的内在机理，可以从源头上与结构上优化发展方案，理顺金融领域等多个层面促进经济发展的政策和措施，有利于形成合理的对策建议。

本文的不足主要表现在由于数据获取的局限性，未能对许昌金融效率微观层面进行分析，这也是今后需要改进的地方。

二、经济增长与金融效率相关文献综述

（一）经济增长相关理论

经济是一个国家综合国力的重要体现，经济增长也即成为经济学者研究的重点和热点。随着越来越多的学者对经济增长理解的加深，学界对经济增长理论的研究也越来越丰富。较有代表的有：古典经济增长理论、新古典经济增长理论和内生经济增长理论。

古典经济增长理论是经济增长理论的起点，财富积累和技术进步决定着经济增长是它的主要观点。随后在此基础上，新古典经济增长理论将经济增长的决定性因素向长期化和定量化深入研究，提出了哈罗德—多马模型，对经济增长理论发展产生了巨大影响。而建立了新模型的内生经济增长理论，与新旧古典经济增长理论相比，重点探讨了人力和技术创新对经济增长的影响。

1. 古典经济增长理论

经济增长理论的起源是古典经济增长理论，它的主要代表人物有亚当·斯密、大卫·李嘉图、马克思和熊彼特。亚当·斯密[1]在其经典著作《国富论》中提出：国民财富是影响经济增长的关键，也是研究

---

① Smith, Adam. The Wealth of Nations [M]. Modern Library, 1937.

经济增长理论的核心，他认为劳动分工和专业化是提高劳动生产率、促进经济发展的重要途径。大卫·李嘉图①从分配视角对引起经济增长的因素进行分析，创新性地发现资本积累也是一个关键因素，他认为资本积累主要来源于资本家在除去消费之后，投入到生产活动中的剩余收入。随后马克思②在其巨著《资本论》中提出了经济增长理论中的简单和扩大再生产两个理论，指出可以通过提高生产要素产出率和增加资本积累两个方面来扩大社会再生产，强调扩大再生产顺利进行的必要条件是要保持各部门间的动态平衡。古典经济增长理论还有一个代表人物是熊彼特③，他提出的"创新"理论为经济增长理论开辟了一片新的天地。

2. 新古典经济增长理论

以哈罗德和多马④为代表人物的新古典经济增长理论在古典经济增长理论的基础上，将经济增长影响因素向量化角度深入。哈罗德和多马所提出的新经济增长模型主要表现在以下方面：一是实际、有保证和自然增长率的一致，是经济长期稳定增长的前提条件，只有当三种增长率一致的时候经济才能以稳定的速度增长。二是储蓄率对经济增长是同向影响，即经济增长率随着储蓄率的增长而提高。学者在随后的研究中发现哈罗德和多马提出的模型存在限制，该模型假定只有在社会充分就业的情况下才会成立，因此从某种意义上来讲，哈罗德和多马模型是一个理想中的模型，有学者称为"刀锋上的均衡"。

经济学家索洛和斯旺⑤发现资本和劳动完全不可替代的假定是导致问题出现的根本原因。他们对模型进行改良，修正假设条件，形成了索

① 大卫·李嘉图. 政治经济学及税赋原理 [M]. 商务印书馆，1976.
② 马克思，恩格斯. 马克思恩格斯全集（第23卷）[M]. 人民出版社，1972.
③ 约瑟夫·熊彼特. 经济发展理论 [M]. 商务印书馆，1972.
④ Roy Harrod. An Essay in Dynamic Theory [J]. Quarterly Journal of Economics，1939.
⑤ 罗伯特·M. 索洛. 增长理论：一种解释 [M]. 中国财政经济出版社，2004.

洛—斯旺模型。索洛后期又对模型进行修改，将技术进步加入到经济增长模型中，并将其与投入要素区分开来，然而该理论仅仅将技术进步看做给定的外生变量，并没有对技术进步产生的原因做出合理解释。

3. 内生经济增长理论

20 世纪 80 年代，罗默和卢卡斯①等人在新古典经济增长理论基础上，将技术进步由外生变量转为内生变量，形成了以内生性技术进步为特征的内生经济增长理论。内生经济增长理论的主要观点是技术进步、人力资本和知识的积累是导致经济长期增长的主要原因，这些因素除了能提高自身的生产率之外，还对其他的生产因素产生正外部效应，促使经济内生性增长成为可能。在罗默②模型中，知识不同于资本和劳动等有形投入要素，知识是生产过程中一种特殊的投入，具有递增的边际生产率，能够提高投资的收益。罗默模型的基本结论是投资促进知识的积累，从而加快技术进步的进程，技术进步则提高了投资的收益，这就形成了经济系统的良性循环，从而促使经济长期稳定的增长，罗默还指出追加投资是一国实现经济长期增长的充要条件。卢卡斯在对各国经济增长差异的基础上，将人力资本引入的经济增长模型，该模型通过引进人力资本建设包含技术进步的模型方程，从而将技术进步内生化，同时该模型强调了人力资本在经济增长中的作用，认为人力资本建设的效率以及人力资本在生产中的效率对经济的持续增长起到至关重要的作用。

4. 新制度经济学经济增长理论

新制度经济学通过研究广义的制度在经济进程中的作用而形成了关于经济增长理论的学说，它的主要观点是经济能否发展归根结底取决于制度安排和经济组织是否合理有效，真正促进经济增长的是一种

---

① 小罗伯特·卢卡斯. 经济发展讲座［M］. 江苏人民出版社，2003.
② Romer D. *Advanced Macro Economies*［M］. McHraw Hill，2001.

能够提供适当个人刺激的有效制度。新制度经济学创造性地提出了"交易费用"作为其核心范畴，新制度经济学家认为交易费用的多寡是分析和评判产权制度优劣以及资源配置效率高低的重要依据。

（二）金融效率相关理论

金融效率是金融理论和实务的一个重要研究课题，然而因研究起步较晚，目前对金融效率问题的研究还没形成完整的体系。本文着重分析国内外关于金融效率的研究，为后文金融效率的评价指标体系打下坚实的理论基础。

1. 国外学者对金融效率的研究

在西方经济学家看来，金融体系和经济增长之间有着成熟的协调机制，金融效率和金融发展是一致的，所以对金融效率的单独研究较少，但是对于金融效率的界定，他们却持有不同的见解：R. I. Robinson 和 Dwayne Wrightsman 将金融效率分为运行效率和配置效率，其中运行效率意为融资过程中的成本收益比较，而配置效率是指将资金引导到具有效率的生产领域。A. D. Bain 则将金融效率分为微观金融效率和宏观金融效率，微观金融效率是指金融中介的金融资源运用效率，宏观金融效率是指在一定的金融制度条件下，一个金融系统内金融资源的配置效率。Jack Revel 认为仅根据金融体系本身的运作效率，不足以衡量金融部门投入产出的效率，因此他将金融效率分为结构效率和配置效率，其中结构效率是指金融相关要素的组成、相互关系及其量的比例对经济增长的促进作用。

2. 国内学者对金融效率的研究

国内学者不仅从定义和层次两方面对金融效率进行研究，还对其进行了深入的探究，成果颇为丰富。

王广谦（1997）[①] 从金融的构成要素出发，对金融效率进行了划

---

① 王广谦. 经济发展中金融的影响与效率［M］. 中国人民大学出版社，1997.

分，具体包括金融的市场、宏观和结构效率以及中央银行对货币的调控效率四个方面。

王振山（2000）[①] 把金融运行归结为金融资源的配置，他强调金融资源分配不当、信息不对称、金融创新滞后和金融抑制是导致我国金融低效率的主要原因。

邓智毅（2003）[②] 从一般经济效率出发研究经济体制对经济效率的影响，构建了效率分析的一般框架并将该框架嫁接到金融效率的分析上，结合金融业的特点从制度角度分析了我国金融效率的现状，得到我国金融业效率不高的结论。

陈杰（2003）[③] 从国有银行、股票市场、债券市场三个方面分析了我国金融资源配置效率的现状，他指出：（1）信贷政策使得商业银行将大部分资金贷给了效益低下的国有企业，而经济效益良好的非国有企业却融资艰难，这就造成了我国银行的低效资源配置。（2）我国股票市场的投机现象严重。（3）我国债券市场不够完善，企业债券发行量极少，而国债的发行对提高金融的配置效率作用不显著。

李广众和王美今（2003）[④] 在 AK 模型基础上对 1952—1999 年我国金融对经济增长影响进行实证分析，发现金融中介效率是促进经济增长的原因，提出提高金融中介效率是金融部门为经济增长提供支持的关键。

陈金明（2004）[⑤] 从金融市场对融资需求的满足能力和融资的方便程度考察了我国金融市场对经济的作用效率，他认为我国的金融市场效率较低。

---

① 王振山. 金融效率论［M］. 经济管理出版社，2000.

② 邓智毅. 正视资本的力量［J］. 经济月刊，2003（3）.

③ 陈杰. 金融发展规模、效率改善与经济增长［J］. 经济科学，2003（7）.

④ 李广众，王美今. 金融中介发展与经济增长：中国案例研究与国际比较［J］. 统计研究，2003（1）.

⑤ 陈金明. 金融发展与经济增长：基于中国区域金融发展的实证分析［J］. 财贸经济，2004（10）.

辛念军（2006）[①] 指出我国经济高增长和金融"低"效率并存的现状，并对转型期我国经济增长与金融效率的关系进行了总结，指出：在前转型期我国实行国家强控制金融来支持增长的模式，造就了我国较高的储蓄动员效率和投资转化效率，同时形成了我国金融部门的低效率和初次配置的低效率，然而"逆取顺守"在一定程度上弥补了初次配置的低效率；他还指出我国以牺牲金融效率换取经济增长的模式和牺牲社会公平实现增长的路径是不可持续的。

周国富和胡慧敏（2007）[②] 对金融效率的概念作了重新的界定，认为金融效率主要指一国金融资源的配置效率，并且将金融效率分为宏观金融效率和微观金融效率两个方面，在此基础之上，构建了适合我国国情的金融效率评价指标体系。

师文明和余晓辉（2010）[③] 在内生增长模型框架中加入金融部门，对金融效率影响经济增长和收入差距进行分析。结果表明，提高金融效率能加快经济的增长速度。

3. 金融效率研究简评

（1）国外学者的研究总结

国外学者对金融效率的关注大多停留在层次分析方面，缺乏深入的实证研究，主要是因为发达国家的市场经济相对完善，经济金融演进历史悠久，经济体系也具有成熟的协调机制，所以没必要将金融效率从金融因素中独立出来，探讨其与经济增长的关系。

（2）国内学者的研究总结

我国学者从多角度出发对金融效率进行专题研究，分析了我国金

---

① 辛念军. 经济增长中的金融效率——对转型期中国经济高增长与金融"低"效率悖论的解释 [M]. 经济科学出版社，2006.

② 周国富，胡慧敏. 金融效率评价指标体系研究 [J]. 金融理论与实践，2007（8）.

③ 师文明，余晓辉. 金融效率、经济增长与收入不平等——一个内生增长模型的解释 [J].河北经贸大学学报，2010（12）.

融效率的现状。大多数学者都认同我国金融配置存在低效率的结论，并对其产生的原因进行深刻的剖析，他们认为现在经济金融循环系统中存在着闲余资金不能有效地被金融机构、金融市场所吸纳，企业部门不能够有效地通过直接、间接融资方式获取资金，企业部门利用融资资本不能产生高效的经济效益等问题。尽管国内学者对金融效率进行了大量的理论研究，却鲜有学者通过建立分析框架对区域特别是城市区域的金融效率及其与经济增长之间的关系进行实证研究。

三、金融效率影响经济增长的机制研究

伴随着经济增长理论研究不断取得新的进展，经济学家关注的焦点开始转向金融对经济增长的作用机制。人类社会经济发展史表明，金融在经济运行中的作用越来越显著，金融因素是其他增长因素发挥作用的基础，是促进经济增长的潜在力量，只有金融与经济高度融合，才能为该地区的经济增长提供持续的动力。本章为全文的理论部分，首先阐述金融效率含义，然后在上一章学者关于对金融配置低效率原因分析的基础上将金融效率划分为储蓄动员效率、储蓄投资转化效率和投资投向效率三方面，而后从这三方面因素论述金融效率对经济增长影响的作用机理，为本文奠定理论基础，最后构建金融效率指标体系。

（一）金融效率的含义和划分

1. 含义

效率在不同领域有不同含义，在经济学中，效率指的是帕累托最优状态，即当某种资源配置不存在帕累托改进的时候便实现了效率。本文中金融效率是指金融作为一种资源的配置效率，强调的是对整个经济体的影响，具体指的是金融资源的配置对整个经济体的作用效果，探索怎样提高储蓄动员效率、储蓄投资转化率和投资投向效率。本文将金融效率界定为：金融资源的配置情况对整个经济运行结果的影响

效果。

2. 划分

在含义界定的基础上将金融效率划分为储蓄动员效率、储蓄投资转化效率和投资投向效率。

第一，储蓄动员效率。金融的基本功能之一就是融通资金，也就是将储蓄者手中丰富的金融资源集聚起来，为经济发展提供源源不断的动力。

第二，储蓄投资转化效率。具体来说就是将储蓄动员得来的资金顺利转化成为投资，金融部门通过资金运行，加快储蓄向投资转化的速度，进而加速投资的形成，从而带动经济增长率的提高。

第三，投资投向效率。主要指的是将资金从效率低的部门配置到效率高的部门，引导资金流向，使资金得到最充分利用，促进经济发展。

（二）金融效率对经济增长的影响机制

经济增长的决定因素一直都是学术界研究的重点，古典经济学家认为，专业化分工、劳动数量的增加和资本规模的扩大是经济增长的决定因素。而现代的经济学家则认为金融因素中的储蓄和投资是决定经济增长的关键，储蓄和投资是经济增长的动力来源，储蓄为经济增长提供资金来源，储蓄形成的投资推动经济增长。但是储蓄和投资数量的上升仅仅能带来一定时期内的经济增长，不能保证经济提供持续稳定地增长，当这种数量扩张到一定程度时，要想保持经济稳定持续增长，储蓄和投资的效率才是关键。

按照帕加洛（1993）提出的内生经济增长模型：

$Y = AK$，Y 代表产出，用 GDP 衡量，K 为资本存量；

$S_t = sY_t$，S_t 为总储蓄，s 为储蓄动员效率；

$I_t = QS_t$，Q 是储蓄转化为投资的比重。

用 G 表示经济增长率，我们可以对经济增长率进行如下分解：

$$G = \frac{dY}{Y_t} = \frac{dY_t}{dK_t} \cdot \frac{dK_t}{Y_t} = \frac{dY_t}{dK_t} \cdot \frac{I_t}{Y_t} = \frac{dY_t}{dK_t} \cdot \frac{Q_t S_t}{Y_t} = E_t Q_t s_t \quad (3-1)$$

其中，Y_t 为 GDP；K_t 为资本存量；I_t 为实际投资量，$I_t = dK_t$；$E_t = \frac{dY_t}{dK_t}$ 表示资本边际生产率（反映资金利用效率）；Q_t 是储蓄转化为投资的比例（反映储蓄投资转化效率）；$s_t = \frac{S_t}{Y_t}$ 为储蓄率（反映储蓄动员能力）。由式（3-1）可以看出，投资投向效率、储蓄投资转化效率和储蓄动员能力是决定经济增长率的关键，他们对经济增长的速度和质量有着决定性作用。[①]

1. 储蓄动员效率对经济增长的影响

金融部门影响储蓄动员率的活动，其实质是改变了总需求中消费和投资之间的结构比例（假定金融部门的资金转化效率不变），进而改变经济体系中消费与资本之间的结构比例。对经济储蓄是进行金融活动的基础，在金融活动中，金融部门占据着重要地位，扮演金融中介的角色，主要是将闲散资金从资金持有者手中集聚起来，然后将其转移到资金短缺者手中，引导资金的流动方向，有利于提高资金的使用效率，起着动员储蓄的作用。在经济运行中，储蓄动员效率越高，金融部门集聚资金的能力越强，筹集到的资金数量增加，继而储蓄形成的投资就会增加，经济发展速度加快。

2. 储蓄投资转化效率对经济增长的影响

储蓄投资转化其实是金融部门将动员来的储蓄资金资源最大限度地转为投资的过程。金融部门通过动员储蓄，将社会上大量的闲置资金集聚到金融体系内部，随后金融部门将通过资金运作将储蓄变为投资，进入社会生产流程，储蓄投资转化效率提高，资金需求得到较好满足，从而促进经济增长。

---

① 韩廷春. 金融发展与经济增长 [M]. 清华大学出版社，2002.

3. 投资投向效率对经济增长的影响

金融机构顺利将储蓄转化为投资后，资金的使用效率也就是投资投向效率主要从以下五个渠道影响经济增长：金融部门通过对投资项目进行评估和甄别，可以将资金使用到收益率高和具有创新性的项目中；金融部门对企业和投资项目进行监督，可以提高企业的资源分置效率，并促使企业进行技术创新；通过二级市场金融资产的交易、提供资产组合管理和信贷期权等，金融部门可以降低投资风险，并引导资源向收益率高的项目和创新项目集中，提高资本的边际生产率；金融部门为家庭提供融资，可以促进人力资本积累；金融部门为政府支出提供融资，促进公共资本的形成，可以提高资本的边际生产率，进而提高经济增速。

通过对上述三方面因素对经济增长影响的简单描述之后发现，在整个经济运行过程中，金融效率无处不在，时刻影响着经济增长，图 1 是整个经济体系中金融效率影响经济增长的路径。

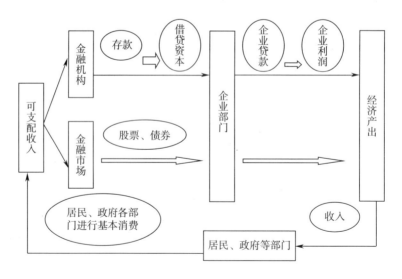

图 1　金融效率影响经济增长的路径图

图 1 中可支配收入向金融机构的转化代表的是金融机构对社会的储蓄动员过程，即金融机构能将多少的闲余资金吸纳进来；金融机构向企业部门通过存款向借贷资本的转化代表的是有多少存款能够顺利地转化为借贷资本，可以称做储蓄投资转化率；企业部门借助企业贷款通过生产获得企业利润代表的是资金的利用率，即投资投向效率；通过企业通过金融市场借助股票、债券等形式获取资金意味着盈余资金直接通过金融市场进入了企业，对企业形成投资，也是金融系统对社会资金的吸收能力。企业利用融资资本进行投产产生经济效益，这些经济效益再以收入的方式进入居民、政府等各个部门，基本消费之后可支配收入又开始了新一轮的循环运动。整个过程是一个经济体金融效率的表现，较高的金融效率能让盈余资金快速地流向高效的产出部门，促进经济增长。

(三) 金融效率指标体系的构建

对金融效率的研究有不同视角，选择不同角度，有不一样的经济意义，因而有不同的金融效率评价指标体系。在对许昌等多地市金融效率进行考察前，应首先对金融效率的衡量指标进行界定。鉴于本文选取的样本均为地级市，本着指标体系的设计原则（科学性、全面性、可操作性、可比性），本文拟选取与金融效率三方面因素有强相关关系的指标进行替代。

1. 储蓄动员率

储蓄动员率最有代表性的指标就是储蓄率。

对于地级市金融统计系统而言，储蓄总额数据仅包含居民储蓄，而国民经济核算中的储蓄总额等于国民生产总值减最终消费，后者的包含范围较前者小很多，不具有可比性，同时根据数据的全面性、易得性，将在市域经济金融体系中能够较好地反映金融体系储蓄资源能力的存款余额替换储蓄总额。

储蓄率 = 储蓄总额/GDP = 存款余额/GDP

2. 储蓄—投资转化效率

储蓄—投资转化效率 = 资本形成总额/储蓄总额

储蓄向投资的转化渠道分为直接融资和间接融资，而在地市级城市现实中，绝大部分的融资是通过间接融资渠道来完成的，考虑到数据的可得性、可比性，采用近似逻辑变动的映射指标，即金融机构存贷比替换资本形成总额/储蓄总额。

存贷比 = 贷款额/存款额

3. 投资投向效率

投资投向效率 = 边际资本生产率 = GDP 增量/资本形成总额

在实际测算中，由于地级市国民经济核算方式的不同，不易获取地级市的资本形成总额。考虑到目前大部分普通地级市经济发展更多地依赖于金融（主要是信贷资金）的支持，所以将边际资本生产率更换为边际贷款生产率。大量的实证研究也表明，贷款对经济增长有显著的促进作用，即贷款规模越大，社会生产总值也越大。因此将边际贷款生产率作为投资投向效率的衡量指标也能准确地评价各地市金融效率现状。

投资投向效率 = 边际贷款生产率 = GDP 增量/贷款总额

四、金融效率结构的实证比较分析

许昌经济、金融随着改革开放进程的加快得到了快速的发展，金融规模不断扩张，金融资产数量不断增加，经济、金融发展水平也在不断提高。但许昌目前整体经济发展在速度和结构上与比较地市有何不同？在金融效率结构上与其他省份地市又有何差距？解决这些问题有助于对许昌的经济金融发展状况有一个较为准确的定性判定。本章首先对许昌等地市的经济发展情况做简要对比，然后利用上一章金融效率评价指标体系对许昌及其他比较地市金融储蓄动员效率、储蓄投资转化效率和投资投向效率三方面做比较分析，衡量金融效率的结构性差异。

（一）指标和数据选取依据

1. 城市选取依据

本文以 GDP 和产业结构为标准，首先汇总 2013 年全国除省会、直辖市、计划单列市之外的各地级市 GDP 数据，其次对数据排名，筛选出 GDP 高于许昌 50% 以上的地市，然后从中去掉非常规因素（如温州受到特定政策影响导致金融异常活跃等）影响较大的地市，同时本着二产比重占主导地位的原则，最终确定东营、嘉兴、泰州、沧州、襄阳五地区作为比较分析对象。

2. 数据选取

金融效率的相关指标，是通过搜集相关数据，然后运用 Excel 软件进行计算得出，原始数据来自于 Wind 数据库、中国经济统计数据库等。考虑到 2003 年之前地市主要经济效益指标的统计数据的缺失，所以取样本区间为 2003—2014 年。

（二）经济运行情况的比较分析

在经济日趋繁荣的影响下，全国各地区经济生产总值持续增长，观察表 1 发现许昌 GDP 总量与其他五个地市差距较为明显，至少在 50% 以上，GDP 增速也大都保持着"先升后降"的趋势，多与国家宏观产业结构调整政策的实施有较大关系。通过对各地市 GDP 增速的历年排名发现在 2003—2013 年的 11 个有效数据中，许昌 GDP 增速排名在 3～6 位的概率为 72.73%，说明许昌 GDP 增速与其他五个地市相比处在中等偏下位次。

表1　　　　　　　　　各地市 2002—2014 年 GDP 及增速　　　　单位：亿元

年份	GDP					
	许昌	泰州	东营	沧州	嘉兴	襄阳
2002	362.82	504.60	540.30	516.33	677.65	456.62
2003	411.68	580.04	696.08	608.86	823.54	503.31
2004	515.82	705.20	891.85	730.56	1002.41	557.88
2005	605.47	861.56	1166.14	1130.93	1159.66	571.47
2006	718.54	1037.08	1450.31	1281.69	1346.65	675.18
2007	855.40	1222.32	1664.80	1465.38	1585.31	785.45

续表

年份	GDP					
	许昌	泰州	东营	沧州	嘉兴	襄阳
2008	1028.71	1446.29	2028.27	1716.16	1815.30	1002.46
2009	1130.75	1660.92	2058.97	1801.23	1918.03	1201.01
2010	1316.49	2048.72	2359.94	2203.13	2300.20	1538.27
2011	1588.74	2422.61	2676.35	2585.20	2677.09	2132.22
2012	1716.19	2701.67	3000.66	2812.42	2890.57	2501.96
2013	1877.56	3006.91	3250.20	3012.99	3147.66	2814.02
2014	—	3370.89	3430.49	—	3352.80	3129.26
年份	GDP					
	许昌	泰州	东营	沧州	嘉兴	襄阳
2003	13.47%（6）[1]	14.95%	28.83%	17.92%	21.53%	10.23%
2004	25.295%（2）	21.58%	28.12%	19.99%	21.72%	10.84%
2005	17.381%（4）	22.17%	30.76%	54.80%	15.69%	2.44%
2006	18.674%（3）	20.37%	24.37%	13.33%	16.12%	18.15%
2007	19.046%（1）	17.86%	14.79%	14.33%	17.72%	16.33%
2008	20.262%（3）	18.32%	21.83%	17.11%	14.51%	27.63%
2009	9.918%（3）	14.84%	1.51%	4.96%	5.66%	19.81%
2010	16.426%（5）	23.35%	14.62%	22.31%	19.93%	28.08%
2011	20.680%（2）	18.25%	13.41%	17.34%	16.38%	38.61%
2012	8.022%（5）	11.52%	12.12%	8.79%	7.97%	17.34%
2013	9.403%（3）	11.30%	8.32%	7.13%	8.89%	12.47%

　　表2显示出，许昌等六地市的产业结构均呈现出二产主导的态势，许昌和东营二产比重尤为突出，均保持在65%以上。就许昌而言，对经济增长贡献率最大的是第二产业，且基本上保持着逐年稳步上升的趋势，相对而言第一产业对经济增长贡献度率基本是逐步降低，第三

---

[1]　括号里数字为许昌GDP增速在六地市中的历年排名。

产业对经济增长的贡献率虽有波动但波动区间不大，基本保持在 20%～23%，也就是说许昌实行产业结构调整的结果是"去一产、增二产、稳三产"。与其他地市比较发现，泰州、东营、嘉兴等城市同样执行产业结构调整政策，但结果与许昌有较大差异，这几个比较城市更多地向三产倾斜，一产、二产的比重总体保持下降态势。

表2　　　　　各地市2005—2014年产业结构比重及年增速①

年份	许昌			泰州		
	一产	二产	三产	一产	二产	三产
2005	0.164	0.612	0.224	0.110	0.555	0.335
2006	0.148	0.630	0.222	0.098	0.565	0.337
	−9.98%	3.02%	−0.88%	−10.70%	1.80%	0.54%
2007	0.130	0.641	0.229	0.092	0.568	0.340
	−12.21%	1.70%	3.22%	−6.06%	0.56%	0.83%
2008	0.130	0.671	0.199	0.086	0.573	0.342
	0.12%	4.72%	−13.21%	−7.35%	0.87%	0.54%
2009	0.121	0.673	0.206	0.080	0.568	0.352
	−7.05%	0.31%	3.58%	−5.96%	−0.86%	2.94%
2010	0.114	0.685	0.201	0.074	0.550	0.376
	−5.85%	1.80%	−2.44%	−8.04%	−3.22%	7.03%
2011	0.108	0.679	0.213	0.072	0.540	0.388
	−5.12%	−0.94%	6.12%	−2.35%	−1.74%	3.00%
2012	0.104	0.670	0.226	0.071	0.531	0.398
	−4.13%	−1.25%	6.09%	−1.81%	−1.67%	2.66%
2013	0.099	0.684	0.231	0.068	0.523	0.408
	−4.91%	2.06%	2.22%	−4.19%	−1.50%	2.50%
2014	—	—	—	0.062	0.504	0.434
	—	—	—	−8.82%	−3.63%	6.37%

---

①　每行上栏为产业比重，数据区间为2005—2014年；下栏为历年同比增速，数据区间为2006—2014年。

续表

年份	东营			沧州		
	一产	二产	三产	一产	二产	三产
2005	0.041	0.823	0.136	0.120	0.534	0.346
2006	0.037	0.807	0.156	0.115	0.534	0.351
	−11.14%	−1.94%	15.12%	−3.84%	−0.02%	1.36%
2007	0.036	0.762	0.201	0.114	0.518	0.368
	−0.85%	−5.51%	28.59%	−1.45%	−2.90%	4.89%
2008	0.035	0.765	0.201	0.117	0.505	0.377
	−5.13%	0.30%	−0.19%	3.37%	−2.54%	2.53%
2009	0.036	0.739	0.225	0.120	0.482	0.398
	5.05%	−3.33%	11.83%	2.27%	−4.50%	5.32%
2010	0.037	0.726	0.237	0.115	0.506	0.379
	2.02%	−1.85%	5.75%	−4.46%	4.93%	−4.63%
2011	0.037	0.715	0.247	0.114	0.526	0.360
	0.09%	−1.39%	4.23%	−0.21%	3.83%	−5.05%
2012	0.035	0.709	0.257	0.113	0.526	0.361
	−6.17%	−0.97%	3.73%	−0.83%	0.06%	0.17%
2013	0.036	0.695	0.269	0.104	0.523	0.373
	3.69%	−1.93%	4.82%	−8.44%	−0.62%	3.56%
2014	0.034	0.666	0.300	—	—	—
	−6.33%	−4.15%	11.57%	—	—	—

年份	嘉兴			襄阳		
	一产	二产	三产	一产	二产	三产
2005	0.073	0.588	0.339	0.209	0.400	0.392
2006	0.065	0.599	0.335	0.187	0.431	0.382
	−10.10%	1.94%	−1.19%	−10.20%	7.71%	−2.44%
2007	0.061	0.599	0.340	0.178	0.436	0.386
	−6.47%	−0.06%	1.36%	−4.80%	1.25%	0.94%

年份	嘉兴			襄阳		
	一产	二产	三产	一产	二产	三产
2008	0.058	0.598	0.344	0.175	0.450	0.375
	−5.07%	−0.21%	1.28%	−1.74%	3.18%	−2.78%
2009	0.056	0.580	0.364	0.167	0.479	0.354
	−3.57%	−2.98%	5.79%	−4.83%	6.50%	−5.53%
2010	0.055	0.582	0.362	0.153	0.519	0.329
	−1.50%	0.40%	−0.41%	−8.47%	8.33%	−7.26%
2011	0.053	0.574	0.372	0.137	0.571	0.292
	−3.39%	−1.40%	2.76%	−10.35%	9.99%	−10.98%
2012	0.052	0.555	0.393	0.143	0.571	0.286
	−1.81%	−3.42%	5.53%	4.37%	0.01%	−2.05%
2013	0.049	0.549	0.402	0.137	0.573	0.290
	−5.60%	−1.08%	2.28%	−3.80%	0.32%	1.25%
2014	0.043	0.540	0.416	0.128	0.577	0.295
	−12.44%	−1.52%	3.60%	−6.55%	0.71%	1.70%

（三）金融效率各因素实证研究

1. 储蓄动员率

表3　　　　　各地市 2003—2014 年储蓄动员率

年份	许昌	东营	泰州	沧州	嘉兴	襄阳
2003	0.637374	0.712246	1.028091	1.139777	1.24821	0.831495
2004	0.588139	0.622672	0.994251	1.058118	1.16324	0.874263
2005	0.585893	0.558795	0.957451	0.791417	1.157016	0.979513
2006	0.563291	0.525121	0.919765	0.786983	1.175718	0.955889
2007	0.513612	0.507227	0.921968	0.751761	1.132957	0.870349
2008	0.492523	0.509189	0.969245	0.811925	1.204342	0.829629
2009	0.560676	0.631856	1.135151	0.980155	1.514166	0.87579
2010	0.632537	0.664041	1.13257	0.919868	1.56109	0.84128

续表

年份	许昌	东营	泰州	沧州	嘉兴	襄阳
2011	0.611797	0.711422	1.070314	0.889715	1.556978	0.714567
2012	0.690471	0.782806	1.122503	0.956436	1.540549	0.725478
2013	0.74109	0.858185	1.178759	1.030699	1.611572	0.775389
2014	—	—	1.17353	1.139777	1.644557	0.793785

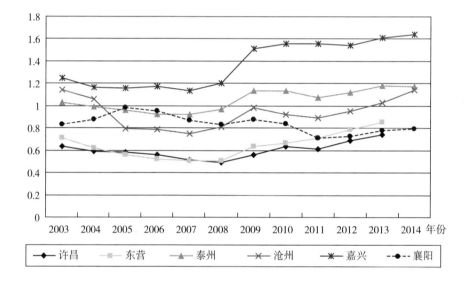

图 2　各地市 2003—2014 年储蓄动员率趋势图

储蓄率直接反映了金融体系集聚社会储蓄资源的能力，根据图 2 所示，受金融危机影响，大部分地市储蓄动员率呈现先降后升趋势。观察表 3 发现许昌地区储蓄资源集聚能力在近几年逐渐加强，但与嘉兴、泰州等地区比较还存在一定差距，主要原因有以下两方面：

一是观察近 10 年六地市的产业结构发现，许昌二产基础较好，同时保持着一产向二产转化的趋势，三产比重变动不显著，一直保持在 21%～23%。通过比较储蓄率较高的地市（以东营、泰州和嘉兴为例），这些地市的产业结构变动趋势与许昌恰好相反，均是一产、二产比重下降，三产比重增长较快。三产比重的提升意味着居民可支配收入的增长，居民可支配收入直接影响到储蓄总额的变化，也就意味着金融体系聚集社会资源能力的增强。

是许昌工业经济主体的特殊性所致。许昌是一个以传统工业为主的工业化城市，民营经济是经济主体构成的主要组成部分，受到发展历史悠久的影响，整个许昌地区市场已濒临充分竞争状态，这就导致产品同质性高、附加值低，从而逼迫企业严格控制劳动力成本，而劳动力成本的受限制约了居民的收入水平，储蓄也随着居民收入水平的制约受到影响。以表4中2013年人均可支配收入为例，许昌人均可支配收入位列六地市倒数第二位。

表4　　　　　　　　　　六地市 2013 年人均可支配收入　　　　　　单位：元

沧州	泰州	嘉兴	东营	许昌	襄阳
22072.19	29112.00	39087.00	33983.22	21717.00	19329.00

2. 储蓄投资转化效率

表5　　　　　　　各地市 2003—2014 年储蓄投资转化率

年份	许昌	东营	泰州	沧州	嘉兴	襄阳
2003	0.787807	0.598477	0.58476	0.612524	0.737225	0.639522
2004	0.765737	0.643606	0.56726	0.590034	0.752423	0.581193
2005	0.714942	0.644634	0.541826	0.501947	0.715863	0.463868
2006	0.749577	0.678048	0.571933	0.447197	0.722998	0.474949
2007	0.799242	0.709248	0.580288	0.427608	0.752487	0.504436
2008	0.723885	0.673805	0.565604	0.363086	0.733608	0.448916
2009	0.72669	0.691298	0.615454	0.402942	0.784602	0.492724
2010	0.67722	0.732636	0.62952	0.441418	0.766855	0.531828
2011	0.717318	0.730534	0.664239	0.473208	0.77078	0.538396
2012	0.715995	0.74435	0.662122	0.470186	0.767903	0.550519
2013	0.708401	0.749159	0.661398	0.504246	0.760943	0.57049
2014	0.760582	—	0.695556	—	0.796747	0.606934

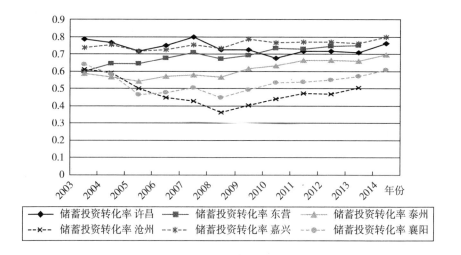

图3　各地市2003—2014年储蓄投资转化率趋势图

图3中显示各地市的投资储蓄转化率均保持着整体缓慢提升的趋势。通过观察表5发现许昌相对其他地市而言，储蓄率较低，但其储蓄—投资转化效率处于较高水平，即金融资源能够较好地发挥价值拉动经济增长。从图3中可以看出，近十年来许昌的储蓄投资转化率一直位于高位运行的状态，这主要受到两方面的影响：其一与许昌经济主体成分多为民营有较大关系，近些年来，许昌民营经济发展活跃，近几年新增6家民营上市公司（不含新三板上市），优质项目较多，资金的有效需求较大，银行有效供给增加，即对企业的贷款扶持力度增加；其二受到低储蓄率的影响，存款总额基数小，导致存贷比即储蓄投资转化率较高。

3. 投资投向效率

表6　　　　　　　各地市2003—2014年投资投向效率

年份	许昌	东营	泰州	沧州	嘉兴	襄阳
2003	0.23638	0.525019	0.216328	0.217682	0.192511	0.174451
2004	0.448271	0.547741	0.314684	0.266823	0.203875	0.192509

续表

年份	许昌	东营	泰州	沧州	嘉兴	襄阳
2005	0.353498	0.652971	0.349835	0.723298	0.163718	0.052339
2006	0.372675	0.550297	0.32173	0.340122	0.163349	0.338345
2007	0.389746	0.358134	0.283263	0.377426	0.176589	0.31976
2008	0.45773	0.522316	0.28248	0.461416	0.143395	0.58125
2009	0.212909	0.03413	0.184966	0.25453	0.045084	0.383106
2010	0.330292	0.262143	0.265492	0.449253	0.138789	0.490028
2011	0.390503	0.227478	0.217082	0.35104	0.117309	0.724057
2012	0.149804	0.185488	0.138976	0.179656	0.062431	0.370015
2013	0.161497	0.119417	0.130207	0.12808	0.066603	0.250693
2014	—	—	0.132284	—	0.046694	0.209101

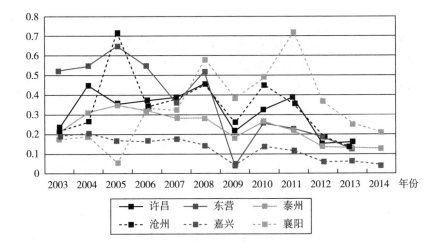

图4　各地市2003—2014年投资投向率趋势图

受国家调整产业结构的影响，各地区的边际贷款生产率变化较为明显。三产较二产的边际贷款生产率小，如图4所示，随着各地市对三产的倾斜，大部分地市的边际贷款生产率呈总体下降态势。但更主要的原因还是近年来金融资源并没有得到最优的配置，资本没有投入到经济效益最高的经济部门，从而导致投资对经济增长的拉动力逐渐衰弱。观察表6发现与其他地市相比，许昌的投资投向效率虽处在较高位势，最近几年与其他地市相差越来越少，实际值也越来越小。

在信贷部门资金的主要运用方中，非金融企业占绝大多数，目前许昌整体贷款受众部门中，非金融企业占60%～65%，虽处在较高水平，但与经济发展较好的城市比如嘉兴、东营，仍存在一定差距，以2013年为例，许昌非金融企业贷款占全部贷款比重64.44%，与嘉兴相差9.95个百分点，与东营相差14.42个百分点。整个金融系统的贷款投入产出主要源自于非金融企业，理论上分析，非金融企业贷款占比越高，产出越大，如何进一步提高许昌非金融企业贷款的比重也是今后需要考虑的重点。

（四）总结

本章首先选取沧州市、泰州市、嘉兴市、东营市、襄阳市作为比较对象来进行对比分析；其次对比较地市的经济发展水平做简要评价，从对比结果看，近年来许昌整体经济总量稳步增加，但年增长率一直处于对比城市的中下游，略显乏力，同时观察产业贡献率发现，许昌近些年一直遵循着"去一产、增二产、稳三产"的方针，而经济总量更高的比较城市大多秉承"增三产"的指导重点，这也是未来许昌经济结构调整的一个指导方向；随后从储蓄动员率、储蓄投资转化率、投资投向率三个因素考核金融效率的结构性差异，从分析结果来看，许昌的金融效率是一个低储蓄动员率、高储蓄投资转化率、高投资投向效率的循环体系，但是许昌的经济总量与这些地市的经济总量相差较大，说明金融效率各方面因素对经济增长影响的显著性各区域之间是不同的，下一章笔者将通过回归分析对这个问题进行进一步的探讨。

五、金融效率支持经济发展的比较研究

近十几年来，许昌经济一直稳步快速增长，各种因素促进着区域

经济的发展，也不能忽略金融体系对于经济增长的影响，经济快速增长的同时，金融业也加快了发展的脚步，并对经济增长产生了一定的影响。因此，本章在上一章研究结果的基础上，对金融效率与经济增长的关系进行深入探讨。

（一）模型简介

根据金融效率与经济增长的作用机制分析对第三章中的内容进行取对数变化可以得出式（5-1）。

$$\ln G = \ln E_t + \ln Q_t + \ln s_t + C \qquad (5-1)$$

本文对金融效率与经济增长关系研究基础数据是从 2003 年到 2014 年的六地市年度数据，数据均来源于 Wind 资讯和中经数据库。在回归的同时对上式各变量定义和选取指标做如下变化：

G：代表各地市的 GDP 增长率，$G = (Y_t - Y_{t-1}) / Y_{t-1}$。

E_t：代表贷款边际生产率，$E_t = GDP$ 增量/贷款总额。

Q_t：代表储蓄投资转化率，$Q_t =$ 贷款总额/存款总额，反映整个金融体系的储蓄投资转化效率。

s_t：代表储蓄率，$s_t =$ 存款余额/GDP。

（二）金融效率与经济增长的实证分析

运用 Eviews 软件进行回归分析，可以得出六地市金融效率与经济增长之间的关系，回归结果如下：

许昌

$\ln G = 0.651 \ln E_t + 3.41086 \ln Q_t + 0.4655 \ln s_t + 0.17468 +$ ［AR（1）$= -1.6998$，AR（2）$= -1.5682$，AR（3）$= -0.761$］

$$R^2 = 0.9846 \quad DW = 2.6727$$

东营

$\ln G = 1.0732 \ln E_t + 0.4985 \ln Q_t + 1.0745 \ln s_t + 0.1049 +$ ［AR（1）$= 0.2148$，AR（2）$= -0.525$］

$$R^2 = 0.9999 \quad DW = 2.4078$$

泰州

$$\ln G = 1.1825 \ln E_t + 1.1413 \ln Q_t + 1.2565 \ln s_t + 0.4889 + [AR(1) = 0.1223, \ AR(2) = 0.1433, \ AR(3) = -1.4411]$$

$$R^2 = 0.9998 \quad DW = 2.559$$

沧州

$$\ln G = 1.1516 \ln E_t + 2.5122 \ln Q_t + 1.3458 + [AR(1) = -0.5821]$$

$$R^2 = 0.9291 \quad DW = 2.3757$$

嘉兴

$$\ln G = 1.1176 \ln E_t + 1.3767 \ln Q_t + 1.145 \ln s_t + 0.4205 + [AR(1) = 0.9052]$$

$$R^2 = 0.9997 \quad DW = 2.6905$$

襄阳

$$\ln G = 1.2243 \ln E_t + 1.3221 \ln Q_t + 1.2005 \ln s_t + 0.656 + [AR(1) = -0.0213]$$

$$R^2 = 0.9995 \quad DW = 2.5055$$

其中，在回归过程中发现，沧州的储蓄率对经济增长效果并不显著，所以在其回归模型中将储蓄率因素剔除。从整体的回归结果可以看出金融效率对经济增长的影响是显著的。

回归结果分析

（1）通过六地市的回归结果可以看出，除沧州外，其余各地市的截距项绝对值较小，说明在这五地市中金融效率这一因素对经济增长的影响较大。

（2）变量系数代表着各变量对经济增长的影响显著。观察许昌回归模型，得到以下两个结论：

一是三个变量系数分别是 0.466、3.411、0.651，说明就许昌金融效率的三个因素而言，储蓄投资转化率对经济增长的影响最为显著，投资投向效率和储蓄率显著性较低。

二是根据回归结果，许昌三个解释变量与经济增长率的正向关系非常明显，但部分变量系数与其他地市存在较大差距：储蓄率每提高一个百分点，将促进许昌经济增长率提高 0.466 个百分点，而泰州、襄阳的储蓄率系数分别是其 2.7 倍、2.59 倍；储蓄投资转化率系数在各地市中最高，每提高一个百分点，将促进许昌经济增长率提高 3.411 个百分点；投资投向效率每提高一个百分点，将促进许昌的经济增长率提高 0.651 个百分点，其他五地市的投资投向效率系数均在 1 以上，差距较大。

六、总结及建议

本章对许昌金融效率对经济增长影响的研究结果进行了总结，并根据结论分别从多方面提出一些改善许昌金融效率，促进经济增长的相关建议。

（一）总结

本文主要在金融效率评价的基础上，进行许昌等地市金融效率对经济增长影响的实证研究，可以得出以下结论：

第一，本文通过选取金融效率三方面指标，对 2003—2014 年各地市储蓄动员效率、储蓄投资转化效率、投资投向效率的变化趋势进行评价。评价结果表明：许昌金融效率的三方面（投资投向效率、储蓄投资转化效率和储蓄动员效率）变化趋势和区域对比不尽相同。许昌金融效率中储蓄动员率整体呈现持续上升的趋势，但相对其他地市存在差距；储蓄投资转化率总体保持平稳，与其他地市相比相对较高；投资投向效率整体呈现由强变弱的趋势，说明金融资源没有得到最优配置。

第二，本文根据帕加洛内生经济增长模型，构建金融效率对经济增长影响的实证分析模型，基于模型选取经济增长率的自然对数作为被解释变量，选取金融效率三方面储蓄动员效率、储蓄投资转化效率和投资投向效率的自然对数作为解释变量。然后对 2013—2014 年许昌等地市金融效率对经济增长的影响进行实证分析。结果表明：（1）许昌储蓄动员效率、储蓄投资转化效率和投资投向效率对经济增长率均是同方向的影响作用，是影响许昌经济增长的重要因素，这表明许昌可以通过提高金融效率，加快经济发展，这也是未来许昌经济增长改革的一个方向。（2）许昌金融效率的不同方面对经济增长的影响显著性不同，其中投资投向效率对经济增长率的作用系数最大，储蓄投资转化效率和储蓄动员效率对经济增长率的作用系数相对较小，说明现阶段许昌储蓄投资转化效率和储蓄动员效率对经济增长不甚显著，应进一步强化来加速许昌经济增长。

（二）建议

1. 原因分析

将上述回归分析的结果与上文中金融效率趋势分析的结果相比较，我们可以发现：提高贷款边际生产率、储蓄率是推动许昌经济增长的重要影响因素。既然许昌金融效率对经济增长的促进作用是非常明显的，那么就需要考虑如何提高许昌的金融效率，而上一章我们发现许昌的金融效率影响显著性和结构效率还有较大的提升空间，所以笔者认为许昌可以通过提高金融效率提升区域的竞争力，这就需要从各个指标中寻找许昌金融效率低的原因并逐步解决。经分析主要原因如下：一是受产业结构调整影响，许昌近些年的产业结构趋势是"一产向二产转化、三产比重不变"，而三产比重的提升意味着居民可支配收入的增长，居民可支配收入直接影响到储蓄总额的变化；二是主营产品附加值低影响劳力成本的提升，由此人均可支配收入增长乏力，导致储蓄增长缓慢；三是社会信用环境下降，导致金融机构"惧贷"、"惜贷"，从而严重制约了金融机构把储蓄向经济主体进行分配；四是作为金融系统贷款高投入产出的主要主体，非金融企业在信贷部门资金主要运用的比例仍有优化提升空间；五是金融机构业务和服务有待进一步多元化拓展和提升，这在一定程度上也影响金融效率。

2. 政策建议

从上文可以看出许昌经济金融的进一步完善发展是具有空间的，尤其是金融效率方面，在政府的政策扶持下，以及许昌地区的资本市场进一步优化转型，能够更好地提升许昌整体金融发展效率，进而更好更快地推动经济的包容性发展。笔者根据当前许昌金融发展效率方面的实际状况，提出一些可行性的建议以期通过提升金融效率来拉动许昌经济增长。

（1）优化产业结构，构建现代产业体系

许昌未来建设的关键核心任务之一是发展现代产业。按照"结构优化、技术先进、附加值高、吸纳就业能力强"的原则，重点发展高新技术产业，发展先进制造业、现代服务业，构建完善的现代产业体系，推动产业结构优化升级。

一是加强现代电气设备制造业发展，重点要发挥创新能力，提高服务增值，加强产业配套设施的完善，依托许继、森源等知名电气企业，立足于原有产业基础，延伸产业链，提升附加值，力图将许昌打造成全国重要的现代电气设备制造业基地之一。二是原材料产业的发展，尤其是铝加工产业，沿产业链条方向，推动产业一体化发展，提升中高端精深加工产品比例。三是推动消费品工业如长葛养蜂器具等的发展，以品牌建设为重点，加快销售网络完善，培育新兴业态。四是以推进服务业规模扩大和层次提升为手段，提升传统服务业，培育现代服务业，具体而言，借助许昌便利的交通枢纽优势，着力打造豫中现代物流中心；升级优势文化产业，重点发展新型文化产业，形成具有全国影响力的文化品牌和特色文化基地。

（2）支持和推广互联网金融

互联网金融借助传统金融的大数据、分析手段等，更容易发现企业特别是中小企业的融资需求和信用缺失，两者相互融合，能更好地提升互联网金融的普惠性。互联网金融不仅能为资金拓宽出口，减少非法集资，也能较好地解决中小企业"融资难"、"融资贵"问题。然而目前许昌的互联网金融仍在萌芽状态，因此需要进一步地推广与扶持。一是建立互联网金融企业与实体企业的交流对接机制，搭建合作平台，引导企业尤其是中小微企业加强对互联网金融行业的理解，结合自身需求与互联网金融企业开展业务合作，尝试通过互联网金融模式进行高效率低成本的融资；二是创新融资方式，支持互联网金融企业通过信用贷款、股权质押等方式开展融资，支持和鼓励互联网金融企业发行集合融资工具、企业债券、短期融资债券、中期票据及其他新型债务融资工具，支持互联网金融企业通过河南省股权金融资产交易中心等融资平台出售创新型的金融产品，鼓励其探索和开展资产证券化业务，多元化融资渠道；三是设立专项资金，用于对互联网金融企业的税收补贴和房租补贴、金融云平台等基础设施的建设、人才引进的安置费和津贴、创新产品的专项奖励等方面，营造良好的互联网金融氛围，多渠道、多方位支持中原经济区互联网金融企业的健康持续发展。

（3）完善金融服务体系

加强许昌金融机构的创新能力，以市场需求为导向，更好地适应和满足经济社会发展的新要求，为客户提供更好的服务，从而提高动员储蓄效率，而目前许昌的金融机构业务和服务还是相对单一，缺乏竞争力。可以从以下三方面着手：一是切实完善金融产品服务体系，增加小额贷款、小额存取款及汇兑等基础性的金融服务项目，为满足不同类型和不同层次客户的投资需求和融资需求，准确定位，提供符合实际的、个性化、多样化的金融产品。二是将金融业务由传统的结算业务转向现代金融业务，同时注意逐步以户少量大的信贷模式替代量小面大的传统信贷模式，提高为大型项目和龙头企业的金融服务质量。三是加大特色金融产品创新力度，如推进资产证券化进程，开发一揽子金融产品等。

（4）建立良好的金融生态环境

通过建立严谨健全的法律法规体系、各部门规章制度体系和相对独立规范的第三方仲裁体系，保障信用体系的完善，进一步加大违反信用制度的成本，敦促金融体系内的各类人员维护信用制度的权威，从而能够保证金融资源流动的合理合法性，并尽量降低交易成本，使金融效率能够得到进一步的提升。在具体操作中着力以下几点：一要逐步建立企业信用档案，并定期发布企业信用信息。二要加大对骗贷和逃废银行债务等不法行为的惩处力度。三要消除地方保护主义，公正司法，降低金融机构对骗贷和逃废银行债务等不法行为的诉讼成本。通过抓好金融生态环境建设，带动信贷投入的增加，促进经济实现跨越式发展。

（5）建立多元化融资渠道

一是组建投融资平台，参考广东等省出现的"资金互助会"模式，借助政府的力量，联合一家商业银行，在经济区内组建具有行业自律性的非盈利"中小企业资金互助会"。互助会采用会员制，担保基金由会员基金、财政拨款和社会募集等部分组成，会员企业的贷款额度与其缴纳的会员基金密切相关。担保基金的管理由融资平台的借款主体负责，实行会员企业相互监督、相互担保的运行方式，有效缓解银行的放贷风险，提升中小企业融资能力。

二是鼓励并组织符合发行条件的投融资公司开展公司债、商业票据以及中期票据等债务性票据的申请和发行工作，提供更多的债务融资工具和融资资金，降低企业获得资金的成本。

（6）发展普惠金融

一是切实改善农村金融服务，各银行业机构特别是涉农银行业机构要根据自身的业务功能和市场定位，大力支持农业科技化、产业化、现代化发展，支持粮食生产核心区建设、专业合作组织发展。比如开发设计适合农村、农民需求的、有特色的金融产品和服务，尝试市场类物业租赁权、承包和租赁土地使用权、林权抵押、库贷挂钩等担保贷款方式，以解决当前农村地区金融产品少、服务方式单一、业务功能无法适应农村经济社会发展和农民多元化金融服务需求的矛盾。

二是积极支持中小微企业发展，实现针对中小微企业的产品和服务模式创新，建立小微企业贷款利率的风险定价机制。比如积极创新担保方式，从企业多元化的现实需求入手，在风险可控的条件下适当降低受理门槛，由传统的重抵押担保转向充分重视客户的还款能力和还款意愿，并结合客户实际情况采用最为有效的担保方式以降低风险、提高效率，积极发展科技贷款、经营权质押贷款、股权质押贷款、知识产权质押贷款、林权抵押贷款、应收账款质押贷款、租金收入质押贷款、小额循环贷款和无抵押贷款等信贷业务。

互联网金融监管的国际经验
及对我国的启示①

一、绪论

（一）研究背景与研究意义

1. 研究背景

互联网金融凭借高效快捷及开放性的优势，近年来取得了高度发展，对传统金融模式产生了重大冲击。与传统金融机构相比，互联网金融更加草根化，更加贴近大众，更加注重客户体验，将普惠金融便利化、民主化、去中心化的特点发挥得淋漓尽致。当前，互联网金融在为消费者日常生活提供便利及为经济活动带来巨大推动力的同时，互联网金融行业已经涌现出了一系列问题，加剧了金融市场的不稳定性。互联网的开放性一定程度上降低了金融业的准入门槛，使得大量互联网企业涉足金融领域，机构数量和业务规模发展较快，但却并未被有效纳入到传统金融管理框架之内，除第三方支付之外，大部分互联网金融业态处于"无管理"状态。中国互联网金融正面临着受草根追捧和处于监管空白的窘境（陈文等，2014）。在"市场发挥决定性作用"和"促进互联网金融健康发展"的理念下，中国监管者相对开明和宽容的态度促进了互联网金融井喷式发展壮大，面对行业快速发展

---

① 主持人：范大路；课题组成员：黄从璜、范诗洋、贺根庆、武安华。

中不断出现的新问题，如何在"鼓励创新"和"防范风险"之间努力探索着适当的平衡，对于尚未发展成型的互联网金融，如何在风险可控下引导其不断提高服务实体经济、服务人民大众的能力，将考验监管者的智慧。

2. 研究意义

高风险性的金融与涉众性的互联网结合，必然使互联网金融比传统金融更具涉众性风险，风险面更广，传染性更强。从风险防范角度看，对互联网金融活动实施监管不仅必要，而且意义重大。2014 年 3 月 5 日，李克强总理在《政府工作报告》中首次明确提出："促进互联网金融健康发展"，为互联网金融下一步发展打下了政策基调。因此，从国家战略的高度审视国内互联网金融的发展与监管问题，显得尤为重要。

作为一种新兴的金融业态，我国互联网金融行业的发展速度远远超过了相关法律法规的构建进程。当前，我国互联网金融监管工作才刚刚启动，有效的监管机制尚未构建，许多问题亟待解决。因此，研究互联网金融风险的产生机理，借鉴互联网金融监管的国际经验，构建我国互联网金融的有效监管体系，对于避互联网金融风险带来的负面效应，推进我国互联网金融健康稳定发展具有重要的理论和实践意义。

（二）文献综述

国外的学术界对互联网金融风险以及互联网金融的风险控制和监管进行了深入的探讨。Madhavan（2000）、Pennathur（2001）、Weston（2002）、Claessens et al.（2002）等不少学者认为互联网金融的发展将会对金融市场、传统金融机构与中介以及货币政策与金融稳定形成一系列冲击。Herbst（2001）、Allen（2002）认为互联网金融运行机制研究的缺失，是互联网金融发展所遇到的风险所在。Anait K. Pemlhatur（2001）认为银行开展互联网银行业务，将面临操作风险、安全风险、法律风险和声誉风险。随着银行进入网上银行这一领域，一种创新的、具有前瞻性的风险管理方法是必不可少的。Harpreet Singh，et al. (2008) 分析了 P2P 网络贷款投资的风险和回报。Michael Klafft (2008) 从贷款人角度研究在重大信息不对称的匿名网络环境下，无经验的贷款人能否获得可观收益，通过对不同评级的贷款收益率数据进行实证研究，结果表明大多数等级的投资收益并不理想。Ajay Agrawal，et. al (2013) 从投资人、项目发起人和众筹平台三个方面研究不同主体可能面临的风险，如投资人可能面临项目发起人（筹资人）不称职、故意欺诈和项目失败风险；项目发起人可能面临商业信息泄露和知识产权（专利）保护失效等风险。Yan (2013) 认为互联网金融除具有与传统金融相同的风险外，还呈现出新的风险类型，如特有的法律与制度风险、操作风险、技术安全风险等。

互联网金融在中国呈"井喷"式发展，伴随互联网金融繁荣发展而来的风险更是不容小觑的，并引起了国内学术界、业界以及金融监管当局的广泛关注。王汉君（2013）、闫真宇（2013）、张明（2013）指出互联网金融不仅面临传统金融产品所要面对的信用违约风险、期限错配风险和最后贷款人风险，还要面临一系列诸如个人信用信息被滥用、信息不对称与信息透明度问题、技术风险等独特性风险。武冰（2014）基于风险角度分析互联网金融的自身问题以及对传统银行的影响，认为互联网金融业务创新速度过快，加上缺乏现成法规可循，互联网金融往往游离于银监会和央行监管之外，潜在风险不容忽视。陈林（2013）对互联网金融的主要形式及特点进行了概述，从金融消费方式、金融竞争模式、金融服务供给、货币政策、金融信息安全、反洗钱等六个方面分析了互联网金融对传统金融机构和金融监管的影响，并对欧美等主要国家互联网金融监管实践进行比较，在此基础上提出规范完善我国互联网金融监管的政策建议。谢平等（2014b）认为应该以监管促发展，在一定的底线思维和监管红线下，鼓励互联网金融创新。杨群华（2013）、闫真宇（2013）、黄旭等（2013）认为中国互联网金融机构及其风险准备金、坏账率、信息披露、风险评级和出资人权益保护等内容都未纳入监管范围。巴曙松、杨彪（2013）认为，虽然我国初步构建了第三方支付监管框架，但相比美欧等发达国家，我国的监管体系仍显薄弱，在立法层次、分类监管、备付金监管、消费者权益保护及监管与创新等重大问题上仍需进一步完善和突破。符瑞武等（2013）、姚文平（2014）认为中国现阶段互联网金融的监管体系由传统金融的分业归口监管、社会和媒体潜监管以及行业自律组织的监管构成，属于弱监管，监管主体和规则的缺位极易造成市场无序。

综上所述，现有研究从多个角度探讨了互联网金融的风险及监管问题，大多集中在对互联网金融风险一般监管问题讨论，在识别和衡量互联网金融风险方面以及如何针对我国的实际情况构建合适的风险监管体系方面的相关文献还很局限。关于互联网金融风险的产生机理的研究尚属空白，这也是本课题研究的关键所在。本课题的研究，旨在理清互联网金融风险的产生机理，并对欧美等主要国家互联网金融监管实践进行比较，在此基础上借鉴互联网金融监管的国际经验，提出规范完善我国互联网金融监管的前瞻性政策建议。

（三）研究思路

本文的研究思路按如下展开的：首先，研究了国内互联网金融产生背景、发展现状、风险特征，指出了研究互联网金融监管的必要性与意义。其次，对互联网金融与传统金融进行了比较，分析了互联网金融对传统金融的影响。其次，对典型国家和地区互联网金融监管进行了分析，探讨了其监管特点、监管模式、监管层次、监管规则及监管内容等。再次，对互联网金融面临的风险进行了分析，互联网金融风险更为独特。最后，分析了互联网金融的国际监管对我国的启示，提出了我国互联网金融监管的政策建议。

二、互联网金融的内涵与重要作用

（一）互联网金融内涵

当前，关于互联网金融的研究文献较多，代表性的观点主要有两类：第一类观点认为，互联网金融的本质属性是金融，因此现有的经济学和金融学理论，如信息经济学、交易费用理论、金融中介理论等仍然是适用的。第二类观点认为，互联网金融毕竟是一种新的金融模式或金融现象，也存在一些与传统经济学和金融学理论不同的理论解释。

我们认为，经济决定金融，技术决定模式。互联网金融是新一代ICT技术快速发展趋势下的一种跨界演化的新型金融模式，未来随着新兴技术的快速发展，互联网金融的理论基础将更趋完善。目前来看，互联网金融的理论基础大多能从传统的经济金融理论中找到，但这些理论在互联网金融中也衍生出了新的特点，也是驱动互联网金融爆发式增长的理论解释，因此，有必要对相关理论进行较为全面和系统的阐述，而只有从全面、综合的理论视角去理解互联网金融，才能够较好地解释"羊毛出在猪身上，猴数钱、牛埋单"的互联网跨界盈利模式。

（二）互联网金融的重要作用

1. 支撑电商和工业互联网发展，服务消费升级和产业转型

互联网金融能够促进流通消费领域的发展，推动消费升级。互联网金融通过多个领域的创新支撑和促进消费流通领域的发展。一是支付交易手段革新。以支付宝为代表的第三方支付，解决了网上交易对手之间的信任问题，并提供了极为便捷的支付体验，极大地促进了网上交易的发展。二是融资产品创新。网络贷款的推出（如P2P贷款，蚂蚁花呗，京东白条等），极大地降低了个人的贷款融资门槛和成本，并与消费场景紧密结合，极大地便利了贷款的申请和使用，对于促进消费有着积极的作用。三是投资产品创新。余额宝等互联网理财产品的推出，也极大地降低了投资门槛，并具有高度的便利性，大大提升了普通大众的理财意识，促进大众更加注

重财富的保值增值，进而通过财富效应拉动消费的增长。

互联网金融能够促进生产制造领域的发展，推动产业转型升级。当前，随着物联网时代的临近，生产制造领域正在向工业 4.0 时代迈进。未来，借助互联网技术，企业的内外部供应链都将互联互通，产业与产业之间也将打通，整个生产制造领域将形成一个巨大的工业互联网。物联网技术的运用，将使得生产制造的各个环节和流程，都将变得更加透明、更加柔性化。这对金融服务的敏捷性和柔性也提出了全新的要求。互联网 + 供应链金融，将推动供应链金融的革新，使得商业银行能够借助物联网，实时掌握生产经营销售的进程，把握产品的行踪流向，感知客户资金流的波动，从而能够更准确快速地预测客户的资金需求，更准确地判断企业的经营风险，从而为生产制造企业提供高效快捷定制化的金融服务。这将极大地推动企业的生产经营活动，加速企业的从创新到产品销售落地的整个经营链条，推动产业的转型升级。

2. 构建网上丝绸之路，服务"一带一路"战略

当前，我国社会经济发展逐渐步入新常态，未来中国经济增长的主要动力将更加依靠产业转型升级。为此，国家提出了"一带一路"的重大发展战略。"一带一路"战略是对历史上丝绸之路的复兴，并赋予了其新的时代内涵，但在当今的互联网时代，构建网上丝绸之路同样具有重要意义。互联网金融凭借其独特的网络属性，能够解决传统金融、传统市场难以解决的诸多难题。我国应充分发挥互联网金融的作用，助力打造网上丝绸之路，线上的丝绸之路与线下的丝绸之路相互促动，将大大助推"一带一路"战略取得成功。

3. 实现普惠金融，服务大众创业、万众创新

互联网金融服务中小微企业。互联网金融凭借信息技术的特点，极大便利了中小微企业的支付结算，降低了中小微企业的融资门槛，为大众创业、万众创新提供了有力的支撑。网络支付手段使用门槛低，方便快捷，大大降低了中小微企业的支付结算成本。以支付宝为代表

的第三方支付，还解决了网络交易中存在的交易对手信任问题，极大地促进了电子商务的开展，使得中小企业能够有效借助电商平台开展销售，极大拓宽了中小企业的销售市场和客户群体。网络贷款则为广大中小微企业提供了新的债务融资渠道。基于电商平台的网络贷款，能够通过大数据分析等手段，以较低的成本勾勒出中小微企业借款人的信用状况，能够覆盖广大未纳入正规征信体系的中小微企业，同时大大缩短授信审批的流程，使得网络贷款相比传统贷款更加方便快捷。此外，网络贷款由于单笔业务运营成本低，可以显著降低贷款最低额度，使得网络贷款能够满足满足众多中小微企业的小额贷款需求。

互联网金融满足大众的长尾需求。在我国，传统的金融体系由于服务成本高、利润贡献低等原因，往往对于广大的中低端客户往往存在金融服务不足的问题。互联网金融借助信息技术的优势，为满足广大的长尾需求提供了解决方案。移动金融为地处偏远地区的人们提供了低廉便捷的支付解决方案。以往，由于金融机构在偏远地区网点稀少，偏远地区的人们难以享受到基本的金融服务。移动金融的产生，为这类群体带来了福音。人们只需开通手机银行，通过移动支付，就可以完成远程支付、转账，无须频繁前往银行网点。例如，肯尼亚的M－PESA 就为该国广大贫困人群提供了方便的支付工具。互联网理财则大大激发了大众理财的需求。以往的传统理财产品往往门槛较高，对于中低端收入人群来说，理财渠道狭窄。互联网理财则大大降低了投资理财的门槛。例如，余额宝就极大地降低了基金投资的门槛，并以其极佳的便利性和用户体验，迅速吸引了大量的用户。网络贷款为小额消费信贷提供了解决方案。以往，个人申请贷款门槛高，且流程复杂，耗时长。网络贷款则具有门槛低，便利性强的特点，极大地满足了大众的消费信贷需求。而且，网络信贷往往与消费场景紧密结合，更是为消费者提供了极佳的用户体验。例如，蚂蚁金服的"花呗"，京东金融的"白条"，都为广大消费者提供了新的消费信贷服务。

三、我国互联网金融发展现状

（一）网络支付

从网络支付在我国的发展情况来看，网络支付的用户规模逐年攀升，移动支付发展迅猛，第三方支付现已占据主导。

2014 年，我国网民规模达到 6.5 亿人，移动网民 5.6 亿人；其中网络支付用户规模 4.5 亿人，网络支付渗透率达到 69.3%；移动支付用户规模 3.4 亿人，移动支付渗透率达到 61.7%（CNNIC，2015）。我国第三方网络支付交易规模达到 80767 亿元，同比增长 50.3%。同期，第三方移动支付市场交易规模达到 59924.7 亿元，较 2013 年增长 391.3%。

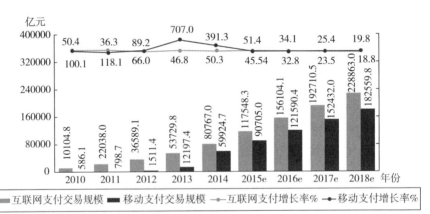

资料来源：艾瑞咨询。

图 1　我国第三方移动支付市场交易规模

经历了十余年的发展，第三方支付也已成为我国金融支付体系中的重要组成部分。同时第三方支付解决了互联网交易的资金流转问题，成为我国互联网金融发展的"主动脉"。截至 2014 年 7 月，我国共有 269 家第三方支付企业获得支付牌照。牌照的发放使得第三方支付企业的业务种类更加多样化，由原来狭义的互联网支付企业，业务范围也延伸至"互联网支付、银行卡收单、移动支付、跨境支付、电话支付、数字电视支付、预付卡发行与受理"等多种业务类型。第三方支付牌照的发放，进一步提升了第三方支付企业在金融服务领域的合法性和可信度，但同时也加剧了行业的竞争度。可以预见，第三方支付还以较快的速度扩张，并不断渗透至我们生活的各个领域，改变着人们的生活方式。

在第三方支付的业务范围中，跨境支付逐步成为新的蓝海。跨境支付是指两个或两个以上国家或地区之间因国际贸易、国际投资及其他方面所发生的国际间债权债务，借助一定的结算工具和支付系统实现的资金跨国和跨地区转移的行为。跨境支付包括跨境网络消费、跨境转账支付和境外线下消费。跨境支付业务由于受到诸如政策法规、社会环境、市场环境以及用户使用习惯等多重因素的制约，目前市场尚处于发展初期。根据艾瑞咨询数据显示，截至 2012 年中国跨境电商交易额 2.3 万亿元，同比增长31.5%，但在中国整体进出口贸易市场规模中占比仍然很低，仅有 9.6%。

（二）网络信贷

在我国，P2P 网络借贷平台迅猛发展，P2P 平台数目从 2011 年的214 家达到 2014 年的 1544 家。2014 年，活跃用户已达到 327.5 万人，同比增长高达 565.6%。借贷交易规模 2514.7 亿元，同比增长 157.8%（艾瑞咨询，2015）。

我国第一家 P2P 网贷平台是成立于 2007 年 8 月的拍拍贷，仅扮演信息中介的作用，不参与线下运营。2007 年 10 月，宜信网贷平台上线。2011 年，平安集团投资 4 亿元成立了上海陆家嘴国际金融资产交易市场股份有限公司（简称"陆金所"）。目前，国内较为知名的有宜信、人人贷、拍拍贷、红岭创投、E 速贷、盛融在线等平台。

P2P 通过互联网平台替代银行的传统物理渠道和电子渠道，省去了人力成本，降低了单位资金的渠道成本。同时，借贷资金的门槛较低，使得投资人易于入门。互联网借贷可以通过小额分散投资控制风险。从负债端的客户定位看，P2P 信贷投资者目前主要集中在资产净

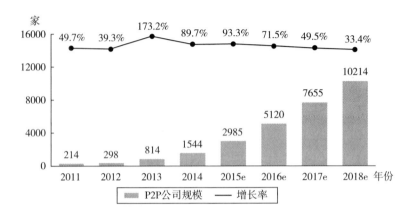

资料来源：艾瑞咨询。

图2　2011—2018 年我国 P2P 公司规模

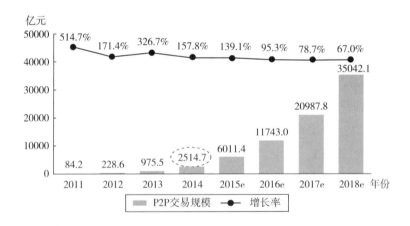

资料来源：艾瑞咨询。

图3　2011—2018 年我国 P2P 贷款交易规模

值为 10 万元以上的互联网人群，地域上主要分布在北上广深等一线二线城市。线上投资人主要为"80 后"，互联网接受度高的群体。资金来源主要中高资产净值的投资者，十万元以上的投资者占比 60% 以上。累计投资额在百万元以上的投资者的占比显逐步下降的趋势，数据显示，随着平台投资者增加，百万元以上客户占比越少。同时，1 万元以下小额投资者占比也较多，这类投资处于尝试阶段，未来增长空间较大。

从资产端的客户定位看，核心借款需求是小微企业主的短期资金需求。借款人主要是小微企业主、电商商户，个人消费贷款只占很小的比例。人均贷款金额较小，从数万元到数十万元不等。借款期限主要半年以下，用途多为短期周转。由于客户质量比不上银行，因此逾期水平也高于银行，部分平台的借款逾期率在 3% 以上。大多数 P2P 网站的贷款获取和审批没有突破传统的金融方式，信息不对称核心问题未解决。客户信息获取和审贷技术与银行等传统信贷机构比较，缺乏优势。同时，P2P 行业快速发展仅仅最近两年，数据积累和审贷经验非常有限。审贷技术人员多数来自银行等金融机构，采取传统的审贷模式。

表1　　　　　　　　国内主要 P2P 平台 2015 年前半年成交情况

名称	成交量（万）	投资人数	借款人数	利率（%）	平均借款期限（月）
红岭创投	3862759.43	405124	34434	12.86	3.98
陆金所	801834.74	7090	194204	8.04	28.93
微贷网	603213.33	126880	88230	14.28	2.31
投哪网	397289.13	167324	23371	11.97	2.57
宜人贷	394403.52	234200	64838	11.85	36.19
积木盒子	393054.58	196335	31527	9.56	5.45
有利网	344459.04	224288	10022	9.63	9.60
人人贷	319568.90	285367	52676	12.06	29.86
开鑫贷	258292.00	14231	915	8.84	6.96
拍拍贷	130782.70	144078	232925	13.52	8.03

数据来源：网贷之家。

P2P 业务在迅猛发展的同时，也蕴含着较大的风险。P2P 的准入门槛低、运营成本高、无行业标准、无监管机构。近一段时间以来，P2P 平台倒闭频现，部分网贷平台出现跑路、恶意携款潜逃等违法现象。市场上常见的涉嫌违法的 P2P 经营行为主要有：一是采用理财－资金池模式，将借款项目设计成理财产品出售，或者归集资金，再寻找借款对象。这些做法都涉嫌非法吸收公众存款；二是一些 P2P 平台未尽到借款人身份的真实性核查义务，发布虚假的借款信息，有的直接将非法募集的资金转投高利贷赚取利差；三是 P2P 经营者用借新还旧的庞氏骗局模式，募集资金用于自身生产经营，甚至卷款潜逃。

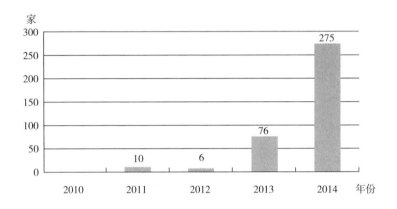

资料来源：网贷之家。

图4　2010—2014 年我国 P2P 问题平台数量

由中国人民银行联合十部委推出的《关于促进互联网金融健康发展的指导意见》的出台，让 P2P 终于有章可循。指导意见确定了 P2P 行业的监管机构、平台属性以及必需的监管制度。在监管机构方面，P2P 将由银监会负责监管，监管细则也将由银监会负责制定，并与其他部委协同实施。在平台属性方面，指导意见明确了 P2P 的信息中介性质。P2P 将作为信息中介机构，为借贷双方提供信息服务，不得提供增信服务，不得非法集资。在监管制度方面，关于第三方资金存管，除另有规定外，P2P 机构需选择符合条件的银行业金融机构来进行资金存管，实现客户资金与 P2P 机构自身资金分账管理，而之前，由于尚未获得政策层面的认可、系统对接负责、较高的托管成本等因素；关于信息披露，各大 P2P 机构已开始通过公布资金托管报告、平台运营报告等方式来面向用户进行信息披露；关于消费者权益保障，指导意见明确指出"严禁不实宣传"。后续，进一步的细则也有望出台。

（三）网络众筹

2014 年是我国的众筹元年，2015 年上半年，我国的众筹产业开始进入快速发展轨道。根据中研科华研究中心的报告，2015 年上半年，我国正常运营的众筹平台总数量已经达到 211 家，其中 53 家于 2015 年成立。从地域分布看，众筹平台主要集中于北京、广东和上海，其中北京平台数量最多，占比 27.5%。从平台和项目类别看，股权众筹的平台数量达 98 家，为最多；其次是奖励众筹和混合类众筹，最少的是公益类众筹平台，不到 10 家；奖励类众筹项目数量最多，约占总项目数的 55.59%，股权类众筹项目占比 27.6%，公益类项目数量最少。从项目的性质来看，涉及服务、教育、文化等领域的平台项目以及智能项目最多。从众筹金额来看，全国众筹平台上半年总筹资金额达 46.66 亿元。其中北京以 16.46 亿元的筹资金额位居榜首，排在其次的是广东省，达 13.03 亿元。浙江和上海分居三、四位，筹资金额分别达 6.17 亿元和 5.89 亿元。上述四个省市筹资金额占全国总筹资金额的 89.05%，而全国其他省市总和只占全国总筹资金额的 10.95%（5.11 亿元）。

（四）互联网理财

国内的互联网理财平台以销售货币基金形式为主。由天弘基金和支付宝联袂打造的余额增值服务——余额宝于 2013 年 6 月 17 日正式上线，其实质是将基金公司的基金直销系统内置到支付宝网站中，用户将资金转入余额宝的过程中，支付宝和基金公司通过系统的对接将一站式为用户完成基金开户、基金购买等过程，整个流程就跟给支付宝充值一样简单，首期支持的是天弘基金的增利宝货币基金。短短几个月内用户数迅速突破千万元，并成为中国基金史上第一个规模破千亿元的基金，巨大的规模体量和惊人的规模增速成为市场关注的焦点。

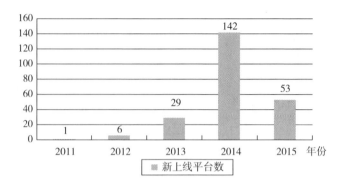

资料来源：中研科华。

图5　我国众筹平台状况

通过余额宝，用户不仅能够得到较高的收益，还能随时消费支付和转出，无任何手续费。用户在支付宝网站内就可以直接购买基金等理财产品，获得相对较高的收益，同时余额宝内的资金还能随时用于网上购物、支付宝转账等支付功能。截至 2013 年 12 月 31 日，在半年时间内，余额宝的客户数便达到了 4303 万，户均持有额 4307 元，其间累计为用户发放收益 17.9 亿元。2014 年底，余额宝规模已达到 5789 亿元，处于平稳发展态势。

表2　　　　　　　　　　主要的互联网货币基金产品

产品	推出时间	合作基金	门槛	特征
余额宝	2013.6	天弘增利宝货币基金	1 元	赎回资金可实时转到支付宝。转银行账户对于少数卡可实时到账，手机端 2 小时到账，电脑端一般次日到账
理财通	2014.1	华夏财富宝货币基金	0.01 元	仅限于微信平台，赎回资金 2 小时到账
苏宁零钱宝	2014.1	广发、汇添富基金	1 元	赎回资金可实时转到易付宝。转银行账户 2 小时到账
百度百赚	2013.1	华夏现金增利货币 E	1 元	最快可 1 秒到账

在互联网理财大潮的推动下，很多商业银行也启动了货币基金 T +

0 业务，或者和基金公司合作创建有货币基金绑定的银行卡等。2013
年 12 月，平安银行打响了银行界对抗互联网货币基金的"第一
枪"——推出"平安盈"货币基金产品。交通银行推出了"货币基金
实时提现"业务，工行浙江分行联合工银瑞信推出了"天天益"业务，
交行的"货币基金实时提现"业务在交行的手机银行、网上银行和柜台
均可实现快速申购和赎回，目前对接交银施罗德、光大保德信和易方达
基金等公司旗下的 4 只货币基金，客户赎回货币基金后，资金可真正实
现"7×24 小时资金 T+0 到账"。此外，部分商业银行推出了直销银行
互联网开放平台，以互联网的模式销售货币基金和银行理财产品。

表3　　　　　　　　商业银行推出 T+0 货币基金产品

银行	产品	推出时间	合作基金	门槛	特征
工商银行	天天益	2014.1	工银瑞信货币市场基金	1 元	赎回资金 T+0 实时到账
广发银行	智能金账户	2013.7	易方达货币市场基金	100 元	设置留存现金额度后，可以自动申购货币基金。赎回资金一般 T+2 到账
交通银行	快溢通	2013.7	易方达、南方基金、鹏华基金等	100 元	设置留存现金额度后，可以自动申购货币基金。赎回资金 T+0 实时到账
平安银行	平安盈	2013.11	南方现金增利基金、平安大华日增利货币基金	0.01 元	赎回资金 T+0 实时到账，基金资金可直接用于信用卡支付

（五）互联网征信

2015 年 1 月，中国人民银行发布了允许包括芝麻信用、腾讯征信、
深圳前海征信、鹏元征信、中诚征信、中智征信、拉卡拉信用管理、
北京华道征信等 8 家机构进行个人征信业务准备工作的通知，其中芝
麻信用、腾讯征信已形成一定影响力。所有机构在采集和查询个人信
息时，也必须首先获得信息主体的授权同意。

芝麻信用基于阿里巴巴的电商交易数据和蚂蚁金服的互联网金融数据，与公安网等公共机构以及合作伙伴建立合作，通过分析大量的网络交易和行为数据，对用户进行信用评估。其信用数据范围涵盖了信用卡还款、网购、转账、理财、水电煤缴费、租房信息、住址搬迁历史等。芝麻分得范围在 350 分到 950 分之间，分数越高代表信用程度越好。当前，芝麻信用采取了和支付宝钱包合作的方式，用户登录支付宝钱包，打开"财富"栏就可以看到芝麻信用分的选项。此外，芝麻信用还已与租车、租房、婚恋、签证等多个领域谈定合作，目前推出的一系列产品也主要集中在消费端，比如当芝麻分达到一定数值，租车、租房时将有望不用再交押金，办理签证不用再办存款证明等。

腾讯征信的信用数据主要来源于腾讯旗下的社交及支付平台，覆盖腾讯生态圈 8 亿活跃用户，通过数据挖掘和分析来为个人建立信用评分。其信用数据范围涵盖了社交、财产、消费等各个板块。与芝麻信用不同，腾讯征信将社交数据作为其前沿拓展领域，此外，目前的主要合作伙伴也是包括银行、消费金融公司和 P2P 公司的金融机构，而不是芝麻信用所关注的消费端。

四、互联网金融监管分析

（一）互联网金融存在的主要风险

1. 支付领域

由于交易信息、交易流程缺少相关机构认证，沉淀资金也缺乏监管，互联网支付业务在给消费者带来快捷享受的同时，也面临诸多风险，比如交易欺诈风险、资金被盗风险、信息隐私流失风险等，互联网金融业务的消费者合法权益难以落实。

（1）客户资金被盗风险。很多第三方支付机构在进行资金汇划时，只需要客户输入绑定手机收到的动态码，甚至只输入一个纯数字的平台支付密码，不需要使用 U 盾等物理安全校验工具，即可完成资金划转。这种做法虽然提高了支付的便捷性，但安全性比银行支付降低了几个层级，存在较大的风险隐患（支付宝等大型支付机构也有类似于银行优盾的产品，但普及率并不高）。同时，由于第三方支付机构无须上传给银行完整的交易信息（具体商户名称、交易类型、交易商品、客户地址等），银行无法利用自身风险控制手段监控交易来源、实际用途、商户真实信息等，而只是被动地提供清算服务。这样一来，商户管理与客户资金使用实际上都处于无监控的空白状态。近年来，已有多家第三方支付机构被曝出客户资金不翼而飞的案件。

（2）客户信息泄露风险。第三方支付机构不仅掌握了诸如证件号码、手机号码等大量客户真实身份信息，同时还掌握了客户银行卡号、卡片验证码、卡片有效期、客户住址、联系方式、交易记录等大量敏感性信息，但在客户信息安全保护方面，却相对薄弱，存在较大的客户信息资料泄露隐患，容易引发社会公众对于支付机构系统安全性的信任危机。2014年1月初，一则某第三方支付机构闹内鬼盗卖20G用户信息的新闻在网上流传，引发了舆论狂潮。虽然其官方微博马上发布声明回应称，泄露信息不含密码、核心身份信息，不涉及用户隐私及安全，但对于泄露的信息到底包含哪些内容，并没有详细说明。

（3）套现洗钱违法风险。大部分第三方支付机构对交易信息和商户的资质疏于审核和管理，且由于这些信息无法进入银行信息系统，因此无法通过有效手段监控与预警洗钱、套现、欺诈等不法交易。比如，监管规定，用户通过第三方支付平台进行的支付操作，需通过银行进行实名身份认证，然而第三方支付机构始终以方便客户为由，不愿遵守这一规定。再比如，"快捷支付"这一第三方支付机构大力推广的模式无须通过银行网上支付页面，而是直接通过非金融机构就可实现交易，从而为洗钱、套现等虚假交易提供了可乘之机。银行无法得知资金的来龙去脉，支付过程中必须遵循的反洗钱法规难以得到有效落实。

（4）其他业务合规风险。互联网金融作为创新产物，有些"擦边球"业务处于越界的边缘。如我国《非金融机构支付服务管理办法》规定，"支付机构之间的货币资金转移应当委托银行业金融机构办理，不得通过支付机构相互存放货币资金或委托其他支付机构等形式办理"。但在实践中，有不少第三方支付公司的做法并不符合这一规定，也未获得有关部门的特别许可。

2. 融资领域

P2P 网贷在中国高速发展、提高社会资金运用效率的同时也积累着信用风险，不断曝发出的老板跑路、提现困难、公司倒闭等案件，让大家对这种金融模式的发展前景产生了一定质疑。

（1）借款人的信用风险。P2P 网贷平台业务主要是针对小微客户的小额贷款服务，在获取高收益的同时，相对风险也是比较高的。虽然在实践中，P2P 网贷平台常常建议客户采用小额分散投资的方式控制风险，但在客户源头评估上，仍需合适的信贷技术和线下尽职调查。但目前受种种因素制约，存在较高的借款人信用风险。一是中国的征信体系建设较为滞后，缺乏类似于欧美的完善的个人信用认证体系，总体信用环境较差，且 P2P 信贷平台尚未接入央行征信系统，其主要依据公安部"公民身份认证信息系统"、"教育部学历学位系统"等 20 余个数据源以及上海资信、北京安融惠众等第三方征信机构对借款人进行资信审核，审核成本高而效率低。二是虽然线下尽职调查服务和信用分析服务可以在一定程度上降低借款人信用风险，但成本较高，很多 P2P 网贷平台无力进行严格的线下尽职调查，风险也因此有所上升。三是一旦出现坏账或违约，缺乏对借款人还款的有效约束，征信体系不健全，也放大了道德风险，借款人并不在乎自己的信用，违约成本低，在高利率的情形下还容易出现"逆向选择"，越是信用差的借款人，越愿意承受高利率的代价。四是由于不同的 P2P 公司之间缺乏信息共享机制，一个借款人可以同时从多个 P2P 平台融资，从而使得借款总额大大超过其风险承受能力。对此，尽管已经有一些第三方征信机构开展重复贷款查询功能,但由于接入第三方征信机构接入需要人力、技术和资金的投入,很多风控意识不强的 P2P 平台仍然没有介入。

(2)网贷平台管理风险。目前成立一家网贷公司几乎没有门槛,只需拿到工商局的营业执照,并在工信部备案即可。P2P 行业实际上是"三无":无准入门槛、无行业标准、无机构监管。而由于目前 P2P 市场发展迅速,各家公司都在努力"拼规模",特别是一些得到风险资本支持的公司。在规模导向的短期目标驱使下,风险控制可能被严重忽视,这给行业发展埋下很多不定时炸弹。

这些有问题的网贷平台,其注册资金大多只有 500 万~1000 万元,通过 500 万~1000 万元的注册资金撬动其动辄几千万元甚至上亿元的成交量,这种高杠杆的运作模式使网贷平台承受很高的运营风险。同时,这些缺少风控能力的平台也很难应付大额借款的逾期。由于资金流量规模较小,银行不愿意为 P2P 网贷公司提供资金托管服务,这便给部分网贷平台提供了建立"资金池"的机会,也是"天使计划"等网贷诈骗案得以发生的原因。虽然目前不少 P2P 公司宣称其平台的融资违约率极低,但事实上其背后依靠的是资金池的搭建,整个平台的信用风险正在不断积累。原先一些口碑较好的网贷平台因资金链断裂而一度停业的案例值得反思。此外,担保过高也会产生一定风险,担保机构担保责任余额一般不超过自身实收资本的 5 倍,而网贷公司担保倍数突破 10 倍警戒线是业内常态。一旦发生大面积违约,则会拖垮网贷平台。

(3)侵犯客户隐私风险。借款者为了成功借到款项,往往被鼓励公布尽可能多的个人信息。虽然很多 P2P 网贷平台采用了匿名方式公布借款人信息,且采取措施阻止借款人上传更多可鉴别身份的个人信息,但借款人选择公布的信息经整合后往往可以判断出其本人身份,个人隐私容易被泄露,从而带来风险。一些网络借贷平台,为了惩罚那些未能及时还款的借款人,甚至采取公布其个人隐私信息的做法(例如个人通话详单、银行账户流水以及借贷者亲属信息等)。尽管平台也是不得已而为之，但从法律角度审视，此类行为本身就存在违法的嫌疑。

（4）其他业务合规风险。虽然都打着 P2P 的旗号，但不同 P2P 公司的业务模式存在很大的差异。目前，仅有少数几家 P2P 平台还坚持不提供担保、不承担信用风险，许多 P2P 机构都一肩挑着筹资、资金中介和担保等多个职能，但由于对资金来源和去向缺少监控，又没有资本约束，其中蕴含风险是不言而喻的。该行业尚处于快速创新阶段，一些不规范竞争难以避免，甚至可能出现非法集资、资金挪用、恶意欺诈等违法违规行为。

（5）大数据等先进技术的风险。目前一些较为成熟的大型网贷平台，其风险管理的核心在于数据的整合、模型的构建和精准分析，通过将自身系统内部的数据（如好评率、销售量、物流等数据）和一些外部数据（如税务、电力等数据）相结合，利用基于大数据的信用评价模型算出借款人潜在违约率，并以此作为放贷标准。这些方法对数据的质量依赖性很高，且缺少长期检验，如果数据构成和数据维度较为单一，数据质量不高，这一模式在实际操作中将面临风险。

3. 理财领域

（1）收益兑付和流动性风险。投资理财类中第三方支付机构将原有的客户保证金转换成货币基金等投资理财产品，是今年我国互联网金融中所出现的一种业务模式。从其投资标的货币基金来看，存在达不到预期收益率甚至发生亏损的风险，然而有的互联网理财产品却声称能够保证收益；互联网直销基金大多提供 7×24 小时都可以交易，而货币市场基金有固定交易时间，有的产品为保证流动性还需垫付自有资金。因此，互联网金融机构面临收益兑付风险和垫付资金的流动性风险。

（2）过度宣传风险。新成立的网络融资企业或新发售的理财产品往往采用过度宣传手段，如有的企业对虚高的预期收益率大加宣传，某些产品公开宣传其年化收益率能达到多少，是银行活期存款利率的多少倍，而对于亏损等风险提示不足，误导投资者对预期收益的理解。

这种不实宣传影响的其实是金融体系的整体声誉。

（3）赔付风险。近期又发生了理财平台的用户资金被盗案例，用户要求索赔，而声称出现案件将"全额赔付"的某互联网企业则要求用户必须举证该资金流失"不能归责于客户自身原因"方可实施赔偿。

（二）互联网金融监管的理论基础

第一，民间金融理论。民间金融是在主流金融体制之外而生的体制外金融，针对民间金融国内外学者均有不少研究，如德国 H. Schrader 教授、法国 T. Pairault 教授等均对民间金融进行过深入分析。民间金融脱离于监管之外，绕开了大量繁琐的程序，同时大大降低了主流门槛，所以它往往比主流金融更具活力，更有效率。民间金融大多属于私人所有制，是国家垄断金融的局面之下的有益补充，也是对在高门槛金融服务形成的金融压抑的一种有效释放。然而，无规矩不成方圆，任何行业的发展均需要规则去规制，因此民间金融监管理论也非常重要。

第二，金融中介理论。金融中介理论主要是围绕金融中介为什么产生和如何发展以及在经济金融发展中发挥什么样的功能等问题展开的研究。金融中介作为参与金融活动的微观主体，实际上就是具有企业性质的金融机构，因而完全可以用现代企业理论来解析金融中的行为。现代企业理论的两个分支——交易费用理论和委托代理理论及其分析范式，分别回答了金融中介因为降低交易费用和解决信息不对称而存在的问题，成为现代金融中介理论的重要理论支柱。

第三，金融市场理论。金融市场理论阐述了古典资产定价理论，如投资组合选择、风险厌恶、基本资产定价定理、投资组合边界、CAPM、CCAPM、APT、莫迪利安尼—米勒定理、无套利/风险中性估值和金融市场信息。

（三）互联网金融的风险特征

金融搭上互联网的快车，成就了今天的互联网金融。2013 年 6 月余额宝的出现迅速吸引上亿用户，揽下万亿元资金，为 2013 年互联网金融的爆发式增长拉开了序幕。互联网金融的优点优势自不待言，但是其自身的风险却不容小觑。从目前互联网金融的发展情况看，概括起来其风险特征有以下几点。

第一，传导快。互联网金融的一半血液是从互联网技术端口汲取的，这使其自身蕴含了浓厚的互联网基因。互联网分散化、虚拟化、多联性的特点使得互联网金融一旦发生风险，其传播速度将是传统金融风险传播速度的数倍。

第二，覆盖广。互联网金融践行普惠金融的理念而赢得大众和政府的青睐，然而其低门槛形成的众多参与人数也意味着一旦风险发生，风险的覆盖面将很广。以 2015 年倒塌的中汇在线平台为例，其爆出的坏账高达 2 亿元，牵连人数达到 3000 多人。

第三，形式新。互联网金融催生了大量的新型服务机构，如第三方支付、网络借贷、互联网众筹、互联网保险、互联网基金销售等，每种形式的互联网金融都有难以预测的风险存在，而针对这些风险的防范更是难上加难。

（四）互联网金融监管的基本原则和框架

监管设置的本质是为了更好地促进行业的良性发展，因此其设置规则需要根据行业特性和利于行业发展两个根本原则出发去考量。

第一，风险控制是本质。互联网金融的实质仍是金融，传统金融所固有的风险，在互联网金融领域同样存在，只是在表现形式和特征上有所区别。互联网金融一方面存在一定的传染性风险，并可能加速各类风险之间的转化。监管制度、监管界限，要设定在符合金融本质的位置边线。在什么样的情况下很有可能引发一个交易风险，针对这个交易风险须设置相应的监管措施。例如，现在互联网金融平台存在资金去向不透明的问题，但这个问题不是支付本身造成的，而是目前这个业态良莠不齐的原因。在这个问题上监管可以明地说哪些可以做哪些不能做，哪些必须披露，让真正好的平台凸显出来，遵循市场优胜劣汰的规律。

第二，允许创新和试错。互联网金融本身就是一个创新的产业、新兴的产业，国家对互联网金融行业需要采取宽容的态度，《促进互联网金融健康发展的指导意见》也指出，积极鼓励互联网金融平台、产品和服务创新，激发市场活力。没有创新就没有互联网，没有创新就没有互联网金融。允许一定范围的创新和试点对行业的发展和突破具有开拓性意义。

第三，鼓励普惠金融发展。金融最终要服务实体经济而不是高净值客户，普惠金融的理念释放了在当下传统金融高门槛、高标准形成的金融压抑。长期被商业银行忽略的长尾客户爆发力已经在互联网金融中得以体现。无论是国家导向还是实体经济的发展，小微经济的重要性已经越来越被政策和大众认可。

原则是指导性、普适性的。具体的监管框架需要根据实操中的问题去搭建。

第一，行业自律为主，监管为辅。互联网金融之所以区别传统金融，其很大的一点是因为互联网金融去监管化，而形成的独特活力。因此未来的行业发展，需要建立一个介于政府监管和散漫发展之间的组织——互联网金融协会。协会发挥其规则弹性，因地制宜、因时制宜，灵活扶持行业成长。

第二，分业监管。互联网金融的形式不亚于传统金融，已经蔓延至大部分金融机构，比较典型的有互联网保险、互联网理财、互联网股票配资等，虽然形式多变，但是基本属于"互联网＋细分金融机构"的模型，因此分业监管，使得专业的监管机构管理分类的互联网金融子行业显得更重要。

第三，统一标准。目前互联网金融平台在各地如雨后春笋一样爆发，良莠不齐，这也直接给投资者和监管机构在判别平台优劣性上设置了巨大的障碍。设立统一的标准，如注册资金、平台成交量、平台用户、坏账率等数据化的标准，能给大众提供一个很好的参考系。

五、互联网金融监管的国际经验及案例分析

（一）互联网金融监管的国际经验

1. 完善的监管法律

2012 年 4 月，美国总统奥巴马签署了企业振兴法案。该法案基于美国强盛的征信体系和优越的证券监管机制，规定众筹融资参与各方的权益与责任，以起到保障投资者和增进投融资的双向均衡。其主要内容包括：一是对发行人的限制。第一，要求发行人必须在美国证监会（SEC）备案，并向投资者和众筹融资平台披露规定的信息，主要是财务报告高管董事以及持股 20% 以上股东的信息募集用途发行额以及募资达标过程中的定期报。第二，不允许以广告的方式达到宣扬的目的，不过可以在众筹融资平台上进行宣传；揭露支付给这些筹融资平台的薪酬。第三，每一年应该向 SEC 和投资者提供公司运营状况和财政情况的呈报。第四，每一年由众筹融资平台招募资金的总体数额不得大于 100 万美元。二是对众筹融资平台的束缚。第一，必须在 SEC 做出记录为经纪商或集资门户，必须在自律监管性组织（SRO）登记处注册。第二，必须向投资者讲明募集资金存在危险的地方并对投资者进行危险引导。第三，如果融资预定方针在预定期限内未能准时完成，不得将所筹到的资金移交发行人；不允许一些人以把潜在投资者个人信息泄露给众筹融资平台的方式而获利的行为。美国公平信用卡支付法案指出，身为美国国民的互联网消费者的信用卡在被欺诈后，其最多亏损金额不能高于 50 美元。这项法案为消费者的利益提供了具有兜底性的根本保障。回顾历史的轨迹我们不难发现，美国电子商务（比如 e – Bay 和亚马逊）的成功，主要得益于美国健全的法律体系，尤其是如公平信用卡支付法案等法案的支持与保护。

2. 完善的监管体系

通过对美国的互联网金融监控系统进行考察可以发现，为了提高银行交易的安全性，这些存储类机构都受到了联邦银行管控机构的严格和周密的管控。同时在对消费者金融业务的开展和服务水平方面也受到了消费者金融保护局的严格管理和监督。联邦贸易委员会的主要职责之一就是执行联邦消费者保护法令，它不负责对该法令的实施进行监督，而是具体的执法机构。而美国证券交易委员的一项重要职能是对投资者提供保护，通常该联邦机构主要通过诸如揭露相关的反欺诈条款等手段实现其保护金融消费者与投资的目的。根据反欺诈条款中的相关内容，如果有公司将虚假或者是具有误导性、内容失真的信息传递给投资者，那么公司将要对该行为负责，承担相应的责任。与此同时，不只是美国联邦监督管理机构已经遍布美国的各州，加强了对 P2P 等互联网金融业务的管理和监督。特别是在对互联网金融从业机构和人员，美国监管部门采取了较为严格的态度，一旦违法，将会受到严惩。

英国对金融业实行集中监管，将包括互联网金融在内的金融业作为一个整体统一进行监管。在早期，英国金融市场由金融服务局（FSA）负责实施统一监管，互联网金融行业也被纳入 FSA 的监管职责中。国际金融危机之后，英国为加强审慎监管，对金融监管体制进行了全面改革，新设审慎监管局（PRA）和金融行为监管局（FCA）替代 FSA，分别承担审慎监管职能和行为监管职能。互联网金融行业的业务行为由 FCA 负责监管，而与宏观审慎监管有关的事项则由 PRA 实施监管，由此，互联网金融行业也被纳入审慎监管框架之中。

3. 充分保障金融消费者利益

金融消费者利益的保障是美国监管 P2P 模式的重点内容，这种监管主要表现在三个方面：第一，对消费者一视同仁，同等对待。第二，尊重金融消费者的隐私。第三，对消费者的金融知识的教育以及风险意识的培养予以高度的重视。当前为了实现对 P2P 的监管，联邦政府将法律法规作为一种重要的监管手段，从而降低系统性金融的风险系数，提高其安全性。英国监管当局为互联网金融消费者建立了较为完善的维权渠道，专门成立金融申诉专员服务公司，建立第三方争议解决机制。

4. 充分发挥行业自律协会的作用

美国的监管当局巧妙地利用的行业自律协会，将其作为一个重要的中介组织，通过该组织加强监管者与被监管者之间的沟通和交流，从而消除两方主体之间存在的信息不对称，使监管者能够及时听取被监管者的声音和诉求，另一方面也使被监管者能够政策理解监管者的行为，构建平衡的行业生态环境。

（二）国际 P2P 平台监管经验

基于对国际几大 P2P 平台的分析，我们认为，国际 P2P 平台之所以能够保持相对稳健和快速的发展，关键是在互联网金融与传统金融之间找到平衡，既有吸纳、融合传统金融优势的一面，又有创新的一面。

1. 通过资产证券化及权证流通分散投资者风险

以 Lending Club 和 Prosper 为例，当放款人和借款人达成协议之后，双方并没有发生直接的借贷关系，而是由 WebBank① 进行审核、筹备、拨款和分发贷款至对应的借款人手中。WebBank 在贷款完成后，会将收益权出售给 P2P 平台，之后，P2P 平台再将这些收益权凭证按照放款人最初在平台上认购的份额进行分割售卖。这种运作模式与国内通常的 P2P 模式完全不同，实际上是由银行规范贷款、P2P 平台购买债权后进行证券化转售两个环节构成，从而脱离了单纯的"贷款归集—发放"的流程。其好处在于：一是贷款强制以份额的方式出售，从制度上避免投资者风险的过度集中；二是贷款收益权具有了证券的特

---

① 一家注册在犹他州，可以向全美居民发放贷款的州立银行。

征，从而被纳入 SEC（美国证券交易委员会）的监管之下，这样每一笔贷款都需要向 SEC 详细报告。此外，目前 Zopa、Funding Circle、Prosper、Lending Club 等 4 家 P2P 平台都向投资客户提供二级市场流通服务，放款人可以在平台上向其他会员出售其收益权凭据以换取流动性，平台对于收益权凭据的流转交易收取固定费率的手续费。收益权证的可流通为投资者进行投资决策提供了更多选择，更为未来发展更为复杂的证券化产品提供了基础及流通平台。

2. 业务运营处于严格监管之下

早在 2008 年，SEC 就已经开始对 P2P 平台进行监管。SEC 的严格监管对欧美主要 P2P 平台的运作产生了重要的影响。例如，Zopa 2005 年成立之后业务量增长迅速，并很快实现了国际化扩张，其业务曾拓展至美国、意大利、日本等多个国家。但是自 2008 年美国 SEC 要求所有 P2P 借贷平台向 SEC 进行注册之后，Zopa 被迫全面停止了其在美国的业务，此后 Zopa 的国际业务也大多售卖给当地的 P2P 公司，目前 Zopa 的主要业务仍然集中在英国本土。再如，2007 年 10 月，Prosper 为了开办一个允许放款人交易收益权凭证的二级交易平台，向 SEC 提交了一份注册声明，但是并没有注册收益权凭证本身。2008 年 9 月，SEC 认为 Prosper 违反了证券交易法，出售未经注册的证券产品，因此向 Prosper 发出了暂停业务的通知，直至 2009 年 7 月才允许其重新开始运营，停业时间达 10 个月之久。Lending Club 也面临相同的监管问题，为了在 SEC 进行注册，其于 2008 年 4—10 月暂停向放款人出售收益权凭证。

3. 风险控制和信用评级主要基于传统的社会信用体系

国际主流 P2P 平台都采用较为传统的风险管理和控制体系，利用社会征信机构的信用评分和公开信用数据作为参考。例如，他们通常会对贷款申请人的信用评分有最低要求，Prosper 要求借款人的信用评分不低于 640 分，而 Lending Club 要求不低于 660 分；而 Zopa 则规定，对最低两个级别的评级贷款申请人不予发放贷款。信用评分和信用评级是国际 P2P 平台控制风险的最重要手段，其信用评级体系一般会参照借款人的信用积分、信用历史和其他因素给每一笔贷款做出一个信用评级，从而帮助放款人仔细甄别每笔贷款的信用风险。此外，Zopa 除了根据公开可用的消费信贷数据作为参考指标以外，还会进行人工复审，他们认为，所有的信用数据只能代表过去的行为记录，本质上来说并不能代表未来他是否能偿还贷款，人工复审的目标是为了深入了解贷款申请人的类型，识别这些申请人是可以克服困难偿还贷款的人，还是刚一出现困难就会申请 IVA（取消债务个人自愿协议）的人。有一点尤其值得注意，国际成功的 P2P 平台都是在原有基础信用体系和评估系统之上进行改进，并承认传统商业银行在这一领域的地位。他们经常会在公开场合表示，在风险控制这个领域，他们希望能够向商业银行进行学习。在这一方面也有前车之鉴，英国 P2P 公司 Quakle 在成立之初建立了一套类似于 e－Bay 用户反馈评分体系的风险评分体系，而放弃了传统的信用评分系统，其结果是这家公司成立 12 个月后，积累了高达 100% 的违约率，最终破产。

4. 违约贷款处理有制度性的安排

欧美 P2P 平台一般都仅是纯粹的撮合交易，不担保、不吸储、不放贷，但是会为问题贷款寻找出路，帮助投资人减少损失。例如，Lending Club 与一家经纪商公司 FOLIOfn 合作，推出了线上债权交易平台。出借人可以在平台上出让逾期债权，由专业的投资者购买。再如，2013 年 4 月，Zopa 成立了 Safeguard 基金，当借款人无法偿还贷款时，Safeguard 基金将接手这笔贷款的收益权，将贷款未偿还部分偿付给借款人，从而使借款人免受本金损失。

5. 平台风险定价能力日益专业

一般 P2P 平台都会采取借款人竞标的方式对借贷双方进行撮合，价格是由出借人竞标形成的。但 Lending Club 的定价方式有所差异，该平台不需要放款人对价格进行竞标，而是平台根据所掌握的市场信息及市场调查对不同评级、不同期限的贷款进行定价，借款人和放款人都是这一价格的接受者。Lending Club 的这种定价方式随着其 2011 年以来的业务快速增长，正在逐渐成为一种具有影响力的定价方式。同样，Zopa 的 Safeguard 基金放贷模式也要求借款人不再对贷款进行自行定价，而是采用了类似 Lending Club 的定价方式，由 Safeguard 基金综合市场各类信息（诸如平台资金状况、央行基准利率、其他金融机构贷款利率等）计算出各笔贷款的跟踪利率（tracker rate）。2013 年 7 月开始，Zopa 停止了所有非 Safeguard 模式的信贷交易，全平台已经全部采用这种全新的信贷交易模式，即 Zopa 平台目前的借贷双方也都成为平台价格的接受者。

P2P 平台未来可能将更多采用这种定价模式，因为这其实降低了借贷双方的撮合成交时间，借款人和贷款人双方都不太可能具有非常专业的风险定价能力，他们在心中只能大概形成一个预期，但是平台可以通过其搜集的数据形成一个相对专业合理的直接借贷价格。这些数据不仅包括当前市场价格，还包括借贷双方客户的历史竞标价格以及他们的预期。

6. 利用大数据技术管理风险

国际 P2P 平台还利用其他信息及手段提高平台对客户的风险揭示能力。Funding Circle 正在酝酿如何将社交网络信息融合进自身的风险控制模型当中，Lending Club 也正在运用自己已经掌握的信息进行分析，完善风险控制体系等，比如他们发现一个有趣的现象，客户填写姓名时的停留时间与其违约率之间存在一定关系，停留时间越长，违约率越高。另外一种方式就是加强信息披露，使客户充分了解其面临的费率和风险概率。以 Lending Club 为例，其网站上公开披露了每一笔贷款的详细信息，除客户隐私方面的信息以外，包括借款数量金额、还款情况等都是完全公开的。这种信息披露的完全性降低了借款人和放款人之间的信息不对称程度，同时也降低了借款人、放款人与平台之间的信息不对称程度，也可以降低平台本身的风险控制成本。

（三）第三方支付的监管

互联网金融各种业务模式中最重要的即为第三方支付，欧美国家第三方支付的起步远远早于中国，监管相对完善。欧美主要国家对第三方支付监管的指导思想经历了从偏向于"自律的放任自流"向偏向于"强制的监督管理"的转变①，即在第三方支付发展初期主要以鼓励创新、引导和适度监管为主，为其发展提供一个相对宽松的环境。当第三方支付的经营模式相对成熟后，再进一步推出有针对性的监管措施，并加强行业自律监管，完善行业标准等。

在监管目标上，朝着打造一个稳定、健全和高效的第三方支付体系迈进，保证第三方支付机构和市场稳健发展，进而推动经济和金融发展；同时，注重加强对消费者的保护和防范洗钱风险等。监管原则上，采用审慎监管原则、强化监管与支持创新兼顾的原则以及消费者保护原则，同时强调过程监管和动态监管。监管模式上，美国和欧盟表现出比较明显的差异。美国金融监管制度体系较为完善，把第三方支付看作货币转移业务的一种，因而在监管时尤其关注资金的转移过程，通过在财政部、美联储等多个部门之间的监管，既实现权力分散也实现相互制约。在美国，支付机构需取得州一级货币汇付牌照，沉淀资金不能用于贷款、投资等活动，且需接受联邦和州两级反洗钱监管。与美国的功能监管模式不同，欧盟监管基本为机构监管，支付机构如要从事金融业务，需申请相应牌照，接受与银行一样的监管。欧美国家较为规范的第三方支付监管，促进其健康发展与金融系统的安全稳定。

---

① 巴曙松，杨彪：《第三方支付国际监管研究及借鉴》，载《财政研究》，2012。

六、我国互联网金融监管现状及互联网金融监管国际经验的启示

(一) 我国互联网金融监管现状

互联网金融的风险问题已经受到日益广泛的关注，与商业银行相比较，互联网企业对于金融风险的管理能力有待加强。如若风险管控体系建设过于滞后，则可能导致互联网金融风险的不断累积，对互联网金融的发展甚至整个金融体系的稳定都会产生不利影响。监管部门已经注意到互联网金融领域存在的种种风险，并着手进行了大量的调研与政策制定。互联网企业也纷纷对行业不规范的竞争格局表示忧虑。总体而言，国内对于互联网企业、电商机构等从事的金融业务监管还存在大量空白，缺少完善的法规规范，未建立透明的信息披露制度。

1. 对第三方支付的监管

国内第三方支付的监管历程可分为两个阶段：第一阶段是无监管状态。在该阶段，整个市场处于发展初期，虽然业务发展迅猛，但由于监管政策法规相对滞后，第三方支付市场运营管理混乱。第二阶段为监管强化阶段。针对第一阶段出现的涉嫌非法投资、洗钱、套现等违法行为，央行先后出台了一系列的监管办法，如《非金融机构支付服务管理办法》（2010 年 6 月）、《非金融机构支付服务管理办法实施细则》（2010 年 12 月）、《支付机构客户备付金存管暂行办法（征求意见）》（2011 年 11 月）、《支付机构互联网支付业务管理办法（征求意见）》（2012 年 1 月）、《支付机构预付卡业务管理办法（征求意见）》（2012 年 9 月）、《支付机构客户备付金存管办法》（2013 年 6 月）等。2014 年 3 月 13 日，中国人民银行支付结算司下发通知，由于虚拟信用卡和二维码支付业务在客户实名制审核、支付指令确认、支付安全、交易信息的真实完整和消费者权益保护等方面存在风险隐患，与现行支付业务规则有一定冲突，故暂停了这些业务。

　　这些管理办法明确地将第三方支付纳入监管范围，明确了央行的监管主体地位，将第三方支付行业的监管明朗化，建立了第三方支付机构的市场准入制度，从法律层面明确了第三方支付业务中非金融机构的法律地位，确认了其从事相关金融服务的合法性和合规性，保证支付服务市场健康有序发展。

　　但对比欧美等国外成熟监管经验来看，当前我国第三方支付监管还存在一些有待完善的问题：一是第三方支付监管立法有待完善。目前制定的《非金融机构支付服务管理办法》仅是一部部门规章，法律效力层级比较低，导致可采取的监管和处罚方法有限。二是第三方支付的分类不适应业务发展和监管需要。当前《管理办法》基本上是按照支付工具或者支付通道的角度来对非金融机构支付服务进行分类的，随着科技的发展和支付服务市场分工的进一步细化，各种支付工具、支付方式和支付渠道之间相互融合，导致现有的分类方法不能体现各种支付业务的本质特征和风险特点，也给监管和相关法规制度的制定造成了困难。三是对消费者权益的保护仍显不足。互联网金融机构的高科技特征导致消费者与支付机构之间存在着更加明显的信息不对称，而我国对第三方支付的监管刚刚起步，因此在消费者保护方面仍存在诸多不足，如客户信息被泄露、客户备付金被挪用、服务协议霸王条款等，均缺乏明确的监管要求与惩戒措施。

　　2. 对 P2P 网络贷款及网络理财的监管

　　关于 P2P 网络贷款平台监管，银监会办公厅 2011 年 8 月发布了《中国银监会办公厅关于人人贷风险提示的通知》。该通知揭示了人人贷中介服务存在的诸如影响宏观调控效果、容易演变成非法金融机构、业务风险难以控制、不实宣传影响银行体系整体声誉、监管职责不清、法律性质不明、贷款质量低于普通银行类金融机构等七大风险。人民银行办公厅则于 2013 年 6 月发布了《支付业务风险提示——加大审核力度——提高管理水平——防范网络信贷平台风险》，提出存在对网络信贷机构审核及管理不严、风险意识不强及信用卡透支用于网络信贷等三项风险。

但上述通知仅是提示银行等机构重视人人贷风险管理，有效防范欺诈、套现等风险，但对 P2P 网络贷款平台涉及的借款人、贷款人、担保方以及中介服务方及相关风险均没有纳入监管范围。因此，从整体上看，我国对 P2P 网络融资的监管还处于一个灰色地带。关于 P2P 网络借贷平台并没有明确的监管主体，"都想管，又都怕管"的格局使得想规范发展的 P2P 网络借贷平台成为监管空白区。

再看网络理财。我们对于网络理财的监管主体和创新行为也均没有明确规定。以"余额宝"为例，该产品涉及基金销售及支付结算，这属于证监会监管；同时它又是支付宝旗下的产品，而支付宝是由人民银行监管。在实际操作中，由于监管主体不明确，往往导致被动的事后监管或无从监管。此外，对于网络理财，还缺乏严禁变相吸收存款、资金来源及应用的要求及监督、产品宣传未充分揭示风险、禁止夸大收益等的监管规定。

（二）互联网监管国际经验的启示

1. 协调监管

互联网金融的参与主体来自不同领域，既有传统金融机构也有互联网公司和众多创业公司，既有持牌机构也有非持牌机构，其从事的互联网金融业务也相当多元化，要实行传统的主体监管难度较大，政策有效性也会大打折扣。

互联网金融的监管首先关注金融行为的本质属性，存款、贷款、汇款、代理销售等金融业务不因处于互联网环境而发生质的改变，仍需遵守现有的金融法规，各个环节的经营主体仍然承担风险责任。在此基础上，不同行业的监管部门加强监管协作，共同提升风险反应效率，按照互联网运行的特点，推进监管的"无缝对接"。对于不同类型的互联网金融业态，依据其金融类别属性、业务复杂性、涉众性、金融关联性等方面实施差别化的监管方式。潜在金融风险越大、影响越广泛，其承受的监管压力和监管成本应相应提高。

2. 加强审慎监管，防范系统性金融风险

互联网与金融的结合会放大风险，加强审慎监管、防范系统性风险成为当务之急。互联网金融准入门槛低、覆盖面广，比传统金融更具有涉众性风险；同时，互联网金融的发展加速了金融子行业之间以及金融与其他行业之间的融合，互联网金融企业与传统金融机构之间可能因业务关联、声誉风险等引起风险传染。监管部门需要保持对于风险的高度敏感性，不仅要关注单家机构的风险特征，还要密切关注互联网金融创新活动的系统性影响，加强微观审慎监管和宏观审慎监管。应当加强监管部门之间的信息共享和监管协调配合，识别风险传染机制、追踪风险传染链条，建立健全风险监管指标体系和风险研判评估制度，做好系统性风险的检测预警，及时采取必要的监管行动，防范和化解系统性风险。

3. 完善信息披露制度，建立综合性消费者保护机制

互联网的特征是信息公开透明，互联网金融的信息透明度应当遵从更高标准，服从更严要求。互联网金融机构的业务经营要经得起外部审计、经得起法律审查、经得起外部评级、经得起新闻监督。互联网金融从业机构在提供服务过程中，要做到了解自身客户、了解自身产品、了解自身风险。要向投资者提供风险承受能力评估，充分揭示风险，充分提供信息。把投资者的利益和资金安全置于更高的地位。金融消费者的权益保护应处于核心位置。互联网交易的"非面对面"特性，一般投资者不易充分了解金融业务风险，只能按照产品提供者给出的提示进行操作，在消费活动中难以进行自我保护，集中体现在风险揭示、资金安全、银行账户信息安全和自身隐私信息保护等方面。互联网金融要以更严格的标准强化投资者保护、风险意识培养和金融教育等功能。特别是涉及借贷、投资等领域的业务，要更加倾向于维护出借人、投资人等资金所有权的合法权益。同时，要保护客户的合

法知情权、个人信息等，任何机构不得利用自身优势地位擅自动用客户资产或泄露客户信息。

4. 尊重市场规律，把握好监管与创新的平衡

互联网金融健康发展离不开监管，但监管过度则会损害市场活力，抑制行业创新。监管部门应当把握好发展与监管之间的平衡，既要鼓励互联网金融创新，充分发挥其资源配置功能；又要完善监管，切实防范和化解风险。针对互联网金融创新的风险特征，监管部门需要不断改进监管工具和监管手段，提高对复杂金融创新产品的专业监管能力。相对于提升监管的专业水平，切实转变监管思路，把握好监管的边界，可能更为重要和紧迫。监管部门应当尊重市场规律，尽量减少对微观主体经济活动的直接干预，在防范系统性风险的前提下适当提高对互联网金融创新的包容度，留有适当的试错空间，在制度上给互联网金融留下充分的发展空间。特别是对于尚未完全掌握行业发展路径和发展规律的部分互联网金融业态，相关监管更应谨慎。此外，监管部门应当持续评估互联网金融创新的发展态势，建立动态监管框架，根据实际情况及时调整监管策略，在监管规则和监管框架的设计上坚持开放包容的理念。冷静观察新的金融业态，要在明确底线的基础上，为行业发展预留空间。

5. 发挥行业协会的重要作用

各市场主体需要深入理解效率和风险的均衡，合理认识市场驱动和政策环境的相互作用，既要注重创新和效率，也要提高自律意识，自觉维护市场秩序，推动市场自律建设，保证行业发展的有序和规范。充分利用中国支付清算协会正在组建中的互联网金融协会平台，推动支付清算和互联网金融行业自律管理，发挥行业自律在行业治理中的积极作用，形成监管与自律的协同和均衡。

农村土地承包经营权抵押融资问题研究①

第一部分　引　言

一、选题背景

"三农"问题是中国当前阶段面临的一个重大问题，要解决好"三农"问题，发展好农村经济，资金十分关键，除了国家投资，还需要农民自己投资，而农民通过向各类金融机构借款进行实现间接融资，是农业投资的重要渠道之一。十八届三中全会通过的《中共中央关于全面深化改革若干重大问题的决定》中明确规定："鼓励承包经营权在公开市场上向专业大户、家庭农场、农民合作社、农业企业流转，发展多种形式规模经营。"然而由于缺乏优质的担保物，农业中长期信贷投入不足问题一直十分突出，"融资难"成为制约农业发展、阻碍农民致富的重大问题。在国际实践经验来看，农业担保贷款最常见的形式是农地抵押贷款；在我国由于土地国有，土地承包经营权就发挥着西方国家土地所有权的作用，允许农户以土地承包经营权作为抵押进行融资，无疑是缓解农民"融资难"问题的有效途径。

---

① 主持人：祁敬之；课题组成员：彭守天　李红宇　桂山林　刘俊峰　江璐　刘扬。

农村土地承包经营权能否抵押一直是近年来我国土地流转立法与实践中极富争议的焦点。政府、金融机构、农民由于各自立场不同对土地承包经营权抵押的所持态度也不一样。2013年以前，国家强调土地对农民生活的保障功能，从而立法禁止土地承包经营权抵押；金融机构从成本效益和风险控制的角度出发对土地承包经营权抵押贷款特别谨慎，几乎不感兴趣；农民因农业生产发展需追加生产要素投入而迫切需要发挥土地承包经营权的融资功能。近年来，随着我国农村城镇化工业化水平的提高，农村社会保障体系不断完善，农民家庭收入来源逐渐多元化，土地的社会保障功能呈现出弱化的趋势。因此，尽管当初立法禁止土地承包经营权抵押，各地对土地承包经营权抵押的实践探索却一直没有停止。十八届三中全会明确提出了"赋予农民对承包地占有、使用、收益、流转及承包经营权抵押、担保权能"，官方首次允许农村土地承包经营权可用于抵押，随后全国各地纷纷推进土地承包经营权抵押的试点工作。2013年12月中共中央政治局召开会议，决定成立以习近平总书记担任组长的中央全面深化改革领导小组（以下简称深改组），2014年9月深改组审议了《关于引导农村土地经营权有序流转发展农业适度规模经营的意见》（以下简称《意见》），2014年11月国务院发布该《意见》，农村土地经营权有序流转问题上升为全国性的政策问题，2015年1月国务院办公厅发布了《关于引导农村产权流转交易市场健康发展的意见》，被称为首部针对农村产权流转交易市场的全国性指导文件。该《意见》明确将土地经营权分离出来，对农村土地流转领域的所有权、承包权和经营权进行了分类指导，强调指出：农村产权交易以农户承包土地经营权、集体林地经营权为主，且不涉及农村集体土地所有权和依法以家庭承包方式承包的集体土地承包权。党的十八届五中全会通过的《中共中央关于制定国民经济和社会发展第十三个五年规划的建议》提出"稳定农村土地承包关系，完善土地所有权、承包权、经营权分置办法，依法推进土地经营权有序流转，构建培育新型农业经营主体的政策体系"，"深化农村土地制度改革。完善农村集体产权权能"。这进一步明确了农村产权制度改革的主要任务，对激活农村土地等要素、促进资源优化配置意义重大。针对试点过程中遇到的一些与当前法律规定相冲突的问题，2015 年 8 月国务院出台了《关于开展农村承包土地的经营权和农民住房财产权抵押贷款试点的指导意见》，要求试点涉及突破《中华人民共和国物权法》、《中华人民共和国担保法》等相关法律条款的，由国务院按程序提请全国人大常委会授权，允许试点地区在试点期间暂停执行相关法律条款。为此次改革试点保驾护航，自此农村土地承包经营权抵押试点在全国全面推进。

这些具有典型意义的改革政策一方面满足了农村经济迫切需求——将土地承包经营权作为一种财产权利来获得抵押融资支持，另一方面也为探索新形势下农村金融担保体制提供了思路和参考。

二、选题意义

本文试以农村金融改革创新为背景，以多地积极探索、实践为基础，通过对农村土地承包经营权抵押贷款运行的情况进行梳理，从新制度经济的角度探究承包经营权抵押贷款业务开展中存在的问题及其微观运作机制，以促进这一农村金融创新产品进一步推广，对探索建立完善农村土地承包经营权抵押制度机制，具有较强的现实意义。

三、研究方法与内容

（一）主要研究方法

1. 新制度经济学研究方法

由于农村土地承包经营权抵押试点涉及 3 个核心问题未明确，即抵押物的产权、抵押的交易成本和抵押风险，而新制度经济学是用经济学的方法研究制度的经济学，产权—交易成本理论是其研究制度的基本方法，本文引入新制度经济学研究方法，从制度层面来探讨农村土地承包经营权抵押融资目前存在的问题及对策。

2. 实地调研法

实地前往信阳、南阳等地调研、座谈农村土地流转、土地承包经营权抵押贷款业务开展情况，通过总结调研各地的经验教训，为后文的实证分析以及政策建议提供了参考。

3. 文献梳理法

所参考的文献既有国内的博硕士论文、期刊杂志、网站，也有国外著名学者撰写的学术文章；既有权威专著、教材，也有全国各级人民银行系统撰写的调研报告。通过研读这些不同层级、不同角度的文献资料，保证了本文的论证有一个宽广的视野和较高的站位。同时需要说明的是，本文引用的统计数据多来自人民银行系统的调查报告，涉及工作秘密，不宜泄露和引用。

4. 比较研究法和实证分析法

在文献研究的基础上，全面分析和把握我国农村土地承包经营权抵押贷款业务的开展情况、制约因素，选择出宁夏同心、宁夏平罗、吉林（山西）三个取得较好成效的地区模式作为考察样本，对样本进行比分析并总结出三种模式各自的优点和不足。通过分析中微观运作机制，再对信阳、南阳两市进行实地调查研究，实证分析农村土地承包经营权抵押贷款中遭遇的主要问题。

（二）研究内容

本文共分五个方面：一是引言，论述选题背景及意义；二是理论综述，阐明和分析国内外相关理论和观点；三是从新制度经济学视角探讨相关问题；四是中微观机制分析和问卷调查分析；五是推进抵押试点的政策建议。

第二部分　理论综述

一、国外理论

西方经济学的研究以私有制为基础，认为只有产权完全私有，才能促使生产要素在市场机制下合理配置。由于土地制度有着本质的不同，所以西方经济学不存在土地承包经营权这一概念。西方学者对这一问题的研究集中在土地产权、土地规模经营、农村金融市场、农村信贷等方面。

Feder（1993）认为，农地产权的价值与农地市场的功能主要依靠一种正式明确和强制执行这种产权制度的一系列制度组合，包括法院系统、政策、合法的农地调查、登记和公告的代理机构，同时还包括那些社会规范、信仰、习俗等非正式制度。Stiglitz 和 Weiss（1981）认为信贷配给是信息不完全条件下逆向选择所导致的长期均衡。为了降低由逆向选择和道德风险所引起的违约风险，贷款人往往将利率定在市场均衡利率之上。BeSley（1995）认为，虽然面临着道德风险的问题，正规的金融机构在信贷的过程中没有办法控制贷款人的行为，但是团体贷款，可以使个人从事风险性较大的投资项目得到约束，以解决道德风险问题。Matthew Gorton（2001）认为，鼓励农业生产的联合经营会减少土地交易的障碍，但如果没有界定清楚土地所有关系和正式授权的土地证书，土地市场的功能却会很微弱。James Kai‑sing Kung（2002）认为农村土地租赁市场主要受家庭特征、非农就业制度和村庄特征影响，并进一步阐明加快农村劳动力市场改革是促进农地租赁市场发展的首要选择。

二、国内理论

国内关于农村土地承包经营权抵押的相关研究主要集中在承包经

营权能否抵押和抵押过程中出现的问题上。主要观点如下：

（一）反对农村土地承包经营权抵押的观点

学者们认为土地承包经营权不是一个学术问题，而是政治问题。禁止土地承包经营权抵押是为了保护集体成员利益，维护农村社会稳定，防止出现大范围的土地产权流动以及随之而来的大范围的人口流动（王卫国，1997）。认为推行农村土地承包经营权抵押存在的风险极大，所以建议应该在立法中明确规定禁止土地承包经营权的转让和抵押（梁慧星，2003；韩俊，2010）；不完全的农地承包经营权产权降低了农户农地经营收益和农地交易价格，提升了农地交易成本，降低了了农户农地交易净收益，最终影响了农户农地的需求和供给（钱忠好）农村土地承包经营权抵押在操作上存在着对农民不公平的现象，它的出现会孕育很多潜在的社会风险（陈锡文，2009）；农业本身就是高风险产业，鼓励农民用土地承包经营权抵押贷款会增加农民的破产风险。发展农业需要强有力的资金支持，但不能让农民顶着破产的风险筹借资金（何宝玉，2011）。目前农村社会保障体系的欠缺，农民仍然视土地为最后的生存保障。中国农村目前生活水平较低，影响农户抵押土地承包经营权的最大因素之一是农户担心失地之后的生活保障，土地已经成为农村中养老的保障，因此一旦农户抵押土地承包经营权失地风险值增大，农户抵押土地承包经营权就没有兴趣（易忠君，2013）。农村土地股份合作社和承包农户由于土地承包权和经营权合一，开展土地承包经营权抵押，逻辑清晰，具有可操作性；而专业大户、家庭农场、农民专业合作社和农业企业由于土地承包权和经营权是分离，开展土地承包经营权抵押在理论上不具有可行性，在实践中存在很大的金融风险（赵海，2014）。《物权法》和《农村土地承包经营法》均确定以招标、拍卖、公开协商等方式取得的荒地等土地承包经营权是允许抵押的。但是，作为我国农村土地主要承包经营方式的家庭土地承包经营权却并未被赋予抵押权（魏雁飞，2015）。

（二）支持农村土地承包经营权抵押的观点

1. 从立法视角来看，农村土地使用权作为一种他物权，完全可以用作抵押的标的物（尹云松，1995）；土地承包权作为一种独立的财产权，应该允许和鼓励通过其使用权作抵押、入股等方式活化土地承包经营权（邓大才，1999）；推动和完善相关的立法，创设农村土地承包经营权抵押立法制度，为金融机构开展此项业务奠定法律基础（朱英刚、王吉献，2008）；国家应加快设立以农村土地承包经营权等可进行交易的财产权和收益权为主要内容的《农地抵押担保法》（林乐芬、赵倩，2009）；农村土地承包经营权是一种用益物权，而一般用益物权的各项功能应完全具备，自然包括对农村土地承包经营权抵押的确立。允许农村土地承包经营权抵押，能赋予农民更加完整的物权（陈曦，2010）。随着经济的发展，我国已具备了突破土地承包经营权抵押限制的现实基础，应建立和完善家庭土地承包经营权抵押制度及登记、评估、社会保障等相关配套制度，以保障农业经济健康、快速地发展（田虹、杨玉凯，2013）。由于现行法律制度与物权理论对农村财产制度的规范和阐释并不契合，农民在行使自身所有的农村宅基地使用权与土地承包经营权、处分权时还受到诸多法律限制。通过农村土地承包经营权抵押的制度创新来解决农村金融供需矛盾，是较为现实与可行的手段（索婷、程亮，2014）。明晰产权是推进"两权"融资的关键。建议今后的土地制度改革应在产权界定上做实，只有这样才能健全涉及土地的要素市场，农村的产权抵押交易才能顺利推进（高勇，2015）。与土地承包经营权抵押相关的法律规定、配套制度仍未与当前党中央、国务院深化农村改革加快推进农业现代化发展以及加快金融服务"三农"发展的总体要求相适应（张辉、张晓云、高锦灿，2015）。

2. 从经济视角，我国农村发展资金缺乏中长期投入，因此，以农村土地承包经营权等为抵押，向农业提供中长期资金，能够保证农业和农村经济的持续良好发展（刘冰、肖诗顺，1996）；现行的农地制度对农村土地承包经营权抵押设置了诸多限制，严重影响了土地资源的有效配置，导致交易成本增加和农地效益降低，同时也影响了农地增值和农民收益增加，不利于农业产业化的形成（徐文成，2007）；土地流转市场发育缓慢，抵押土地处置变现难；缺乏土地评估机构，土地价值界定难。抵押登记相关制度不完善、专业中介评估机构和统一评估标准缺失导致土地使用权转让难（徐广平，2009）。从信息经济学的角度来看，农村土地流转的信号传递效应表明放开农村土地使用权流转的限制，可以弥补农村地区信号传递机制的缺失，从而减少银行与农户间的信息不对称程度，缓解农户贷款难问题（杨兆廷、胡楠，2009）。金融机构普遍认为农村"三权"抵押贷款具有金额小、成本高、利润低、风险大的特点，造成金融机构"惧贷"现象（向红、曹跃群、何涛，2011）。即使将来法律予以认可，土地承包经营权抵押还要受到土地市场发育程度约束，单纯由市场运作实现规模化经营的交易费用太高，由此导致农村土地市场是一个缺乏竞争性的市场，因此，农村土地承包经营权抵押不仅要面临法律风险，而且还要正视市场的约束（汪险生、郭忠兴，2014）。全面深化农村土地制度改革，要求尽可能地释放土地承包经营权的融资功能，为亿万农民通过土地获得融资提供政策和法律支持，从而更好地维护和发展农民权益，必须加快建立符合土地承包经营权自身特点的抵押权政策与制度体系（王立争，2015）。

3. 从完善农村金融体系视角，农地金融制度是农村土地制度不可分割的组成部分，从农村土地制度的完整性来分析，建立以土地使用权抵押为特征的农地金融制度是非常有必要的（尹云松，1995）。目前我国农村金融市场存在四大基本问题：严重信息不对称、抵押物缺乏、特质性成本与风险、非生产性借贷为主。这是影响农村实现效率和公平的最大金融瓶颈，需要一个合适的农村金融体系来解除这一瓶颈（周立，2007）。农村土地承包经营权抵押贷款作为一种新的农村金融服务品种，它的出现丰富了金融产品的种类，创新了农村金融体系，为农村金融发展找到一条新的路径，发展了农村金融市场（郑晓丽，2010）。受承包地面积较小、土地租金较低、交易成本较高和金融机构控制风险要求较高等因素影响，土地承包经营权抵押贷款的规模十分有限，土地承包经营权抵押贷款只能作为解决农村金融的一种补充，而不是根本性政策；解决农村金融问题根本上要靠引入竞争性的金融机构和构建良好的农村金融生态环境（赵海，2014）。当前进一步深入总结国内外农村土地抵押融资模式的经验和不足，研究提出适合我国的农村土地金融制度，才能真正发挥农村土地承包经营权抵押融资功能，满足我国农业规模化、现代化发展的巨大资金需求（黄碧琴、郭敏、秦义春、冼美玲，2015）。

4. 从社会视角，土地承包经营权抵押贷款可促进农村非农产业的发展，也符合城镇化建设的需要。土地承包经营权是一种具有价值的商品，这种商品具有融资的作用，那些希望摆脱土地束缚发展非农产业的农户，可以借此获得发展非农产业的基金（上静，2006）。农民通过抵押贷款获得融资，发展非农产业，一定程度上缓解农村劳动力剩余问题，同时也加快促进农村城镇化建设的步伐（史卫民，2009）。在市场经济环境下，我国社会经济得到了快速的发展，但农村经济成为社会发展的一个严重的短板，如何促进农村经济全面快速增长，受到了社会的广泛关注，其中农村土地承包经营权流转成为关键（周龙，2014）。土地是农业生产的最基本要素，在稳定和完善农村土地承包经营制度的基础上，建立灵活有效的流转机制，关系到农业资源配置的效率和优化，是农村经济和社会发展的必然趋势，也是新农村建设、发展现代农业的客观需要（徐婷婷、赵勇，2015）。

5. 从风险角度，认为要推进农村土地承包经营权抵押，必须建立健全风险防范机制，如果风险保障机制缺失，贷款风险管控难，银行贷款权益难以得到保障（黄向庆，2009）。农村土地产权抵押贷款模式会引致农户违约风险和农村金融机构对抵押债权的变现风险两个问题

（肖诗顺、高峰，2010）。现阶段农业保险业务尚未全面展开，农业保险的覆盖面还较低，在遇到较大的自然灾害或市场因素影响时，开展土地经营权抵押贷款业务的金融机构就可能面临一定的风险（王迅，2014）。金融机构风险控制对土地商业化价值的需求需要农村土地运营模式的创新（程郁，2015）。

总而言之，学者们从各自不同的角度出发阐述了支持农村土地承包经营权抵押的观点，认为实现农村土地承包经营权抵押贷款对解决农村发展所需资金、农业产业化、农民增收、完善农村金融制度、促进非农产业的发展皆有裨益。

第三部分　新制度经济学视角下农村土地承包经营权抵押融资现状和存在的主要问题

一、各地开展土地承包经营权抵押融资试点效果的初步考察

土地承包经营权抵押始于贵州湄潭县土地金融公司（1988年），以后经重庆江津（2005年）、宁夏同心（2006年）示范引导，现已呈现从县级试点逐步扩展到地市试点甚至到省级，并随着十八届三中全会《决定》关于农地抵押解禁政策的作出，农地抵押试点范围进一步加速拓展。整体上看，农地抵押试点地区以政府主动推动为主导，如探索建立农村产权登记制度、土地流转交易平台、农村产权价值评估机制、农村产权抵押融资风险分担机制、司法保障制度和加强农村信用保障机制建设等，这些机制建设是农地抵押的基础，正越来越多被全国各地试点地区所采纳和应用，如湖北武汉、四川成都、重庆、河南平桥、宁夏平罗等。有的试点政府全程参与，扮演了诸多角色，从制度供给、市场参与、交易监管、市场裁判，最后到风险兜底，实践效果比较突出，如最初发端于吉林农村土地收益保证贷款，现已发展

蔓延至山西、黑龙江、四川和重庆等地。2011 年至 2013 年以乡镇为单位，在数百个县开展土地承包经营权确权登记颁证试点工作试点；"深改组"成立后抵押试点推进明显加速，2014 年以县为单位，首次在山东、四川和安徽等 3 个省开展土地承包经营权确权登记颁证试点工作；2014 年 11 月 20 日国务院发布《关于引导农村土地经营权有序流转发展农业适度规模经营的意见》，农村土地承包经营权抵押全面推进。截至 2014 年底，中央安排及地方自行推进的全国开展土地承包经营权确权登记颁证试点县数已达 1988 个，涉及 1.3 万个乡镇、19.5 万个村，3.3 亿亩（15 亩＝1 公顷）承包耕地。2015 年上半年又新增 9 省份纳入"整省推进"的试点中来，土地确权已经扩大到 12 个省。全国 2200 多个农业县市区，都在试点推进。截至 2015 年 6 月已经有 2.6 亿亩农民的承包耕地完成确权，并且已经开始发证。

从各地开展土地承包经营权抵押实践情况来看，各地虽然基于不同的"三农"发展实际探索了各具特色的抵押贷款运作机制，但是总体来看，多数地方的探索仍旧停留在制度层面或者仅仅实现了抵押融资的零突破，要真正实现长时间的运转、贷款的笔数和额度达到一定规模要求的还较少。在实践中已实现一定程度商业可持续的地方主要有山东枣庄、黑龙江克山及农垦区、湖北武汉、四川成都、重庆、吉林、山西、宁夏同心、宁夏平罗等地区。但实践效果却因各种原因不尽相同；这既与当地农业生产经营发展阶段有关，更与运作机制本身设计的科学性、适应性有关。

分地域看，东北地区、沿海地区（上海除外）、成渝地区的土地承包经营权抵押运行机制发展得较为成熟，获得了市场主体的较高程度认可。

二、制度经济学视角下的问题分析

由于农村土地承包经营权抵押试点涉及 3 个核心问题未明确，即抵押物的产权、抵押的交易成本和抵押风险，而新制度经济学是用经济学的方法研究制度的经济学，产权—交易成本理论是其研究制度的基本方法，本文拟引入新制度经济学研究方法，来探讨农村土地承包经营权抵押融资目前存在的问题。

（一）产权界定模糊，明细法律规定有待出台

新制度经济学认为产权模糊主要有两种情况：一是产权归属关系不清，即财产属于谁未明确界定或者未通过法律程序予以肯定；二是财产在使用过程中，权利归属不清，当产权出现分割、分离与转让等情况时，财产各种权利主体变得不明朗。

2015 年 1 月 22 日，国务院办公厅发布了《关于引导农村产权流转交易市场健康发展的意见》，明确将土地经营权分离出来，对农村土地流转领域的所有权、承包权和经营权进行了分类指导，强调指出：农村产权交易以农户承包土地经营权、集体林地经营权为主，且不涉及农村集体土地所有权和依法以家庭承包方式承包的集体土地承包权。《国务院关于开展农村承包土地的经营权和农民住房财产权抵押贷款试点的指导意见》（国发〔2015〕45 号）中提到："试点涉及突破《中华人民共和国物权法》第一百八十四条、《中华人民共和国担保法》第三十七条等相关法律条款，由国务院按程序提请全国人大常委会授权，允许试点地区在试点期间暂停执行相关法律条款。"这表明，农村承包土地的经营权抵押贷款问题已拥有了上位法依据，但更加详细的法律规定有待出台。

从试点地区调查的情况来看，各地制定的农地抵押制度法律效力较低，难以给交易当事人形成稳定预期，一是虽然政策上对承包权和经营权进行了分离，但对"农地经营权"并未做出明确界定。从经济学角度上讲，农村土地经营权是农地经营者在向承包者支付对价后享有的对土地占有、使用、收益和一定处分的权利。但从试点实地调研情况看，在实际操作过程中，农地抵押价款不是根据合同约定的期限

一次性付清,而是采取租金的形式一年一付。二是银行变现难。由于农业生产设施的资产专用性较强,农地流转范围限定于同类农业企业或规模种养户,流转范围比较小,流动性比较差,而银行作为吸收存款、发放贷款的金融机构,一般并不具备对土地承包经营权进行开发、利用、收益的条件和能力,银行将农地承包经营权作为抵押品的变现,处置难度也比较大。

(二)交易成本过高,抵押进程推进缓慢

新制度经济学认为在交易费用为正的情况下,不同的权利界定,会带来不同效率的资源配置。

1. 抵押担保机制复杂

抵押融资程序过于复杂,抬高了融资门槛和成本,降低了农户的融资能力。从全国各地实践情况来看,抵押担保方式、机制不同,贷款模式也千差万别,有明示土地承包经营权抵押的直接抵押,还有通过回避土地承包经营权直接抵押而转换为其他相关权益的名义进行的间接抵押。此外,各地贷款均倾向于向规模经营者贷款,在向农户贷款时往往通过向农民合作社等集中发放贷款,从而间接实现向农户分散贷款。

2. 评估程序繁琐

从各地出台的规定来看,对农村土地承包经营权抵押价值范围,一般主要包括已预付土地租金和预期纯收入;常见的评估方式主要有:借贷双方协商确定、中介机构评估、贷款银行自行评估、农业主管部门评估、专家测算等,实践中各地通常采用这几种方式的一种或几种,当然也有采取两种以上相结合评估的方式,但银行在接受抵押时更倾向于市场化色专业第三方评估,显然这种评估公允又透明,但无疑会增加交易成本。

(三)存在负外部性,制度保障有待完善

新制度经济中的外部性是指一个经济主体对另一个经济主体的影

响不能通过市场来解决，这种影响分为正外部性和负外部性，而负外部性一般表示不好的影响。

为增强贷款的安全性，降低违约风险，以提升金融机构参与积极性，抵押融资试点地区都尝试建立了土地承包经营权抵押贷款风险防范措施，比如构建政策性贷款风险补偿基金、政策性担保公司、发展农业保险、财政补贴等兜底性措施。但在实践中，很多地方补偿设置门槛过低，"风险补偿"几乎成为"损失补偿"。例如海南省、四川成都、河南济源、山东寿光、云南砚山、重庆黔江等地方均规定：当债务履行期届满抵押权人未受清偿的，抵押双方可协商以土地承包经营权再流转所得价款受偿，也可由农村产权抵押融资风险机构按基准价格收购。可以看出，这些规定仅要求在其他方式未能进行处置时（而非已进行处置但所得不足以偿还贷款时），就可以通过申请风险基金进行补偿；由此可见，其名为"风险基金"，实为"赔偿基金"。显然，这种做法违反了风险基金作为最后兜底性措施——只有在其他方式已充分利用，仍不足够清偿才能启动的原则。如此没有原则的兜底制度安排，仅考虑到把风险转嫁给政府，却忽略了市场主体交易风险自负意识的培育，势必将风险成倍放大。

第四部分　推进土地承包经营权抵押融资实证分析

新制度经济学认为制度创新的终极动力在于追求个人利益最大化，即一项制度安排是在预期的净收益超过预期成本时就会被创新。目前推进土地承包经营权抵押试点工作开展的动力仍显不足。

一、试点地区的成熟做法样本选取

我们考察发现，各地实践中政府和市场关系及作用的不同是影响抵押模式和效果的重要因素。因此，我们试着从抵押贷款的推进程度的角度，以进步形态（降低交易成本），成长形态（确权、降低交易成本），成熟形态（确权、降低交易成本、规避外部性）三种类型来分类，以期从具体案例中窥测和比较一下各地开展土地承包经营权抵押实践的效果，特别是其中好的做法和经验，以及今后应该注意和避免的问题。

表1　　　　　　　　土地承包经营权抵押贷款试点探索概括表

类别	样本地区	成立机构	试点探索概况
进步	宁夏同心县	市场自发孕育宁夏同心信用社与土地流转合作社。	第一阶段是2003年至2005年，王团镇北村的土地抵押贷款试验；第二阶段是2006年，同心县信用联社在两个镇推出土地抵押贷款模式；第三阶段是2007年至今，土地抵押贷款模式在同心县稳步推开，土地抵押贷款模式和做法逐步完善。
成长	宁夏平罗县	2012年政府建立农村产权交易中心，政府引导推动建立土地抵押市场。	第一阶段2004—2005年宁夏平罗土地流转处于自发流转状态。第二阶段2006年平罗政府开展"土地信用合作社"试点，截至2011年末，平罗已经形成了股份制农场、土地银行等5种土地经营管理模式。第三阶段2012年平罗土地确权、登记、颁证基本完成，风险基金逐步建立。第四阶段2012年开始根据全县发展实际，制定方案推进抵押试点，2013年12月18日宁夏第一家农村产权交易中心在石嘴山市平罗县城挂牌成立，至此开始以农村土地经营权证等证件来到产权交易中心办理贷款业务。
成熟	吉林省	政府推动成立物权融资公司	2012年8月，土地收益保证贷款试点工作正式于吉林梨树县启动；县级政府成立物权融资服务中心，并由财政出资设立物权融资公司，一个机构两块牌子。两个机构均由县级金融办主管（如梨树县物权融资公司的董事长为梨树县分管农业的副县长，总经理为梨树县金融办主任）。2012年底，参与保证贷款试点工作的县已达4个。截至2014年4月，吉林省已有42个县（市、区）（全省60个县、市、区）启动保证贷款试点工作。

二、当前各地抵押实践中微观机制分析

博弈论是新制度经济学的重要分析工具之一，认为博弈论能够很

好地诠释制度的含义及其起源，认为制度是关于博弈如何进行的共有信念的一种维系体系，从目前土地承包经营权抵押贷款途径情况来看，可将目前的博弈视同进化博弈阶段——因信息不对称，各博弈参与方均在试错中不断学习和进步，试图寻找一个稳定的均衡策略。下面以不完全信息动态博弈分析博弈双方的策略选择。

（一）政府与银行之间的博弈机制分析

假设政府为 G、银行为 B，政府有两种策略：兑现承诺和不兑现承诺，兑现承诺的概率为 P1；假设银行有两种策略：主动配合和消极配合。为了便于理解，笔者将政府和银行的预期收益直接以数字表示。本阶段政府作为权威机构，主导博弈行为进行，银行必须参与，且无论是否兑现承诺，均可获得收益。银行无法直接得出政府的选择，但可设置其兑现承诺的先验概率为 P1。

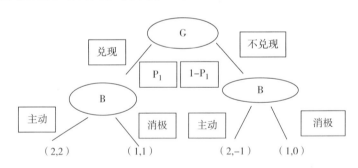

图 1　模型 1——政府与银行之间的博弈机制图

通过模型 1 可以看出政府无论是否兑现承诺其预期收益不变，但对于银行来讲其预期主动收益为 2P1 − P1 = P1，预期消极收益为 1 − P1 + 0 = 1 − P1，当预期主动收益 > 预期消极收益，即 P1 > 1/2 时，银行愿意选择主动配合政府做好土地抵押贷款工作。政府拥有和其他参与者（包含银行）不对称的决策集合，政府具有排他性的管制权力，其他参与者无法逃避政府行动的影响，但可以选择是支持或者抵制政府的，具体来讲，目前土地承包经营权抵押缺乏明确统一的制度规范，不能从根本上消除银行参与者的后顾之忧，特别是在农户无力还款时政府承诺兜底是否能够及时兑现等问题上，另外政府各部门间利益有别，导致政出多门，也易形成政策之间的冲突，最终导致目前银行主动参与的积极性较差。

（二）银行与农户之间的博弈机制分析

假设银行为 B、农民为 F，同模型 1 可以得出相应模型 2。

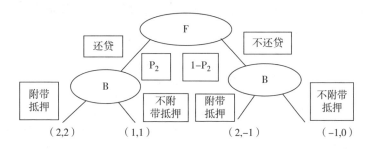

图 2　模型 2——银行与农户之间的博弈机制图

从模型 2 可以看出，对于银行而言，要求农户进行附带抵押可以防范风险，而对于农户而言附带抵押无疑提高了抵押门槛，且程序复杂，限制了部分农户的贷款需求。从试点情况来看，目前开展土地承包经营权抵押，无论大规模经营者还是中小规模经营者，都必须主要由涉农商业性金融来解决。而商业金融与合作性金融的差别，主要在于商业性金融与农业经营者特别是中小经营者之间的信息不对称，这使得其对于风险判断难度提升，加之农地作为抵押标的处置难度，参与银行多要求对农地抵押产品需追加其他担保，且抵押机制复杂，这些无形中都提高了交易成本。从实践情况看，大多数银行机构都不愿意参与抵押试点，各地参与的地方法人金融机构和涉农机构往往也是迫于地方政府和金融管理部门的劝说。多数金融部门都在等待农村土地和经营方式何时能满足现行的抵押贷款条件，而不是从农村金融要在适应农村经济、服务农村经济的理念下，积极从农村改革发展中寻找创新机会，以改革的精神创造不同于城市商业金融运行的新思路；更多的是立足现有商业性金融体系和制度对产品和服务的改革创新，而不是积极在顺应农村改革的发展变化中深化自身改革，通过发展新型合作性金融等增量改革方式，在深层次上推进农村金融制度和体系的改革创新。

（三）中介与农户之间的博弈机制分析

假设中介为B、农民为F，同模型1可以得出相应模型3。

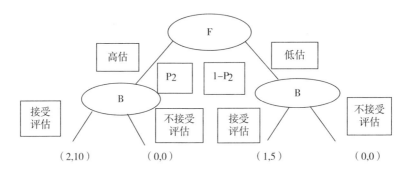

图3　模型3——中介与农户之间的博弈机制图

从模型3可以看出，由于评估机构不够专业，且目前对于土地承包经营权也缺乏统一的行业规范，评估程序较混乱，评估费用往往与土地承包经营权的估价成正比，及被评估标的的土地估价越高，收取的评估费用越高，由此容易产生"逆向选择"，即评估机构倾向于高估标的物的价格，以便收取更高的评估费用。试点实践表明，服务于农村土地抵押的公共基础设施建设滞后，是影响试点推进的重要障碍，如交易平台建设滞后、交易平台不统一、基础设施不足等是制约农村土地抵押市场培育的重要因素。从3家样本模式的经验来看，通过适当的中介介入，可有效解决银行的顾虑，特别是类似农民合作社的中介机构（评估费相对较低）在处置较小规模土地经营权方面，相对于外部的、商业性方式，可以利用自身更了解当地农村土地市场变化情况，以及特有的熟人社会的人缘、亲缘、经营合作关系等，较好地实现抵押土地的变现。但目前的主要问题在于中介数据较少却质量不高，特别是熟悉抵押贷款农户底细的中介更少，以至于增加了中介的评估和担保成本。

总的来说，目前土地承包经营权抵押贷款试点以政府推进为主导，没有各级政府的大力推动，绝大多数地区的土地承包经营权抵押实践很难取得目前的成效。从政府发挥的具体作用点上考察，大多数政府对探索必需的先期投入都很积极，比如制定配套制度、建设土地经营权交易平台、设立政府性担保机构等；但是对一些重要的、需要政府兜底的，且需更大资金和力量投入保障措施的建设均存在缺位，如风险防范基金、培育市场化评估机构、合作性担保机构、土地确权等。由此产生的银行与政府，银行与农户、中介与农户之间的博弈信息不完全问题突出，博弈主体之间处于不同的利益考虑，不能够完全信任对方，导致了逆向选择和道德风险，从而削弱了土地承包经营权抵押贷款试点的深化程度。

三、河南地区实地调研情况

河南是全国农业大省，其中，信阳、南阳是全省粮食主产区，信阳、南阳两地土地承包经营权走在全省前列，发放贷款金额合计占全省六成以上。本次调查围绕新制度经济学的三个核心要素——抵押物的产权、交易成本、抵押风险，将三个要素融入本次调研，用新制度经济学的钥匙开启土地承包经营权抵押贷款的大门。

（一）调查地区概况

平桥区是河南省信阳市两辖区之一，总面积1889平方公里，总人口84.69万人，2014年地区生产总值达240.7亿元，农业产值占总产值比重为13.7%，一般公共预算收入60729万元。2008年以来，平桥区进行了土地承包经营权抵押贷款尝试，建立了信用担保中心、物权交易中心、金融服务中心等配套措施，并出台了针对农民的风险补偿措施。

固始县位于河南省东南部，是河南省第一人口大县，2014年末，固始县总人口172.6万人，总面积2916平方公里；2014年实现生产总值255.9亿元，人均生产总值1.48万元，其中，农业产值76.7亿元，占生产总值30.0%，粮食总产量24.5亿斤，实现"十一连增"，多次被评为"全国粮食生产先进县"，全县完成公共财政预算收入10.01亿元。固始县是大别山集中连片特困地区县，是金融扶贫重点县，省直管县，先后被确定为国家级农村改革发展综合试验区试点县、国家级现代农业示范区、中原经济区农村金融改革试验区，先后被评为"中国金融生态县"、"河南省农村金融创新示范县"等。

邓州市位于河南省西南部，国土面积2369平方公里，辖28个乡镇（街、区）、606个行政村，180余万人、260万亩耕地。2011年被省委、省政府确定为省直管试点县（市），2014年实现全面省直管。邓州是全球华裔"邓姓"发源地、医圣张仲景故里、老一辈无产阶级革命家习仲勋祖居地；是"四议两公开"工作法首创地，分别于2010年、2013年两次写入中央一号文件，在全国农村全面推广；是南水北调中线工程渠首市、丹江口库区区域中心城市、国家粮食核心主产区；是"河南省农村金融改革试验区"、"河南省农村金融创新示范县"。

（二）调查对象

调研对象分两类：一是土地承包经营权抵押贷款的需求方，即贷款对象，包括通过家庭承包方式取得农村土地承包经营权的农户，以及通过其他承包方式和流转方式取得农村土地经营权的专业大户、家庭农场、农民合作社、农业企业等新型农业经营主体。二是土地承包经营权抵押贷款的供给方，即辖内银行业金融机构，同时，本着"全面撒网，重点捕鱼"的思想，我们对已开展过土地承包经营权抵押贷款的金融机构做重点调查。

（三）调查过程

本次调查采用问卷调查与实地调研相结合的方法。调查问卷分两类：一是资金供给方（银行业金融机构）；二是资金需求方（新型农业经营主体）。两类问卷提纲从两种角度对土地成本经营权抵押贷款进行探索。对于银行业金融机构，下发调研提纲，对于有价值的信息，我们刨根问底，实地调研。对于新型农业经营主体，我们实地采访，在交谈中询问办理土地承包经营权抵押贷款中遇到的困难。

在本次调查开始之前，调查小组进行了为期一天的培训，要求调查员一是熟悉调查问卷内容，对问卷中易产生歧义之处作统一规定；二是尊重和礼遇他人，营造一种聊天的氛围，使之自由诚实、舒适地回答，让他们自愿参与调查；三是学会用通俗易懂的语言和概念，让回答者能正确地理解问卷。

（四）调查结果

在信阳辖内选取市区和固始县两地进行调研。目前，信阳市区共有银行业金融机构15家，分别为农发行、工农中建交、民生、邮储、浉河联社、平桥联社、明港联社、中原银行信阳分行、洛阳银行信阳分行、信阳珠江村镇银行、信阳平桥恒丰村镇银行。固始县有银行业金融机构9家，分别为农发行、工农中建、邮储、固始农商行、固始天骄村镇银行、信阳珠江村镇银行。对全部金融机构进行普查发现，目前，开展过土地承包经营权抵押贷款的有信阳市平桥恒丰村镇银行、固始农村商业银行。在南阳选择邓州进行调研。邓州现有银行业金融机构8家，分别为农发行、工农中建、邮储、郑州银行、邓州农信社。在对金融机构进行调研后发现，目前，辖内仅有邓州农村信用联社开展过土地承包经营权抵押贷款。

2013年，国务院正式推动农村土地承包经营权确权登记颁证工作试点，并鼓励银行业金融机构积极探索开展土地承包经营权和宅基地使用权抵押贷款业务。在调查走访中发现，金融机构的疑虑主要来自以下几个方面：

一是法律因素制约。目前土地承包经营权抵押的法律障碍仍未消除，与《物权法》和《担保法》的冲突产生不确定性，尽管国务院今年下发《国务院关于开展农村承包土地的经营权和农民住房财产权抵押贷款试点的指导意见》（国发〔2015〕45号）中指出，试点地区涉及突破《物权法》、《担保法》的法律条款，可暂停执行相关法律条款，但通过调研了解到，金融机构一方面未曾听说过该文件精神，另一方面对于此领域仍望而却步。

二是土地确权颁证成本高、进展慢。权属明确是农村土地承包经营权可抵押的必要条件，据信阳市农业部门反映，按规定流程采用卫星遥感，每亩土地确权颁证需费用35元，推进此项工作费用支出巨大，地方政府无力承担。同时二轮土地经营权流转与当前农户实际承包经营权情况出入较大，目前实施确权颁证易引发较大矛盾，政府部门持谨慎态度，工作进展缓慢。

三是评估价值不统一。据调查，信阳市农村产权评估机构既有盈利性公司（如资产评估事务所、会计师事务所等），又有隶属于政府部门的事业单位，各评估机构对同一类型的产权的价值评估标准不一，估价过低或虚高普遍存在。以信阳市某土地每亩流转价格评估为例，政府部门价格评估为900元，而资产评估事务所则估值为500元。

四是抵押变现难。抵押品的核心功能是降低借贷双方的信息不对称，除了法律允许外，抵押品还必须具备价值稳定、流动性高等经济属性。在土地承包经营权抵押贷款中，一旦借款人逾期无法偿还贷款，银行依法取得抵押权，但由于土地承包经营权流动性较低，且受地缘关系影响，土地在流转时成功率较低，成为制约金融机构推动土地承包经营权抵押贷款的最大瓶颈。

对土地承包经营权抵押贷款需求方的调查，本次调查选取信阳市区、固始县、邓州市等3地开展问卷调查，共下发调查问卷300份，收回问卷279份，其中有效问卷277份。样本中，女性36人，占13%，男性241人，占87%；农户155户，新型农业经营主体122户（见表1）。

表2　　　　　　　　　　　　调查样本分布表

样本类型	样本数
农户	155
种养大户	33
家庭农场	32
农民合作社	31
农业产业化企业	26
合计	277

　　在收集调查资料整理后，我们采用定量分析方法对资料进行分析。在此我们借助社会统计软件（Statistical Product and Service Solution）（SPSS for Windows 12.0）对资料进行整理和分析。

　　一是高成本信贷约束下农户土地承包经营权抵押贷款意愿偏低。在回答"你听说过土地承包经营权抵押贷款吗？"这一问题时，39%（见表2）的被调查者（共108个）表示没听过该项业务，其中，农户占87个，表明多数农户对于土地承包经营权抵押贷款还比较陌生；关于"你是否有土地承包经营权抵押贷款需求"的回答，68.2%的被调查者（共189个）回答"否"，其中，农户占127个。这说明多数农户对于土地承包经营权抵押贷款没有需求，进而对此项业务也不了解。在交流中询问当需要贷款时，选择何种途径解决时，46.9%的被调查者会首选银行，53.1%的农户表示会通过民间渠道等解决资金需求，其中69.7%的农户选择民间借贷，他们普遍反映获得银行贷款需要关系、手续繁杂且利息较高，这说明农户面临着严重的金融机构信贷约束。

表3　　　　　　土地承包经营权抵押贷款需求调查汇总表

调查项目	选项	频数	比例
你听说过土地承包经营权抵押贷款吗？	听过	169	61%
	没听过	108	39%
你是否有土地承包经营权抵押贷款需求？	是	88	31.8%
	否	189	68.2%

续表

调查项目	选项	频数	比例
当你需要贷款时，会选择民间借贷还是银行贷款？	民间	147	53.1%
	银行	130	46.9%

二是生产性消费构成土地承包经营权抵押贷款的主要需求。对于是否愿意用土地承包经营权作抵押获得贷款，59.2%的被调查者持接受态度；在全部样本中，具有土地承包经营权抵押贷款需求意愿的有88个，其中，有61.4%将获得的贷款用于农业生产性活动中，26.1%的希望把贷款用于个人创业，12.5%的希望把贷款用于子女上学、家庭医疗、婚丧嫁娶等生活消费中。这说明被调查者的这种土地承包经营区抵押贷款需求主要来源于农业生产性刺激。

表4　　　　具有土地承包经营权抵押贷款需求的调查汇总表

调查项目	选项	频数	比例
你是否有土地承包经营权抵押贷款需求？	是	88	31.8%
	否	189	68.2%
获得的土地承包经营权抵押贷款用于何处？	生产性	54	61.4%
	创业性	23	26.1%
	消费性	11	12.5%
你是否愿意用土地承包经营权做抵押获得贷款？	愿意	164	59.2%
	不愿意	113	40.8%

三是收回的土地承包经营权在当地难以流转。在回答"向银行申请贷款时，你倾向于土地承包经营权抵押贷款还是找人担保？"时，39.4%的被调查者倾向于找熟人担保，60.6%的被调查者选择使用土地承包经营权抵押，主要原因是被调查者找人担保需要支付一定的保证费用，即使有时找熟人可以不用掏钱，但欠人情债，出现纠纷可能伤及感情。对于由于贷款人违约收回的土地承包经营权，当被询问是否愿意接手时，87.4%的被调查者不愿意，他们普遍表示，由于地缘关系，都是邻里乡亲，低头不见抬头见，不方便接手被

处置的土地承包经营权。

表5　　　　　土地承包经营权出现风险时的处置调查汇总表

调查项目	选项	频数	比例
向银行申请贷款时，你倾向于土地承包经营权抵押还是找人担保？	经营权抵押	168	60.6%
	担保	109	39.4%
因贷款人无法偿还本息，收回的土地承包经营权，你是否愿意接手经营？	是	35	12.6%
	否	242	87.4%

土地承包经营权抵押贷款案例

案例1：信阳市平桥区农信农业开发有限公司是由法人孙向阳于2009年投资的一家以农业种植及农业综合开发为主要业务的有限责任公司，公司在平桥陆庙核心区苏庙村流转土地3000亩，建设精品生态核桃园及旅游山庄等综合开发项目。2013年初，该公司以流转的土地承包经营权作抵押，通过平桥区担保中心担保，获得平桥恒丰村镇银行100万元贷款支持。目前，该公司2000亩精品核桃园已经生长了近六年，年生产核桃近百万斤，销售收入2500万元。

案例2：2012年初，固始县张广庙乡广德农机艺专业合作社理事长陈德宏创业成功后，带着资金、技术和先进的管理经验，返乡投资现代农业生产，流转了近15000亩土地，并根据生产需要配套建设了田林路渠，实现了农业耕作机械化。农商行经综合评估（订单农业＋农业保险），已累计为陈德宏的合作社和家庭农场投放贷款4200万元，解决了季节性资金短缺问题，该合作社被评为"国家级示范合作社"，陈德宏荣获"全国种粮售粮大户"称号，曾受到温家宝总理的亲切接见，成为现代农业综合开发的典型。

案例3：固始县思乡缘林木种植专业合作社于2015年1月9日向

固始农商行申请授信 3000 万元，由：（1）固始县思乡缘林木种植专业合作社提供林权 2139 亩作为抵押；（2）喜尔登大酒店提供的位于城郊乡汪庙社区黄河路与蓼城大道东北角一处房产作为抵押，面积 905.4 平方米；（3）追加固始县思乡缘林木种植专业合作社土地承包经营权作为抵押。固始农商行公司业务部接到申请后进行实地调查，调查后形成书面调查报告报信贷管理部门审查，信贷部门审查通过后提交贷审会审议。审议通过后，固始农商行同意向固始县思乡缘林木种植专业合作社授信 3000 万元，同时按照抵押物评估价值先期发放贷款 1900 万元。

案例 4：邓州市彭桥镇丹水天香家庭种植农场由姚绍良于 2014 年 1 月返乡投资创立，发展农业特色种植产业面积 200 亩，新建袋装香菇种植 50 亩，以种植香菇为主，刚起步时，规模小、效益低，想靠贷款扩大种植规模，但因缺少抵押物而被银行婉拒。邓州农信社于 2014 年 5 月通过土地承包经营权抵押向其发放 100 万元贷款。合作社当年收入达到 60 万元，成为豫西南规模最大的香菇生产企业。今年 5 月，该社"丹水田园"牌香菇入选邓州市名优特产品，与北京西城区建立了"农超"对口合作关系，走进了北京市场。

第五部分　构建符合我国农村实际的土地承包经营权抵押贷款模式

一、确权颁证落实所有权、承包权、经营权，实现"三权"分离

目前，全国各地逐步开展农地勘测、确权、登记等工作，要将地"确"到农民集体、"确"到农户，最终颁发农村集体土地所有权证、土地承包经营权证。但是，对于作为所有权主体的农民集体经济组织如何进一步明确，尚未明确。我们认为，既然要确所有权，就要像公司一样，要真正明确集体财产，就要既对集体财产（土地）登记造册，

还要对集体组织（成员情况）登记造册，并依法公示。在集体土地确权的同时，对集体经济组织登记造册，明确固化集体范围，防止集体所有权虚化，保护每个集体经济组织成员之于集体财产的权利。但真正要把集体组织成员权固化下来，要给每位集体经济组织成员颁发"承包证"，这样不管农户土地承包经营权如何流转、抵押，有承包权证就能证明其农民身份和所在集体。在确权方法上，一要推进所有权确权，按中央规划5年完成，为全面完成土地承包经营权确权创造条件；二要稳步推进土地经营权确权，根据各地实际积极稳妥推进，能确尽确，有条件的先确、当前条件不足的待满足后及时确；此外，与所有权确权同步推进集体经济组织成员颁证即颁发承包权证。

二、建立土地承包经营权流转市场

要使农村土地承包经营权抵押得以实现，关键是建立农村土地承包经营权流转市场服务体系。建立农村土地承包经营权的服务平台，依托市场对资源的配置作用，降低交易成本，使农村土地承包经营权可以通过抵押、转让、转包、出租、作价入股等形式进行流转，将这些土地承包经营权流转到生产经营能力较强的农业大户手中，实现土地的集约化、市场化、规模化经营。在目前土地流转服务平台缺乏的情况下，可考虑在县一级政府设立土地承包经营权流转服务中心，负责土地承包经营权流转信息的汇总与发布，土地承包经营权流转的规划与管理，建立县（市）、乡、村三级土地流转服务机构，负责各区域内土地流转信息汇总与上报。具体的实施方案，可以在各地建立土地交易所，发挥市场机制对资源的配置作用，让家庭承包经营的土地使用权通过各种方式进行流转，促成了抵押关系的建立，也为抵押权的实现提供场所和方式，抵押权人既可以通过与抵押人协议折价优先受偿，也可以通过公开的拍卖、变卖等方式以价款受偿，还可以通过变相地将家庭承包经营权转让给抵押人或第三方，通过其农业生产经营的农作物产值受偿，在不违反法律禁止性规定的框架内实现债权，让农村土地承包经营权真正地流动起来。

三、建立农村土地承包经营权的价值评估体系

农村土地承包经营权抵押的基础就是土地经营权的价值确定，它是完善土地产权的重要环节，因此各地区应积极探索制定相应的农村土地经营权价值评估办法，建立由专业人员组成的专业评估机构。同时，政府应发挥积极的引导作用，在评估机制不完善的初期，可在土地流转服务中心内设置价值评估部门，评估费用可由财政做适当补贴，同时积极鼓励社会资产评估机构开展农村土地承包经营权的价值评估业务，由政府部门规范评估的方法和程序，合理确定农村土地承包经营权的价值，为金融机构开展农村土地承包经营权抵押贷款工作提供依据。如四川省成都市人民政府金融办和成都市农委颁布的《四川省成都市农村土地承包经营权抵押融资管理办法（试行）》，就对抵押物价值评估规定了基本方式和要求，该办法规定，抵押物的价值可由双方协商确定，也可由当事人认可的具有评估资质的中介机构评估确定，抵押物的价值不得低于区（市）县政府公布的同期、同地区、同类型农村土地承包经营权基准价格。该规定明确了承包经营权价值评估的方式和最低价格标准，对建立完整的农村土地承包经营权价值评估体系具有重要实践意义，建议政府在此基础上加快引导建立专门的土地评估机构，为合理评估农村土地价值服务，逐渐形成科学的农村土地价值体系。

四、弱化对农村土地承包经营权流转的限制

实践中，因农村土地承包经营权抵押贷款存在高风险、低收益的情况，虽然央行的政策允许其抵押，但金融机构出于对风险的控制，参与度不高。实践中，也难以突破法律限制，而且土地承包经营权抵押必定面临实现抵押权之情形，而实现抵押权，意味着土地承包经营权的转让

问题。因此，要解决农民融资难问题，必须放开土地承包经营权抵押，也就需要淡化现行立法对土地承包经营权流转的严格限制。《农村土地承包法》规定土地承包经营权流转可以采取转包、互换、出租、转让等方式，其中涉及物权变动的是"转让"的流转方式，但《农村土地承包法》对"转让"作了特别的限制，该法规定，承包方需经发包方同意才可以转让土地承包经营权，这使得农村土地承包经营权的转让具有不确定性，而在实现抵押权时，土地承包经营权通常以折价、拍卖或变卖的方式转让，如果抵押权人不能获得发包人的同意，就无法转让土地承包经营权，抵押权就无法实现，这一法律限制使得农村土地承包经营权抵押丧失了吸引力。因此，为了真正实现农村土地承包经营权的抵押，就需要淡化对土地承包经营权转让的限制，建议法律取消需要发包方同意的条款。此外，《土地管理法》规定了农民集体土地应由本集体成员承包经营，《农村土地承包法》规定，农村土地向集体组织以外的单位或个人承包，还需要经过村民会议或村民代表的同意。

从上述法规得知，只有本集体经济组织成员才可以进行土地承包经营权的转让，其他集体经济组织成员无法进入本集体的流转市场，这一规定限制了农村土地承包经营权的流通性，使其不能进入市场自由交易，因此，抵押物变现就会显得困难，必然会损害抵押权人的利益。再者为保证土地的农业生产用途，《农村土地承包法》限制了受让人只能是"从事生产经营的农户"，这一限制，使得一些富有经营管理经验、拥有先进技术设备的经济组织或个人无法进入农村土地进行生产经营，必然造成土地承包经营权受让竞争减弱，无法真正依市场价格转让，不利于土地资源的优化配置和农业市场化、集约化经营的发展。另外，本集体组织成员如果不愿受让，就必须在本集体组织之外找到农户受让，而这些农户也无法到本集体之外去受让土地承包经营权，将导致转让落空，承包地抛荒的不利后果，因此，没有必要将种权利流转的受让人再次限于农户，可规定受让人可以是"农业生产经营者"，包括法人、其他组织和自然人。为了充分发挥农村土地承包经营权的担保价值，建议法律淡化对农村土地承包经营权受让人身份或资格的限制。土地承包经营权抵押权实现时，也应准用此规定，以缩短抵押权实现时间，并更好地保护抵押关系主体双方合法权益。

五、拓宽农村土地金融体系

土地金融，是指利用土地为信用或担保的资金融通，土地金融的推行，其直接目标是实现土地资金化，活跃金融，尤其是农村金融。在土地承包经营权的抵押贷款过程中，金融机构是主要的贷款提供方，随着国家对农村和农业的重视，农地的价值大大提升，农业的经营利润将逐步增加，农地的流转将迅速发展，在有了合适的运转模式之后，农村土地承包经营权抵押贷款中的"抵押权实现难"问题可以迎刃而解，金融机构的参与热情也会随之高涨，因此，拓宽农村土地金融体系的重要性自然不言而喻。从国外的土地金融经验来看，德国通过立法确定农业地产抵押银行，为所有与农业和农村地区有关的项目提供融资便利，抵押银行还发放中长期贷款，贷款金额的 31% 执行优惠利率。我国土地产权形式特殊，自然条件较为复杂，农业生产收益低，土地金融制度应当吸取国外的成功经验，结合我国的国情和农地制度，发挥政府在土地抵押融资中的重要作用，加强国家财政对土地金融的资金投入，设立专项资金用于农村土地承包经营权的抵押贷款，筹建土地金融机构，该金融机构不是为了盈利，而是为农业生产筹措发展资金，进一步促进农业生产的发展。另外，政策性银行应发挥主导作用。政策性土地金融组织在我国尚处于探索阶段，筹备起来有一定的难度，将其设立在农业发展银行内部，可以利用现成的组织机构和管理方法。作为农业政策性银行，农业发展银行本身承担着制定和实施国家土地金融政策、为农业提供业务指导和资金支持等职能，且农业发展银行的机构已经设到县级，可以避免专门建立土地银行成本高昂、前期管理运行困难等问题。此外，农村信用社的职能也是服务农村、建设农村，而且网点覆盖面广，因此推行农村土地承包经营权抵押贷款应该将农村信用社作为主力军，拓展农村信用合作社的经营业务是我国农村土地金融体系构建的关键因素。除土地金融组织之外，针对农业生产抵御自然灾害较弱、市场风险大的特点，有必要建立农业保险体制。金融机构在向农民发放贷款之时，一方面可以要求农民以土地承包经营权等财产抵押，另一方面可以要求农民购买农业保险，在抵押和保险的双重保障之下，金融机构参与农村土地承包经营权抵押的积极性才就会有显著的提高。但是，我国多年实践得出的结论是，农业保险不能实行商业化运作。

有鉴于此，政府应加大对农业保险的支持力度。一方面，政府应该鼓励、支持保险公司开办农业保险业务，由政府对农业保险的亏损进行适当的补偿；另一方面，扩大政策性农业保险范围，增加险种，不断扩展农业保险的广度和深度，促进土地承包经营权抵押的健康持续发展。

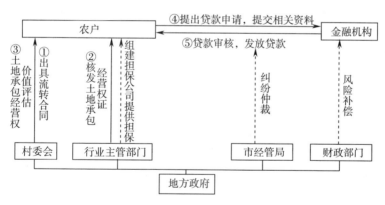

图4　土地承包经营权抵押贷款运作流程图

新形势下中国特色小微企业融资模式创新研究①

——以河南省小微企业扶持工程为例

一、引言

在我国，小微企业在就业、科技创新、活跃经济等方面发挥着越来越重要的作用，对助力县域经济发展，推动统筹城乡协调发展、社会主义新农村建设、"人"的城镇化方面的作用巨大。然而，小微企业对社会经济的巨大贡献与获得融资支持的"弱势"形成了鲜明的对比，特别是在我国当前经济持续下行过程中，小微企业经营困难和风险增大，部分银行选择惜贷、抽贷、断贷、拒贷，导致企业融资和经营更加困难，个别银行恶性抽贷行为引起较大的不良社会影响，导致企业与银行间的不信任感增强，一些担保公司代偿较多导致经营困难，企业、担保公司、银行间的关系恶性循环之势。

一方面，为缓解县域小微企业贷款难、担保难，河南省委、省政府大力支持县级小微企业信用担保体系建设，省财政先后筹集28亿元，同时吸纳部分社会资金，建立了覆盖全省各市县（含区）的130多家政策性担保。然而另一方面，大部分县级政策性担保公司资产规模普遍较小，商业银行合作门槛高，银保合作的业务量、经营管理水

---

① 主持人：李建伟；课题组成员：董道元、苗延召、张雪。

平有待进一步提高，财政资金的杠杠作用、导向作用也没得到有效体现，全省担保体系建设有待加强。

国开行河南省分行联合省财政厅，以河南省中小企业资产管理股份有限公司（以下简称省资产管理公司）、河南省中小企业担保集团股份有限公司（以下简称省担保集团）、县级财政性担保公司（含部分市级政策性担保公司，以下简称县级政策性担保公司）为合作机构，创新实施"河南省县域小微企业扶持工程"，以"小额批发统贷"的方式，支持县域小微企业发展和产业结构调整与升级，助力城镇化建设。截至 2015 年 11 月底，累计向 35 批、244 个小微企业发放贷款 5.64 亿元，每户贷款最低 30 万元，最高 500 万元，得到省政府领导的批示，省人行、省银监局等给予肯定，《金融时报》、《河南日报》、河南电视台等进行了多达 10 余次报道。

河南省小微企业扶持工程在创建具有中国特色的小微企业融资模式上进行了有益的探索。本课题的研究将从具体业务的实践角度出发，分析总结国家开发银行以开发性金融为指导的河南省小微企业扶持工程融资理念、模式和功能，同时对新形势下进一步完善该模式提出相关政策建议。

二、融资模式介绍

（一）模式简介

国开行河南省分行联合省财政厅，以合格县级政策性担保公司为担保平台，以省担保集团为再担保平台，以省资产管理公司为统贷服务平台，以县级政策性担保公司提供担保、省担保集团提供再担保、政府小微企业补偿资金、公示、联合监督等为主要的风险缓释措施，以授信额度、担保保证金比例调整，财政资本金注资与奖补、联合表彰与通报批评等措施为激励约束机制，采用"小额批发统贷"方式，给予县域（含部分市，下同）小微企业单一用款额度在 500 万元及以下的信贷支持，通过"融资＋融智"的方式支持小微企业和政策性担保公司发展，增加就业和推动全省担保体系建设，助力特色经济发展和城镇化建设。模式运行图如图 1 所示。

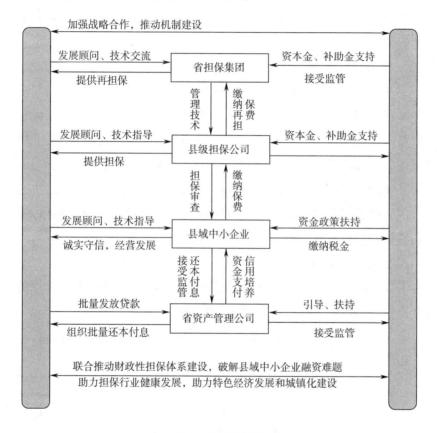

图 1 模式运行图

（二）模式内容

1. 参与方职能

（1）省财政厅

① 加强宏观、区域、担保行业、小微企业、金融等领域政策解读、最新变动指导，参与合作机制建设。

② 按照国家和河南省相关政策，建立担保公司资本金补充、业务补偿机制，优先考虑对参与合作的担保公司进行注资，推动建立政府小微企业补偿资金。

③ 作为出资人，对财政出资的股权资金、补偿资金、代偿资金进行监管。

（2）国开行河南省分行

① 给予"融智"支持。统筹推动业务机制和模式建设，不断优化业务运行流程，提高各合作方分工合作的协同水平，提升业务机制运行质量；加强担保公司的引入、审核和管理合作，对合作的县级政策性担保公司和用款人，提供经济金融、企业管理、信息技术等服务。

② 给予"融资"支持。国开行河南省分行建立审查、审批快速通道，优先给予信贷规模保障；组织项目开发、调研、评审、项目审议、合同签订、贷款发放、资金支付、贷后管理等全流程信贷工作。

（3）省资产管理公司

① 承担统贷平台职能。作为统贷服务平台，按银行的要求将借款资金提供给用款人，按时归集还本付息资金。

② 承担管理平台职能。参与项目调研、用款人信用教育、技术培训、用款人用前与用后抽查，协助代偿资金的追偿工作。

（4）县级政策性担保公司

① 开展担保调研、评价、审议和向国开行河南省分行推荐，协助国开行河南省分行和统贷平台开展相关工作。

②对各用款人通过统贷平台的贷款向国开行提供担保。

（5）省担保集团

① 提供再担保。对县级政策性担保公司在扶持工程中的融资担保提供再担保。

② 培训与机构管理。对参与合作的县级政策性担保公司进行业务培训和指导，不断提升合作意愿和水平。

③ 参与联合监督检查。参与省财政厅、国开行河南省分行组织的县级政策性担保公司、小微企业监督检查，检查结果作为省财政厅对相关机构资本金注资、费用奖励、财政补贴的依据。

2. 贷款要素

（1）用款人对象。在参与合作的县级政策性担保公司经营范围内的小微企业。

（2）单一用款人的额度、利率、期限、用途。原则上额度不超过500万元，利率参照银行同业标准适当优惠，以1年期、用于运营资金周转为主，一定条件下可开展不超过3年的中期流动资金贷款。

3. 风险缓释措施

（1）县级政策性担保公司担保。为用款人通过借款人在国开行的借款提供担保。

（2）省担保集团再担保。为县级政策性担保公司对用款人在国开行河南省分行借款的担保提供再担保。

（3）政府小微企业风险补偿资金。省财政厅设立政府小微企业补偿资金，用于在县级政策性担保公司代偿不足之时的周转，补偿损失以及对担保公司进行奖补。

（4）动态监控。国开行河南省分行和省财政厅联合工作小组，对合作开展的相关工作和人员的尽职情况、用款人的资金使用合规性进行检查。

（5）借助社会大众力量防范风险。贷款将借助媒介在一定范围内进行公示。

4. 违约处理

当用款人违约时，由县级政策性担保公司代偿，不足部分由政府小微企业补偿资金进行代偿周转，县级政策性担保公司和省担保集团分别承担担保和再担保责任，省财政厅可视客户的违约情况在适当范围内以适当的方式进行公示和通报，各参与方根据相关合同和协议进行追偿，追偿收入弥补周转资金和代偿资金。

5. 激励约束条款

（1）原则上国开行河南省分行联合省财政厅适时举办"河南省小微企业扶持工程"总结与推进会，表彰业绩突出的相关单位和个人。

（2）一定期限内，无不良、无代偿，且未发现工作重大失误，随着合作年限、合作业务量不同，对整个扶持工程的整体规模，与单一担保公司合作保证金的最低要求进行"激励性"调整。

（3）对于批发贷款支持发展的小微企业，待企业发展到一定阶段，可优先以单一直贷方式对这些客户给予较大额度的信贷支持。

（4）当出现一定量代偿或不良贷款时，国开行河南省分行将执行降低与相关担保公司的合作额度，提高贷款利率、担保保证金比例等措施。

（5）在动态监控、借助社会力量防范风险过程中，若发现用（借）款人挪用贷款资金用于严令禁止的领域、恶意逃废债、骗贷，相关工作人员违规操作或不尽职导致贷款损失，及时进行相应的处理。

6. 基本操作

（1）"银、政、保、企"洽谈会。由县级政策性担保公司组织，讲解机制和产品模式中的操作要求，加大项目开发力度。

（2）县级政策性担保公司调研和推荐。各县级政策性担保公司开展担保调研、评价通过后向国开行河南省分行推荐。

（3）银行完成调研、审批和发放。国开行河南省分行组织开展调研、评审、审议、合同签订和贷款发放。

（4）省资产管理公司资金支付。省资产管理公司将贷款资金支付给用款人或用款人的交易对手。

（5）国开行河南省分行进行贷后管理工作。

（6）联合监督检查。国开行河南省分行联合财政厅、省担保集团开展联合检查。

（三）实践情况

国开行河南省分行联合省财政厅、省担保集团对全省县级政策性担保公司进行多次业务培训，2013 年 12 月实现首批发放。2014 年 5 月 23 日，国开行河南省分行联合省财政厅在省人民大会堂成功召开"河南省小微企业扶持工程"推进大会，向全省 137 个市县财政局及政策性担保机构开展业务培训，进行业务推广。截至 2015 年 11 月底，累计向 35 批、244 个小微企业发放贷款 5.64 亿元，每户贷款最低 30 万元，最高 500 万元，涉及种植、养殖、绿化、农产品加工等行业，对县域特色经济发展、城镇化建设起到积极作用。该工作得到省政府领导的批示，省人行、省银监局等给予了肯定，《金融时报》、《河南日报》、河南电视台等进行了多达 10 余次报道。

（四）模式运行的主要因素分析

1. 风险控制较好。一是通过担保、再担保、政府小微企业风险补偿、内外部动态监控和社会大众监督，以及政策性担保公司落实一定的反担保措施，有效降低违约损失。二是通过政策性担保公司、省资产管理公司和国开行河南省分行三个机构，分别从多个渠道获取信息，不同角度进行审视和评价，层层把关，尽可能地降低信息不对称风险。

2. 模式覆盖面广。国开行河南省分行与省财政厅不断加强统贷服务平台、担保平台、再担保平台建设，一方面从组织、人员和技术等方面，提升与省担保集团、省资产管理公司合作水平；另一方面通过与县级政策性担保公司的合作，将各县区众多的小微企业和经营户与国开行连接起来，大大提高整个工程覆盖面和服务能力。

三、融资模式分析

（一）模式创新理念

1. 人人享有平等融资权的理念

2006 年诺贝尔和平奖获得者尤纳斯教授提出，"贷款是一项基本人权，小额贷款至少可以让许多穷人摆脱贫困、减轻贫困"。国开行郑之杰行长在《经济日报》上刊发的《普惠金融：人人享有平等融资权》一文中指出，"融资权不仅是推动社会发展必不可少的经济力量，还是改善个人生存环境、获得生活尊严、实现自身发展不可或缺的助力"。正是有这样的理念，国开行河南省分行才创新机制模式支持小微企业，这些企业大部分未能在商业银行获得融资，或者融资不足，或融资成本很高，是融资体系中的"弱势群体"，贷款额度小、单独规模保障、专门队伍和机构开展业务，正是国开行河南省分行践行"人人享有平等融资权"理念的实践。

2. 金融社会化的方法

金融不仅仅是金融机构与借款人之间的事情，由于小微企业的存在和发展，不仅对小企业主有一定的经济利益，而其在吸纳就业、科技创新、税收、经济增长与发展等方面有巨大贡献，但其获得的关注少、支持也少，贡献的"巨大"、融资的"弱势"形成了鲜明的对比。河南省小微企业扶持工程模式创新中，以金融社会化的方法，将小微企业增长与发展的利益相关方"政府、银行、中介机构（担保公司）"都参与进来，责、权、利相统一，发挥各方优势，挑选企业、服务提升"造血能力"、识别与防控风险，将低成本的贷款资金安全地输送给小微企业，实现信贷可持续，更好地支持小微企业发展。

3. 保本微利的经营方针

作为国家乃至国际最大的开发性金融机构，随着国务院批复开行深化改革方案，明确开发性金融机构的定位，发挥开发性金融在重点领域、薄弱环节、关键时期的功能与作用，按照"服务发展、管控风险、保本微利"的经营方针，坚持算大账、算战略利益账，兼顾资产质量和一定的收益目标，实现机构持续健康发展。国开行河南省分行在小微企业定价时，远远低于金融同业价格，虽然相对于商业银行相同规模的信贷资金其融资成本要高，贷款定价低，但是一方面通过规模效应进行一定的补偿，另一方面为国家和社会所做的贡献在战略上是划算的，这些正是保本微利经营方针的体现。

4. 互利共赢的合作机制

发挥省财政出资人，注资和奖补的优势，推动政策性担保体系建设，提高财政资金使用效率和经济社会贡献度；发挥了开行机制建设、技术和资金优势，落实"富民"战略；发挥县级政策性担保公司贴近客户、提供担保增信、落实灵活多样的反担保措施优势，不断提高经营管理水平；发挥省担保集团再担保优势，做大再担保业务；发挥省资产管理公司服务小微企业专业优势，不断做强做大。参与各方在合作中发挥优势、实现机构战略目标。

5. 长效运行的业务模式

"河南省小微企业扶持工程"，在操作上与合作机构协同，在风险控制上最大限度地确保信贷安全，还制定了激励约束机制提高各参与方的积极性，在机制建设过程中加大各参与方的能力建设，实践中体现了融资模式追求"长效运行"的目标。

（二）模式功能分析

1. 降低信息不对称风险

小微企业量大面广，银行若要充分了解他们的经营情况和资信状况绝非易事。而在模式中，在国开行河南省分行和企业之间引入了省财政厅、省担保集团、省资产管理公司、县级担保公司等机构，使其在信息获取上有效发挥桥梁作用。一方面，县级政策性担保公司依托政府，立足当地，对企业相对比较了解；另一方面，国开行河南省分行与合作机构之间由于建立了稳定的合作关系，同时对借款和担保公司进行管理。这种广泛借助合作削减信息不对称问题的创新做法，对破解小微企业融资难题起到重要作用。

2. 降低对小微企业财务和抵质押物的依赖

引入担保公司，对小微企业贷款提供连带责任担保；政府以财政资金建立小微企业风险补偿资金，对贷款损失给予一定的补偿。通过建立这些风险分担和补偿机制，缓解了银行贷款对企业财务报表和抵质押物的过度依赖，从而降低了小微企业的贷款条件和融资门槛。在国开行河南省分行实际业务操作过程中，不要求其提供经过审计的财务报告，以实际经营情况来评价其财务表现，其大部分抵押、质押物不符合银行的要求，银行也不需要这些抵质押物。通过灵活的方式设置抵质押物，大大提高了企业信贷资金的可获得性。

3. 降低银行和小微企业的成本

合作机构（借款平台、担保平台等）组织企业申贷受理、项目筛选和初审，以及协助部分本息回收和贷后管理工作，并且贷款一般采取批量操作方式，这对国开行河南省分行而言，既缓解了机构网点和人员严重不足的突出问题，也较大地节约了管理成本。同时，合作机构组织化、成批量地汇集当地融资需求，避免和减少了企业在融资上的各自为政，不仅节约了融资的社会成本，同时也降低了企业的融资成本。正因为如此，国开行河南省分行的贷款成本远远低于金融同业，借款企业的借款综合成本也大大低于其他的融资成本。

4. 充分发挥政府的功能

政府在我国行政体系中具有极其重要的地位，依靠其强大的行政和组织协调优势，在推动和引领地方经济发展中发挥着不可替代的独特作用，这也是国开行河南省分行进程本土化小微企业融资模式创新的核心。政府组织协调优势在该模式中的作用具体表现在以下方面：一是地方政府比国开行河南省分行更加了解当地企业及其融资需求，并且通过担保公司初审，以确保国开行对贷款企业和项目既做到优中选优，又符合当地经济发展规划和产业政策，有利于从源头上防范贷款风险。二是政府通过担保平台和借款平台以组织化、成批量的方式汇集当地融资需求，同时按产业类别帮助借款企业组织开展项目培训、市场开拓和提供各种配套服务，避免和减少了企业（特别是个体经营者和农户）各自单枪匹马地选项目、筹资金、搞培训、找市场的无序行为，这既节约了社会成本，也降低了企业和国开行的成本，特别是提高了融资效率，有利于企业抓住商机。三是政府建立小微企业贷款风险补偿资金，以补贴和贴息等方式分担部分贷款损失。四是政府打击恶意逃废债、骗贷，协助贷款本息回收和不良贷款化解，比银行更有效力。五是政府建立公示平台，协调审计、监察部门发挥监督职能，确保国开行的贷款成为"阳光工程"、"廉政工程"。

5. 提高各参与方的积极性

当违约到一定比例提高贷款利率，有利于促进借款人不断提高其诚信意识和还款能力。根据代偿情况调整担保公司担保保证金比例，有利于提高担保公司经营管理水平、挑选好的企业。根据整体合作情况调整政府风险补偿金的放大倍数，能调动政府的工作积极性，也对借款人等形成一定的约束。通过这些激励与约束机制，提高了各参与方的积极性，有利于促进机制长效运行。

四、模式改进建议

（一）推动县级政策性担保公司建立市场化运作机制

"河南省青年助业贷款工程"中县级政策性担保公司紧贴企业，发挥着风险识别与防范、担保和推荐客户的重要作用，其工作积极性和运行机制十分关键。当前，河南省大部分县级政策性担保公司的董事长、总经理甚至是工作人员由政府公务员兼职，董事长和总经理由副县长、县财政局长（或副局长）、县工信局长（或副局长）兼任，工资由财政全供，担保公司业务受到政府干预较多，做的业务多少与业绩没有多大联系，若出现风险还要承担相关责任，这种体制机制一定程度制约了担保公司的业务开展积极性。

对此，需要推动县级政策性担保公司建立现代化公司治理结构、企业制度和激励约束机制，董事长可以由政府领导公务员兼任，但经营团队需要聘请专业化人员，制定完善的内部管理和业务运行制度，组织架构上业务管理部门、风险控制部门、后台支持部门需要独立运行，薪酬待遇与经营业绩挂钩，将县级政策性担保公司打造成专业从事担保、服务地方小微企业的优秀国有企业。

（二）发挥县级政策性担保公司股东的优势

省财政厅、省担保集团、地方财政局是县级政策性担保公司的股东，发挥股东的优势对该工程的推广作用重大。一是省财政厅、县级财政厅作为实际出资人，建立注资、奖励和补助机制，根据县级政策性担保公司的公司治理、制度、人员队伍和业绩情况进行不同比例的注资和奖补，促进担保公司健康发展。二是省担保集团发挥技术优势，定期对县级政策性担保公司进行业务培训，派技术骨干到业务一线以"共同工作的方式"给予指导直到业务人员能独立工作，不断提升县级政策性担保公司的业务操作能力。三是发挥省担保集团的再担保增信作用，在省担保集团提供再担保后，银行可以给予更多规模的授信合作，提高县级政策性担保公司的业务量。四是股东履行出资人职责，定期对县级政策性担保公司的工作进行检查，落实奖惩措施，督促其更好服务小微企业。

（三）推动设立省级政府风险周转与补偿资金池

"河南省小微企业扶持工程"的机制设计中，省财政设立政府风险周转与补偿资金池作用重大。一是针对有临时性困难的小微企业，以适当高于银行贷款成本而远低于市场拆借的成本给予临时周转支持，避免小微企业高息拆借，也避免银行"被逼""以新还旧"而导致企业"理性选择临时性困难"，让银行能及时给予续贷支持。二是在县级政策性担保公司代偿较多而现金流出现困难时，可以一定价格借给县级政策性担保公司周转，在县级政策性担保公司成功追偿后再返还。三是当县级政策性担保公司代偿多到无力代偿时，政府的周转资金可以对银行的不良贷款给予一定比例的分担。四是当企业还款正常，可以每年逐年积累，银行可以按照一定比例不断加大信贷投放，也可以给予政策性担保公司或银行一定的奖励。从而促进"河南省小微企业扶持工程"对小微企业的支持能力。

五、缓解小微企业融资难题的建议

（一）加强金融生态环境建设

当前由于经济持续下行，安阳、焦作、新乡、许昌、平顶山等地"商业银行抽贷惜贷、企业不还钱"的恶性循环有恶化之势，信用环境遭到破坏，对国开行河南省分行及其他商业银行持续开展业务产生极大的负面影响。

政府需要结合实际，创新措施加大金融生态环境建设。一是将信用建设纳入各级政府考核，提高政府对金融生态环境建设的工作力度。二是建立有效措施和制度开展金融生态环境建设，如共享相关部门信息、提高透明度，举办诚信教育、诚信企业家的评比活动，建立黑名单制度，对于恶意逃废债的个人和企业信息及时公布，对守诚信的个人与企业给予荣誉、便利甚至是一定的奖励。三是严厉打击恶意逃废债，对于银行的起诉快速立案、执行，对于守诚信的企业，可以协调银行和相关单位给予支持，通过激励与惩罚机制，提高个人或企业的违约成本和守信的收益，引导企业诚实经营、创新实干致富，为政府、银行、企业、社会良性互动创造良好的环境。

（二）加大信贷资金投放力度

国开行河南省分行小微企业融资模式推广，信贷投放是关键。一是国开行河南省分行可以联合其他商业银行，以现有业务模式，组建创新方式引入金融同业资金，加大对小微企业的信贷投放。二是小微企业属于政策性业务，国开行可类似于成立住宅金融事业部一样，推动成立小微企业事业部，建立长效机制，为开展小微企业金融服务提供机构、人员和体制保障，或国家成立小微企业政策性银行，对小微企业提供资金支持。三是2014年监管部门提高了银行小微企业不良容忍度，但不良处置、责任认定方面仍类似于大项目，小微企业各种信息更难获取，相对于大中型企业以公开信息进行信贷决策，不良贷款责任认定方面更容易追究到责任，使得从业人员对小微企业信贷有"畏难情绪"。四是可以探索成立中国小微企业政策性银行，加大低成信贷资金投入。

（三）加大对小微企业的支持力度

党中央、国务院高度重视小微企业的发展，出台了大量的扶持政策，有些没有得到很好的执行，一些政策需要进一步完善，间接影响到国开行河南省分行业务模式的推广和商业银行的信贷投放。

如政府出台了小微企业各种奖补政策，额度小、十分分散，部分企业"等靠要"思想严重，寻租行为时有发生，没有发挥好财政资金的激励作用，建议可建立与银行合作的风险补偿资金，或者股权投资基金等形式，以更加公开、透明的方式给予支持，引导企业竞争、诚信发展。另外，需落实对小微企业相关税费减免措施，为企业经营发展提供便利，整合资源对企业提供管理、市场、财务、技术等培训服务提高其市场竞争力。

云计算背景下邮储银行数据挖掘与采用研究[①]

一、研究背景及国内外现状综述

(一) 研究背景

中国邮政储蓄银行河南分行（以下简称邮储河南分行）自 2010 年启动数据分析挖掘工作以来，提出了"数据创造价值，管理提升效益"的理念，力求通过数据挖掘实现精准营销和准细化管理。截至目前，已完成数据处理 1000 余项、主题分析 60 余项，形成了一个个能够持续解决业务营销管理、支撑综合营销的数据解决方案。

但面对各个业务系统中海量、多样的数据，要想快速开展挖掘分析，提高应用效果，数据处理效率显得十分重要，特别是对于非结构化大数据的处理，现有的模式显得力不从心：上亿级别的多表数据关联处理时间较长。因此需要对此进行研究：一是如何在云计算背景下通过技术手段解决不同结构数据分析与挖掘中数据处理和分析效率的问题；二是如何实现数据挖掘结果的快速应用，提高结果应用的持续性。本课题主要结合以上两个问题进行研究，同时针对邮储银行业务发展提出优化建议。

随着信息技术的快速发展，云计算（Cloud Computing）技术越来

[①] 主持人：贾群生；课题组成员：赵文超、赵凯、李铜、张光耀、郭林锋。

越多地被大家使用。云计算的概念自然地为海量数据的存储、分析及处理提供了现实可行性。首先，云平台上的存储资源、计算能力都是基于传统的分布式计算机集群构建的，易于扩展，稳定性和安全性都有了很大的提高；其次，云平台上的资源是虚拟化的，其运行原理对于用户而言是透明的，云计算的用户无须了解云平台的技术细节，不必具备相应的专业知识和技能，也不用对云平台的日常运行进行管理维护操作，只需要关注自己需要使用的资源并且如何通过云平台来获取相应的服务就足够了。如果要对海量的商业、金融、通讯数据进行存储、处理及分析，可想而知，基于云计算平台的数据挖掘应该是符合最优选择的一个工具。

（二）国内外现状

数据挖掘是知识发现的一个重要环节，它通过建立挖掘模型并通过对应算法来完成知识的发现。现在很多挖掘工具都提供了关联规则、分类、聚类、决策树等多种模型和算法以便选择使用。

1. 数据挖掘经典算法

数据挖掘虽然并不同于以往的统计分析，可以发掘出事先并不为人们所知的知识或规律。但在挖掘算法开始工作前，仍然需要事先给算法确定一个挖掘任务，或者说必须由人工选定某种特定的挖掘算法，在特定的数据集上，以某种特定的模式开展挖掘工作。如果任由挖掘算法在海量数据中去运行，想期待其能够自动地发现出某些知识，这是不可能完成的任务。通过数据挖掘去发现知识或规律，一般有两种模式：统计分析型的数据挖掘和预测决策型的数据挖掘。统计分析型的挖掘任务是在对历史数据统计、分类的基础上，将数据的共同特征及数据所能反映的一般的历史性规律展示出来；而预测决策型的挖掘任务则是在对历史数据推断、分析基础上，发现事先所不为人知的新规律，并能够利用这个规律去预测新数据集的可能行为。

2. 云计算支持下的数据挖掘算法

提供数据挖掘产品和方案的 IT 企业有很多，诸如专业的数据挖掘厂商 Pilot、Lockheed、SGI 等，软件及数据库服务商如 Oracle、IBM、Microsoft 等。但就目前国内外的现状而言，完整的成熟的基于云计算的数据挖掘产品，还并未出现，更多的都还停留在分析及研究阶段。

与此同时，通过采用"云"数据中心，来实现海量数据存储的技术则已经颇为成熟，比如 Amazon 的 S3，以及 Google 的 GFS 和 Big-Table。接下来更进一步的发展，则必定是基于云计算及云存储之上的能够提供高可靠性、高性能的海量数据的存储、分析、处理及挖掘。从系统架构上来讲，基于云计算的并行数据挖掘平台包括三个层次，分别为业务应用层、挖掘平台层以及分布式计算层。

(三)"大数据"背景下邮储河南分行面临的形势

1. 通过数据挖掘解决发展中问题，是"大数据"背景下银行业务发展需要

随着信息技术的发展，企业的数据正深刻改变着运营模式和管理决策方式，特别是大数据时代的不断来临，越来越多的企业开始通过大数据分析解决各项发展中的问题。而数据蕴藏的变革之力并不在于数据容量之大，也不在于数据增长之快，而在于利用大数据所作出深入、全面的数据分析，以及对数据价值的精准挖掘，最终体现在以数据驱动为核心，逐步产生的企业运营管理模式、业务营销方式的革新以及管理决策过程的改变。

2. 采用新技术实现数据的深度整合，是提升技术支撑能力的需要

随着系统的不断集中，邮储银行业务系统已全部由全国中心统一管理，目前各省分行数据来源主要以数据文件的形式由总行下发至一级分行，随着近几年的不断积累，一级分行拥有的数据量逐步增加，涉及的范围也越来越广。以往的数据处理方式已无法满足需求，需要

借助专业的技术和方法，对"大数据"进行有效整合，才能快速地实现对业务需求的及时响应、准确分析和快速应用。

3. 通过分析捕捉客户间的需求差异，也是应对差异化服务的需要

随着网上银行的安全、便捷性逐渐为大众所认同，网银无论是客户量还是交易量，都呈现出爆发式的增长，近年来，各家银行针对网银渠道不断设计开发出各类新的、便捷的金融产品，从而进一步促进了客户从柜面服务向网银渠道的迁移。但同业间的竞争，使任何新产品最终都被他行所复制而逐步趋同，银行只有通过不断地捕捉客户间的需求差异，对不同的市场细分群体量身定制产品，才能满足当前大众对金融服务的需求。而如何能迅速地捕捉到客户的需求差异，成为摆在银行面前的首个门槛。

二、研究目标和研究要点

（一）研究目标

目前数据挖掘算法已经非常成熟，但是一对矛盾主体需要平衡，即数据处理的效果和效率，一方面算法希望尽可能多地迭代，达到较好的效果，但是另一方面在面对海量数据的时候，单个或者多个计算节点的性能将难以满足算法要求，因此需要做一个平衡，兼顾效果和效率。同时，如何面对不同的业务环境，一方面希望建立一个高效的数据挖掘模型来支撑营销活动的快速应用，另一方面也希望建立一种模式来持续跟踪模型的应用，带来连续的提升效果。因此，本次研究的主要目标不仅要解决分析中数据的效率问题实现海量数据的及时、科学处理，还要解决挖掘方法的问题实现数据挖掘结果的持续、高效应用。

（二）研究要点

本课题主要研究如何通过云计算技术提高数据挖掘及分析中数据处理的效率，实现数据挖掘结果应用的高效化和模型化。一是研究在

云计算背景下搭建大数据的处理平台；二是研究基于平台快速、高效、持续地开展挖掘分析和应用。

三、研究内容

（一）采用云计算技术搭建客户"数据集市"模型

1. 云计算的概念

云计算是一种革命性的突破，它表示计算能力也可作为一种商品进行流通，当然这种商品是通过互联网进行传输的。云计算的最主要目标就是：在未来，只需要一台笔记本或者一个手机，就可以通过网络服务来得到我们需要的一切服务，甚至包括实现超级计算这样的任务。从这个角度而言，最终用户将成为云计算的真正拥有者。简单地说，云计算就是利用互联网上的大型数据中心的软件和处理数据的能力，把复杂的运算从用户终端移到云上去做。

云计算既指通过互联网以服务方式提供的应用程序，也指在数据中心用来提供这些服务的硬件和系统软件，它的概念是在 SaaS（Software as a service，软件即服务）的基础上发展起来的。

云计算基本的概念以及发展前期其他计算模式的历程，在这十年间的历程中云计算逐渐走向应用，它的特点和优势，对我们现今生活方式的改变起了很大的作用。云计算的普遍应用使资源的利用更合理、更节约、更安全。其中云计算的发展至今有许多的相应的技术，它的分布式编程模式的思想，还有数据存储和管理，其中虚拟化技术更是为云计算的发展带来了铺垫。

2. Hadoop 平台的概念

Hadoop 平台是云计算的一个实现平台，这是一个开放源代码的平台，其思想来源于 Google 的云计算平台，它的出现使我们分布式编程实现成为了可能，也使云计算更加地普及到商业中来。本节主要介绍的就是通过搭建 Hadoop 平台环境实现海量数据的高效处理。

3. 利用 Hadoop 平台建立邮储河南分行客户"数据集市"模型

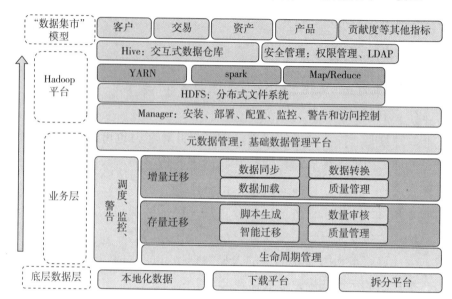

图 1 数据集市模型

（1）邮储河南分行"大数据"现状

一是业务数据资源分散。邮储银行数据信息分散在各个业务系统中，在结构上不具有较大的联系，同时银行人员在营销过程中获取了大量的非结构化数据（即无法通过数据库二维逻辑来表现的数据），这些数据交织在一起，数据庞大，但却无法有效地关联使用。

二是数据分析中数据处理量难度较大。数据分析结果的有效应用，需要综合分析多个业务条线客户数据。目前，我行有约 6000 万客户，9000 万的账户，且经过 6 年的业务发展积累，各类交易明细数据，汇总数据以及营销过程中收集的非结构化数据更是难以计数。以往的纯手工统计分析方式已无法满足需求，需要借助专业的分布式工具、方法以及系统支撑，对"大数据"进行有效整合，以实现对业务需求的及时响应、准确分析、快速应用。

（2）搭建 Hadoop 平台

为保证数据的高可用性和高可靠性，云计算的数据一般采用分布式的方式来存储和管理。类似于一般的数据存储安全保证办法，云计算也采用冗余存储的方式来保证存储数据的可靠性。由于云计算系统需要同时满足大量用户的需求，并行地为大量用户提供服务，因此云计算的数据存储技术必须具有高吞吐率，分布式存储正好满足了这一需求特点。现在，云计算的数据存储技术主要有谷歌的非开源的体系 GFS（Google File System）和 Hadoop 团队的开发对于 GFS［10］的开源实现 HDFS（Hadoop Distributed File System）。

云计算系统对大数据集进行处理，而且需要提供高效的服务，因此数据管理技术也必须能够对大量数据进行高效的管理。由于云计算的特点是对大量的数据进行反复的读取和分析，数据的读操作频率远大于数据的更新频率，因此云中的数据管理是一种读效率优先的数据管理模式。因此，一般来讲，云计算系统的数据管理通常采用数据库领域中列存储的数据管理模式，即将表按列划分后存储。

为研究云背景下数据处理的效率问题，邮储河南分行采用 5 台设备搭建 Hadoop 系统环境，对外的主要接口包括：数据下载平台的数据库、数据下载平台的数据文件、报表系统。具体拓扑图如下。

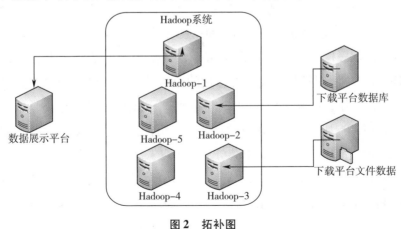

图 2　拓补图

（3）在 Hadoop 平台中建立客户"数据集市"模型

为应对"大数据"时代对于客户综合营销、客户服务等分析和挖掘需要，邮储河南分行探索在 Hadoop 平台搭建了面向客户的"数据集市"模型（数据集市，也叫数据市场，是一个从操作的数据和其他的为某个特殊的专业人员团体服务的数据源中收集数据的仓库。从范围上来说，数据是从企业范围的数据库、数据仓库，或者是更加专业的数据仓库中抽取出来的。数据集市的重点就在于它迎合了专业用户群体的特殊需求，在分析、内容、表现，以及易用方面）。通过对结构化和非结构化数据的抽取、加工、整合和分布式存储，形成了面向一个或多个领域、有特定应用的数据集市，实现了数据挖掘结果的可视化（将模型结果数据展现在市、县、网点各级营销人员手中）。

（4）客户"数据集市"的内容

在搭建客户"数据集市"模型过程中共经历了三个阶段，初级阶段、模型阶段和集市阶段。初级阶段主要是处理大量的简单关联查询和数据汇总统计，该阶段业务需求相对简单，数据分析方法单一；模型阶段是立足于初级阶段基础之上的，主要通过多维度、差异化的分析算法，分析业务发展情况，精准定位客群；集市阶段通过整理日常数据提取和主题分析模型中的常用指标，汇总业务系统基础表中各项字段，初步形成基于业务条线的结构化数据集合，并通过专用平台系统，为业务提供高效、快捷的查询；在完成了初级阶段及模型阶段的积累后，积极探索建立了数据集市平台，整合现有的需求及模型，借助 Hadoop 的处理机制形成了常态化的分析及应用机制，减少了大量的重复分析工作，提高了应用效果。同时，个人客户的所有模型均能够在数据集市平台中实现可视化查询，业务人员能够更加高效、便捷地使用分析结果。个人客户数据集市共分客户信息、客户持有产品、客户资产、客户交易、客户综合指标五大类，130 个数据指标。用户可对 130 项数据指标任意组合筛选，查找出目标客户明细数据，最终实现客户资源由集中在各级客户经理向集中在企业的转变，使客户维护科学化、全面化。

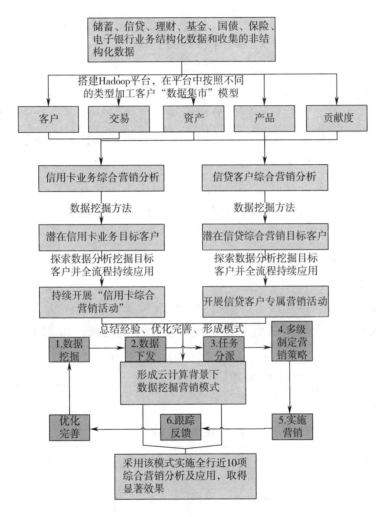

图3　数据集市内容

（二）基于 Hadoop 平台中客户"数据集市"模型开展数据挖掘分析应用

1. 开展信用卡业务数据挖掘分析及应用

（1）初步确定目标客户群

基于个人客户数据集市中大量数据的分析后发现各业务条线信用

卡客户渗透率均较低，最高的只达到24%，各条线数据挖掘潜力较大，因此围绕个人负债、电子银行、大理财、信贷等四大条线初步挖掘出潜在客户群，去除重复客户后约68万客户。

（2）初步确定高价值目标客户群

通过对信用卡客户开卡前四个月的储蓄卡 ATM 渠道、POS 渠道、电子银行渠道交易数据进行。分析发现，信用卡活跃客户开卡前储蓄卡无论从交易频次和交易金额均较大，具有明显的优势，因此储蓄卡交易活跃程度应作为评测信用卡客户质量的一项重要指标。为进一步从现有的四大类客户群中挖掘有价值的信用卡潜在客户，发展信用卡客户规模，提高发卡客户的消费能力。我行建立了能够精准挖掘出高价值潜在信用卡客户的 RFM 模型。

（3）建立 RFM 高价值潜在客户挖掘模型

①指标选取

根据信用卡客户开卡前储蓄交易情况可知，信用卡客户储蓄卡在 ATM 渠道、POS 渠道、电子银行渠道交易较为活跃。根据 RFM 模型定义，选取 2013 年以来最后一次交易时间（R 值）、累计账务交易次数（F 值）和累计账务交易金额（M 值）作为建模指标，具体如下：

表1　　　　　　　　　　　RFM 模型选取指标

序号	RFM	指标名称	指标描述
1	R 值	Last_ tran_ date	最后一次交易时间
2	F 值	Tran_ sum	累计账务交易次数
3	M 值	Tran_ bal	累计账务交易金额

②模型建立

结合这三个指标，建立潜在客户活跃价值模型，根据 RFM 分值高低判断活跃程度。将客户的三个指标分别分成5个级别，总共得到 $5 \times 5 \times 5 = 125$ 个，即共有 125 个档次。

③模型输出

表 2 　　　　　　　　　　　　 **RFM 分箱值**

近因分箱值（R）			频率分箱值（F）			金额分箱值（M）		
1	≥a1	≤a2	1	≥b1	≤b2	1	≥c1	≤c2
2	≥a3	≤a4	2	≥b3	≤b4	2	≥c3	≤c4
3	≥a5	≤a6	3	≥b5	≤b6	3	≥c5	≤c6
4	≥a7	≤a8	4	≥b7	≤b8	4	≥c7	≤c8
5	≥a9	≤a10	5	≥b9	≤b10	5	≥c9	≤c10

上表中 a，b，c 为根据数据采用 RFM 模型计算出的值，若客户最后一次交易时间≥a1 且≤a2，客户累计账务交易次数≥b1 且≤b2，客户累计账务交易金额≥c1 且≤c2，则客户近因值为 1，频率值为 1，金额值为 1，RFM 值为 111。根据以上计算规则，客户的 RFM 模型输出如下：

表 3 　　　　　　　　　　　　 **RFM 模型数据输出**

序号	客户编号	近因	频率	金额	近因值	频率值	金额	RFM 值
1	…	…	…	…	…	…	…	…
2	…	…	…	…	…	…	…	…

由于近因（最后一次交易时间）作为信用卡客户营销中的最要指标，因此对近因加权（考虑权重）得到最终 RFM 得分，对得分排序，将每项指标 3 级以上得分（即有 2×2×2＝8 类，如 333、334…）的客户作为信用卡的潜在营销客户群。

④模型验证

通过 RFM 模型打分结果来看，在办信用卡前交易数据评分为五级客户，其目前为活跃客户的占比为五级客户总数的 76%；三级评分以上的客户，其目前为活跃客户的占比为五级客户总数的 70% 以上。因此该模型理论值可保证其成为信用卡活跃客户的概率超过 70%，相对于我省目前整体信用卡活跃客户 42% 的占比，提升 28 个百分点。

（4）在现有客户群中筛选高价值潜在客户

在各业务条线（个人负债、大理财、电子银行、信贷）数据中，根据有交易客户的取款行为（ATM 取款）、消费行为（POS 消费）及支付交易行为（网上支付），通过 2013 年以来最近一次交易时间、累计交易笔数、累计交易金额三个指标，结合 RFM 模型为客户评分，最终筛选出高价值（三级评分以上）客户约为 30 万（包含个人负债类客户、大理财类客户、信贷类客户、电子银行类客户）。

（5）信用卡业务数据营销效果情况

邮储河南分行利用此项分析结果组织开展了"信用卡综合营销活动"，客户经理使用本项活动的专用信用卡申请表，通过持续营销效果十分显著，各业务条线客户信用卡渗透率有了显著提高，信用卡产品在储蓄、理财、电子银行、信贷等各业务条线客户的渗透率分别较活动前有了大幅提升。

2. 开展信贷客户综合营销挖掘分析及应用

（1）目标客户群确定

在基于"数据集市"对储蓄客户的储蓄账户类交易情况的分析中发现，占比较大的信贷类客户长期无交易，而有交易的客户在交易次数，交易金额方面均高于一般储蓄客户，交易行为较活跃。同时，信贷类客户在储蓄、电子银行、理财基金国债外币、保险、信用卡、商易通、POS、代发工资产品中渗透率均较低。价值挖掘潜力较大，因此初步确定信贷客户为营销活动目标客户群。

（2）初步确定高价值目标客户群

根据信用卡数据挖掘营销经验，以客户交易数据情况作为确定高价值目标客户的依据是十分有效的手段。通过对储蓄和信贷客户交易数据进行分析发现，信贷客户在交易频次上远高于一般储蓄客户，尤其是资产 50000 元以上信贷客户，交易频次是一般储蓄 50000 元以上客户的 2 倍以上，因此储蓄账户交易活跃程度应作为评测信贷客户质量的一项重要指标。在此次分析活动中，我行以信贷客户账户类交易情况作为定位高价值目标客户群的初选标准。在信贷类客户中，根据有交易客户的取款行为（ATM 取款）、消费行为（POS 消费）及支付交易行为（网上支付），通过 2013 年以来最近一次交易时间、累计交易笔数、累计交易金额三个指标，结合RFM 模型为客户评分，最终筛选出高价值（三级评分以上）客户。

（3）筛选高价值潜在客户

为进一步确定营销客户目标，邮储河南分行通过数据关联分析方法将客户 RFM 打分情况与客户持有产品情况进行关联。通过分析不同的 RFM 值对应客户叠加储蓄、电子银行、理财基金国债外币、保险、信用卡、商易通、POS、代发工资产品情况发现，客户叠加产品数跟客户交易活跃度成正比，叠加产品越多，客户交易越活跃。

表4　　　　　　　　　　RFM 分值对应叠加产品情况

RFM 分值	平均叠加产品数
333	0.89
334	0.90
335	0.91
343	1.10
344	1.07
345	1.15
353	1.43
354	1.55
355	2.05

为保证营销活动针对性，充分挖掘客户潜力，根据中位数原则，我们选取平均叠加产品数在 1.10 次以下的客户作为营销目标。

（4）信贷客户综合营销效果情况

在开展信贷客户综合营销活动后，客户价值挖掘提升，以及不同金融产品整体占有率提升情况。信贷客户平均交易次数提升了 1.67次。持有绿卡通、VIP 卡、理财产品、网上银行、手机银行、信用卡、商易通等金融产品的客户占比及叠加二、三、四、六种及以上金融产品的客户占比均有大幅提升。

（三）形成邮储河南分行云计算背景下数据挖掘营销模式

邮储河南分行结合信用卡业务和信贷客户数据挖掘分析及应用，建立了一套采用 Hadoop 进行数据处理、综合多种数据挖掘方法的模式。并通过系统将高价值客户群体下发至市县分支行督促综合营销应用，分析营销成效并持续优化跟踪，实现了对营销活动各环节、全过程的组织、监控和考核。根据每月客户在各类产品渗透率的反馈情况，及时调整营销策略。具体流程如下：

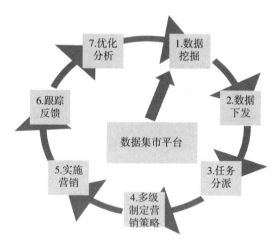

图 4　流程图

1. 数据挖掘

数据挖掘，首先要有海量的数据，邮储河南分行数据平台的数据已达到海量级别，同时还拥有收集反馈的非结构化数据集，能够确保数据的量；其次要有很好的挖掘工具，结合当前技术搭建 Hadoop 平台，在平台中实现"数据集市"模型应用；最后就是采用适合分析方法，按照分析目标的不同进行选择，如提升客户消费能力且进一步研究是否活跃的可以选取 RFM 模型，提升客户购买成功率且进一步提高产品使用的可以选取逻辑回归模型，提升客户产品叠加程度的可以选取关联规则模型。目前我行已建立了信用卡 RFM 综合营销模型、信贷客户综合营销模型、产品关联规则综合营销模型、逻辑回归业务产品推介综合营销模型等。根据模型定义确定指标范围，按照客户维度加工需要的指标，并对这些指标数据进行相关性排除、缺失值排除、极值和异常值处理。

2. 数据下发

（1）通过系统分批次下发目标客户。根据每个网点客户经理的数量和营销能力，计算每个网点营销周期内最大营销客户数。根据支行营销能力按照各条线配比分批次将目标客户下发至支行。根据支行营销能力，首次下发目标客户不宜过多，应挑选成功概率较高的客户进行下发，占比应不超过 20%，按照各条线进行适度配比。根据营销的效果第二批次可以适当增加下发客户占比并优化条线配比，提高成功率较高条线客户的占比。

（2）整合客户联系方式，提升营销成功率。通过分析发现，近60% 的客户无法从客户管理系统整合的数据中获取联系方式信息，极大影响营销的成功率。我行对客户联系数据进行了深度加工，整合储蓄、信贷、电子银行、短信提醒、理财等客户联系方式数据，大大提升了有联系方式的客户占比，从初期的 40% 提升至 75% 以上；同时支行人将登记在系统中的联系方式进行二次整合，部分网点有联系方式的客户占比提升到 90% 以上，大大提升了基层联系客户的成功率。

3. 营销任务分派

目标客户将通过系统下发至支行行长和二级分行管理人员，支行行长接收目标客户后，将客户按照类别分派给支行条线客户经理，对于各条线均涉及的客户数据，将按照条线占比分派给较大的条线经理。各条线客户经理接受目标客户开展综合营销。

4. 省、市、支行多级制定营销策略

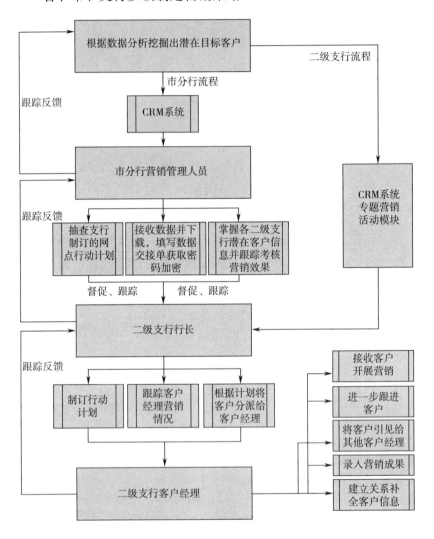

图 5　营销策略图

（1）省分行营销策略

邮储河南分行制定营销活动方案，确定营销活动周期，制定系统下发方案和操作流程，根据网点客户经理数量确定每月营销计划。

（2）市分行营销策略

邮储河南分行将目标客户下发至市分行营销主管，市分行营销主管制订辖内每个网点每周的营销计划，通过系统下发各支行，同时数据也可用作后期跟踪考核使用。

（3）支行营销策略

邮储河南分行将目标客户分配给二级支行行长，支行行长在系统网点行动计划模块中制订本支行每周营销计划，计划应包含每个客户经理本周的营销数量和营销目标，并根据计划将目标客户分派给客户经理，客户经理接收支行行长分派的客户信息，开展营销跟踪。

5. 实施营销

支行各条线客户经理通过短信和电话邀约、礼品赠送、产品推介会等形式实施综合营销，对于概率较高的客户可采用登门拜访礼品赠送的方式营销客户，对于概率中等的客户可通过短信和电话邀约的方式营销客户，对于部分高资产的客户可以通过产品推介会的形式进行相关产品的推介营销。同时通过系统将非本条线客户引荐至条线客户经理处，客户经理能够查看到客户信息，方便开展营销，实现了各条线资源的整合和共享。

6. 跟踪反馈

（1）省分行跟踪反馈。邮储河南分行相关部门采用分片包联形式，每人负责部分地市的跟踪和反馈，除日和周短信、电话、快讯，周活动通报外，每月进行实地调研，了解活动开展情况并协助解决实际问题。对活动进展缓慢且效果不佳的单位，重点了解存在的问题并研讨解决方案，涉及模型问题及时修正完善。

（2）二级分行跟踪反馈。二级分行相关业务部门对二级支行行长的营销效果进行跟踪督导，每周在系统中跟踪活动执行情况，并重点核实计划的完成情况，了解计划执行中的问题，及时研讨解决措施并向省行反馈。

二级支行行长督导各条线客户经理制订日、周计划，在系统中跟踪客户经理执行情况，掌握营销进度，及时调整营销计划；二级支行客户经理在系统中录入营销结果，并通过短信、电话和上门方式确认客户意愿后反馈营销结果，若成功进件即为"营销成功"，否则为"营销失败"。

7. 优化分析

邮储河南分行定期对营销客户的效果进行分析。重点分析该批次下发的客户是否成功营销以及成功营销后的使用情况。首先对比分析营销成功客户指标特征，验证模型在实际营销中的准确率；其次对于预测成功但实际营销失败的客户要判断是否按照规定流程进行营销，若按流程开展营销，需进一步优化模型指标，去除影响营销效果的指标，增加更适合的建模指标，进行模型的修正。并验证修正后模型的准确度。

四、云计算背景下邮储银行数据挖掘采用效果

（一）提升营销效果，促进了业务发展

《中国邮政报》第 2123 期、河南邮政报以《激活大数据生态圈——邮储银行河南分行大数据精准营销侧记》为题报道了邮储河南分行基于"大数据"的综合营销挖掘分析和应用工作。

一是信用卡业务数据挖掘分析及应用效果明显。邮储河南分行利用此项分析结果组织开展了"信用卡业务数据挖掘分析及应用"，客户经理使用本项专用信用卡申请表，通过持续营销效果十分显著，使各业务条线客户信用卡渗透率有了显著提高，信用卡产品在储蓄、理财、电子银行、信贷等各业务条线客户的渗透率分别较活动前提高近 10 个百分点。

二是信贷客户数据挖掘分析及应用效果明显。在开展信贷客户综合营销活动后，客户价值挖掘提升，以及不同金融产品整体占有率提

升情况。持有绿卡通、VIP卡、理财产品、网上银行、手机银行、信用卡、商易通等金融产品的客户占比及叠加二、三、四、六种及以上金融产品的客户占比均有大幅提升。

三是保险业务综合营销应用效果明显。在保险业务综合营销应用中，通过数据分析共挖掘保险目标客户近30万户，参照该模式通过系统将目标客户下发至市县分支行，挖掘的客户占购买客户的30.3%。

（二）创新了营销组织模式，强化了营销流程管理

一是借助云计算建立"数据集市"模型，通过模型开展营销，创新了营销组织模式。精准挖掘目标客户，从数据下发认领、营销跟进到结果反馈等环节，省分行、市分行和二级支行均可实时监控，便于进行督导考核，有效解决了目标客户不明确、营销客群不精准、"阵势大、效果差"的弊病。

二是采用云计算相关技术，提高了业务分析效率。通过搭建Ha-doop平台、创建客户"数据集市"模型、建立云计算背景下数据挖掘营销模式等方式持续研究及应用，大大减少了大量的重复分析工作，提高了数据挖掘效率，持续提高了应用效果。同时，个人客户的所有模型均能够在数据集市平台中实现可视化查询，业务人员能够更加高效、便捷地使用分析结果。为全行综合营销战略的实施提供数据源及目标客户等数据支撑。

金融发展与中小企业发展
关系的实证研究^①

第一章　导　言

一、选题背景和意义

2013 年，国务院制定"关于金融支持中小企业发展的实施意见"中指出，"中小企业是国民经济发展的生力军，在稳定增长、扩大就业、促进创新、繁荣市场和满足人民群众需求等方面，发挥着极为重要的作用。加强中小企业金融服务，是金融支持实体经济和稳定就业、鼓励创业的重要内容，事关经济社会发展全局，具有十分重要的战略意义"。2014年，中国人民银行为引导信贷资金对中小企业的支持，提高中小企业的金融服务水平，在"支小"再贷款额度、利率、授信条件等方面给予各方面的政策支持和鼓励引导。同时，加快中小企业信用体系建设，推动中小企业信用评级，做好对中小企业等经济主体的金融信息服务。2015年 9 月，国务院总理李克强主持召开国务院常务会议，决定设立国家中小企业发展基金，中央财政通过创新机制发挥杠杆作用和乘数效应，吸引各方共同参与，建立总规模为 600 亿元的国家中小企业发展基金，用

---

① 主持人：赵德旺；课题组成员：李相才、武鑫海、于淼、赵慧芳、朱东升、曾卓。

市场化的办法，重点支持成长型中小企业发展，通过多种措施，更多吸引社会资本，激发中小企业"双创"活力。

当前，我国经济社会发展处于"降速度、调结构、转动力"的新常态下，并将在可预期的较长时间内处于这种"稳态"下，中小企业面临的困难也越来越多。其中，资金仍是制约中小企业发展的关键因素，同时在信贷支持力度、丰富和创新金融服务、降低综合融资成本等方面需要更加有效的金融。

本文以河南省中小企业发展过程中的金融支持问题为研究对象，从支持中小企业发展的角度分析中小企业金融支持存在的问题以及成因，同时参照西方发达国家和新兴市场国家成熟中小企业金融支持实践，揭示现阶段中小企业金融支持存在的现实问题与制约因素，从宏观和微观上，提出解决中小企业金融支持问题的多层次、多视角对策思路。

二、理论基础及国内外研究综述

（一）理论基础

1. 信息不对称理论。信息不对称理论是由美国经济学家约瑟夫·斯蒂格利茨、乔治·阿克尔洛夫和迈克尔·斯彭斯于 20 世纪 70 年代提出，该理论从 20 世纪 80 年代开始广泛应用于金融市场的研究。多数学者认为信息不对称导致了中小企业融资的困境，其主要观点是：与一般大型企业相比，中小企业自身经营规模小，缺乏健全财务及信息披露制度等，信用状况难以准确测量，因此金融机构对其进行风险评估时更加困难，其授信行为将面临逆向选择风险以及道德风险等问题。金融机构为规避此风险，进而会减少对中小企业的资金支持等。此外，准确测量中小企业信贷风险难度较大，金融机构为了弥合损失，可能性只有提高贷款定价，从而造成了中小企业融资难、融资贵的局面。

2. 信贷配给理论。信贷配给理论是美国经济学家斯蒂格利茨和韦斯提出的，该理论认为：信贷配给是建立在信用评级基础上的，信用基础不同的借款人所对应的贷款容易度不同。中小规模企业的信用基础较薄弱，可能会遇到金融机构的信用约束。同时，中小企业的信息不对称性强、经营风险大等特点导致其信用基础较差，难以获取传统的正规金融支持。由信贷配给理论可以看出，中小企业贷款主要来源于中小型及非传统金融机构，因其信息不完善，缺乏担保抵押，往往难以成为正规金融机构的"信贷配给"对象，很难从正规金融机构筹集到资金。

3. 小企业融资周期理论。美国经济学布里格姆根据企业的不同成长阶段融资来源变化情况，提出了企业金融生命周期假说。该假说将企业的金融生命周期划分为四个阶段：创立期、成长期、成熟期和衰退期，并从融资来源和企业面临的财务问题来说明企业在不同发展阶段的金融特性，从长期和动态角度详细解释了中小企业发展过程中的资本结构变化规律。但是，对企业信息的变化、对融资可得性影响的研究不够。之后，美国经济学家伯格和尤戴尔对该理论进行了发展和完善，他们认为：随着企业生命周期而不断发生变化的信息约束、企业规模和资金需求等因素是导致企业融资结构发生变化的主要原因。

4. 中小企业融资的交易成本。经济学家科斯提出了交易成本理论，他认为通过组织、制度、契约等手段采取标准化计量手段可有效降低交易成本。交易成本的产生主要是由于人们的有限理性和机会主义，金融机构对于自己的交易对手——企业的交易成本也比较关注，其发放中小企业贷款本质上也是一笔市场交易活动，发放前会计算收益与成本，以获取收益的最大化。对金融机构来说，其发放每笔贷款的固定成本差不多，但是每笔贷款的收益却不一样，小额度的授信给银行的收益较小金额要高。因此，与大额贷款相比，额度较小的贷款单位成本要更高一些，为弥补成本，银行倾向于收取更高的利率。同时，规模经济理论显示，对中小企业贷款采取规模发展的手段才可以有效降低平均成本，并提高收益率。

5. 中小企业资金缺口理论。一般意义上，资金缺口包括资本缺口和信贷资本缺口两部分，其存在主要原因是中小企业的信息透明度低于大企业。一般学者将"金融缺口"的存在归结为两个原因：一是中小企业投资的边际收益大于边际成本，资金供给出现中断导致企业不能继续进行投资；二是中小企业获得资金的机会成本较大，使得中小企业由于资金成本的负担而无法通过正常投资来实现增长。随着金融产品及服务的完善和丰富，风险投资在一定程度上缓解了中小企业的金融缺口。

（二）国内学者的研究成果

张维迎（1999）认为在发达国家正规金融倾向于为大型企业贷款，而中小银行则会选择中小企业作为贷款对象。张维迎指出，在我国中小企业融资信息的不对称现象主要体现在以下三个方面：一是银行对中小企业投资的项目预期和实际成本收益等的调查掌握情况远不如大企业、大项目等，主观上重视不够，客观上难以获取准确信息；二是银行无法准确掌握中小企业在获取融资后的资金使用情况，也就是对资金的有效监督；三是银行无法像中小企业那样对自己企业的经营能力有深入的了解。上述三个原因造成银行对中小企业的惜贷。张捷（2002）认为由于金融决策权过度集中，应该建立以民营中小银行为主体、主要面向中小微企业的金融服务体系，来为中小企业服务，弥补关系型信贷的缺位。唐齐鸣等（2004）认为，金融市场现行运作机制阻碍了民间资本市场的进一步发展，加剧了制约中小企业发展的资金问题。曹永华（2006）认为中小企业融资需求和金融机构提供的金融服务失衡所形成的金融支持不足是制约中小企业发展的不可忽视因素。

李艳梅等（2009）通过实证分析，指出金融支持对地区科技型中小企业自主创新具有显著不同的促进作用，因此在地区之间需要实行差别的金融政策，在加大资金投入量的同时资金使用效率如何得到提高这一问题显得更为重要。李富有、梁俊苑（2009）通过对中小科技型企业进行的研究认为，虽然中小企业自身存在着缺陷限制了其从正规金融获得贷款，但是也会因为正规金融贷款手续复杂而主动拒绝从正规金融贷款。陈敏菊（2009）选取我国实施宽松货币政策初期和宽松货币政策效果显现期两个不同时点对比实证研究得出，中小企业融资障碍的主要因素来自中小企业自身，例如，偿债能力不足、缺少有效担保、信用额度不足以及缺少抵押物等；中小企业融资障碍的次要因素源自以商业银行为主的传统机构，例如银行贷款额度不足、银行惜贷以及融资成本过高等。邓淇中（2009）利用行为金融理论分析了中小企业贷款难的主要问题，通过建立银行经理人效用函数模型，揭示了银行贷款经理人信贷决策存在的"羊群效应"是造成中小企业融资困境的内在机理，这为解决中小企业融资难问题提供了新的思路。李富有（2010）研究得出正规金融借款者有挤出效应，借款者会自主选择正规金融。通过构建民间金融组织的发起者之间的博弈模型，证明了非正规金融组织是建立在发起者的声誉的基础上。李明等（2010）就中小企业的信息整合和中小企业信息生产平台中的信息不对称问题提出建议，认为中小企业应提高自身生产合格信息的能力，同时政府部门国家应建立信用评价中心，以解决信用评级等方面信息不对称难题。

尹丹莉（2012）借鉴国际经验中的政府财政支持中小企业发展、创新管理模式等，阐述了中小企业在后金融危机时代的融资困境，根据中小企业在后金融危机时代存在的机会，提出了适合中小企业融资的方式和途径。楚建德等（2012）通过建立内生化企业规模和抵押品价值模型，对在激励相容和信贷配给条件下银行和贷款企业行为进行分析，并指出：由于存在信息不对称，银行往往要求价值过高的抵押品来进行信贷配给。陈蕾（2013）从信息不对称的视角，分析了商业银行与中小企业、商业银行信贷人员与商业银行、贷款中介机构与商业银行、中小企业与民间资本这四重信息不对称关系，借助相关计量模型以及博弈论的运用，得出信息不对称问题是中小企业融资困境的重要环节。

（三）国外学者的研究成果

Avery（1998）等西方学者对中小企业与金融机构之间的融资关系进行了研究，他们的研究结果显示：针对中小企业财务信息缺失、信息不够透明的状况，西方的银行与中小企业之间通过市场手段自发地形成了一种特殊的融资制度安排，这就是"关系型贷款"理论。该理论主要是依据借款人的一些"软"信息，例如企业主的个人素质、企业的日常经营状况、纳税信息等，而不是借款人的"硬"信息，例如企业的财务报表、信用评级等，来做出是否投放贷款的决定。

贝克和德密瑞克（Beck and Demiric）（2006）将影响中小企业成长与发展的因素分为总体经济层面的环境、金融环境、企业经营环境、个体经济层面等四大环境，认为其中最关键的是包括法制体系与信息环境等支持金融交易的基础设施。也就是说，唯有落实担保品与破产程序，从创设、登记到执行等不同种类的相关商业法规，对财产权有效界定、保护，以及有效地推动执行，这样金融交易的安全性才得以确保，金融体系才会在利益驱动下主动、积极发展与中小企业融资业务。因此金融法制体系越有效率，且能够与时俱进不断调整的国家，中小企业的融资障碍越少。

（四）文献综述

综上所述，中小企业融资问题在各国都是一个难题，对中小企业融资的研究，都是基于金融实践出发，这也是理论界流行的"经济学的实践总是先于理论"。学者们大都从中小企业融资的现状着手，在企业信息透明、有效抵押担保、降低风险方面提出建议，并建议政府相关部门以及金融机构等在政策、机制方面不断完善。但是，大多数学者关注的角度是金融发展对中小企业的作用方面，而关于金融发展对中小企业资金使用效率方面的成果较欠缺、对中小企业发展对金融业的反向支持、共同发展机制研究不够丰富。

（五）相关概念的界定

不同的国家和地区对中小企业有不同的定义和划分标准，主要是按照不同行业从规模上进行界定，从雇员人数、年销售额、固定资产额、资产等角度进行划分。我国对中小企业的定义也不是一成不变的，随着经济的发展衡量指标在发生变化。《中华人民共和国中小企业促进法》作为我国首部有关中小企业的法律，给出了中小企业法定概念。2011 年相关部委印发了《关于制定中小企业划型标准规定的通知》，不断完善不同企业划分标准。为了不局限于概念标准，更着眼于研究目的和实际情况，本文研究中所说的中小企业包含在行业发展中尚未取得支配地位，经营规模比较小、资产总额和从业人员较少销售额指标较低的企业。

三、研究思路方法

（一）研究思路

本文共分为五部分，研究结构与思路如下：第一部分导论，阐述了本文的选题背景和研究意义，研究对象和研究方法，对金融发展与中小企业发展相关理论基础以及国内外学者研究情况进行回顾和概括，勾画出基本思路和框架结构。第二部分详细介绍河南省中小企业发展与金融发展现状特征和原因分析。第三部分运用不同计量分析方法，首先对河南省金融发展指数和中小企业发展指数进行测算，再对两者之间关系进行实证分析。第四部分从国际的视角分析中小企业融资的国际经验与启示。第五部分就本文的结论提出策略对策等。

（二）研究方法

本文主要采用以下几种研究方法：

理论与实际相结合：本文将不同学派的融资理论，例如企业资金缺口理论、关系型借贷理论、企业融资周期理论、信贷配给理论等应用于金融支持中小企业实践中，对其可能造成的影响从宏观方面予以描述和预测。

定性和定量分析相结合：本文对金融对于中小企业正面、负面影响进行了理论上的分析，并运用数据对不同规模企业获取金融支持的效率、拉动作用等进行量化分析，以生动实际的数据对理论进行了刻画。

（三）本文创新及不足之处

1. 在研究对象上，本文以河南省金融发展以及中小企业具体数据为例，客观描述了河南省金融发展与中小企业发展的现状及存在问题，从具体政策上为河南省中小企业融资问题以及金融发展提出较为务实的建议。

2. 本文从制度及非制度因素两方面来分析影响中小金融机构发展的因素，不仅运用计量方法来检验，而且同时运用案例展开深入分析。

3. 由于地区中小金融机构以及中小企业数据收集困难，本文实证部分的样本数据偏少，截面数据不够丰富，对问题的说明不够充分。同时，局限于河南省数据，考虑到我国不同省份之间金融情况以及中小企业发展状况等，对其他省份借鉴意义有所减弱。

第二章　河南省中小企业发展与金融发展现状特征和原因分析

一、河南省中小企业发展和金融发展现状

（一）中小企业：总体保持平稳态势，但增长压力依然较大

以 2014 年为例，面对有效需求不足、下行压力增大的严峻市场形势，全省中小企业总体保持了平稳运行、稳中有调、调中有增、增幅下降的态势，经济总量和整体实力均有较好的发展。但是，由于当前国内外市场需求尚未得到明显改善，全省中小企业部分经济指标波动较大，保持平稳增长的压力依然很大。

截至 2014 年末，全省中小企业单位数达到 45.14 万家，同比增长

3.77%；带动社会就业 1294.06 万人，同比增长 7.26%；实现总产出 66062.66 亿元，同比增长 14.99%；完成营业收入 63833.16 亿元，同比增长 14.08%；实交税金 1769.21 亿元，同比增长 11.99%；实现利润总额 6491.25 亿元，同比增长 11.56%；完成资产总额 30960.66 亿元，同比增长 12.38%；实现出口交货值 1212.68 亿元，同比增长 46.42%。

其中，全省 2.62 万家中型企业完成营业收入 27455.89 亿元，同比增长 14.75%；实交税金 794.4 亿元，同比增长 11.21%；实现利润总额 2680.96 亿元，同比增长 11.74%。全省 14.09 万家小型企业完成营业收入 25797.55 亿元，同比增长 14.69%；实交税金 692.09 亿元，同比增长 14.95%；实现利润总额 2692.33 亿元，同比增长 13.13%。

（二）金融业：总体平稳健康发展，服务经济能力不断提高

全省金融运行总体平稳，金融服务地方经济发展的能力进一步提高。全省银行业金融机构运行平稳，存款稳定增加，但分流压力加大；贷款投放平稳适度；银行定价能力不断提高，贷款利率有所回落；信贷风险防控压力加大。

1. 银行体系更趋完善，金融服务功能更加健全。全省银行业金融机构资产规模持续扩大，利润稳步提升，不良贷款实现有效防控。金融机构体系进一步丰富，省内首家省级法人银行业金融机构中原银行正式成立；省内首家金融租赁公司洛银金融租赁公司开业运营，天瑞集团财务公司获批筹建，村镇银行覆盖面进一步扩大，覆盖到全省 82 个县（市）。

表1　　　2014 年末河南省银行业金融机构总体情况

机构类别	营业网点			法人机构（个）
	机构个数（个）	从业人数（人）	资产总额（亿元）	
大型商业银行	3232	76721	19245.6	0
国家开发银行和政策性银行	152	3700	4361.6	0
股份制商业银行	272	10264	7323.1	0
城市商业银行	676	17658	5807.8	5

续表

机构类别	营业网点			法人机构（个）
	机构个数（个）	从业人数（人）	资产总额（亿元）	
城市信用社	0	0	0	0
小型农村金融机构	5263	60653	9524.4	143
财务公司	6	208	413.8	4
信托公司	2	372	77.3	2
邮储银行	2310	10387	4224.8	0
外资银行	4	95	72.8	0
新型农村金融机构	246	4296	529.7	65
其他	0	0	0	0
合计	12163	184359	51531	219

数据来源：河南银监局。[①]

2. 存款增速趋缓，偏离度收窄。受经济增速放缓、理财和股市分流等影响，截至 2014 年末，全省本外币存款增速比 2013 年回落 6.1 个百分点，同比少增 1311.7 亿元。加强存款偏离度管理后，存款月末、季末、年末"冲高"现象得到抑制，9 月之后存款偏离度有所收窄。

3. 贷款平稳适度增长，信贷结构趋于优化。2014 年，全省本外币贷款增速比 2013 年提高 1.0 个百分点。各季度新增贷款之比为24:34:22:20，信贷投放节奏较为均衡。在多种专项信贷政策的推动下，贫困县贷款实现较快增长，涉农贷款、小微企业贷款保持较高的增速，对保障性安居工程等薄弱环节和重点领域的信贷支持力度进一步加大。

---

① 营业网点不包括国家开发银行和政策性银行、大型商业银行、股份制银行等金融机构总部数据，大型商业银行包括中国工商银行、中国农业银行、中国银行、中国建设银行和交通银行；小型农村金融机构包括农村商业银行和农村信用社；新型农村金融机构包括村镇银行、贷款公司和农村资金互助社；"其他"包含金融租赁公司、汽车金融公司、货币经纪公司和消费金融公司等。

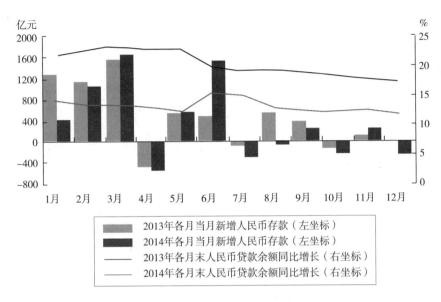

数据来源：中国人民银行郑州中心支行。

图1 2013—2014年河南省金融机构人民币存款增长示意图

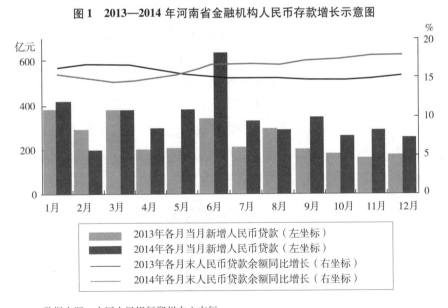

数据来源：中国人民银行郑州中心支行。

图2 2013—2014年河南省金融机构人民币贷款增长示意图

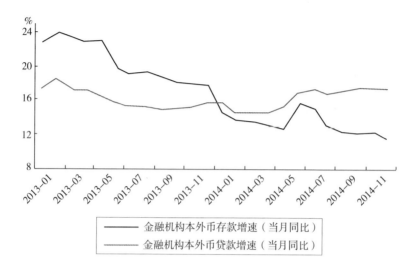

数据来源：中国人民银行郑州中心支行。

图 3　2013—2014 年河南省金融机构本外币存款和贷款增速变化示意图

4. 贷款利率总体有所回落，信贷风险防控压力加大。2014 年，全省银行业金融机构差异化定价趋势显现，定价能力提升。在一系列政策措施的综合作用下，河南省法人金融机构贷款利率总体回落，12 月人民币贷款加权平均利率同比下降 0.16 个百分点，民间借贷利率也企稳回落，融资贵问题有所缓解。在宏观经济增速放缓、产业结构调整的大背景下，河南省部分地区担保链风险逐步显现，信贷风险呈现从产能过剩行业向上下游行业蔓延的倾向，银行信贷风险防控压力加大。

二、河南省中小企业和金融发展特征分析

（一）中小企业发展特征

1. 行业分布十分广泛，产业结构仍有待继续调整。全省中小企业行业分布广泛，涉及农副产品加工、煤炭开采、黑色金属冶炼及压延、食品、棉纺织、服装服饰、汽车及零部件、化工、建材、电子信息、计算机等多个行业。从总体上来看，产品初加工型、服务低层次型、资源开

发型是河南省中小企业的主要产业类型，产业结构虽然历经长期以来的发展和调整，但产业结构矛盾在市场需求方面仍旧存在很大的问题，致使中小企业的发展还存在困难。截至2014年末，河南省中小企业整体产业结构"二、三、一"（51.2%、36.9%、11.9%）的分布状态未得到根本改变；高技术含量以及附加值高的行业占比较低，劳动密集型、能源消耗型、资源开发型及产品初加工型所占百分比依旧较多。

2. 企业规模扩张迅速，对经济增长及就业贡献突出。占全省企业总数量99%的中小企业，已经成为推动河南省经济发展中的重要力量。中小企业无论是数量还是规模均呈现迅速增长态势，对全省经济增长的贡献力量日益突出。据河南省工信厅发布的数据显示，目前中小企业创造的产品和服务价值超过全省GDP的60%，上缴税收超过全省税收总额的50%，超过60%的出口也由中小企业贡献。此外，中小企业由于分布众多，且大多为劳动密集型产业，因此成为吸纳社会就业的主力军。目前，全省85%以上的就业岗位是由中小企业提供的。同时，中小企业也为数量众多的高校毕业生开辟了重要的就业渠道。截至2014年末，河南省中小企业单位数达到45.14万家，同比增长3.77%；带动社会就业1294.06万人，同比增长7.26%。

3. 发展仍处于初级阶段，创新不足制约竞争力提升。目前全省中小企业中，初加工企业数量多，专、精、特、新企业少，小而分散、集而不群，缺乏高端技术支撑，大量中小企业只能做简单的初级加工，处在产业链的低端。创新能力不足制约了中小企业产品附加值的提高，限制了中小企业市场领域的开拓，阻碍了中小企业市场竞争力的提升。一方面，中小企业的核心技术创新投入不足，新产品研发难以独立完成；另一方面，由于知识产权保护仍存在严重不足，创新与维权成本过高，极大地挫伤了中小企业创新的积极性。

4. 企业金融服务需求旺盛，融资难问题仍然存在。目前，河南省中小企业正处于快速发展期，对金融业的服务需求非常旺盛，全省有超过

70%的中小企业有融资需求。调查发现，全省中小企业经营资金主要以自筹资金为主，占比为80%，银行贷款占比仅为8%，其他形式来源的资金为12%。全省中小企业资金需求主要集中在设备、扩建和研发上，但却面临资金短缺、缺乏融资渠道或资金流动不畅的问题。除自有资金、内部集资和银行贷款这些方法外，其他的融资方法如银行票据贴现、政府创新基金、发行股票和债券虽然也有涉及，但基本限于实力较强企业。大多数资金实力不雄厚的中小企业尽管信贷需求较为旺盛，但是受企业经营困难、可抵押担保资源较少、担保圈和非法集资风险频发等诸多因素影响，金融机构不敢介入，企业融资难问题依然存在。

（二）金融发展特征

1. 金融机构规模不断壮大，金融辐射力日益增强。目前，河南省各类金融机构呈现规模不断壮大，互相竞争、优势互补、共同发展的态势，形成了银、政、保协同发展的良好局面。由政策性银行、股份制银行、城商行、农商行、外资银行、小型农村金融机构、新型农村金融机构（村镇银行）等组成的银行类机构；由证券公司、期货经纪公司组成的证券期货类机构；以保险公司、保险中介机构组成的保险类机构；由金融资产管理公司、信托投资公司、财务公司等组成的非银行类金融机构。上述三大类金融机构均呈现稳步发展态势，金融辐射力日益增强。

2. 金融市场发展势头良好，市场竞争能力不断提高。近年来，河南省金融产业增加值年均占 GDP 的比重虽然与全国水平相比依然存在差距，但总体呈现不断提高的良好势头。从金融总量看，2014 年河南省社会融资规模为 6828 亿元，占全国的 4.2%，位居全国第八。银行业金融机构各项存贷款余额不断刷新历史新高，证券经营机构利润逐年提高，资本市场规模稳步增长，保险业市场平稳较快发展，行业发展质量持续改善，全省金融市场发展态势良好，全省金融从业人员达 40 余万人。以银行业金融机构为例，截至 2014 年末，全省共有各类银行业金融机构网点 12163 个，从业人数达 184359 人，资产总额达

51531 亿元，市场竞争能力不断提高。

3. 地方金融机构初具规模，机构综合实力有所增强。截至 2014 年末，河南省地方法人金融机构数量达 220 家，在全国有独特的竞争优势。特别是全省首家省级法人银行——中原银行去年末正式成立，填补了河南省域性银行的空白。全省县级农信联社改制农商行工作力度不断加大，农信社改革稳步推进。3 家农信社顺利改制为农商行，可持续发展能力显著增强。中原信托资产管理能力不断迈上新台阶，已成为我国中部地区重要的信托金融服务平台。中原证券成功登录香港市场，成为第 4 家登录香港资本市场的中资券商，公司整体实力和盈利能力大大提升。中原农业保险获准筹建，填补了我省保险法人机构的空白，对健全我省地方金融体系、促进金融保险事业发展具有重要意义。

4. 金融服务尚未充分体现中小企业融资特点，企业融资难题依然存在。中小企业融资具有"短、小、频、急"的特点。然而，目前商业银行在中小企业经营体制、信贷产品设计等方面，尚未充分体现出中小企业信贷业务便捷、快速的特点，直接影响了中小企业信贷业务的开展。如贷前调查阶段，在落实合法有效的第二还款来源基础上，信贷人员既要调查分析经营状况等企业第一还款来源情况，还要了解企业主要所有人的个人信誉、个人财产等情况，工作量比大型企业客户基本没有减少，体现不出差别化和便捷性。由于运作体制上缺少差别化，直接影响了信贷人员的积极性，也无形中提高了中小企业信贷融资的门槛，因此，长期以来广大中小企业所面临的融资难问题依然存在。

三、原因分析

(一) 金融支持中小企业力度偏小，结构性矛盾问题依然突出

目前，中小企业数量占河南省企业总数的比例超过 99%，但是金融机构的信贷投放主要集中在为数不多的大型企业。总体上看，全省基层金融机构由于服务中小企业的贷款权限变小，信贷资金投放总量

不足，大多数中小企业无法获得金融机构的信贷支持，中小企业贷款满足率较低。从机构来看，地方法人机构、全国性大型银行是全省中小企业贷款的投放主体，占比超过7成，且全国性大型银行占比较地方法人机构稍高。数据显示，截至2015年4月末，全省地方法人机构发放的中小企业贷款余额为1744.1亿元，占全部中小企业贷款的比重为32.1%；全省全国性大型银行发放的中小企业贷款余额为2202.3亿元，占全部中小企业贷款的比重为40.6%；全省金融机构人民币各项贷款余额28893.3亿元，增长18.0%；两类信贷投放主体发放的中小企业贷款余额仅占全省各项贷款余额的13.66%。由此可见，目前金融机构对中小企业的信贷投放比例不高，支持力度仍然偏小，这与中小企业在全省经济中的重要地位是不匹配的。

（二）金融市场发育依然落后，企业融资过度依赖银行信贷

目前，河南省中小企业的融资方式主要是银行贷款，股票融资、企业债券相对来说份额依然较小。加之全省中小企业多为技术含量较低的劳动密集型企业，通过中小企业板块（创业板）直接融资的渠道也不尽如人意。据人民银行郑州中心支行公布的数据显示：截至2015年6月末，河南省通过直接融资方式实现净融资397亿元，仅占全省社会融资规模的10.5%，且较上年全年下降2.5个百分点。其中，非金融企业境内股票融资仅64亿元，而广东、江苏、浙江省分别是河南的7.5倍、6倍和5.6倍。截至2014年末，河南省境内上市公司67家，居全国第13位，仅占我国境内上市公司总家数的2.61%；年末境内市场流通股总市值3934.82亿元，仅占0.11%。可见，河南省上市公司家数和规模仍然偏小，在资本市场中总体影响力较弱，这与河南人口大省不相适应。

（三）中小企业自身发展不健全，制约金融机构信贷资金投入

一是当前国内外经济形势严峻复杂，国内经济发展速度缓慢，在这种背景影响下，再加上河南省中小企业产品科技含量低，生产规模小，低档次产品多，且产品同质化严重等问题，使得河南省中小企业抗风险

能力弱，淘汰率较高。二是全省中小企业普遍没有建立规范完善的财务制度，使得企业会计报表反映出的会计核算信息不完整且真实性大打折扣，导致银行不能正确地判断企业还款来源的可靠性。因此，银行在给中小企业发放贷款时会更加谨慎。三是难以提供有效的担保或抵押。相对庞大的中小企业数量而言，河南省的担保中介机构数量明显较少，而且这些机构的管理不够规范，功能也不健全，难以为中小企业在贷款担保、资产评估等方面提供全面的服务。在现行的银行贷款审批制度下，缺乏有效的抵押物和担保人的中小企业难以获得银行的信贷支持。

（四）中小企业议价能力相对薄弱，使得融资成本依然偏高

中小企业普遍存在自有资本较少、负债率高、企业管理水平较低、生产经营行为不规范、财务报表失真、缺乏有效的抵押担保等问题，导致中小企业在通过银行信贷融资时与银行议价能力相对较弱，融资成本较高。从利率浮动情况看，大型企业贷款利率以下浮为主，而中小企业贷款利率以上浮为主，且小型企业与中型企业相比，贷款利率的上浮幅度更大。据河南银监局发布的统计数据显示，河南省中小企业取得银行贷款的利率比大型企业平均高出4%～5%，融资利率普遍超过10%，如果企业贷款需要担保的，再加上担保手续费，融资实际利率在13%以上，有的达15%左右。另外，还有名目繁多的评估费、中介费等，使得中小企业融资负担进一步加重。如果是民间借贷，那么成本会更高，融资成本甚至达到20%～50%以上。另外，中小企业融资成本高的原因还包括银行与中小企业之间的信息严重不对称，使得银行较难掌握各个中小企业的全面信息，进而不能有效评估它们的风险状况。

（五）优惠扶持政策未落实到位，外部发展环境仍需改善

中小企业的健康发展，离不开优惠政策的大力支持，也离不开一个相对宽松的外部经济发展环境。近年来，为了促进全省中小企业实现快速发展，包括财政、税务、工商、金融等在内的多个政府部门陆续出台了一系列有利于中小企业发展的优惠扶持政策。可以说，与以往相比，

全省中小企业的政策支持和外部发展环境已经有了长足的进步。但我们不能否认的是，在一些地方，由于个别职能部门监管和服务的缺失，使得政府部门出台的许多优惠政策在后续落实上不到位，这在一定程度上影响了中小企业的发展信心。有许多中小企业反映，个别行政部门尤其是部分上划垂直部门，在政策落实上"光开花不结果"，有些扶持政策在后续过程中往往"搁浅"。在执行政策法规时，该优惠的不优惠，该减免的不减免，使国家和省、市制定的政策法规不能落到实处。在外部经济发展环境上，个别职能部门依法行政意识不强，对企业的管理和服务方式还没有根本转变，有的部门只讲管理，不讲服务，执法监管中的越位和缺位的现象还带有一定的普遍性，该监管时以罚代管或只罚不管，不该监管乱监管，上述这些现象在某些地方依然存在。

（六）金融生态环境依然较差，金融风险补偿机制不够健全

在当前宏观经济形势依然严峻、市场需求相对疲软的大环境下，中小企业的信贷资金存在一定的风险，影响了金融机构的放贷积极性。一方面，这与我们的金融生态环境还不是十分理想有关。在我省的一些地方，部分中小企业的信用意识依然不强，法制观念比较淡薄，经常有企业恶意逃避银行债务的事情发生。这导致金融机构在进行每年贷款规模再分配的时候，往往对中小企业放贷持一种慎之又慎的态度。另一方面，由于目前各级政府部门对中小企业的信贷风险补偿机制总体上来看不够健全，出于防范风险、保证资金安全的考虑，金融机构对中小企业的信贷投放主动性和积极性受到较大影响。主要表现在以下两个方面：一是政府部门对中小微企业信贷风险补偿基金风险分担机制处于探索阶段。尽管全省各地政府都出台了建立中小微企业贷款风险补偿基金的文件，但补偿数额较少，难以有效调动商业银行对中小企业贷款的积极性。二是中小微企业信用担保体系建设等风险分担机制尚处在探索阶段，虽然河南省已经成立一些担保机构，但很多担保机构的注册资金到位率较低，运作也不规范，导致过多风险集中在

银行本身，这也影响了银行开展中小企业金融服务的积极性。

第三章　金融发展与中小企业发展的实证分析

本章在之前的研究基础上，首先对河南省金融发展指数和中小企业发展指数进行测算，再对两者之间关系进行实证分析。

一、河南省金融业发展水平指数的测算

关于金融业发展水平，本章主要从金融三业，即银行业、证券业和保险业三个方面进行研究，原因在于银行业最主要的功能是为经济发展提供信贷支持，证券业主要是为经济发展提供直接融资服务，保险业为经济与社会发展提供风险保障，促进经济社会的稳定与和谐。通过选取能够反映银行业、证券业、保险业发展水平的主要指标，应用因子分析等计量方法，将这些指标复合成反映金融业总体发展水平的指标。

（一）金融业发展指标的选取

金融业发展水平，主要是金融三业的发展水平，即银行业、证券业和保险业。本节选取指标主要反映这三个行业发展水平的指标，但由于省域统计数据在金融业指标和数据统计方面并不完善，依据数据可得性和指标适用性原则，本文选取了以下指标进行分析：

银行业发展体系指标：银行业总资产占地区生产总值的比重，反映银行业对经济增长的直接贡献。金融机构贷款占地区生产总值的比重，反映银行信贷对地区经济的支持作用。金融机构存款占地区生产总值的比重，反映金融机构的储蓄动员能力。

证券业发展体系指标：股票和企业债券发行筹资额占地区生产总值的比重，反映证券业融资对经济发展的支持作用。

保险业发展体系指标：保险密度，反映保险业对经济发展的相对规模。保险深度，反映保险业的覆盖程度。

（二）金融发展水平指标的构建

1. 样本的选取

由上面分析可知，纳入河南省金融业发展水平指数的指标共有 6 个：银行业总资产/GDP（Z1）、金融机构贷款/GDP（Z2）、金融机构存款/GDP（Z3）、股票和企业债券发行筹资额/GDP（Z4）、保险密度（Z5）和保险深度（Z6），这 6 个指标作为单项因子，采用因子分析法合成综合指数。由于数据可得性，各指标数据的样本区间为 1995—2014 年。

2. 对指标数据进行标准化处理与因子分析

运用 SPSS 统计软件采用最小 – 最大标准化的方法对数据进行标准化，处理后的数据结果见表 2。

表 2　　　　　　　标准化后的河南省金融发展指标数据

年份	Z1 银行业总资产/GDP	Z2 金融机构贷款/GDP	Z3 金融机构存款/GDP	Z4 股票和企业债券发行筹资额/GDP（%）	Z5 保险深度	Z6 保险密度
2000	0.52014	0.4798	0.52312	− 0.32852	− 0.563	− 0.278
2001	0.24789	0.5858	0.95096	− 0.32604	− 0.561	− 0.207
2002	0.46481	0.77538	1.45659	− 0.32478	− 0.554	0.0872
2003	0.53542	0.85216	1.75004	− 0.32527	− 0.552	0.2752
2004	0.18618	0.31081	1.02109	− 0.33387	− 0.552	0.4735
2005	0.64823	− 0.33714	0.55354	− 0.3412	− 0.555	0.5274
2006	0.40941	− 0.38416	0.44229	− 0.33836	− 0.555	0.7206
2007	0.69339	− 0.6759	− 0.22653	− 0.34173	− 0.554	1.0781
2008	0.56219	− 0.98435	− 0.16159	− 0.34196	− 0.548	2.0630
2009	0.81007	− 0.4005	0.84059	− 0.34119	− 0.548	2.2850
2010	0.33564	− 0.41322	0.97257	− 0.3681	− 0.543	3.6784
2011	0.402594	− 0.30154	0.98942	− 0.04478	− 0.029	3.8694
2012	0.369581	− 0.14259	0.06923	− 0.0331	− 0.034	4.5369
2013	0.562849	0.25614	− 0.56903	− 0.10658	− 0.200	5.6284
2014	0.446825	0.35896	0.02496	− 0.25691	− 0.187	5.9724

资料来源：《河南统计年鉴》（1991—2014）、《河南金融年鉴》。

选取标准化后的数据，用 SPSS 软件对 1995—2014 年反映河南省金融发展状况的 6 个指标进行分析。表 3 是 KMO 和 Bartlett 检验结果。从 KMO 测度看，KMO 值为 0.609，说明对该样本可以使用因子分析。Bartlett 球体检验的结果为 111.049、自由度为 15、显著性水平为 0.000 <0.01，说明变量的相关程度较高，该相关系数矩阵通过了 Bartlett 球体检验。

表3 　　　　　　　　　**KMO 和 Bartlett 的检验**

KMO 和 Bartlett 的检验ᵃ		
取样足够度的 Kaiser – Meyer – Olkin 度量		0.609
Bartlett 的球形度检验	近似卡方	111.049
	df	15
	Sig.	0.000
a. 基于相关。		

在结果窗口的总方差解释表（见表 4）中可以看到，在使用三项公因子代替初始六项指标后，累计方差贡献率仍达到 96.022%，说明三项公因子累计能够很好地反映原始变量。

表4 　　　　　　　　　　**解释的总方差**

	成分	初始特征值ᵃ			提取平方和载入			旋转平方和载入		
		合计	方差的 %	累计 %	合计	方差的 %	累计 %	合计	方差的 %	累计 %
原始	1	3.268	54.466	54.466	3.268	54.466	54.466	2.530	42.171	42.171
	2	1.726	28.774	83.240	1.726	28.774	83.240	1.969	32.809	74.980
	3	0.767	12.782	96.022	0.767	12.782	96.022	1.263	21.042	96.022
	4	0.155	2.587	98.609						
	5	0.056	0.927	99.536						
	6	0.028	0.464	100.00						

续表

	成分	初始特征值[a]			提取平方和载入			旋转平方和载入		
		合计	方差的 %	累计%	合计	方差的 %	累计 %	合计	方差的 %	累计 %
重新标度	1	3.268	54.466	54.466	3.268	54.466	54.466	2.530	42.171	42.171
	2	1.726	28.774	83.240	1.726	28.774	83.240	1.969	32.809	74.980
	3	0.767	12.782	96.022	0.767	12.782	96.022	1.263	21.042	96.022
	4	0.155	2.587	98.609						
	5	0.056	0.927	99.536						
	6	0.028	0.464	100.00						

解释的总方差

提取方法：主成分分析。

a. 分析协方差矩阵时，初始特征值在整个原始解和重标刻度解中均相同。

3. 构建河南金融发展水平指数

由表4可以得到三个主因子的表达式：

$$E_1 = -0.137S_1 + 0.164S_2 + 0.425S_3 + 0.425S_4 + 0.179S_5 + 0.071S_6$$
$$(3-1)$$

$$E_2 = -0.246S_1 - 0.64S_2 - 0.108S_3 - 0.046S_4 + 0.215S_5 + 0.373S_6$$
$$(3-2)$$

$$E_3 = 0.979S_1 + 0.28S_2 - 0.051S_3 - 0.146S_4 + 0.114S_5 + 0.041S_6$$
$$(3-3)$$

表5　　　　　　　　　　成分得分系数矩阵

成分得分系数矩阵[a]			
	成分		
	1	2	3
Zscore：银行业总资产/GDP	-0.137	-0.246	0.979
Zscore：金融机构贷款/GDP	0.164	-0.640	0.280

续表

成分得分系数矩阵[a]			
	成分		
	1	2	3
Zscore：金融机构存款/GDP	0.425	−0.108	−0.051
Zscore：股票和企业债券发行筹资额/GDP	0.425	−0.046	−0.146
Zscore：保险深度	0.179	0.215	0.114
Zscore：保险密度	0.071	0.373	0.041
提取方法：主成分。旋转法：具有 Kaiser 标准化的正交旋转法，构成得分。			

综合因子得分公式为

$$E_e = (54.466E_1 + 28.774 E_2 + 12.782 E_3)/96.022 \quad (3-4)$$

综合因子 E_e 转化为指数的方法采用等距离平行移动法，金融发展水平指数用 EDI 表示，设定 1995 年为 1，以后每年的综合因子得分加 0.93897，就可以转化为发展水平指数：

$$EDI = E_e + 0.93897$$

得到河南省金融发展水平指数，指数变化见图 4：

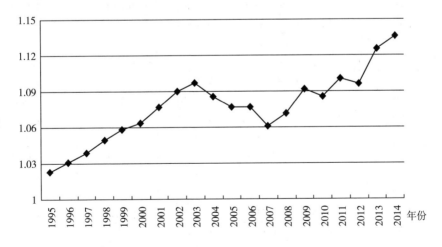

图 4　1995—2014 年河南省金融发展水平指数

在1995—2014年20年时间里，河南省金融发展水平指数从1上升到2014年的1.135682，基本保持平稳上升的态势。1995—2003年河南省金融处于稳步上升阶段，在2003年达到顶峰，2003—2007年，金融业发展水平指数虽然仍处于较高位置，但出现了下降趋势，这是由近年的经济危机引起的。2008—2009年，随着国家货币政策的调整，由之前的紧缩货币政策向适度宽松货币政策的实施，金融业又进入了快速发展期，短短五年间，金融业发展指数上升了5个百分点。

表6　　　　　　河南省金融发展综合因子与金融发展水平指数

年份	E_1	E_2	E_3	E_e金融发展综合因子	金融发展水平指数
1995	0.291333	−0.80394	1.026834	0.06103	1
1996	0.330241	−0.88105	1.118353	0.072175	1.011145
1997	0.332109	−0.86472	1.105456	0.076411	1.015381
1998	0.303906	−0.8253	1.10021	0.071528	1.010498
1999	0.317692	−0.7801	1.025588	0.08296	1.02193
2000	0.335518	−0.73412	0.911659	0.091682	1.030652
2001	0.377139	−0.80062	0.946194	0.099962	1.038932
2002	0.417532	−0.86633	0.998393	0.11013	1.0491
2003	0.438864	−0.899	1.046478	0.118841	1.057811
2004	0.428585	−0.87032	1.070167	0.12476	1.06373
2005	0.467412	−0.87184	1.004183	0.137544	1.076514
2006	0.497467	−0.91295	1.067041	0.15064	1.08961
2007	0.515251	−0.92941	1.087567	0.158526	1.097496
2008	0.466442	−0.82691	0.97527	0.146607	1.060942
2009	0.400163	−0.76832	1.059999	0.137849	1.071544
2010	0.401417	−0.74416	0.997787	0.137518	1.091757
2011	0.343068	−0.71276	1.058945	0.121972	1.100249
2012	0.344239	−0.65786	1.010014	0.132574	1.09637
2013	0.413216	−0.76002	1.097899	0.152787	1.125574
2014	0.406482	−0.72104	1.049234	0.147621	1.13563

二、河南省中小企业发展水平指数的测算

对于衡量中小企业发展情况的指标我们采用了中小企业发展指数。中小企业发展指数（ Small and Medium Enterprises Development Index，SMEDI）通过对国民经济八大行业的中小企业进行调查，利用中小企业对本行业运行和企业生产经营状况的判断和预期数据编制而成，是反映中小企业（不含个体工商户）经济运行状况的综合指数。在行业选取的过程中，依据国民经济各行业对 GDP 的贡献度，共选取了工业、建筑业、交通运输邮政仓储业、房地产业、批发零售业、信息传输、计算机服务和软件业、住宿餐饮业、社会服务业等八大行业。每个行业的调查内容，具体包括八个方面，即宏观经济感受、企业综合经营、市场、成本、资金、投入、效益、劳动力 。在具体调查过程中，考虑到不同行业的特点，八个分项里面的细项调查有所区别。

本节参照这种方法测算了河南省的中小企业发展指数。调查根据人民银行的企业景气监测系统中的数据而来。总体抽样误差不超过 2%，分行业误差不超过 10%，置信度达到 95%。利用扩散指数的方法计算出河南省中小企业发展指数。

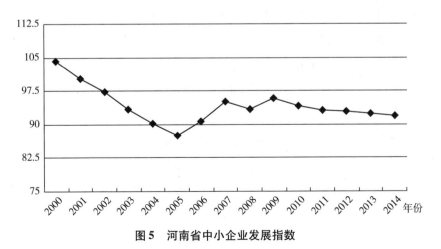

图 5　河南省中小企业发展指数

三、金融发展与中小企业发展关系分析研究

对金融发展与中小企业发展关系，许多专家进行过研究。傅剑认为由于资金供给不足，造成中小企业经营和发展过程中形成了特有的融资结构，因此对中小企业进行金融支持就显得至关重要。郭斌、刘曼路指出政府应该采取相应措施来规范民间金融发展以发挥其在中小企业发展过程中的积极作用。李伟、唐齐鸣等认为金融市场现行运作机制阻碍了民间资本市场的进一步发展，加剧了制约中小企业发展的资金问题。曹永华认为中小企业融资需求和金融机构提供的金融服务失衡所形成的金融支持不足是中小企业发展的制约因素。刘降斌、李艳梅通过实证分析指出金融支持对地区科技型中小企业自主创新具有显著不同的促进作用，因此在地区之间需要实行差别的金融政策，在加大资金投入量的同时资金使用效率如何得到提高这一问题显得更为重要。本文在总结前人研究的基础上，采用 ADL（自回归分布滞后）模型，对河南省金融发展与中小企业发展关系进行研究。

1. 变量的平稳性检验

时间序列可能会出现非平稳性，如果用非平稳数据对另外一个非平稳数据进行回归分析可能导致伪回归现象。因此需要在进行回归分析之前将数据进行平稳性检验。

首先对金融发展指数（J）和中小企业发展指数（Q）的平稳性进行检验，结果如下：

表 7   ADF 单位根检验结果

变量	T 值	显著性	临界值	结论	滞后阶数
J_0	-0.849685	1%	-2.754993	不平稳	0
		5%	-1.970978	不平稳	0
		10%	-1.603693	不平稳	0

变量	T 值	显著性	临界值	结论	滞后阶数
J1	− 4.711659	1%	− 2.771926	平稳	1
		5%	− 1.974028	平稳	1
		10%	− 1.602922	平稳	1
Q0	1.614939	1%	− 2.754993	不平稳	0
		5%	− 1.970978	不平稳	0
		10%	− 1.603693	不平稳	0
Q1	− 2.849146	1%	− 2.771926	平稳	1
		5%	− 1.974028	平稳	1
		10%	− 1.602922	平稳	1

对金融发展 j1 和中小企业发展 q1 检验的 t 统计值分别为 − 0.8497 和 1.6149，均大于显著性水平为 10% 的临界值，说明时序 j1 和 q1 均为非平稳序列。进一步对两个序列进行差分处理，用 ADF 检验法对两个序列的一阶差分序列 j1 和 q1 进行平稳性检验。可知，在三个显著性水平 t 统计值均小于临界值，因此，$j1 \sim I(1)$，$q1 \sim I(1)$。

变换后的序列是否具有直接的经济意义，如果直接对这些原始变量进行回归分析，就很可能产生"伪回归"，因此，需要进行协整检验。如果涉及的变量是同阶差分平稳的，且这些变量的某种线性组合是平稳的，则称这些变量之间存在协整关系，它反映了所研究变量之间存在的一种长期稳定的均衡关系。本文采用 Engle 和 Granger 提出的 EG 两步法进行检验。结果如下：

表8　　　　　　　　　　　序列 e 的 ADF 检验结果

ADF Test Statistic	− 2.898440	1% level	− 2.771926
		5% level	− 1.974028
		10% level	− 1.602922

由于检验统计量值 − 2.898400 小于显著性水平 0.01 时的临界值

−2.771926，因此可以认为估计残差序列 e 为平稳序列，表明序列 j1 和 q1 具有协整关系。

2. Granger 因果关系检验

在建模之前，我们首先需要知道两者之间是否具有真实意义上的因果关系，只有具有真实意义上的因果关系对两者的建模才是有价值的，否则往往会走入伪回归的陷阱。Granger 因果关系检验实质上是检验一个变量的滞后变量是否可以引入到其他变量方程中。一个变量如果受到其他变量的滞后影响，则称它们具有 Granger 因果关系。

对序列 j1 和 q1 进行 Granger 因果关系检验，结果如下：

表9   Granger 因果检验结果

Null Hypothesis	Obs		F − statistic
J1 does not Granger Cause Q1	12		Probability
Q1 does not Granger Cause J1		1. 50012	0. 062869
		3. 12805	0. 04972

可见，对于 J1 不是 q1 的 Granger 成因的原假设，拒绝它犯第一类错误的概率是0.94，表明 q1 不是 f1 的 Granger 成因的概率较小。第二个检验的概率0.96，说明 q1 对 j1 的影响也较显著，两者之间具有双项的因果关系。因此在95%的置信水平下，可以认为 j1 是 q1 的 Granger 原因。

以经济增长（q1）为因变量，构建金融结构与经济增长的自回归分布滞后模型（ADL）。在动态计量经济模型建立过程中，通常从一个结构比较复杂的 ADL 模型开始，经过一些对参数的线性或非线性条件约束，去掉一些变量，最终得到一个具有良好性质的、表达简练的模型。由于篇幅有限，本文仅显示最后得到的简单模型的估计结果及相关的检验。

表 10   ADL 模型估计结果及相关检验

Variable	Coefficient	Std. Error	t – Statistic	Prob.
C	0. 235612	0. 152376	1. 546257	0. 0160
j1（−2）	0. 359819	0. 179114	2. 008882	0. 0794
Q1	0. 029715	0. 010739	2. 767130	0. 0244
Q1（−2）	− 0. 038491	0. 015102	− 2. 548695	0. 0342
R – squared	0. 995693	Mean dependent var		0. 324175
Asjusted R – squared	0. 978224	S. D. dependent var		0. 092716
S. E. ofregression	0. 065603	Akaike info criterion		− 2. 349186
Sum squared resid	0. 034430	Schwarz criterion		− 2. 665117
Log likehood	18. 09511	F – statistic		24. 657090
Durbin – Watson stat	2. 592743	Prob（F – statistic）		0. 036384

最后得到的自回归分布滞后模型不仅解释各变量都高度显著，而且整体拟合效果也很高，模型调整后的 R2 仍高达 0.978。因此，该简化模型可作为反映金融结构与经济增长之间关系的自回归分布滞后模型，具体形式如下：

$$Qt = 0.235612 + 0.359819Jt - 2 + 0.029715Jt - 0.038491Jt - 2 \quad (3-5)$$

从以上分析可以看出：中小企业发展和金融发展之间存在双向因果关系，金融发展作用于中小企业发展，中小企业的发展同时又促进了金融的发展；在滞后两期的情况下，金融的发展能够带动中小企业的发展，在短期内，中小企业发展能够带动金融发展，从长期看，必须要加强金融的深化才能够促进中小企业的发展。

第四章　中小企业融资的国际经验与启示

目前，世界各国普遍认识到中小企业对一国经济、社会的重要性，纷纷将支持中小企业发展作为战略目标，从这个方面来看，我们可以说中小企业的地位十分重要。但中小企业受自身条件制约，内源融资的能力不足，而只能依靠外部融资。但无论是通过银行等机构的间接融资还是直接在金融市场上进行的直接融资，中小企业都处于先天的弱势。地位的重要与融资的弱势这一矛盾引起了世界各国的普遍关注，并且制定了各项措施与制度支持中小企业的融资行为，并取得了良好效果。各国的理论与实践活动将对我们研究如何解决中小企业融资难这一普遍现象提供有益的参考与帮助。

一、世界部分国家（地区）支持中小企业融资模式简述

1. 美国中小企业扶持体系

美国政府历来奉行的就是自由不干预的市场经济政策，因此他们对本国中小企业的发展基本采取放任的态度，政府仅仅是根据企业的需要对中小企业进行帮助和指导，并协助和促进中小企业进行技术创新，开拓市场，进行业务发展。同时美国完善的法律体系为中小企业融资营造了一个宽松的外部环境，法律在交易信息的及时披露、准确性等方面做出了严格要求，有效减少了中小企业融资中出现的欺诈行为，为中小企业融资创造了一个低风险的法律环境。

美国联邦政府早在20世纪50年代就成立了小企业管理局，负责所有有关小企业的业务，向小企业提供资助并维护其合法权益，直到1989年小企业管理局才停止直接向小企业发放贷款，而只为小企业向银行和私营贷方提供贷款担保。在美国部分州政府也会成立金融机构，为一些不满足银行贷款条件的小企业发放贷款，这类贷款一般以期限长、无担保、低息的比较多。

美国的法律要求地方商业银行将融资额度的25%必须投向中小企业，因此美国为中小企业服务的商业银行比较多。出于业务拓展的需要，也有一些大型商业银行向中小企业提供贷款。在商业银行以外，个人和中小企业组成的互助基金也是中小企业的主要融资来源，但互助资金的前提是要先去市场上获得储蓄后才能够发放贷款。

即使在美国，商业银行贷款一般也要求中小企业提供抵押和担保，只有那些风险承受能力较高的大型商业银行才会提供无担保贷款。但是由于可以依赖 SBA 担保，美国的中小企业融资约束较为宽松。

美国政府及市场担保机构的具体做法主要有以下几个：一是一般担保贷款，美国的担保机构根据中小企业贷款金额的不同实施差异化的担保比例，同时担保的最长期限可以达到 25 年。二是对在市场竞争中处于不利地位的少数民族和妇女办理的中小企业提供进一步的优惠措施。三是建立担保业务的"快速通道"，对急需的小金额资金短期内提供 50% 的担保。

2. 日本中小企业扶持体系

以日本为代表的直接扶持型金融体系则更偏重于对市场微观经济的调控。"二战"后由于日本短期经济发展的重大压力，政府主导的直接扶持型经济体系为日本战后经济的复苏、腾飞发挥了重要作用。在这期间日本建立了完善的政府金融机构，由政府出资，通过完善的金融体系向中小企业融资，组建了由政策性金融机构与商业性金融机构联合的组织体系来服务中小企业。日本由政府出资组建的政策性金融机构主要包括日本中小企业金融公库、中小企业信用保险公库等组织，这些由政府出资的金融机构可以直接对中小企业发放贷款。通过中小企业信用保险公库为中小企业融资提供担保，有效减少中小企业担保难的问题。

受历史原因影响，日本经济的"两重结构"（即中小企业占全部企业的99%，从业人员的80%，营业额的40%与少数垄断型企业并存）导致了日本银行业金融机构的两重性。而在出资帮扶中小企业方面，日本对小企业的政府资助也是最多的，占小企业融资的6%。除直接资助以外，日本也建立了中央和地方、担保与再担保相结合的全国性信用担保体系帮助中小企业有效获得资金支持。

3. 法国的中小企业金融支持制度

法国对中小企业融资提供支持的典型做法就是政府通过控股中小

企业发展银行，进而由中小企业发展银行为中小企业融资。

在法国的中小企业发展银行，其经营状况与国家宏观经济形势密切相关，尤其是该银行的盈利水平直接与中小企业的发展状况相关联。在1990—1992年欧洲经济持续衰退时，该行损失率达到8%；1992—1995年受房地产市场波动的影响，损失率仍然很高，近年来的损失率回落至2%。在市场利率方面，法国的利率总体上不高，大企业的贷款利率一般高于市场参考利率0.25~0.50个百分点，而中小企业贷款利率高出1~2个百分点。政府重视信贷利息的稳定，因为中小企业更易受外部金融环境因素的影响。

近年来，法国政府把支持中小企业发展作为振兴经济的一项重要内容。为了支持本国中小企业的发展，1995年，法国政府提出"振兴中小企业计划"，这一计划将向中小企业征收的利润税由33%降低到19%。对中小企业的这一计划是时候，中小企业充满了新的活力，不断扩大再生产。在"振兴中小企业计划"中，法国政府将对中小企业成立时要缴纳的企业注册税和公司税的税率也相应降低，通过这一措施，也有效地降低了中小企业进入市场的壁垒。除此之外，政府为了鼓励国民在中小企业参与就业，还对那些扩大招聘数额员工的中小企业给予税收方面的优惠。总之，通过这些激励措施，支持中小企业的发展和振兴。

4. 德国中小企业金融支持制度

德国对待中小企业的金融制度特点就是运用银行主导型的融资模式，这是由德国的金融业发展现状决定的，在德国的金融市场上，由于证券市场不发达，中小企业间接融资是其主要融资渠道，除此之外，德国针对中小企业，还形成了贷款部门、担保机构以及其他服务机构之间相互配合，协调互补的中小企业的金融支持体系。

此外在德国，中小企业如果是新成立的话，能够以银行贷款的方式获得自有资金援助。德国为了支持中小企业在新产品开发、新工艺流水线生产的创新，对待这些中小企业，政府给予一定的支持。这些中小企业可通过"欧洲复兴计划特殊资产基金"取得 150 万 ~ 200 万马克的初始投资担保资金，对待某些特殊的行业，如环保和节能产业担保资金额度可以达到 500 万马克。除此之外，德国政府还通过"欧洲复兴计划特殊资产基金"为中小企业提供税收优惠，以此来为中小企业提供融资服务。

5. 意大利中小企业扶持体系

意大利作为老牌的世界经济大国，其最明显的经济特征就是地域上分布有序的中小企业集群。它的产业分布表现出明显的集群性、地域性的特征，同一产业及其配套产业的中小企业往往集中在一个区域内，这对提高企业及其产业链的整体竞争优势发挥了重要的促进作用。

意大利也是一个典型的二元经济国家，它的南部是农业区，北部是传统的工业区。从经济地理的角度来看，二者之间的差别很大。"二战"后，意大利政府采取多种措施消除南北双方之间的差异，不断采取各种措施支持南方的中小企业发展。到 20 世纪 90 年代初，意大利500 人以上企业仅有 627 家，占制造业企业的比例为 0.18%。

经过几十年的摸索，意大利也建立了完善的中小企业融资法规框架来支持中小企业为其提供融资便利。如《中小企业法》、《中小企业融资条例》和《中小企业基金法》等。

6. 我国台湾地区中小企业扶持体系

我国台湾地区被称为"中小企业王国"，中小企业占全部企业的91%，吸纳了 79% 的就业，出口额占出口总额的比例为 49%。在经济的发展过程中，台湾地区不像别的国家和地区刻意地去培养大企业，而是转而积极扶持高科技型中小企业。台湾地区通过政策激励、财政补贴等方式激励中小企业进行产品研发以及产业升级。

1974 年，台湾地区也和其他很多地区一样成立了中小企业信用保证基金。为那些有发展潜力但无法从银行获得融资的企业提供支持，同时为其提供融资诊断、投资和财务咨询服务。

1975 年，台湾地区在新的"银行法"中增加了专门服务中小企业的内容。对专门的中小企业银行，台湾地区规定对小企业放款不得低于 40%，对中型企业放款不得低于 30%。台湾地区中小企业的资金主要来自银行、中小企业融资辅导体系和民间借贷市场三个渠道。一般银行融资占到整个中小企业融资额的 70% 以上，是中小企业最主要的资金来源。1982 年，台湾成立"省属行库中小企业创业辅导中心"对有发展潜力、存在融资困难的中小企业进行辅导。民间的融资辅导机构主要包括基金部门、信托公司、票据融资公司帮助中小企业提供各类帮助和辅导，扩大企业的交流与合作，提高竞争力。

7. 韩国中小企业扶持体系

战后韩国依靠对中小企业的大力支持，在短期内就实现了工业化，经济发展一跃成为发达国家，韩国主要是以鼓励中小企业创新的方式来促进中小企业发展。

到 20 世纪末，中小企业占韩国企业总数的 99.1%，吸纳韩国就业的 74.2%，占韩国出口总额的 42%。中小企业发展的成果离不开韩国政府对中小企业的重视，通过立法制定了一系列支持中小企业发展的政策，尤其是建立了颇具特色的金融服务体系为中小企业发展提供资金支持。

韩国通过建立完善的中小企业金融体系来保证中小企业可以通过不同的金融渠道获得资金支持。目前韩国主要通过商业银行、韩国中小企业银行、专项贷款、信用担保四大体系来帮助中小企业获得资金支持。

二、各国扶持中小企业发展体系比较分析

根据上述分析，为解决中小企业融资困境，许多国家和地区都建立了比较完善的中小企业融资体系和政策扶持体系，为中小企业提供了多元化的融资渠道。根据世界银行 2008 年的一项调查显示，无论是发达国家还是发展中国家都十分肯定政府在中小企业融资中的积极作用。接受调查的 52 个国家中包含 7 个发达国家和 45 个发展中国家，其

中有 6 个发达国家和 32 个发展中国家都存在政府扶持体系。

虽然上述国家在支持中小企业发展方面具有很多共同点，但是受制于当地文化、历史等不同，各国在融资市场以及扶持体系等方面也都各具特点。如在融资市场方面，美国表现更多的则是强调市场经济的自发运行，对中小企业管理较少，更加注重环境的搭建和维护，美国政府对中小企业的直接政策性贷款较少，仅占 1% 左右。在美国的中小企业融资中，风险资本有着重要贡献。而日本则更多的是对中小企业的微观个体进行帮助，其中小企业主要依赖银行贷款。总体来看，银行贷款仍是中小企业的重要资金来源。而伴随着经济的发展和各国交流的增多，各国融资市场上的差异在逐步缩小。

我国当前正处于可以大有所为的战略机遇期，在新常态下，我国经济发展、转型正处于攻坚阶段，外部环境、经济体制、具体国情、金融体系等特点决定了我国的中小企业融资既具有共性，也具有自身的特性。这就要求我们在分析借鉴国外先进经验的同时，要结合我国国情、省情，乃至当地的具体情况进行分析处理。

第五章　深化金融发展支持中小企业发展的政策建议

一、政府角度，培育促进融资的社会中介组织体系，为中小企业金融支持创造外部条件

中央和地方政府应根据中小企业金融服务这一社会需求，自上而下地推动强制性制度变迁，提供有利于中小企业融资的制度供给。

1. 建立统一、规范的征信系统

第一是要建立规范、统一的中小企业信用数据库。通过政府机构与社会机构之间信息整合，对中小企业工商登记、纳税、信贷、报关、产品质量检验、消费者投诉、工程质量验收、企业资质等级评定、履

行合同义务等记录进行统一的收集整理，建立跨部门的中小企业信用档案和数据库，以便金融机构进行查询。其次是要创造良好的征信环境。建立中小企业融资信用监管体系，由政府有关部门制定中小企业融资信用监督管理措施，充分运用法律、行政管理、经济制裁手段，采取联合制裁逃废债务行为，定期通过新闻媒体向社会公布逃废债务企业的"黑名单"和诚实守信企业的"红名单"，接受社会监督。各级政府、司法部门，企业主管部门，要积极支持金融企业充分运用法律、行政管理手段，打击逃废债务特别是逃废金融债务的行为，维护债权人的合法权益，支持银行依法处置抵押物，减少信贷资产损失。

2. 完善中小企业的社会服务体系

从信息不对称以及中小企业经营管理水平的角度来说，建立高水平的中介服务机构是解决中小企业融资问题的关键。首先，培育为中小企业服务的各类中介机构。引导各类财务公司、金融信息服务公司、法律顾问服务、科技信息服务、代理咨询与担保服务、人才引进服务、资产评估服务、产权交易服务等机构，帮助中小企业提高管理水平，提高其与金融市场的沟通协调能力。一方面，要注重规范发展，对中介组织实行严格的准入和监督制度，要求其建立严格的内部规章制度，加强自律，提高中介工作人员的专业技能和素养。对中介服务的范围、收费标准、操作程序、准入和退出、财务收支、权利和义务等要有明确的界定，实行有序经营。另一方面，政府应减少对中介组织的直接控制，放手将部分行政权力让渡给中介组织，通过中介组织从外部对中小企业加以引导和协调。

3. 完善法律法规体系，推进制度创新

目前我国关于中小企业金融服务的法律制度还不完善，既有制度空白，也有制度缺陷，完善相关法律体系是制度创新的重要内容。第一，从系统上，做好立法建设的规划工作，妥善处理好政府、金融机构、投资机构、社会公众、中小企业之间的利益冲突，对中小企业发展所需的法律体系环境从总体上做出长远的规划,有计划、有步骤地开展立法工作。第二,要及时做好现有法律制度的更新调整工作,通过严密科学地分析论证,消除各种法律制度之间的矛盾和不协调之处,修改不适应社会经济发展的过时条款和内容。我国虽有《中小企业促进法》,但是没有配套的相关子法律,应参照国际上成熟的经验,有针对性地建立配套法律法规,如制定"中小金融机构法"、"中小企业信用担保法"等法律,作为《中小企业促进法》的补充。第三,根据不断出现的新情况新问题和经济发展态势,加强立法,依法引导经济主体的行为,为中小企业的顺利发展提供法律保证。如,增加社会信息的透明度,要求更多的中小企业披露财务报表,建立中小企业高管人员信息披露制度等。第四,在司法和执法上严格落实法律责任。包括在诉讼方面提高效率,降低债权人的诉讼成本,以维护司法公正。加强执法力度,切实保护债权人的利益。

4. 构建可持续的中小企业信贷担保体系

现有的中小企业信用担保机构存在着担保资金不足、规模小、抗风险能力差的弱点,往往被金融机构作为单纯的风险转嫁者。构建可持续的中小企业信用担保体系不仅是中小企业信用担保体系自身的要求,在中小企业融资的可持续发展中,对信用担保的需求是刚性的、不可或缺的。中小企业信用担保体系的可持续性也意味着金融体系对中小企业融资的可持续性,意味着金融资金旳安全性与营利性,意味着中小企业自身融资的可获得性与企业发展的可持续性。一是组建多元化的信用担保机构。充实担保资金,资金的来源可通过地方财政拨款、国有资产变现、企业出资和银行参股等多渠道筹措,按照"多元化资金、市场化操作、绩优者扶持"的原则运作,成立中小企业的信用保险机构与再担保机构。二是加强金融机构与中小企业信用担保机构的协作。建立合理、高效的融资担保放大机制,探索确定合适风险分摊比例。担保放大倍数,风险分摊比例视贷款企业内部管理、产销状况、效益的发挥和信用程度等情况由双方协商确定，金融机构与中小企业信用担保机构双方应紧密合作，互相配合，加强沟通，提高效率。

二、中小企业自身，提升素质，为金融支持创造良好的基础条件

中小企业自身的发展是金融支持的基础，中小企业发展和融资问题的解决最终要以其自身素质的提高、经营风险与道德风险的降低为前提。

1. 中小企业应努力提高经营管理水平。顺应我国经济转型升级的趋势，增强科技创新能力、提高产品质量，强化自身核心竞争力。中小企业必须完善组织管理体制，提升企业管理水平。转变企业管理理念，提升创新力。要引进现代化的管理方法，防止经营者为了短期利益而盲目扩张。中小企业资金有限，要十分重视资产优化，提高资金利用率，避免对资金浪费。重视对财务人员的招聘与培训，加大工作人员的道德诚信教育，避免偷税漏税、虚假报表等行为。优化企业与金融机构的合作关系，积极配合金融机构工作，减少信贷违约，努力优化自身信用评价。

2. 注重防范和降低经营风险。声誉是企业生存发展的关键，可以使企业赢得普遍的认同和信任。中小企业应恪守信用，杜绝机会主义行为，建立内部的信用机制，注重企业文化和信用价值观念的建立，建立内外部以及员工之间、上下级之间的信任。同时积极参与社会网络，广泛参与行业协会、互助信用担保机构、信用合作组织等社会中介组织，并严格遵守组织规章制度，与其他成员加强交流与合作，建立互惠信任关系，有效利用社会关系网络获取稀缺资源。

三、金融体系，优化结构，创新发展新型金融机构，构建中小企业发展的金融支撑

中小企业面临的融资困境已成为制约企业发展的"瓶颈"，反映出

我国金融体系结构上仍存在缺陷，构建适应中小企业发展的金融体系是解决中小企业融资难，促进中小企业和金融体系合作关系发展的重要步骤。

1. 完善间接融资市场制度和融资方法。一是完善多层次的中小企业融资资本市场。完善资本市场投融资制度，构建一个包含了私人投资者（天使投资者）、风险投资机构（私募基金等）、创业板市场、中小板市场、主板市场，以及场外交易市场（OTC）、区域性产权交易市场在内的多层次金字塔式的直接融资市场。二是发展债券市场，整合公司债、企业债和银行间债券市场，增加对中小企业的资本供给，为中小企业的融资增加选项。

2. 规范和发展民间资本市场。包括民间借贷在内的民间资本市场是正规金融的补充，在客观上拓宽了中小企业的融资渠道，一定程度上解决了部分社会融资需求，增强了经济运行的自我调整和适应能力，促进了多层次信贷市场的形成和发展。而民间金融的发展，首先需要解决的是"身份"问题。必要尽快制定一部适合我国国情的完整规范的民间金融法，明确规定民间金融的法律地位、借贷形式、运作模式、资金投向、贷款额度、借贷期限、利率水平和纠纷处理方式等，引导民间金融走向法治化轨道。另一方面，应将民间借贷纳入监管范围内，保护合法的借贷活动，依法惩处不法分子，对攫取高额暴利以及假借民间借贷开展非法集资活动者坚决予以打击。在民间金融发展成熟以后可以逐步将其正规化，正规金融机构逐渐放开融资渠道，让更多的民间资本进入，发展小额贷款公司、资金互助社、农村信用合作社、村镇银行等。

3. 推动银行体系创新。我国金融体系具有明显的间接融资制度特征，商业银行为中小企业融资提供服务是最有利于解决中小企业融资难的途径，应通过政策性银行、大中型商业银行、中小微金融机构、新型金融机构等多元银行体系的构建，形成多层次、多元化的信贷服务体系，由不同运营成本和风险偏好的银行为不同类型企业提供融资服务。

一是鼓励商业银行不断开展业务、产品创新，为中小企业提供多样化的综合服务。对现有的"标准化"信贷产品进行整合创新，推出多功能、复合式的服务品种，主要是改变"硬抵押"的贷款模式，总结推广适合中小企业贷款的抵质押方式。不断拓展银行服务领域，为中小企业提供商业信息和财务顾问、投资咨询、战略策划、风险管理等咨询服务。

二是加强与社会中介组织的合作，可与互助担保机构、行业协会、信用合作组织建立合作关系，通过它们作为中介为中小企业融资，将银企关系嵌入这些社会关系和网络中，有助于银行和借款人之间建立信任和互惠的长期合作预期，从而抑制借款企业的机会主义倾向。

三是加快中小金融机构的发展，为其发展提供必要的政策支持。包括给予中小金融机构较低的再贷款、再贴现利率，实施分类监管，放宽民营银行的设立门槛。引导商业银行调整市场定位，通过对中小企业服务，提高覆盖面，取得市场竞争地位，增加利润来源。

四是考虑建立专门的中小企业政策性金融机构。我国金融体系中尚缺少专门为中小企业融资的金融机构。面对中小企业的贷款金额小、风险大、频率高、管理成本高、财务管理混乱、资信水平难以评估等现象，商业银行满足其贷款需求存在一定的困难。应根据国外成熟的经验，设立政策性银行、信用担保机构及其投资公司和开发公司，直接对符合政策的中小企业进行投资、贷款、担保。可以使中小企业更容易、更及时地获得资金融通，还能帮助中小企业解决除融资外，在相关技术服务和咨询方面的问题。

五是中小银行应改善融资服务。要有清晰的市场定位，中小银行不应盲目追求规模，立足本地区域对中小企业进行服务是理性选择，也能为银行带来很好的收益。应充分发挥高效率决策，经营方式灵活多变，人缘和地缘等优势。创新推出针对中小企业信贷的产品和服务。

建立适合中小企业融资的业务流程及模式。利用集群效应对中小企业开发，增加信息对称性，降低交易成本，降低信贷风险和增加盈利；重点发展关系型贷款，发挥获得中小企业软信息的优势；成立专门的部门并设计针对性的历程，对中小企业信贷审批提升效率，设置专门的经营机构对中小企业进行业务管理，专人专岗，资源配置，激励及单独的考核都有助于中小企业得到更好的融资服务。

六是重视金融组织的创新与监管。近年来互联网技术在金融领域得到广泛应用，"互联网金融"骤然兴起。商业银行应拓宽创新的眼界和思路，及时把握互联网金融创新优势的内核——"大数据"，积极布局、运用大数据技术，把数据作为重要的战略资源，提高对自有数据的挖掘程度，对"海量"数据进行精细化的二次跟踪和再丰富。启动大数据分析平台建设，建立加强大数据管理和分析应用能力，通过平台里的信息共享使用和行内外大数据利用，建设精准化网络营销体系、风险管理体系和网络金融体系，推动商业银行更好地解读所拥有的数据，将数据转变成更有效地支持业务决策和管理风险的信息。同时，积极寻求外部数据支持，持续丰富数据维度，横向整合与运用中小企业客户在社交媒体、通讯运营机构、网络门户等诸多第三方体系中的信息，更高效地挖掘出客户潜在的金融需求，从而打造出更受市场欢迎、更适合中小企业融资需求的"爆款"金融产品和金融服务，把传统的"以产品为中心"向"以客户为中心"转型。

信托公司开展消费信托业务研究①

一、引言

（一）研究背景和研究意义

1. 研究背景

中国党的十八大提出加快形成新的经济发展方式，把推动发展的立足点转到提高质量和效益上来，其中一个重要的内容是使经济发展更多地依靠内需特别是消费需求来拉动。消费信托则要求信托公司从消费者的需求和利益出发，通过发行信托理财产品，让投资者购买信托产品的同时获得消费权益，相对于传统的集合资金信托，消费信托是一种颠覆式的信托业务创新。

尤其是随着经济周期下行和泛资管时代竞争的加剧，信托行业进入转型期，消费信托作为信托转型方向之一受到信托公司青睐。养老消费信托、手机消费信托、汽车消费信托和医疗消费信托等一系列消费信托产品逐渐进入了投资者的视野。随着"大数据理念"与"互联网金融"研究的深入和实践运用的扩张，消费信托不断演发出新的外延，覆盖的消费领域逐步扩大。从一个摸石头过河的"试水"项目，变成了一个系列化运作的成熟产品集合。② 与传统的信托产品将"投

---

① 主持人：石笑东；课题组成员：高志杰、程磊、董瀛飞。
② 冀欣：《"中信保"系列产品加速出水 消费信托启动密集落地周期》，载《21世纪经济报道》，2014年12月12日第011版。

资理财＋货币收益"作为主要目标不同，这些消费信托产品开始在客户体验、多样化需求和服务升级等领域进行了探索，搭建了打通投资端、融资端和消费端的综合平台。因为消费信托针对的是投资者的个性化消费需求，从消费端角度出发，相当于打造了一张具有金融功能的消费卡，提供的产品便是服务，当你去购买这种服务、购买这种消费时，已不完全是投融资的概念，而是为了在更有保障的前提下获取优质的消费。①

消费信托的产生和发展，正如其他信托创新产品一样，一定意义上反映了信托业新常态下转型的外部压力。消费信托以其既适合高端客户，又适合普通客户，能够承载普惠金融的功能正在受到信托公司前所未有的重视。随着各家机构对消费信托研究的逐步深入，消费信托的盈利模式也逐渐清晰。②

未来将要利用互联网思维和大数据原理，实现由消费引导投资，即"正向"信托，使信托回归本源。消费信托最终要实现"闭环"，即消费信托对接的消费品或服务的"大数据"扩充到一定程度时，对"大数据"的分析和挖掘将会引导消费信托的投资方向，届时将会由消费引导投资，消费信托的投资资金将会找到能提供最优质产品和服务的机构，对其形成贷款或股权的投资，并回收以现金或更丰厚的消费权益。

2. 研究意义

消费信托的诞生无论是对信托公司、投资者还是企业而言都具有深远的意义。

对投资者而言，消费信托将理财和消费结合起来，省去了一些中间环节，投资者能够获得更大的正收益。同时投资者通过持有消费信

---

① 胡萍：《龙头企业转型瞄准消费信托》，载《金融时报》，2014年8月11日第008版。

② 吕江涛：《北国投与长安信托法力消费信托 门槛高下差百倍》，载《证券日报》，2015年3月20日第B01版。

托的途径进行消费，其权益得到了更好的保障。最后，消费信托倡导的私人定制理念有望服务于高端客户，信托公司充当理财＋消费管家角色，在一定程度上填补了国内信托公司在践行财富管理功能方面的空缺。

对企业而言，消费信托不但解决了其融资需求，还解决了其后端销售问题，同时通过对信托计划的设计，企业可以按照市场需求的品种和数量进行生产，在一定程度上解决了其过量生产和产品无市场的困境。这无疑也对节约社会资源起到了积极的贡献作用。

对目前的经济形势而言，我国经济正面临增长速度减缓、发展方式转变、经济结构调整的新形势。消费作为拉动经济发展的三驾马车之一，也正在进行第三次结构升级转型，在这次转型中通讯、旅游、医疗保健等方面的消费增长最快。消费信托也正顺应了这一大趋势，积极开拓通讯、旅游、医疗保健、住宅等方面的消费项目，这对促进国内消费结构升级和拉动内需促进经济增长方面，具有十分重要的作用。

可以说消费信托是信托公司业务创新的一大亮点，以理财资金对接相关消费项目，创造性地通过促进销售帮助融资企业快速回款、降低营销成本，而不是以传统投融资方式为企业提供资金。业内认为，消费信托在高端消费领域具有一定可复制性，未来信托公司可能在食品、养生、度假、艺术品及红酒等领域陆续展开相关探索。由此也不难看出，面对大资管时代经营环境发生的重大变化，不少信托公司坚定战略转型，积极探索稳定盈利模式，并已呈现出较为清晰的差异化经营思路。可以预计，信托公司创新力度将进一步加大，在现有基础上，创新方向将更加明确，上述创新业务的运作模式和盈利模式也将更加清晰，同时，部分创新业务经验将由少数具有先发优势的信托公司逐渐向行业内其他公司传导蔓延。[1] 特别是 2015 年上半年，经济下

---

① 胡萍：《龙头企业转型瞄准消费信托》，载《金融时报》，2014 年 8 月 11 日第 008 版。

行压力加重，信托行业增速持续放缓，市场竞争也不断加剧。面临内外部双重压力的严峻形势下，各信托公司主动谋求转型创新，而消费信托的诞生对信托业的转型而言是一次积极的探索，展现了作为第二大金融支柱的信托行业的主动创新能力，是未来各信托公司构建其核心竞争力的重要一环。

3. 消费信托业务现状

目前我国多家信托公司涉足消费信托领域，如中信信托、长安信托、北京信托、西藏信托、中航信托等，均将消费信托作为信托业务转型的一个新方向，其推出的消费信托产品也涉足养老、医疗、健康、旅游、教育、白酒、钻石、房地产、手机通讯、度假、汽车、电影、酒店住宿等诸多领域，交易结构五花八门，注入门槛从十元到数百万元不等，且一般进行分级设计，并对应不同的消费权益类型，且以下表作一概览式介绍。

表1   **部分消费信托产品**

产品名称	信托公司	消费领域	交易结构
一千零一夜	中信信托	酒店住宿	每份价格1001元，其中298元会籍费，用于购买消费权益，保证金703元一年后退还。消费权益为昆明、西双版纳、丽江、三亚四地四星级以上酒店一天的住宿权，消费收益率分别为43%，44%，29%，24.5%。
百发有戏	中信信托	文化娱乐	分为多种套餐，从10元到10000元不等。消费者享有多种消费权益，甚至有制片人权益。消费权益如与主演共进晚餐、互通电话、录制情感告白视频等。制片人权益随着票房收入的提高而提高，票房收入分为低于2亿元、3亿元、4亿元、5亿元、6亿元和高于6亿元，对应的权益汇报为8%、9%、10%、11%、12%、16%。
长安信托·中国电信消费信托	长安信托	手机、通讯	5000元购买iphone6手机一台。每月存319元话费，购买399元电话套餐。2年到期后返还5000元，此外消费者可获得1200元话费或600元现金。

产品名称	信托公司	消费领域	交易结构
北国投养老消费信托	北国投	养老	信托计划认购门槛 50 万元。投资回报包括两部分，一是养老消费权益，可入住北京汇晨养老公寓，提前锁定床位或价格。二是货币收益，以基准收益 + 浮动收益作为安排。消费者放弃货币收益，可免费入住同标的养老公寓，享受较大消费折扣。
苹果社区消费信托	北国投	房地产	北国投针对苹果社区发行短期消费信托，向国内外的机构和个人融资。在项目楼盘封顶之前，由北京国投通过发行信托融得的资金，来向苹果社区的购房者提供按揭贷款；楼盘封顶之后，北京国投将按揭项目转给银行，银行支付给北京国投相应的购房款，购房者转向银行按揭。
中信海岛游	中信信托	旅游	该产品由中信信托与凯撒旅游合作开发，投资者花费 9999 元购买旅游消费权益，可在 2016 年年底之前享受歌诗达邮轮大西洋号日韩 6 日 5 夜行、巴厘岛 + 金银岛 6 日 5 夜花样之旅、马尔代夫 6 日或 7 日自由行这 3 条旅游线路各一次，包含酒店住宿和机票等费用。上述组合旅游项目市场价约为 21000 元。
嘉丽泽国际健康岛	中信信托	医养、旅游、地产	从首期嘉丽泽健康度假产品来看，H 类和 G 类两种产品，期限均为 5 年，准入门槛都趋向平民化，如 8.8 万元/5 年期的 H 类产品，7.5 万元作为保证金，1.3 万元作为会籍费，投资者每年在嘉丽泽的温德姆酒店可享有 14 天的居住权、马术俱乐部、高尔夫球场、原生态湿地、每年 4000 点健康消费卡及 3 年原价优先购房权。此外，嘉丽泽健康度假产品的 G 类产品门槛则是 18.8 万元，其中 15 万元为保证金，3.8 万元为会籍费，所享受的权益更为丰富。

续表

产品名称	信托公司	消费领域	交易结构
BMWX1 买信托送宝马	西藏信托	汽车	投资人认购一款金额为 150 万元的 3 年期信托产品，可以免费获得一台市场价 39.8 万元的宝马 X120i line 轿车。3 年期满后，客户可以收回 150 万元本金，同时赋予投资人消费选择权：继续使用车辆，或者由万宝行（中国）融资租赁公司以 15 万元回购车辆。
中信和信居家养老消费信托	中信信托	养老	期限一年，产品认购价格分为 1.1 万元、2.1 万元、3.1 万元三档，分别对应购买"中信和信"消费型信托银卡版、金卡版和白金卡版产品。在信托存续期内，银卡、金卡及白金卡委托人可以分别以 9.5 折、9.25 折和 9 折的折扣享受市场价值为 105 元、324 元、438 元的居家养老基础服务、健康管理服务、特色服务及社区医养服务。此外，购买者还可获得社区医养服务。到期后本金将全额返还，如若将这种消费权益转换成量化回报，按照中信信托方面以市场价格折算，三档不同层级产品对应的消费优惠率为 4.4%、11.6% 及 13%。另外是余额理财部分，由中信信托联合中信银行及信诚基金共同完成，以实现部分现金收益。
中信珠宝·比利时塔斯钻石现货投资与收藏信托项目	中信信托	珠宝、钻石	消费信托产品分为三类，投资者通过缴纳三档不同额度的初始本金，对应选择不同规格的裸钻，选定后补齐全款，等待 45 天钻石发货进行交割。而该产品的金融属性则主要体现在"放弃选择权"和"回购选择权"：如果投资人在选钻时选择放弃，信托会退还客户本金和存续期间年化 2% 收益；如果投资人选择了钻石，但最后交割时反悔，信托也可以退还客户本金；投资者购买钻石并成功交割后的 1 年内，还可在两次回购日申请钻石回购，如果符合条件，则可收回 90% 的认购价款。
洋河 50L 梦之蓝封坛酒消费信托计划	中航信托	高端白酒	该信托计划单位面值 33 万元，期限 18 个月，募集资金用以向苏酒贸易采购其合法持有的不超过 50 坛 2015 版 68 度梦之蓝封坛酒的使用权。

（二）文献综述与研究方法

1. 文献综述

目前我国对消费信托的研究远远落后于信托实务，相关文献比较匮乏。

首先，介绍信托基础知识的教材极少提及消费信托这样一种新的业务类型，基本上还是围绕传统的动产信托、不动产信托、资金信托、权利信托、资产证券化、公益信托等展开，对于实务中不少信托公司已经涉及的消费信托业务鲜有提及。

其次，在各种专著或学位论文中，也很少有以消费信托作为专门研究对象的文献，这固然与我国消费信托业务实践起步较晚有关，但也侧面反映了理论研究对实务进展没有给予充分回应。以笔者所知，广西大学的廖素桃 2014 年硕士毕业论文的选题为"留学消费金融集合资金信托计划产品设计"，这是目前为止在中国知网上唯一可以查询到的有关消费信托的学位论文。

最后，目前对消费信托较为关注、讨论较多的是各种金融财经类报纸和杂志，比如《21 世纪经济报道》、《金融时报》、《中国房地产报》、《中国经营报》、《中国证券报》、《上海金融报》、《证券日报》、《财经时报》、《中华工商时报》、《中国经济时报》、《国际金融报》等。但大多属于金融报道的性质，事实描述居多，深入分析不足。因此从某种意义上说，本文是国内较早对消费信托进行系统化梳理、分析、探索的基础性研究，某种程度上具有综述的性质，希望对消费信托的基础知识的认知提供一个初步的研究起点。

2. 研究方法

本研究建立在对消费信托发展背景和国内外相关文献梳理的基础之上。

首先，研究消费信托的内涵和业务模式，对消费信托的金融创新实质和基本业务模式进行深入分析；其次，进一步结合信托公司发展现状，提出信托公司开展消费信托业务的条件；最后，在以上研究的基础上，提出信托公司开展消费信托业务的框架和方案。

在研究方法上，主要运用：一是理论分析方法，通过构建消费信托的经济模型，基于金融创新相关理论，深入分析消费信托的金融创新本质；二是比较分析方法，通过搜集现有消费信托产品数据，采用统计或案例方法比较不同类型消费信托产品的异同，探寻可资借鉴的经验；三是案例分析方法，搭建消费信托产品常见交易结构，理清消费信托的基本运营思路。

二、消费信托业务现状

消费信托兼具理财加消费的特点，具有高端团购、定制化服务、保护投资者利益等方面的优势，因此在短短几年之内迅速发展。目前，国内的消费信托产品涵盖医疗养生、酒店住宿、海岛旅游、影视娱乐、珠宝钻石、手机家电等领域，可谓百花齐放。①

（一）旅游消费信托

随着我国居民人均收入的提升，旅游消费需求暴涨，市场广阔，旅游消费已经成为各阶层的重要消费项目。但是如何确保旅游消费质量，选择货真价实的旅游服务提供商以确保消费者获得高质量的旅游体验，同时还要尽可能地降低消费成本是目前我国旅游市场的重要症结所在，而这些正是消费信托的用武之地。

以 2014 年年底在"中信消费信托"微信号上发布的"海岛游"产品为例，② 该产品由中信信托与凯撒旅游合作开发，投资者花费 9999 元购买旅游消费权益，可在 2016 年年底之前享受歌诗达邮轮大西洋号日韩 6 日 5 夜行、巴厘岛 + 金银岛 6 日 5 夜花样之旅、马尔代夫 6 日或

---

① 刘夏村，买理财"送宝马"消费信托走红，《中国证券报》2015 年 6 月 20 日第 007 版。
② 徐天晓，对话中信信托副总经理李峰：消费信托阳谋互联网金融，《证券日报》2015 年 1 月 29 日第 A04 版。

7 日自由行这 3 条旅游线路各一次，包含酒店住宿和机票等费用。上述组合旅游项目市场价约为 21000 元。

此外中信信托还曾推出一款名为"一千零一夜"的旅游消费信托产品，认购价格为每份 1001 元，其中包括 298 元的会籍费部分和 703 元的保证金部分。其中，298 元的会籍费部分用以对应获取消费权益（四星级以上精品度假酒店 1 间 1 昼夜住宿权），而保证金部分则将在到期时进行退还。换言之，消费者以 1001 元认购这款信托产品，一年后可以收回 703 元，而一年内可以在指定四个旅游城市的星级酒店里享受一晚的住宿服务。按照中信方面的定义，消费信托是通过认购信托产品，在有保障的前提下，获取高性价比且优质的消费权益，与传统的投融资集合资金信托完全不同，其目的不是资金增值，而是获得消费权益。如将这种消费权益转换成量化回报，按照中信信托方面以酒店居住市场价格折算，投资收益率 =（住宿原折扣价 − 298 元会籍费）/1001 元，原折扣价以携程网价格作为标准，昆明、西双版纳、丽江、三亚四地的酒店消费收益率分别为 43%、44%、29%、24.5%。

从旅游消费的角度来看，该消费信托产品在服务体系构建上，要涉及产品购买阶段的签约、打款服务；投资者在权益行使阶段的预定、行程安排等服务；而在投资者消费结束之后，还有消费体验回馈的服务等。该消费信托的背后，由中信信托与有关旅行社和酒店运营者通力合作。"作为受托人，要保证投资人消费权益的实现，比如监督产业方有无向投资人提供应尽的服务，如果未能尽责，如何要替投资人进行追责等。"因此一个消费信托产品背后有一个很长的服务链条，它既包括金融属性的签约、打款、资金监管、投资等环节，又包括服务属性的消费环节。从某种意义上来讲，这是一类身份非常另类的信托创新产品，因此其设计过程也比一般的金融产品要复杂，仅依靠金融是做不到的，必须与优质的产业方合作开发。

（二）医疗、养老消费信托

据统计，我国医疗健康产业 2012 年现存企业 20 万家以上，市场规模 2800 亿元，预计 2013 年增幅达 30%。与此同时，随着中国国民收入的提高和生活的改善，健康、医疗和养生的概念也日益深入人心。此外，我国老龄化比例增加且有加速趋势，但现存养老机构不足，床位短缺现象严重。据悉，目前每 1000 位老人仅拥有 16.6 个床位，服务和管理体系尚不健全，仍以居家养老为主，其中 90% 的人居家养老，3% 的人机构养老，7% 的人社区养老。[①] 随着国务院《关于促进健康服务业发展的若干意见》、《国务院关于加快发展养老服务业的若干意见》的出台，医疗、健康、养生、养老行业（以下简称"医养行业"）迎来大发展的 10 年。

2013 年年底中信信托与招商银行合作推出了"嘉丽泽国际健康岛"消费信托项目。"嘉丽泽"是中信集团倾力打造的集医养、旅游、地产等在内的综合产业园项目，该项目有 H 类和 G 类两种产品，期限均为 5 年，准入门槛都趋向平民化，如 8.8 万元/5 年期的 H 类产品，投资者每年在嘉丽泽的温德姆酒店可享有 14 天的居住权、每年 4000 点健康消费卡及 3 年原价优先购房权。此外，嘉丽泽健康度假产品的 G 类产品门槛则是 18.8 万元，其中 15 万元为保证金，3.8 万元为会籍费，所享受的权益更为丰富。在平衡资产收益与消费权益方面，此消费信托模式侧重带给投资者一种创新性金融服务。

有人算过一笔账，以上述 H 类产品为例，共存入 8.8 万元，其中 7.5 万元保证金到期返还，1.3 万元的会籍费则以消费的形式进行，折算下来平均年度会费为 2600 元；而每年可享受的消费体验包括温德姆五星级酒店 14 天居住权、马术俱乐部、高尔夫球场、原生态湿地等高端配套以及健康体验，这些体验价值 2 万元左右，5 年下来便可享受

---

① 李莎：《全国首单"消费信托"落地昆明》，载《云南日报》，2013 年 12 月 6 日第 010 版。

10 余万元的服务。① 从这个产品中我们便看到了消费信托一些原理的雏形，如让所有有消费习惯的人为自己的消费习惯进行投资，同时聚集有相同消费习惯的人，聚沙成塔，形成集中采购的价格优势。使这款产品既具备团购的特性，又有金融的内涵。②

2014 年作为医养系列消费信托第一期产品——"中信和信居家养老消费信托"正式推出，这是中信信托与四川晚霞合作推出的首只居家养老产品，该产品是金融机构、健康管理公司与成都本土养老机构的初次试水，也将是未来养老产业发展的一种有益探索。双方的合作旨在以产融结合的创新模式为老人提供性价比更高、更有保障的居家照护、养老保健、紧急救援及金融理财等全方位的贴心服务。

2015 年北国投也推出了自己的养老消费信托产品，北国投项目类型仍为集合信托，该信托计划认购门槛 50 万元，分次募集，其投资回报涵盖了两部分。一是"养老消费权益"，由产业合作方北京汇晨养老机构管理有限公司提供。具体为入住项目养老公寓，借此可提前锁定养老床位或未来养老消费价格及优先权。而认购养老消费信托后，受益人通过放弃货币类收益，可"免费"入住同标的养老公寓，获得一系列养老消费权益。实际上也将获得较市场价格一定折扣的优惠。二是"货币收益"，以"基准收益＋浮动收益"作为安排，收益分配周期为每季度，产品存续期间的每一信托年度内，北京信托有权根据市场情况公告该年度的基准收益率。而在某个核算日，当信托财产实际收益率大于基准收益率时，就未实现养老消费权益的信托单位，可获得浮动信托收益。③ 从资金运用端来看，信托资金将运用于包括但不限

---

① 胡萍：《龙头企业转型瞄准消费信托》，载《金融时报》，2014 年 8 月 11 日第 008 版。

② 徐天晓：《对话中信信托副总经理李峰：消费信托阳谋互联网金融》，载《证券日报》，2015 年 1 月 29 日第 A04 版。

③ 吕江涛：《北国投与长安信托法力消费信托 门槛高下差百倍》，载《证券日报》，2015 年 3 月 20 日第 B01 版。

于债权、股权、权益等在内的一种或多种方式的组合。值得一提的是，这一信托计划无固定期限，可根据信托合同的约定及信托计划运行情况全部或部分提前终止。[1]

针对医疗、养老消费信托的出现对消费者及产业方都具有现实意义。一方面，消费信托可为消费者甄选全球的优质产业方，维护消费权益，提供"一站式"的性价比高的医养消费服务内容，这在一定程度上解决了服务质量差及碎片化服务的问题，满足了客户需求。另一方面，医养产业方与消费信托结合，可有效解决医养产业方融资难、发展慢、投资长等问题，有助于提升企业品牌形象，快速拓展业务、规范运营管理。当前，传统的信托产品主要以"投资理财＋货币收益"为导向，而在客户体验、多样化需求、服务升级方面需要进一步研发与创新。中国金融机构在以养老金和养老地产为目标的金融产品研发方面已经做出了有益的探索，但在养老服务、医疗健康方面却鲜有突破。医养消费信托秉承信托中"信任、托付"的核心理念，借助信托对于客户财富管理的原则，帮助客户进行健康管理，实现客户人生的最大财富——健康财富的最大化。以中信和信系列产品为例，该产品为期一年，消费者缴付约1万元、2万元、3万元，可分别购买中信和信消费信托银卡版、金卡版和白金卡版产品。信托生效后，服务有效期内，银卡、金卡及白金卡消费者可以分别以不同的折扣价享受四川晚霞居家养老服务、中颐信健康管理服务等。[2]

（三）通讯消费信托

通讯消费作为日常消费项目，个体消费金额有限，但由于消费群体数量众多，总体消费支出庞大，若采用消费信托的模式，只要设计得当，即可吸引众多消费者购买该产品，短时间内取得大量低成本资

① 冀欣：《消费信托产业端金融闭循环详解 北京信托"机构养老"项目出水》，载《21世纪经济报道》，2015年3月17日第010版。
② 胡萍：《消费信托继续深入推进》，载《金融时报》，2014年12月20日第006版。

金，无论对消费者、通讯运营商、信托公司都有利无害。

长安信托在其官网和微信公众号中推出了一款"接地气"的消费信托产品——"长安信托·中国电信消费信托"。据长安信托一位工作人员介绍，该信托计划简单来说，是投资者花费 5000 元获得一部 iphone6 手机，每个月存入 319 元话费，获得 399 元的电话套餐，2 年合约到期后，信托返还投资人 5000 元本金，此外还会向投资人提供消费选择权，即 1200 元的话费或 600 元现金的收益，供投资者选择。据悉，这一试点的产品在推出 3 分钟内便被抢购一空。上述工作人员表示，项目仅在西安本地推出，后续还会有类似活动在其他地区推出，并有可能拓展到其他消费领域。[①]

相比于三大运营商提供的合约机会，长安信托这款消费信托计划无论是在价格还是套餐选择上都显得更有优势。[②]

（四）商品消费信托

商品消费广义上可以包括红酒、古玩、艺术品等，由于商品消费领域广泛，而不同商品在价格上也千差万别，因此商品消费信托的类型也互不相同，既有门槛很低的手机消费信托，也有大件物品，如汽车消费信托。

如西藏信托层在其官网和微信公众号里推出一款名为"BMW X1"的信托方案分外惹眼。

该信托方案显示，投资人认购一款金额为 150 万元的三年期信托产品，可以免费获得一台市场价 39.8 万元的宝马 X120i line 轿车。3 年期满后，客户可以收回 150 万元本金，同时赋予了投资人消费选择权：继续使用车辆，或者由万宝行（中国）融资租赁公司以 15 万元回

---

① 吕江涛：《北国投与长安信托发力消费信托门槛高下差百倍》，载《证券日报》，2015 年 3 月 20 日第 B01 版。

② 吕江涛：《西藏信托推"买信托送宝马"消费信托跨界屡出奇招》，载《证券日报》，2015 年 5 月 22 日第 B02 版。

购车辆。若客户暂无上牌指标，西藏信托和万宝行（中国）融资租赁有限公司（以下简称"万宝行"）将另行提供融资租赁方案为客户解决车辆上牌问题。该租赁方案中客户仅需支付车辆购置税、每月1500元租金和每年1万元（预估）车险。3年内，若客户摇到上牌指标即可选择提前终止融资租赁合同；若三年到期仍未摇到上牌指标可以续租。对于这一理财方式，西藏信托还与"自行购车理财"进行了比较：除了宝马车的使用权这两种理财方式最终都会拥有的"收益"外。投资西藏信托这一信托产品，三年后的信托资金收益为"0"；而如果投资者选择"自行购车理财"，假设投资者共有150万元资金，39.8万元用于购买一台BMW X120i line，剩余资金自行投资理财（假设年收益9%），则3年后信托本金为110.2万元（150万元中扣除了汽车的购置款），信托收益为29.754万元，计算下来，净收益为–10.046万元。

目前市面上已发行的消费信托产品多集中在旅行、电影、电子产品等相对小额的消费领域。而此次，西藏信托的产品则跨界连接汽车消费这一居民资产非常重要的配置领域。该消费信托产品的优势在于消费权益可以提前实现，而且对消费权益进行了分层处理，且有一定的退出机制。由于该产品选择了家庭消费中比较重要且资金额度较大的消费项目——汽车，其进入门槛较高，不过提前就能享受到的高质量消费权益使其仍然有很大吸引力。

（五）房地产消费信托

房产消费是家庭消费的重头戏，需要金额巨大，其消费信托的结构设计比较复杂，需要对准入门槛、消费权益折扣、权益分层、选择及推出机制进行精巧的设计。

早在2004年北国投信托就曾推出"苹果社区优先购买权信托"，其具体做法是，由北京国投按照苹果社区的合伙人价格（即每建筑平方米6000元起）向社会发行苹果社区优先购买权信托，发行对象全部为个人，且每人限购一份，机构不得购买。购买人根据苹果社区具体楼号房号购买该信托后（其价格相当于该套房屋的总价），即拥有该套房产的优先购买权和转让权，也就是在苹果社区取得销售许可证后一个月内，购买者可以用购买的苹果社区优先购买权信托购买本套房产，也可将苹果合伙人信托转让他人购买。"苹果社区优先购买权信托"推出之后，短短一周的时间，通过电话、网络和现场登记等途径预约登记的人数激增。为此，苹果社区专门成立了网上销售中心，并为"准合伙人"开辟了专门登记和查询的通道。而这些具备合伙人申请资格的购房者，对"苹果社区优先购买权信托"要求合伙人购买时提供全部房款的规定纷纷猛烈抨击。原本在春节之前，鉴于"准合伙人"的激烈反响，今典集团内部就有由全额付款降低到50%的讨论，最后"苹果社区优先购买权信托"做出重大调整，"苹果社区优先购买权信托"由全额购买降到仅仅全额的20%即可购买，同时延长购买该信托的预约登记时间，并推迟电脑排号的日期，使更多苹果的"等待者"有机会成为苹果社区的合伙人，享受6000元/建筑平方米的"合伙人"价格。[①]

2004年1月6日，北国投信托还推出了"苹果社区消费信托"这一标准上的房地产消费信托。具体的过程是：北京国投将会针对苹果社区发行短期消费信托，向国内外的机构和个人融资。在项目楼盘封顶之前，由北京国投通过发行信托融得的资金，来向苹果社区的购房者提供按揭贷款；楼盘封顶之后，北京国投将按揭项目转给银行，银行支付给北京国投相应的购房款，购房者转向银行按揭。早在2003年8月，苹果社区的开发商北京今典集团曾宣布出资两亿元，通过北京市商业银行，以"贴息委托贷款"的方式提供给苹果社区购房者，以弥补"121号文件"出台"封顶按揭"造成的消费信贷断裂，规避金融机构风险。据透露，其中银行提供按揭的利率仍按照目前银行的个人住房贷款利率

---

① 王小霞：《"苹果社区"消费信托大降门槛 开发商另辟"钱程"融资受阻》，载《中国经济时报》，2004年2月11日。

来做；而北京国投将按照银行利率标准再贴息一个点来提供按揭。相应地，北京国投发行的消费信托的利率，即是在贴息按揭利率的基础上扣除北京国投收取的手续费比率。业内普遍认为，北京国投收购苹果社区两亿元贴息委托贷款推出苹果社区消费信托，这一新的金融投资工具的产生，本身就是目前中国金融市场上的重大创新。[①]

（六）文化、教育消费信托

2014 年 9 月 22 日，由中信信托、百度金融、中影股份及德恒律所联合推出的全国首单互联网消费信托平台，"百发有戏"一期产品隆重上线。在国庆期间上映的影片《黄金时代》同时正式登录该平台。消费者通过购买该互联网金融产品，可以享受与《黄金时代》相关的消费权益，诸如与汤唯等主演电话连线，还有机会获得 8% ~ 16% 的权益回报。

在该产品中"制片人权益章"设计可谓一大创新，它是"百发有戏"之《黄金时代》电影项目的必有消费权益，单个现金价值为 1 元。具体讲，电影票房分为低于 2 亿元、3 亿元、4 亿元、5 亿元、6 亿元、高于 6 亿元六个票房档，分别对应预期权益回报为 8%、9%、10%、11%、12%、16%。具体回报将于 180 天后发放。如果影片的票房成绩不足 2 亿元（不含），则以不超过 8% 的年利率进行补偿，补偿金上限值的计算公式为：制片人权益章购买金额 × 1.25 × （1 + 8% × 消费权益有效期间的天数/365） − 制片人权益章购买金额。例如购买 10000 元套餐，可得到制片人权益章 8000 个，根据补偿标准 1 年后最多合计能获得 10800 元。[②]

9 月 22 日 10 点 28 分，首期对接电影《黄金时代》票房及消费权益的"百发有戏"一期一经推出就被疯抢。据百度金融后台显示，两

---

① 冯戈：《北京国投推出房地产消费信托》，载《国际金融报》，2004 年 1 月 7 日。

② 王兆寰，刘飞：《1500 万消费信托遭粉丝"秒抢"中信试水互联网众筹》，载《华夏时报》，2014 年 9 月 29 日第 A07 版。

分钟内意向认购就达到了 1500 万元，最终实际销售 1800 多万元。其中，低门槛 10 元的套餐最受青睐。

在业内人士看来，此次"百发有戏"互联网消费信托平台的推出，是金融、媒体、文化产业与法律界在互联网金融领域的"跨界融合、创新发展"的有益尝试，"消费众筹＋电影＋信托"商业模式或将成为互联网金融的新范本。与传统信托不同的是，用户不仅可以享受到"百发有戏"提供的影片各种消费特权，还有望获得 8%～16% 的权益回报。作为国内首款"消费＋金融"的双重信托设计模式创新产品，"百发有戏"包含了多种极具参与性与互动性的套餐。例如：与主演通电话、共进晚餐、主演为你录制情感告白视频等。而重要的是获得不同数量的"制片人权益章"，且制片人权益章与票房情况挂钩，票房越高，潜在的权益回报越大。

分析人士表示，为规避"众筹"的政策和法律风险，该消费权益信托参与各方将之设计为一款单一事物类信托产品，投资者获得的是消费和投资两方面权益，而信托公司主要负责消费权益（与主演电话联系、共进晚餐；做群众演员；获得主演录制的感谢视频等）的运作和管理。

"百发有戏"引入信托的意义主要在于三点：一是为百度众筹平台增信；二是在集中消费权益后，信托成为唯一的买方代表，使买方群体的话语权和事务协调力度得到重要提升；三是增强投资者对项目资质和信用的审查能力。[①]

尽管运营方和投资者都看好这款互联网创新产品，但作为所挂钩的投资标的——《黄金时代》票房开局不利，让各方的热情打了折扣。据了解，2014 年"十一"黄金周，国内电影票房超过 10 亿元，但《黄金时代》首日票房仅 1060 万元，上映 10 天票房收入也仅为 4310 万元。按照产品设定，"百发有戏"产品收益与《黄金时代》的票房挂钩，从票

---

① 李茜：《首只互联网消费信托"出师不利"》，载《上海金融报》，2014 年 10 月 21 日第 A05 版。

房低于 2 亿元开始到票房超过 6 亿元，每增加 1 亿元票房对应一个档次的收益，即低于 2 亿元时，收益率为 8%，其后每增加 1 亿元票房，收益率提高一个百分点，若票房超过 6 亿元，收益率为 16%。

不过，即使首战失利，也有行业人士认为，"百发有戏"一期产品开启了互联网金融可行样板。该产品不是机械地降低出资门槛吸引投资者，而是与专业金融机构合作，利用自身流量与数据优势参与金融产品设计。中信信托总经理李子民强调，中信信托希望互联网消费信托平台可以创造性地革新人们的消费模式，从当前"单向供给"转为"大众定制消费"。格上理财研究中心研究员朱尧则表示，"百发有戏"作为一种新奇的金融产品，投资者可以试试，毕竟 8% 的收益也是不错的选择。不过，影响票房的因素有很多，有一定的不确定性，如果单纯以获得投资收益为目的，还是可以考虑传统稳健类的投资产品。[①]

三、消费信托基础理论

（一）消费信托的概念、内涵

1. 消费信托的概念

所谓消费信托，即受托人接受委托人的委托，为委托人优选并保护其商品类消费或者服务类消费的消费性权益为目的设立的信托计划，并以上述的消费性权益作为受益人依法享有受益权的组成对象为特征，由信托机构进行经营化管理的信托产品。四川信托研发部陈文解释道，对于消费品或消费服务所形成的权利，比如一组旅行度假的行程安排、一套个性化教育方案、一套养生医疗服务、一款瑞士名表、一瓶红酒，甚至是一套住房的居住权，都可以形成一类消费权益。消费信托其实质就理财 + 消费。[②]

[①] 李茜：《首只互联网消费信托"出师不利"》，载《上海金融报》，2014 年 10 月 21 日第 A05 版。
[②] 刘夏村：《买理财"送宝马"消费信托走红》，载《中国证券报》，2015 年 6 月 20 日第 007 版。

因此消费信托是通过认购信托产品，在有保障的前提下，获取高性价比且优质的消费权益，与传统的投融资概念集合资金信托完全不同，其目的不是资金增值，而是获得消费权益。比如中信信托曾经发了一款养老消费信托，产品为期一年。消费者可缴付约为 1.1 万元、2.1 万元、3.1 万元不等，分别购买三个不同层级的产品，到期后本金将全额返还。而投资回报分为两部分，一是服务权益部分，由各产业方提供，具体为获得低于市价的各种相应居家养老服务；二是余额理财部分，由中信信托联合中信银行及信诚基金共同完成，以实现部分现金收益。而在这单产品中，如若将这种消费权益转换成量化回报，按照中信信托方面以市场价格折算，三档不同层级产品对应的消费优惠率为 4.4%、11.6% 及 13%。"信托模式可以把消费权益变成收益权，法律和制度上都没有问题，银行等金融机构可能缺乏这样的灵活性。在信托这个层面上去整合的时候，因为有这样的权益隔离和保护，才会有理财和消费权益的投资跨界。"中信信托相关负责人曾表示，"电商直接挂钩消费权益，表面上和理财并不相关，但看看淘宝、阿里巴巴，它们就做了一个类似基金的产品，将闲置货币转化为基金运用。而信托本身就是一个最大的功能转换，是财产之间的形态转换。"[1]

2. 消费信托的内涵

根据基本的信托原理，信托可以实现财产之间的形态转换，信托模式可以把消费权益变成收益权。而信托嵌入消费所能发挥的最核心功能是：以金融企业的信誉保证消费者权益，同时降低消费者的资金成本。如果归类，消费信托应该属于单一事务管理型信托。这类信托不仅可以为高端人士服务，也可以为普通民众服务。[2] 据中信信托副总经理李峰介绍，消费信托是通过发行信托产品，让投资者购买信托的同时获得消

---

[1] 冀欣、冯超：《中信"抢发"养老、珠宝类项目：消费信托完整产业链出水》，载《21世纪经济报道》，2014 年 12 月 19 日第 010 版。

[2] 胡萍：《龙头企业转型瞄准消费信托》，载《金融时报》，2014 年 8 月 11 日第 008 版。

费权益，让投资者和提供消费产品的产业方对接，从而将投资者的理财和消费需求整合起来，达到保护消费者消费、实现消费权益增值的目的。

而传统的信托计划则是以投资收益为目的，且进入门槛较高。该消费信托实现了"理财＋消费"的信托产品创新模式，较好地体现了"普惠金融"的理念。[①] 其运作的根本原理在于打通产业链的前段融资需求和后端消费需求。从消费端而言，相当于打造了一张具有消费功能的"虚拟另类信用卡"；而从产业端而言，即为构建了一个金融化的销售渠道，在这一过程中，预付购买消费权益产生的沉淀资金也能够被进一步合理利用，除此之外，联动其他针对产业方的投融资项目，进一步促进形成产业链金融的闭循环。最值得一提的是，这类产品摒弃了公开发行信托计划中常见的"集合资金信托"产品形式，取而代之"单一事务管理"信托，也正因为如此，可以不受限于集合资金信托对于"合格投资者"的严格要求，直接降低了信托产品的认购门槛。[②]

3. 消费信托的独特优势——产融结合

我国的产融结合基本经历了四个发展阶段。第一个阶段是产业方由于融资困难，于是自己涉足金融业、为自己做资本腾挪，但德隆的教训告诉我们这条道路并不容易走得通；第二个阶段是产业方投资金融机构的股权，为资产配置提供方便；第三个阶段是产业方依靠金融方式发展业务，例如三一和中联重工依靠融资租赁、担保和保险的方式销售产品；第四个阶段就是互联网金融，因为传统金融业的客户，包括企业和个人，都越来越依赖互联网进行信息沟通和资产管理。

在消费信托之前，传统金融业服务于实体经济的方式不外乎是直接融资或间接融资，但金融业本应发挥的配置资源的作用并没有得到很好的发挥。据中华全国工商联统计的数据显示，我国规模以下企业

---

① 李莎：《全国首单"消费信托"落地昆明》，载《云南日报》，2013年12月6日第010版。
② 冀欣：《"中信保"系列产品加速出水 消费信托启动密集落地周期》，载《21世纪经济报道》，2014年12月12日第011版。

中有90%的企业没有和银行发生过任何借贷关系，而微小企业中95%没有和银行发生过任何借贷关系。企业想通过上市公开发行股票也是困难重重。虽然信托贷款和私募股权投资基金起到了一定的补充融资作用，但融资成本也为融资企业带来不小的压力。之所以存在上述现象，小微企业的信用记录不够完整和真实，造成审贷成本高、贷款风险大是一个重要的客观原因，但与金融业缺乏主动对企业以及企业所在行业进行深度了解也息息相关。

对产业方而言，交易成本始终是决定交易的重要因素。交易成本的居高不下，与产业方无法直接与消费者对接，即做到B2C密切相关，即产业方无法通过准确掌握消费者的偏好而以销定产，目前各种电商如阿里巴巴等，为产业方搭建了这样的平台，但产业方开拓了市场后所需的资金支持又成为发展的掣肘。阿里小贷就是在这种情况下应运而生。虽然阿里小贷微金融通过公开发行小额贷款资产证券化产品解决了部分贷款资金的来源问题，并准备在将来引入战略投资者，但这种产融结合也依然局限于以融资为基本方式；而搭建电商平台帮助产业方与消费者对接，实际上是产（产业方）产（电商）结合，而不是产融结合。

2012年8月，中国金融四十人论坛在一份研究报告里描述了一幅互联网金融模式完全取代现有金融模式的未来构想：移动支付替代传统支付、人人贷替代传统存贷款、众筹融资替代传统证券业务……该报告指出，以互联网为代表的现代信息科技，特别是移动支付、社交网络、搜索引擎和云计算等，将对人类金融模式产生根本影响。可能出现既不同于商业银行间接融资，也不同于资本市场直接融资的第三种"互联网金融模式"。在此模式下，支付便捷、市场信息不对称程度非常低，资金供需双方可直接交易，不需要经过银行、券商和交易所等金融中介；期限匹配、风险定价等交易成本会降低，流程会简化。短短几年时间，这个在当时看起来还遥不可及的理想图景已经初现雏形。基于互联网技术和大数据创新，互联网金融正衍生出越来越多的新形态和新模式，开始与传统金融正面交锋。

就信托行业而言，不仅面临着互联网金融的挑战，与其他传统金融之间的相互竞争也呈现逐渐升级的状态。根据麦肯锡和平安信托2013年发布的中国信托行业发展研究报告，对信托行业收入贡献度达39%的通道业务将趋于萎缩乃至消亡；而贡献度达49%的私募投行业务也逐渐受到来自银行、证券公司和基金公司的争抢和挤压。①

（二）消费信托的特点

消费信托作为一种新的业务类型，与传统的集合资金信托以及一般的事务管理类信托及众筹等业务模式相比，有自己的特点。

1. 一切围绕消费

按照目前大众对消费信托的理解，消费信托是一种为了消费而进行的投资理财，是信托公司通过发行信托理财产品，让投资者在购买信托产品的同时获得了消费权益，达到保护消费者消费、实现消费权益增值的目的。传统的投资类信托获得的是投资收益，是现金，而消费信托获得的是消费服务权益。传统观念认为，理财是延迟的消费，而消费信托则突破了这一束缚，认为理财的最终目的仍然是消费，是为了获得更高品质的消费。消费信托的出现打通了消费和理财的双需求通道，使投资者通过投资理财，直接实现消费升值，给投资者提供了"理财"和"消费"的一条龙服务。

消费信托产生于消费时代和互联网、移动互联网时代来临的背景下，未来伴随着人们差异化消费需求的增长以及财富管理需求的持续增加，消费信托将大有可为。开展消费信托的意义已经远远超过其本身，更多的是基于客户需求出发，促使信托公司从一个全新的高度对业务战略进行重新定位。② 消费信托兼具理财加消费的特点，具有高端

---

① 张继胜：《"消费信托"的交易结构设想》，载《特区经济》，2014年7月第34-37页。
② 吕江涛：《北国投与长安信托法力消费信托 门槛高下差百倍》，载《证券日报》，2015年3月20日第B01版。

团购、定制化服务、保护投资者利益等方面的优势，因此在短短两年之内迅速发展。目前，国内的消费信托产品涵盖医疗养生、酒店住宿、海岛旅游、影视娱乐、珠宝钻石、手机家电等领域，可谓百花齐放。①2014 年 12 月中信信托专门为消费信托上线了互联网销售平台"中信宝"。由于消费信托多以事务管理类的形式出现，使得该类信托可以不受 100 万元资金门槛限制，贴近更多投资者，当门槛下降，作为消费信托的商品便能够通过互联网电商平台进行销售，投资者通过网络即可购买。此外，消费信托还可能获得间接盈利。具体而言，消费信托的间接盈利主要包括三大服务平台（消费服务平台、权益流转平台和数据库）或者生态系统的盈利，信托公司深入产业端带来的盈利，以及信托业务协同带来的盈利等。②

因此在信托公司对于消费信托的设计中，必须从消费需求出发，通过发行信托产品，让投资者在购买信托产品的同时获得消费权益，直接连接投资者和提供消费产品与服务的产业方，从而将投资者的理财需求和消费需求整合起来，达到实现消费权益增值的目的。人们习惯于用一个什么率来衡量产品，投资产品用收益率，消费有折扣率。对于消费权益增值的水平，信托公司提出了一个消费收益率的概念。"消费收益率包括消费折扣率，另外还有预收资金低风险运作的收益率，但并不是所有的消费信托产品都有资金沉淀收益"。③

2. 价格更优惠

与团购、会员制等方式相比较，消费信托在价格优惠方面仍然占据一定的优势。以中信信托发售的"一千零一夜"产品为例，其认购

---

① 刘夏村：《买理财"送宝马"消费信托走红》，载《中国证券报》，2015 年 6 月 20 日第 007 版。

② 王俊丹：《消费信托盈利模式之探：2 条资金链孵化 2 个盈利点》，载《21 世纪经济报道》，2015 年 5 月 29 日第 011 版。

③ 常艳军：《"精品店"里看信托消费》，载《经济日报》，2015 年 1 月 23 日第 014 版。

价格为 1001 元，其中包括 298 元的会籍费部分和 703 元的保证金部分。其中，298 元的会籍费部分用以获取对应的消费权益（四星级以上精品度假酒店 1 天的住宿权）。而保证金部分则将在到期时进行退还。若将这种消费权益转换成量化回报，按照这些酒店在携程网上的价格（昆明、西双版纳、丽江、三亚四地的酒店均价分别为 728 元、738 元、588 元、540 元，平均价为 648 元），核算出投资收益率 = （原折扣价均价 − 298）/1001 元，投资收益率约为 35%。

消费信托的这种采购优惠主要来源于两个方面：信托公司集中采购的议价权和理财收益转化为优惠折扣。同时，针对某些特定的消费产品，消费信托的价格优势还可能来源于其信托项目设计，例如通过信托项目设计可以实现以销定产，节约了生产消耗，使得取得产品的价格更低。

3. 可以提前支取投资收益

各家信托公司在消费信托的运作细节有所区别。中信信托的思路是将募集的资金分为两部分运作，一部分通常被称做保证金到期后全额返还，而另外一部分则是购买相应的产品或服务所支付的价款。然而，西藏信托推出的"BMW X1 消费信托"中思路却有所不同，此项目以提前支取收益为特点来吸引投资者。投资者投资 150 万元即可获得市价为 39.8 万元的 X1 系宝马一辆。而这 39.8 万可以看作是这 150 万元投资 3 年的收益，折算下来年化收益率约为 8.9%。而一般投资类信托是分期付息，期限 3 个月到 1 年不等。该信托计划以实物的形式提前向投资者支付了投资收益，对投资者而言具有一定的吸引力。

4. 产品品质更高，权益有保障

国内目前的消费信用环境比较恶劣，消费者权益难以得到保障，假货、劣质品、收费后跑路的现象屡见不鲜。要想获得高品质的产品或服务，消费者可能需要花大量的时间对这些产品和服务进行筛选和甄别。然而通过信托公司的专业优势，可以帮助消费者筛选出具有更高品质，更高性价比的产品和服务，同时可以借助信托的一系列保障措施的设置，保障消费者的权益顺利实施。例如我们办理美发店的会员卡，也能享受到较高的折扣优惠，然而一段时间后发现美发店倒闭关店了，我们消费者的权益就会受到严重的损害。如果信托机构介入到此项目中去，对供应商进行监控和管理，使投资者既能享受到会员制的优惠，也不用担心权益不能顺利实施了。

事实上消费权益的增值在日常生活中，其实也有很多途径，比如团购，就可以获得比平时更优惠的价格购买商品或服务；而办理会员卡成为"VIP"之后，优惠、打折、积分换购也随之而来；还有各种各样的消费券……那又何必选择消费信托呢？事实上有团购或办理会员卡被坑的经历。在一家保险公司工作的某客户就曾有不太愉快的办理会员卡的经历。几年前，该客户在住所附近一家连锁餐馆办了一张会员卡。可没等客户享受几次优惠，就发现餐馆搬家了，其他连锁店距离还挺远，于是这张会员卡就被束之高阁。"专门去那么远的地方吃饭不值当的，时间长了，几乎忘了还有这么一张会员卡。"该客户感觉挺无奈。①

在台湾，针对延迟消费商业模式的企业预收款，如各种礼券、各种消费卡（公用事业、健身、美容、餐饮）等，通过法律法规的形式，将其交付给信托，由信托作为独立第三方增信、管理并监督资金运用，预防收款方因经营不善破产倒闭或发生信用风险损害公众利益。

在我国内地，对于购买形式，卖一些储值卡和预售卡是任何一个商家都可以做的行为。但是消费信托的产品，引入了信托和银行两方的风险管理，以及对服务供应商的评险能力，这是最重要的。从某种意义上讲，这个储值的资金是有价值的，资金的福利在哪里？资金要存在银行，活期有活期的收益，定期有定期的收益，而消费储值卡里的钱是商家无偿使用的。而消费信托产品里的保证金，是双方协同的投资理财方式，

---

① 常艳军：《"精品店"里看信托消费》，载《经济日报》，2015年1月23日第014版。

是有保证的，这是其他的商业机构、一般的机构所不能够比的。①

5. 普惠金融，更多人可享受到信托带来的优质服务

消费信托并没有设置类似传统信托那样的高门槛，合格投资者的限制在消费信托领域有所放宽。在消费信托领域，产品的认购起点额度从中信信托的"一千零一夜"即1001元，到西藏信托的宝马计划150万元起投，不一而足。这体现出消费信托在产品设计方面比传统信托拥有更大的灵活度。消费信托的受众更广，这也是引起其受到广泛关注的原因之一。消费信托摒弃了公开发行信托计划中常见的"集合资金信托"产品形式，取而代之"单一事务管理"信托，也正因为如此，可以不受限于集合资金信托对于"合格投资者"的严格要求，直接降低了信托产品的认购门槛。中信信托相关负责人表示，"但凡投资者有什么样的需求，设置一个消费信托，寻找一个产业，就可以实现信托公司服务直接对接生产。"

（三）消费信托的功能

通过上述对消费信托概念和特点的介绍，可知消费信托的主要功能有三点。第一，消费信托能够帮助消费者识别和选择可以提供更好消费服务的商家和机构。第二，消费信托可以利用"集中采购"的价格优势获取更高性价比的消费权益。第三，通过信托机构等的监管，保证投资者消费权益的实现。

而信托公司的服务体系则要围绕上述三项功能展开。② 消费信托日渐走红，其中一个重要原因是这类产品将投资者的消费需求和理财需求通过信托计划相连接，具有较为独特的优势。消费信托产品首先具有高端团购优势，信托公司可以发挥跨界资源平台优势，帮助消费者优选服务质量好、品质高的商家和服务机构，通过消费信托进行集中

---

① 李莎：《全国首单"消费信托"落地昆明》，载《云南日报》，2013年12月6日第010版。

② 徐天晓：《对话中信信托副总经理李峰：消费信托阳谋互联网金融》，载《证券日报》，2015年1月29日第A04版。

采购，帮助客户选择性价比更高的高端消费品、商品和消费性服务；其次是私人定制化优势，信托公司从客户的需求出发，帮助消费者在消费过程中筛选适合其需求的消费产品或服务，甚至可以针对超高净值客户，实施一对一的定制化私人服务。此外，消费信托具有投资者利益保护优势。通过信托公司的信用与信托财产独立性确保消费者权益得到长期保护。对于有机农产品、私人农庄、高端医疗养老等未来价格上涨空间较大的高端消费品或消费服务，投资者可以通过消费信托的形式长期锁定其价格。①

因此消费信托和资金信托有明显区别，消费信托最终获取的不是资金回报，而是消费权益的增值，就是为消费而进行的投资理财。而且作为单一事务管理类信托，消费信托的门槛也没有集合理财信托那么高。

在消费信托中信托公司有自己的特殊优势，一是可以优先提供产品或服务的产业方，二是可以监督产品或服务质量，保障资金安全。因为很多消费行为是长期持续的，有可能遇到价格波动和产品质量风险，消费信托能对产业、消费端提供长时间的权益监督和服务。相对于某些电商"大卖场"的形式，消费信托想要打造的是有一定质量水平和保障的"精品店"。②

此外信托公司开拓消费信托业务可带来双重盈利，即直接带来的利润和间接带来的利润两大类。直接盈利主要来自消费信托管理费、资金收益两大部分。间接盈利有可能不是直接的现金收益，而是成本的节约或者其他业务的收益增加而带来整体收益的增加。具体而言，消费信托的间接盈利主要由信托公司深入产业端带来的盈利、服务平台或者系统的盈利和信托业务协同带来的盈利三个部分组成。"消费信托产生于消费时代和互联网、移动互联网时代来临的背景下，未来伴

---

① 刘夏村：《买理财"送宝马"消费信托走红》，载《中国证券报》，2015 年 6 月 20 日第 007 版。

② 常艳军：《"精品店"里看信托消费》，载《经济日报》，2015 年 1 月 23 日第 014 版。

随着人们差异化消费需求的增长以及财富管理需求的持续增加，消费信托将大有可为。开展消费信托的意义已经远远超过其本身，更多的是基于客户需求出发，促使信托公司从一个全新的高度对业务战略进行重新定位。"[1]

可见消费信托的基本功能在于打通产业链的前端融资需求和后端消费需求。从消费端而言，相当于打造了一张具有消费功能的"虚拟另类信用卡"。而从产业端而言，即为构建了一个金融化的销售渠道。在这一过程中，预付购买消费权益产生的沉淀资金也能够被合理利用，除此之外，联动其他针对产业方的投融资项目，进一步促进形成产业链金融的闭循环。

由于消费信托摒弃了公开发行信托计划中常见的"集合资金信托"产品形式，取而代之"单一事务管理"信托，也正因为如此，可以不受限于集合资金信托对于"合格投资者"的严格要求，直接降低了信托产品的认购门槛。但凡投资者有什么样的需求，设置一个消费信托，寻找一个产业，就可以实现信托公司服务直接对接生产。至于运作此类业务的收益回报，通过盈利测算，这类业务的未来发展非常可观。就之前推出的消费信托产品而言，收益可分为两部分。一是消费信托本身收取的信托报酬，二是集中采购优势形成的"差价"空间。而更多的连带效应在于，未来可能进一步为产业合作方提供相关融资，比如养老产业，从目前传统金融机构获取资金的难度较大，这也为信托提供了更多业务空间。[2]

（四）消费信托的主要参与方

消费信托涉及了三个主要利益主体，消费者、产业方和信托公司，三者通过信托制度这一契约化的方式实现产融结合。

---

① 吕江涛：《西藏信托推"买信托送宝马"消费信托跨界屡出奇招》，载《证券日报》，2015 年 5 月 22 日第 B02 版。
② 冀欣、冯超：《中信"抢发"养老、珠宝类项目：消费信托完整产业链出水》，载《21 世纪经济报道》，2014 年 12 月 19 日第 010 版。

1. 消费者

消费信托能够将消费者的零散资金有效集中起来进行集中采购，从而让消费者以最优的价格享受到最好的商品或服务。参与本计划的消费者，实际支付的消费价格基本上都能达到低于市场价格的 20% 左右；并且在消费权益的有效使用期限内，消费支付的价格没有变动，实际上达到了抵御通货膨胀所带来的购买力贬损的效果。在现有的交易模式下，消费者作为个人，由于知识平均占有量的限制，很难与自己所购买的商品或服务的提供商家进行平等协商，因此在签订有名或无名的消费协议时，大多数时候处于弱势地位；当消费者对商品或服务不满意发生纠纷时，即便能够求助于外界力量帮助维权，也十分耗时耗力。信托公司作为机构受托人，拥有更加强大的谈判能力，不仅能够为作为受益人的消费者争取到更为优惠的价格，而且能够通过业务操作模式的设计更好地监督商户对客户资金的使用。

2. 产业方

对于产业方而言，生产、销售、物流等各环节分离的商业模式虽然使产业方得以专注于商品或服务本身，但也使产业方距离消费者越来越远。分销环节的增多不仅加大了消费者的消费成本，而且也让产业方越来越无法清晰了解消费者的真实需求，以及消费者群体的规模大小。这一点即便是开展得如火如荼的电商也难以完美解决，即消费者的"真实性"问题。但这正是传统金融，包括信托公司在内的优势。经过合格投资者的门槛要求的筛选，信托公司的客户资源不仅普遍是具有较高消费能力的群体，而且一定是真实的客户。这一优势对于产业方的帮助在消费信托中可以得到很好的体现。参加消费信托的产业方，借助信托产品的发行规模和营销渠道，能够直接对接消费者，也就能够及时了解消费者的需求，掌握消费者群体的规模，从而实现以销定产，并最大限度地降低库存，节约生产成本。

由于消费信托产品以消费卡为消费权益凭证，消费者必须以预付资金的方式获得未来的消费权益，因此产业方基本不需要等待销售资金的回笼，即能够实现当期收益；而由于消费权益的实现都有使用期限的安排，发行信托产品所归集的资金无论是当期返还产业方，还是经过一定时间的资金冻结期后返还产业方，都包含了产业方的未来收益，意味着消费信托实际为产业方提前锁定了一定的未来收益。消费信托的委托人与受益人需要首先成为信托产品的投资者，然后才能成为享有特定消费权益的消费者，这意味着消费信托产品的发行实际上能够为产业方分担部分甚至全部的营销工作。因此节省下来的人力、物力等销售成本，既可以直接减少产业方的资金压力，也能够使消费者间接获益。

3. 信托公司

消费信托属于主动管理的事务类信托，依靠信托公司较强的谈判能力，能够获得对于销售信托产品所形成资金池的主动管理的权利；而对于消费者与产业方只需要支付固定收益，这就意味着信托公司能够获得较高的风险溢价，从而改变一般信托产品以固定报酬为主、浮动报酬为辅的收益格局。信托公司通过一般信托产品已经积累了一定的客户资源，并且这些客户都是具有中等以上消费能力的消费者。这些客户对信托公司的业务水平和职业道德已经具有了一定的了解和信任，同时对于消费的品质和消费的体验普遍高于一般收入人群的要求。如果消费信托的各种产品能够满足客户从快消品到奢侈品、从养生到养老等诸多方面的生活需求，让一般信托产品的客户能够不必自己劳心费力就找到了可供选择的优质产品和服务；最终令客户无论有投资需求还是有消费需求，都信任甚至依赖信托公司的相关业务，自然能够有效增强现有客户的黏性。另外通过消费信托业务的开展，业务人员将对相关行业进行深度了解；而相关知识的互动和反馈，也有助于信托公司对其他信托产品的开发和控制，从而在消费信托和其他信托业务之间形成相互促进的良性循环。

四、消费信托的原理

(一) 消费信托的业务模式

消费信托是以信托公司作为受托人，按照作为委托人的消费者的意愿，将信托资金用于购买其指定产业方提供的消费权益，并按照信托文件的约定对信托产品运行提供全流程监管，为受益人的消费权益的实现提供监督和管理服务，以实现满足受益人特定消费需求及消费者权益保护的信托目的的单一指定型信托。

消费信托业务的交易流程如下：第一步，消费者通过购买消费信托产品，向信托公司支付可获得消费权益的资金及保证金；第二步，信托公司将募集到的资金交付给产业方；第三步，覆盖所提供商品或服务成本之外的资金由信托公司进行管理、运作；第四步，在消费期限结束后，信托公司将保证金退还给消费者。信托公司开展消费信托业务应当以此为基础进行交易结构的设计。

作为一种创新式业务类型，消费信托并不再以资金增值为唯一回报方式，而是尝试通过信托打通产业链的前端融资理财需求和后端养老消费需求。消费端而言，相当于打造了一张具有金融功能的消费卡。而从产业端观之，即为提前锁定了金融化销售渠道。在这一过程中，预付购买消费权益产生的沉淀资金也能够被进一步合理利用。除此之外，联动其他针对产业方的投融资项目，进一步形成产业链金融的闭循环。基于此，多家信托公司积极主动推动消费信托业务的开展，其中中信信托最先介入，也是目前为止投入较大精力在该领域的机构。其相关消费领域已覆盖到居住、电影、珠宝、通讯、家电等领域。相比而言，北京信托目前也选择了养老和健康两个突破口做此类产品的设计开发。此外，长安信托也已建立相关的项目团队。但除了前述几大机构，其他多数公司对于这一领域仍鲜见涉及，多位信托公司创新业务部人士表示，主要的原因是协调难度高于普通业务，但短期盈利效果难言。对于运作消费信托业务的收益回报，中信信托高层曾表示，通过内部盈利测算，收益来源主要可分为两部分。一是消费信托本身收取的信托报酬，二是集中采购优势形成的"差价"空间。北京信托上述业务负责人对21世纪经济报道记者称，信托报酬由固定管理费与浮动报酬两部分构成。①

消费信托的一般交易结构：

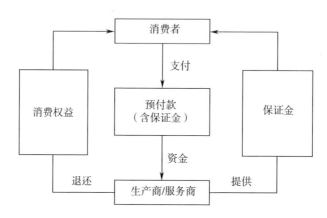

图 1　消费信托一般交易结构

我们从消费信托交易结构与产品模式来看，预付卡被作为消费者的权益凭证，但消费信托产品并不等同于预付卡。根据商务部 2012 年 9 月 26 日发布的《单用途商业预付卡管理办法（试行）》（以下简称《管理办法》）的定义，单用途商业预付卡（以下简称单用途卡）是指从事零售业、住宿和餐饮业、居民服务业的企业法人在我国境内发行的，仅限于在本企业或本企业所属集团或同一品牌特许经营体系内兑付货物或服务的预付凭证，包括以磁条卡、芯片卡、纸卷等为载体的实体卡和以密码、串码、图形、生物特征信息等为载体的虚拟卡。《管理办法》对于发卡企业的规定还包括：发卡企业和售卡企业应公示或向购卡人提供单用途卡章程，并应购卡人要求签订购卡协议。发卡企

---

① 冀欣：《消费信托产业端金融闭循环详解——北京信托"机构养老"项目出水》，载《21世纪经济报道》，2015 年 3 月 17 日第 010 版。

业或售卡企业应履行提示告知义务，确保购卡人知晓并认可单用途卡章程或协议内容。发卡企业应对预收资金进行严格管理。预收资金只能用于发卡企业主营业务，不得用于不动产、股权、证券等投资及借贷。规模发卡企业、集团发卡企业和品牌发卡企业应确定一个商业银行账户作为资金存管账户，并与存管银行签订资金存管协议。资金存管协议应规定存管银行对发卡企业资金存管比例进行监督，对超额调用存管资金的指令予以拒绝，并按照备案机关要求提供发卡企业资金存缴情况。

消费信托产品与单用途卡的相同点表现为：

第一，对于消费者来说，都是先付费，后消费；

第二，都限定了消费的内容和范围；

第三，都要求商业银行对预付资金进行监管。

消费信托与单用途卡的区别表现为：

第一，消费信托的委托人预付的资金不受《管理办法》对于消费者购买单用途卡的金额限制，而是根据信托合同的约定确定预付资金的数额；

第二，消费信托的委托人所预付的资金可以用于投资并产生信托财产收益，并且绝大部分将以保证金的形式得到返还，而单用途卡的商家无法提供这样的条件；

第三，消费信托产品受到银监会监管，而预付卡的发行与管理由商务部监督。

（二）消费信托业务的开展条件

1. 我国经济发展方式转变，消费需求拉动经济增长

长期以来，我国的经济增长主要依靠投资、出口和消费拉动，但近些年投资和出口的拉动力明显下降。"十二五"规划提出坚持扩大内需，特别是扩大消费需求的战略；党的十八大也明确指出要加快形成新的经济发展方式，使经济发展更多地依靠内需特别是消费需求来拉动。此外，根据凯恩斯提出的消费函数，收入与消费之间存在着一种以经

验为依据的稳定关系。目前我国人均 GDP 已达到 1090 美元，这为推动和发展消费经济提供了良好的基础。根据经济学理论，人的消费可以分为"生存"、"享受"、"发展"三个层次。从 2001—2013 年的恩格尔系数走势以及非食品类消费支出的分析来看，我国城市和大部分农村居民的消费层次已经完成了由"生存型"向"享受型"的转变，消费模式已经从温饱型转为小康型，消费内容将极大丰富。居民的消费和投资需求的充分体现，无疑能够为消费信托这一"投资＋消费"的新型业务模式的发展提供广阔的市场空间。随着消费信托业务的深度和广度的不断延伸和扩展，信托公司必将能够分享到我国繁荣活跃的消费市场所带来的丰厚附加收益。

2. 普惠金融大有可为，消费信托正逢其时

十八大三中全会通过的《中共中央关于全面深化改革若干重大问题的决定》中正式提出"发展普惠金融，鼓励金融创新，丰富金融市场层次和产品"。普惠金融的理念是每个人都应该有获得金融服务机会的权利，因此要在金融体系内进行创新，包括制度创新、机构创新、产品创新以及技术和营销创新等。围绕普惠金融的概念，信托业势必要摒弃以往仅仅专注于高端客户的思路，扩展业务范围，挖掘各层次的客户，开发创新产品，让信托制度的优势惠及更广泛的民众。在此背景下，消费信托产品的设计与推出，可谓正逢其时。

3. 信息化建设和大数据为消费信托业务保驾护航

信托公司开展消费信托本身就是互联网跨界平台思维的最佳实践。通过大数据平台对产业方和消费者资源进行收集、梳理、整合，形成产销资源网络，打通需求端和供应端，从而根据消费者不同的需求，提供相应的产品与服务，增强客户黏性，为消费信托产品的设计和业务发展起到推波助澜的作用，形成稳定的盈利模式。利用大数据，信托公司可以准确掌握客户的交易行为、交易偏好和交易习惯等个性特征，并对其加以分析、筛选和判断，挖掘消费者与消费者之间、产业和产

业之间的隐性联系，从而打通生产到消费整个链条中的各个环节，减少产业链交易环节，降低交易成本。

构建互联网跨界平台是信托公司开展消费信托最重要的前提。通过大数据平台对产业方和消费者资源进行收集、梳理、整合，形成产销资源网络，打通需求端和供应端，从而根据消费者不同的需求，提供相应的产品与服务，增强客户黏性，为消费信托产品的设计和业务发展起到促进作用，形成稳定的盈利模式。利用大数据，信托公司可以准确掌握客户的交易行为、交易偏好和交易习惯等个性特征，并对其加以分析、筛选和判断，挖掘消费者与消费者之间、产业和产业之间的隐性联系，从而打通生产到消费整个链条中的各个环节，减少产业链交易环节，降低交易成本。

信托将会是未来互联网金融的主力制度："互联网金融一定要植入互联网基因，即由信息交流互通带来的包括创新、自由、集聚的特质。互联网世界是追求自由的，自由带来的是大量的创新，创新带来大量的集聚，集聚形成力量，并对传统造成颠覆。反观消费信托制度，其最重要的特性便是'管道'功能，其灵活性的制度设计可以更好地将产业、金融、资金等连接起来，所以是最契合互联网基因的金融制度"。①

基于"大数据信托"原理开发的项目，消费信托被赋予了更大的想象空间。不仅不再以资金增值为回报方式，甚至摒弃了公开发行信托计划中常见的"集合资金信托"产品形式，取而代之"单一事务管理"信托，尝试通过信托形式对接生产融资需求与消费投资需求。在接受记者采访时，中信信托董事长蒲坚将这类颠覆式创新业务，表述为通过信托模式来打造一张具有消费功能的"虚拟另类信用卡"。而在信托公司的回报方面，通过内部的盈利测算，这类业务的未来发展非常可观。

---

① 徐天晓：《对话中信信托副总经理李峰：消费信托阳谋互联网金融》，载《证券日报》，2015 年 1 月 29 日第 A04 版。

比如 2015 年 5 月初，中信信托率先成立互联网金融业务运作平台——深圳中顺易金融服务有限公司，该公司由中信信托、网易、顺丰三方合作发起，其中中信信托全资子公司中信聚信为第一大股东，占比 40%，顺丰和网易方面各持股 30%。据悉其业务将定位为互联网金融和消费信托。实际上，消费信托本身也是信托和互联网的一个连接点。如长安信托"中国电信消费服务"便主要通过互联网进行销售付款。去年 12 月中信信托也专门为消费信托上线了互联网销售平台"中信宝"。消费信托多以事务管理类的形式出现，使得该类信托可以不受 100 万元资金门槛限制，贴近更多投资者，当门槛下降，作为消费信托的商品便能够通过互联网电商平台进行销售，投资者通过网络即可购买。此外，四川信托研究部还分析，消费信托还可能获得间接盈利。具体而言，消费信托的间接盈利主要包括三大服务平台（消费服务平台、权益流转平台和数据库）或者生态系统的盈利，信托公司深入产业端带来的盈利，以及信托业务协同带来的盈利等。[1]

除此之外，信托公司开展消费信托还需要专业人才、组织结构等方面的支持。信托行业作为金融行业的一个重要分支，从业人员大多具备专业的智力资源，而消费信托则需要大量熟悉和了解相关产业的专业人才。另外，当前绝大多数信托公司的业务状况大同小异，基本以技术含量较低的债权性信托为主，信托公司现有的业务组织架构也与之匹配。然而，随着消费信托业务量的扩大，按其业务流程的各个环节进行专业化分工应当是信托公司开展此项业务的当务之急，各个部门应明确工作责任，以提高工作效率，控制风险。

（三）消费信托业务框架和方案

从已发行产品的设计结构来看，消费信托项目募集的资金将被分为

---

[1] 王俊丹：《消费信托盈利模式之探：2 条资金链孵化 2 个赢利点》，载《21 世纪经济报道》，2015 年 5 月 29 日第 011 版。

两部分：一部分用于购买约定产品的消费权益，另一部分则将归集到信托公司，由公司进行沉淀资金投资运作。第一条资金链主要由投资者委托给信托公司，然后信托公司利用该笔资金向消费权益供应商购买约定的产品或者服务。第二条资金链需要经过沉淀、投资和到期分配三个阶段，这部分也为该业务再创新提供无限可能。"相比某一产品或者服务的单独购买市价，通过消费信托统一购买，信托公司就产生了集中采购优势，有了一定的议价权。"一家在做消费信托业务布局的信托公司内部人士表示。议价权使得信托公司可能在第一条资金链的购买过程中获得部分价差收益，而在第二条资金链中，信托公司拥有更大的自主权。

以西藏信托"BMW X1 消费信托"为例，信托推介材料显示，该信托的认购本金为150万元，存续期限3年，投资者在认购产品后可获得市价为39.8万元的 BMW X1 汽车使用权，并在3年期满后收回150万元本金。同时，在信托到期后，投资者可以进行消费权选择，继续使用车辆或者由万宝行（中国）融资租赁公司以15万元价格回购。假设以市价计算，并且信托公司在产品成立初期即全额付款给销售商，则理论上每信托份额将有110.2万元进入第二条资金链。另据一位熟悉该类产品的人士分析，在项目中信托公司有可能协议先付款50%，或者全额约定于3年后付款，这样则会有更多资金进入投资运作阶段。①

至于消费信托方案的运营，大致有以下几个阶段。

首先是产品设计。产品设计能力是开展消费信托业务最重要的基础之一。产品设计的根本是追踪消费模式、发掘客户需求。由于不同类型的客户具有不同的消费习惯和诉求，因此在进行消费信托产品设计时要进行市场细分。业务部门要在充分市场调研的基础上，根据不同客户的不同层次需求，在收益性、安全性、流动性等几个方面进行

---

① 王俊丹"《消费信托盈利模式之探：2条资金链孵化2个盈利点》，载《21世纪经济报道》，2015年5月29日第011版。

组合，设计出满足客户需求的产品。

其次是产业方筛选。为了保护消费者权益，必须慎重选择提供相关商品或服务的产业方。所选择的行业应当符合以下标准：第一，行业处于成长期，整个行业有较高的增长性，并且符合中产阶级的消费习惯和趋势；第二，行业有较高的行业壁垒，新企业有较高的入行门槛，竞争者很少，即蓝海行业；第三，行业比较容易了解，即行业的运营流程或是组织结构越简单越好。

最后是产品销售渠道开发。合理的分销渠道应最大限度地方便投资者购买消费信托产品。在分销渠道策略中，短期内可以借助于外部代理机构（如银行、电商）的销售渠道，长期则应当坚持"双管齐下"，强化信托公司自身销售渠道的搭建。

如前所述，消费信托的产生和发展，正如其他信托创新产品一样，一定意义上反映了信托业新常态下转型的外部压力，但也契合机构在新机遇面前自我突破的内在驱动。消费信托以其既适合高端客户，又适合普通客户，能够承载普惠金融的功能正在受到信托公司前所未有的重视。随着各家机构对消费信托研究的逐步深入，消费信托的盈利模式也逐渐清晰。①

"消费信托必须是O2O的过程。"中信信托消费信托业务负责人李峰表示："线上是一个虚拟世界，在这里消费信托要完成信息流和资金流的交换，但是需要有线下人流和物流的配合，人流是服务，物流是物的到达。只有这四者完美结合，才能达到消费信托最完备的服务。"按照中信信托对消费信托体系的构建，未来将要利用互联网思维和大数据原理，实现由消费引导投资，即"正向"信托，使信托回归本源。消费信托最终要实现"闭环"，即消费信托对接的消费品或服务的"大

---

① 吕江涛：《北国投与长安信托法力消费信托 门槛高下差百倍》，载《证券日报》，2015年3月20日第B01版。

数据"扩充到一定程度时，对"大数据"的分析和挖掘将会引导消费信托的投资方向，届时将会由消费引导投资，消费信托的投资资金将会找到提供最优质产品和服务的机构，对其形成贷款或股权的投资，并回收以现金或更丰厚的消费权益。"目前消费信托产品的开发，仍是按照投行思维来进行，即是从产业方、实体经济的需求来考虑。未来将会更多地借鉴互联网思维，即先发掘客户需求，再设计产品，并联合产业方进行开发"，李峰说："亟须的人才需求也会来自这几个方面，即从互联网系统、互联网产品开发到传播、运营需求的岗位。"消费信托的产生，正如其他信托创新产品一样，一定意义上反映了信托业新常态下转型的外部压力，但也契合机构在新机遇面前创新的内在驱动。创新难免伴随质疑，就消费信托来讲，虽然经过了一年多时间的探索，李峰仍直言"考虑盈利尚早"，但对其未来充满信心。①

五、消费信托的困境及出路

（一）消费信托的困境

事实上，除了上文几款已面世项目，信托公司在消费金融领域的布局已在多领域潜行，大有开疆扩土之势，至于运作此类业务的收益回报，中信信托高层曾在接受 21 世纪经济报道记者采访时表示，通过内部的盈利测算，这类业务的未来发展非常可观。就首单消费信托产品而言，收益则分为两部分，一是消费信托本身收取的信托报酬，二是集中采购优势形成的"差价"空间。但尽管每一次中信信托在消费金融领域的动作都赚足了眼球，也有部分公司曾表态出高度兴趣，意欲参与其中，但一年以来，落地成果依旧罕见。"对于信托公司回归本源业务、探索创新业务模式方面确实是一次突破性的尝试，也确实抓

① 徐天晓：《对话中信信托副总经理李峰：消费信托阳谋互联网金融》，《载证券日报》，2015 年 1 月 29 日第 A04 版。

住了一些商业机会，但现实因素影响，如果没有公司自上而下的通力推动，消费信托模式很难在其他公司大规模复制，合规成本较高，而且需要很多配套项目联动实现，短期盈利效果难言，估计不容易在大多数公司中普遍性推广。"北京某信托公司创新业务部人士如是说。①

尤其面临着当前经济下行的压力，国内消费市场萎缩，以消费为核心的消费信托也遭遇到一定程度的冷遇。此外，由于产品开发设计、市场定位等方面的问题，一些消费信托的推广情况并不太乐观。例如"嘉丽泽"项目最后的市场接受度并不是很高，"百发有戏"项目投资的《黄金岁月》的票房也与最初预计的 2 亿 ~ 3 亿元有很大的差距。在当前的市场环境下，信托公司在研发新的消费信托产品时也确实存在一些制约因素。有信托业内人士认为，尽管目前消费信托受到关注，但距离成熟发展还有一定距离。一位从事该业务的信托人士表示，在信托公司内部，不少业务人员习惯了从事容易盈利的业务，对于消费信托业务的盈利点尚无法把握，也不能理解消费信托的可实施空间，所以业务推行较为困难。此外，目前对客户的实际需求把握尚有难度，而定制化服务又难以形成规模，因此信托公司在产品发行中往往陷入两难境地。②

第一，消费信托的产品设计需要找准定位市场需求，大数据的挖掘和开发起到决定性作用，然而目前我国大数据体系尚待完善，新产品的开发面临较大的市场风险。消费内容、服务以及投资回报是客户选择消费产品的决定因素。消费信托产品的客户完全是产品导向的，而对信托公司的认可程度略低。因此只有在充分迎合和满足客户需要，保持产品在风险和投资收益方面的优势的前提下，才能确保产品的优势，使其在市场上具备一定的吸引力。

第二，消费信托由于其独有的消费属性，很容易被市场误认为是

---

① 冀欣：《"中信保"系列产品加速出水 消费信托启动密集落地周期》，载《21 世纪经济报道》，2014 年 12 月 12 日第 011 版。

② 刘夏村：《买理财"送宝马"消费信托走红》，载《中国证券报》，2015 年 6 月 20 日第 007 版。

信托公司在做团购或者众筹，投资者不能完全理解消费信托的内涵和功能定位，造成信托计划推行困难，市场认可度低。

第三，消费信托具体盈利模式和利润情况仍然比较模糊，很多信托公司对此仍持观望态度，这也是消费信托还未大规模扩张的一个重要原因。此前，消费信托盈利模式被业界认为不明晰，使得许多信托公司要么浅尝辄止、要么望而却步。对于信托公司而言，信托产品创新的推动力主要来源于该信托产品是否能够持续带来盈利。消费信托严格来说也是信贷的一种形式，信托公司赚取的还是管理费用。类似于看电影、买手机的消费信托，目前来看宣传作用更大一些。而养老消费信托是和其他一些机构合作的养老地产项目，额度比较大。信托公司推出消费信托计划是其转型的一种尝试，虽然现在可能收益并不多，但是这种模式的可持续性更强，如果把规模做大也可能成为一个新的利润增长点。

第四，消费信托的产品在品质上是否真的具有比较优势、是否真的能够保障消费者权益顺利安全实现，这仍然需要一段时间的实践。因为消费信托的交易结构、模式都比较超前，目前还处于初始阶段，对于投资者而言主要还是看自己是不是需要消费信托提供的产品或服务。而且，消费信托的产品效果目前还较难评估。购买消费信托有线上和线下两种渠道，线上渠道为信托公司消费信托微信公众号等网络渠道，线下为信托公司以及合作产业方的销售渠道。消费信托目前还处于试验阶段，基于人员以及产业方的遴选等方面的考虑，现在消费信托产品推出的周期还比较长，一般在两三周左右会有一款新品推出。有的消费信托产品不限数量，而有的则有发售份数限制。这主要是由产业方能够提供的产品或服务的能力来决定。业内人士表示，购买消费信托风险在于消费权益能否实现，实现时是否达到了预期的质量；还有就是信托公司的管理能力问题，比如其能否对产业方进行有效监督，消费信托产品的设计、开发能力如何等。这就需要在考察消费信托时，不仅关注产品本身的各项条款，比如，如果到期没有消费，会籍费用是否能够退回，如何消费、消费时间等是否有限制，等等；也要了解相关信托公司以及产品或服务提供方的实力和口碑。"消费信托未来具备较大发展空间，但现在还处于摸索前行过程中，会有很多不确定性，且目前消费信托能够提供的产品或服务还比较少。"[1]

第五，专业人才储备不足。信托行业作为金融行业的一个重要分支，从业人员大多具备专业的智力资源，而消费信托则需要大量熟悉和了解相关产业的专业人才。但目前在信托公司中，此类高端人才明显不足，这在业务粗放经营开展的初期，尚能勉强维持，但随着业务量的逐渐扩大，产品品种的不断扩充，人才匮乏将影响工作效率和质量，最终严重制约消费信托业务的规模发展。

第六，组织结构和业务状况有待改善。当前绝大多数信托公司的业务状况大同小异，都是以技术含量较低的债权性信托为主。这也与信托公司现有的业务组织架构情况是基本匹配的。然而随着消费信托业务量的扩大和对业务流程的学习效应，按业务流程的各个环节进行专业化分工应当是信托公司开展此项业务的当务之急，各个部门应明确工作责任，以提高工作效率，控制风险。此外，目前信托公司的盈利大多来源于传统业务领域，然而从信托公司长期发展和收益水平来看，仅仅靠提取微薄的行业管理费等方式显然不能成为信托业务的发展方向。一方面，传统的信托产品业务模式相对单一、技术含量较低，与之形成对比的是产品开发成本、营销费用、运营管理费用及风险偏高。另一方面，传统信托产品的流动性较差，不可能有效地抵制风险，即使是一个规模不大的融资产品，只要出现问题，信托公司就会被卷入风险的旋涡。

（二）可能的解决方案

通过分析目前消费信托发展面临的一些问题，可尝试从以下几个

---

[1]　常艳军：《"精品店"里看信托消费》，载《经济日报》，2015年1月23日第014版。

方面破题：

第一，消费信托产品创新应当从需求出发，注重市场调研，开拓出真正贴合大众的理财消费品种。产品设计能力是开展消费信托业务最重要的基础之一。产品设计的根本是追踪消费模式，发现客户真正的内心需求。由于不同类型的客户具有不同的消费习惯和诉求，因此在进行消费信托产品设计时要进行市场细分。业务部门要在充分市场调研的基础上，根据不同客户的不同层次需求，在收益性、安全性、流动性等几个方面进行组合，设计出满足客户需求的产品。消费信托产品的潜在客户对产品的风险应具备一定的识别和承担能力，但由于消费信托产品的门槛较低，多数投资者更加倾向于选择低风险、中低收益的产品。在产品设计时，要考虑不同投资者的风险收益偏好特征，对产品进行结构化设计。消费信托产品的产品线比较多，能够为客户提供丰富的产品组合，延伸产品链条，满足客户全方位的消费需求。在产品组合策略的选择上，不同的发展阶段可以采取不同的产品组合策略。在业务发展初期，可以采取压缩产品线的宽度、延伸产品线深度的策略，即选取几个产品线作为重点突破，增加每一类产品线的项目数量，短期内做大产品规模。在消费信托业务具备一定的规模，配套条件成熟之后，应采取扩展产品线宽度的策略，对不同的产品线进行整合，在保持原有优势产品线的同时，为客户提供"一揽子"服务。

第二，在消费信托市场接受度还不太高的情况下，信托公司在设计产品时应选择价值度更高、刚性需求度更高的消费品，例如住宅、轿车、养老计划等，这样对投资者的吸引力更强。而目前消费信托多锁定在电影票、酒店住宿权、钻石、白酒等软性消费项目上，难以真正打动投资者。随着消费信托市场逐渐渗透，大众的消费理念逐渐更新，越来越多的人通过消费信托获得了高品质高性价比的产品和服务，信托公司再以此契机逐步丰富其产品线，推出更多样化的消费信托品种，大力发展普惠消费信托项目。

第三，不要忽略消费信托其本身具有的金融属性。虽然消费信托重在消费，但毕竟是一种理财工具。消费信托应该让投资者感受到理财带来的收益，同时还有超越理财收益以外的收益，这才能够真正让投资者感受到消费信托的魅力。如果消费信托过度注重其消费属性，大众会将其与信用卡、团购等模式混为一谈，将其价格优惠仅仅归结于促销等因素，消费信托将难以得到投资者的持续认可。

第四，在产业方筛选方面，为了保护消费者权益，必须慎重选择提供相关商品或服务的产业方。首先，行业选择的基本原则是行业平均利润率较高。这关系到产品销售资金的投资收益率，关系到产业方是否能够给出足够的折扣空间，决定着产品毛利率空间的大小。具体而言，所选择的行业应当符合以下全部或部分标准：其一，企业所处细分行业处于成长期，整个行业有较高的增长性，即现在的消费者不太多，但未来的消费者会很多，并且符合中产阶级的消费习惯和趋势；其二，企业所处细分行业有较高的行业壁垒，新企业有较高的入行门槛，竞争者很少，即蓝海行业；其三，行业比较容易了解，即行业的运营流程或是组织结构越简单越好；其四，行业能够建立品牌，即最终能够形成二八法则的行业；其五，行业能够改变人们的生活或工作方式，即能够给消费者带来价值和快乐的行业；其六，行业可以持续发展几十年或永久发展，即市场需求旺盛。在对产业方进行筛选时，需要遵循以下几个原则，从而保证所选择的产业方能够为客户提供优质的产品和服务，并与信托公司进行长期的战略性合作：其一，产业方在与信托公司合作之后要起到"1＋1＞2"的作用。信托公司与产业方应做到资源（客户、产品和服务）共享，优势互补，使消费信托业务可持续发展。其二，对产业方的选择需要进行综合评价。由于产业方要充分参与到消费信托的业务中，并与信托公司建立合作伙伴关系，因此相关部门要对产业方的经营状况、产品、服务等进行系统性的综合评价。其三，由于产业方数量众多，所以信托公司要在备选产业方中"优中选优"，同时不能增加产业方筛选的费用，即高效选择最理想的产业方。

第五，产品销售渠道开发方面，合理的分销渠道应最大限度地方便投资者购买消费信托产品。在分销渠道策略中，短期内可以借助于外部代理机构（如银行、电商）的销售渠道，长期则应当坚持"双管齐下"，强化信托公司自身销售渠道的搭建。①外部代理机构的销售渠道。消费信托属于单一信托计划，从而摆脱了《信托公司集合资金信托计划管理办法》对于外部销售渠道的限制。除了银行、保险、证券公司等机构外，一些产业方的电子商务平台已经构筑了较为发达的营销网络体系，信托公司可以借助此渠道分销消费信托产品。在通过银行渠道代理销售消费信托产品时，信托公司可以利用信托制度的特殊优势，与商业银行的相关部门（如私人银行部）进行合作，针对高端客户的需求，共同设计开发个性化的消费信托产品。通过产业方的电子商务平台代销信托计划在未来有着巨大的发展空间。产业方拥有发达的营销网络和丰富的客户资源，如果将消费渠道与投资渠道进行整合，利用信托公司在投资领域的优势，实现客户的最大化"消费收益"，可能会形成双赢或者多赢的局面。②信托公司自身销售渠道。从建立自身的销售渠道来看，信托公司可以进行专业化分工，成立营销部门，使服务功能前移，推动消费信托产品的销售。此外，根据消费信托业务发展的需要，公司还可以考虑再专门成立针对消费信托的营销团队。

第六，投后管理方面，消费信托需要信托公司与产业方共同承担投后管理工作，通过价值输出实现运营改善，确保客户的消费收益，同时实现自身的成长。因此信托公司应考虑建立自身的运营和服务管理团队，打造以价值创造为核心的产品"质量"管理能力。根据消费信托的业务性质和目前的实际情况，相较于单独建立一个高度专业化运营和服务管理团队，根据目标项目组建立相应的运营团队可能更加现实，也比较容易实现。

第七，风险管理能力方面，信托公司需要针对消费信托产品自身的风险和运作过程中的风险扩充当前的风险管理体系。针对消费信托业务，风险管理应覆盖其中的各类风险，做到风险管理与业务拓展能力相匹配。另外，应建立全流程风险控制子体系。风险控制应覆盖消费信托经营管理全流程和各个环节，并随着业务复杂性的提升，逐步扩大风险控制半径，使风险管控和业务复杂程度相匹配。最后，要构建消费信托的全要素风险定价体系，风险定价应真实反映风险水平和产品成本。

第八，战略保障和组织体系方面，一是根据消费信托的业务发展要求，信托公司应对现有组织架构做出微调，以支持消费信托业务的全面开展。由于消费信托业务与传统信托业务（资产管理、私募投行和私人财富管理业务）的模式区别较大，因此必须处理好消费信托业务与其他业务之间的协同机制。信托公司内部的共同资源等可以继续通过集中模式服务各个业务部门，但要特别确保中后台对消费信托业务的支持，释放业务人员的产能，推动消费信托业务的快速发展。二是消费信托需要更加专业化的人才团队。在当前以通道和信托贷款为主的业务模式下，信托公司已构建了与之相适应的高效管理团队和完善的人才梯队。但随着市场的发展和业务转型，消费信托业务与其他信托业务的差异性会越发明显，对于人才专业化能力的需求会日益加剧。长期来看，需要根据消费信托业务的要求，着重在产品研发、市场开拓、流程管理、风险管控等方面培育人才，建立专业化团队，包括消费信托产品设计专家，熟悉相关产业方的人员，投后管理人才团队，资深营销和客户经理等。三是消费信托需要公司建立信息化系统和数据平台。公司信息化系统和数据平台建设工作要在满足公司当前管理需要的基础上，支持消费信托业务的可持续发展。总体思路可以为"整体规划，分步实施"，最终为消费信托和其他业务的开展提供全员参与的综合管理平台，记录完整的客户信息，支持灵活的产品创新，提供符合信托会计准则的核算与估值体系，提供严格的信息安全策略，提供全流程的风险管理体系等。

相信在未来的若干年里，消费信托将会在实践中不断推进，不断走向成熟，消费信托的关注度不断提高，更多的金融机构加入到提供消费信托产品的大军中来，越来越多的人群能够享受到消费信托带来的福利。

表2   消费信托的风险控制内容与措施

风险	内容	控制措施
信用风险	产业方不能持续提供所承诺的商品或服务的可能性。	对信托产品销售资金的使用权的控制，以及各项目专人跟踪负责、与生厂商或服务商及时沟通等措施进行防范。
销售风险	受益人获得的信托收益为消费权益，与现有信托产品给付资金收益不同，因此存在市场认知度不够，营销端销售不畅的风险。	通过控制产品发行规模、拓展销售渠道等措施进行防范。
政策风险	在于国家宏观经济、相关政策及法律法规的调整，可能会影响到消费服务提供方的经营与支付能力，进而导致客户无法享有应得的消费权益。	1. 严格按照相关文件的约定进行操作，并向委托人充分揭示相关风险；2. 对于运营成本的增长预留较为充分的空间，以对冲部分税收上涨的风险；3. 优化付款流程以及政策调整的应对方案，降低相关政策风险。
成本控制风险	提供消费服务过程中运营与人力成本上涨的可能性，而这将对产品的盈亏平衡造成直接影响。	1. 在产品设计初期，即对产业方的成本进行全面深入和细致的了解，让合作方认识到这是双方合作的重要基础；2. 对产品进行财务测算时，对运营成本和人力成本的增长预留充分的空间。
操作风险	主要在于客户人数将远远超过一般信托产品，因此在合同管理、账户管理、信息披露等环节存在事务管理风险。	1. 优化合同签署流程，提高合同管理效率；2. 建立严格的资金运用监测机制；3. 在信托公司内部建立消费者权益登记系统，并与产业方的客户系统建立定期对接和更新机制。
资金投资风险	对销售产品形成的资金池的管理可能出现达不到预期收益率，甚至损失本金的风险。	1. 在产品设计初期即根据估算的资金的规模和使用期限对投资方式和预期收益进行测算和安排；2. 根据所投资标的的情况及时调整资金配置方案；3. 预留"风险准备金"。

推动科技金融发展着力点研究[①]

一、引言

随着中国经济进入新常态，发达国家再工业化带来的竞争、国内传统产业产能过剩的压力、产业转型升级和发展战略性新兴产业的需要，对科技金融及其创新发展提出了更高的要求。近年来，随着各级政府一系列科技金融政策的陆续颁布、科技金融理论研究的不断深入，以及科技金融实践的日益创新，科技金融作为一门独立的、新兴的学术研究领域和学科体系正在引起各方面的重视和关注。当前，我国正处于经济结构调整、产业转型升级和创新型国家建设的关键时期，如何围绕产业链部署创新链，围绕创新链部署资金链，探索科技与金融对接的新机制，真正改善科技型中小企业的融资条件，促进科技成果资本化、产业化，具有非常重要的价值。本文以洛阳为例，围绕如何创新科技金融体制机制和风险控制模式，以此推动科技金融发展进行了较为深入的研究，其研究的技术路线和思路如图1和图2所示。

① 主持人：程亚男；课题组成员：王戈锋、刘红延、慕晓丰、孙占伟、刘小辉、刘献利。

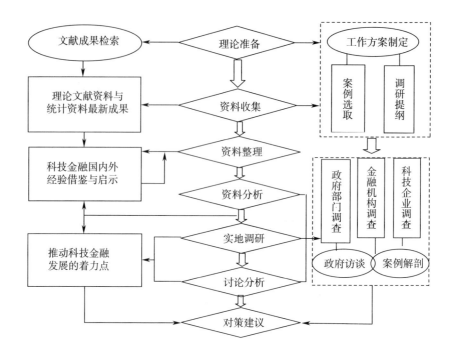

图1　课题研究的技术路线

二、科技金融发展的机理分析

（一）科技金融发展的机理

现代经济发展和结构升级越来越依赖高效的技术创新活动的开展，而金融是促进技术创新实现的重要条件（见图3）。科技金融不是现有金融体系外一个独立部分，而是如何把金融资源与创新要素更好地实现组合的制度与政策安排。研究表明：科技金融对战略性新兴产业发展的作用体现在两个方面，一是科技金融可以引导资本流向新技术，催生出具有关键核心技术的战略性新兴产业，并形成新的经济增长点；二是发展战略性新兴产业需要政府强化金融支持，从而引导科技成果产业化。

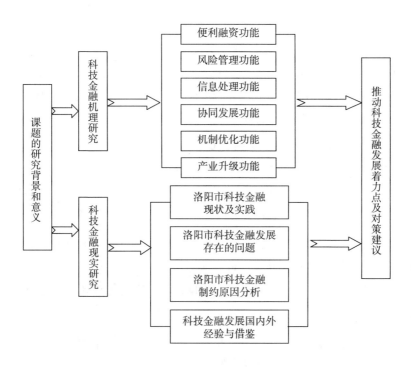

图 2　课题研究的思路

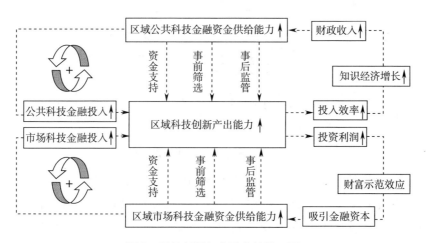

图 3　科技创新与金融支持的匹配

1. 金融体系可为科技创新动员必要的储蓄

科技创新主体也是重要的融资主体，金融支持是实现科技创新的重要保障。金融体系通过对科技创新性项目和企业的便利融资，鼓励创新活动的开展，并带动其他资金的投入，或为技术成果的转让和产业化提供资金，支持创新活动。

2. 金融体系的风险管理功能促进科技创新

金融体系的风险管理方式是在既定的时点上为投资者提供多样化的金融资产，由投资者根据自己的风险承受能力进行资产组合和风险交易，最终的风险损失由投资者自己承担。因此，金融市场实际上表达了不同类型的投资者对客观风险的不同主观感受，或提供了表达不同投资者不同意见的机制。在此基础上，通过多样化组合，投资者利用市场的风险分散功能，选择具有创新性的专业化技术进行投资，促进技术创新。

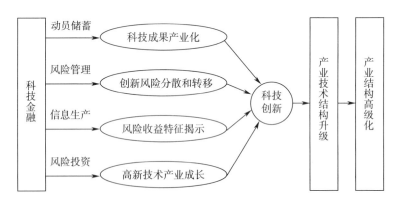

图 4　科技金融作用机理

3. 金融体系提供信息生产和处理功能促进科技创新

有效的金融市场通过价格信号引导资金流向高技术、高回报的产业，促进产业结构的高度化。同时，金融体制还能通过交易量、并购企图等进行信息揭示。对于新技术来说，相关信息很少，且存在着多种多样的观点和判断，在这种情况下，金融市场在信息处理上更为有效，更能支持科技创新。

4. 风险投资机制的支持作用

风险投资机制对于高新技术企业发展具有的重要作用是基于高新技术企业发展中融资的风险收益特征。高新技术企业的高风险高收益特性决定其融资，尤其是发展早期融资的特殊性，即融资机制要能够克服信息不对称造成的内部代理问题与外部逆向选择和道德风险问题。风险投资机制是集融资与投资于一体，并参与所投资企业的经营管理的一种运作模式，具有支持高新技术企业发展的独特功能。高新技术企业发展的各个阶段都需要良好的金融支持，而且在各个阶段金融支持的方式和机制不同。

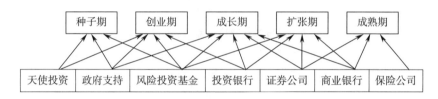

图5　科技金融匹配的生命周期

综上所述，银行中介与资本市场都可以使科技在产业结构优化过程中发挥重要作用，但二者支持产业结构优化的机理又存在着差异，而且差异的存在又不足以作为一种金融结构取代另一种金融结构的理由。不同的金融结构在发挥金融功能、促进科技在产业结构优化调整方面各有千秋。银行和资本市场在信息处理与风险处理上各具优势，适合为不同的科技企业提供融资服务。

在发挥金融的分担与管理风险的功能时，资本市场因其能提供充分的资产组合而进行横向风险分担和转移，在分散由非系统性风险所引起的收益率的波动上，在支持风险较大的新兴科技企业发展方面更具优势，而银行因其能提供跨期平滑的纵向风险分担功能，开展出口信贷和投资信贷，也有利于科技企业的发展。

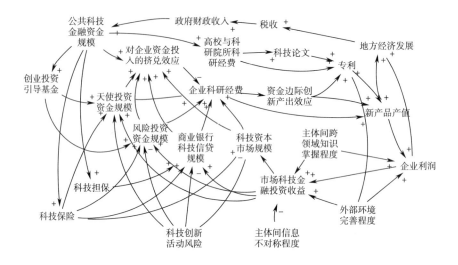

图 6　科技与金融协同发展的因果关系

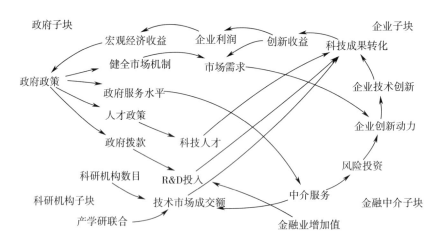

图 7　科技与金融耦合的因果路径图

以银行中介为主的金融结构在风险管理上的特点是内部化，即银行在提供风险管理功能时首先将所管理的金融风险直接转化自身所承担的风险，然后再以各种具体机制管理这些风险。正是由于银行风险管理内部化，才使银行的预期收益取决于贷款利率和借款人的还款概率。银行债务合约的特征是项目风险越大，债权价值越低。因此，以稳健经营为首要原则的银行不适合为高风险、高收益的高科技产业融资。当积累了大量经验，科技型产业的相关信息比较丰富时，银行的融资作用更加重要。

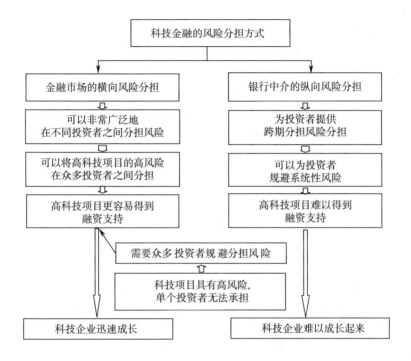

图8　科技金融体系风险分担的路径和过程

在信息的获得与处理上，资本市场提供了广泛而公开的价格信息，在引导资源配置上功效显著，在发挥公司治理结构的外部监管机制上较具优势，有利于形成公司接管机制，而银行在生产、处理和利用科技企业的信息上具有垄断性，在发挥对科技企业的内部监管作用方面效果明显，有利于通过长期稳定的银企关系支持初期科技型企业的发展壮大。

从产业结构发展阶段来看，当一个国家尚处于经济发展的初期，廉价劳动力是主要的竞争性因素，其产业结构以传统的制造业为主时，以银行为主的金融结构具有优势。当一国经济发展到较高阶段后，特别是当一国的制造业受技术创新的影响很大时，由于对新技术能否带来盈利的信息很不确定，并且趋于分散化，资本市场在信息处理上将更为有效。

因此，银行与资本市场之间存在着既竞争又互补的关系。无论是银行为主的金融结构还是资本市场为主的金融结构，都是不完善的，都不能单独解决科技型企业发展中发生的所有问题。在实践上，随着金融创新的发展和混业经营的推进，不同金融结构在更深的层次上相互借鉴和融合，银行和资本市场的界限日益模糊。银行和资本市场在高科技产业发展过程中，都起着至关重要的作用，它们之间相互依存，互为补充。

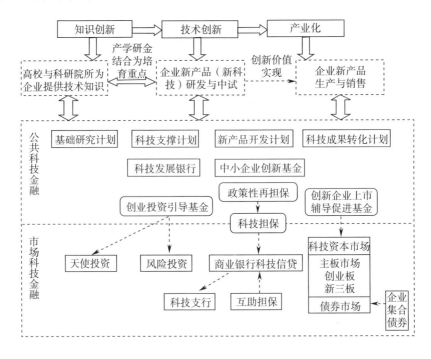

图9　科技创新与金融协同发展服务体系

（二）系统论视角下的科技金融发展研究

金融系统是一个具有复杂、多层次、高阶非线性、动态性、自组织性等典型特征的系统，将系统科学理论更多地应用到金融理论建设中，可以更好地揭示金融系统有序演化过程中的客观规律。结合系统论的思想和概念，本文认为，科技金融体制机制是配置科技金融资源、决定科技金融运行效率的外在环境和内在运行机制。

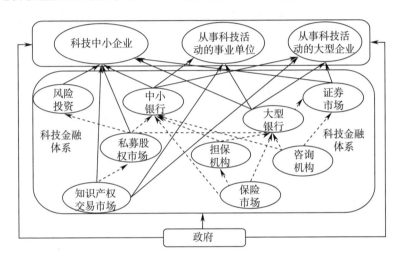

图10　科技金融体系内部子系统示意图

科技金融体制机制设计是强化科技金融发展的动力，通过创新科技金融发展的体制机制，有效消除科技金融发展的阻力因素，保障科技金融有效运行，实现金融支持科技创新、科技型企业的目标。科技金融发展体制机制从政府协调、交叉学习、信息共享、环境保障四个方面保证科技金融发展模式的有效运行（见图11）。其中政府协调、环境保障侧重从外部环境、体制方面促进科技金融发展、交叉学习、信息共享侧重从科技创新主体与科技金融主体的协同能力、从机制方面促进科技金融发展。

科技金融发展阻力因素主要包括科技创新活动的高风险、科技金融服务体系不健全、信息不对称、外部环境不健全等。由于科技创新活动的高风险及其正外部性，政府力量应发挥重要作用。因此，政府协调既包括协调政府各部门间沟通合作，也包括协调区域科技创新主体与金融主体合作。政府协调机制具体包括财政科技投入优化配置、财政科技投入监管、税收政策配合及建立协调管理机构。

在科技创新主体与金融主体发展过程中，需要建立交叉学习机制，即以企业为代表的创新主体需要了解融资渠道，并对相应的融资工具了解其利害关系，而市场科技金融主体则需要了解科技创新领域的相关技术，保证其投资的有效性，以及更好地进行事后监督。而政府作为科技创新与科技金融发展的宏观管理者，其管理人员应掌握一定的科技创新知识和金融知识，为此应构建政府公共科技金融主体的交叉学习机制。

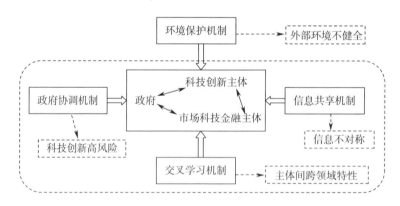

图 11　科技创新与科技金融协同发展机制框架

在科技金融投融资过程中，双方间的有效信息沟通可降低信息不对称下的"逆向选择"和"道德风险"。政府与金融主体基于科技型企业的信用、创新项目的优劣等信息，将资金配置到产出效率最高的科技项目上；科技企业了解政府财政金融的资助条件与金融机构的投资要求等信息，才能有效获取资金。为此从事前、事中与事后三个环节构建科技型企业与金融机构间的信息共享机制。完善的外部环境可为科技金融发展提供法律制度、中介服务、人才等有效供给，使系统向高级有序的方向进化，实现其稳定发展，为此应构建外部环境保障机制。

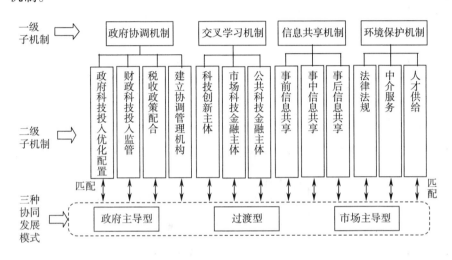

图12 科技创新与科技金融协同发展机制结构模型

三、科技金融发展现状、实践及存在问题（以洛阳为例）

（一）洛阳市科技金融发展现状

1. 洛阳市科技发展现状

（1）洛阳市科技实力情况

截至2014年，洛阳市共有原省部属科研院所14家，大专院校5所，国家级研发平台23个，省级研发平台141个，全市专业技术人才17万人，创新型（试点）企业42家，高新技术企业136家，可持续发展试验区3个，国家知识产权示范园区1个，高新技术产业基地7个，科技企业孵化器6个，科技实力基础相对雄厚（详见表1）。

表1 洛阳市科技资源一览表

项目	类别	详细信息
高校院所	原省部属科研院所（共14家）	中国航空导弹研究院、中行工业洛阳光电设备研究所、中国船舶重工集团第七二五研究所、黎明化工研究院等
	大专院校（共5所）	河南科技大学、洛阳理工学院、洛阳师范学院、洛阳外国语学院、民航飞行学院洛阳分院
科研平台	国家级研发平台（共23个）	国家企业技术中心12个，国家工程（技术）研究中心3个，国家重点实验室5个，国家工程实验室1个，国家地方联合工程实验室2个
	省级研发平台（共141个）	省级工程技术研究中心58个，省级重点实验室10个，省级企业技术中心49个，省级工程实验室13个，省级工程研究中心1个，省级联建工程实验室10个
专业技术人才	全市专业技术人才（共17万人）	高中级技术人员2.1万人，博导44人，博士1385人，国家有突出贡献的中青年专家13人，省管专家44人，享受政府特殊津贴117人
	两院院士（共5人）	陈俊武（科学院）、李俊贤、王梦恕、顾金才、樊会涛
	国家"千人计划"，省"百人计划"（共3人）	国家"千人计划"1人，省"百人计划"2人
	河南省院士工作站（共21家）	普莱柯生物公司、一拖公司、中铁隧道集团、中信重工、耐研院、轴研所、河科大、洛阳理工学院等
科技型企业	创新型（试点）企业（共42家）	国家创新型企业2家，河南省创新型企业26家，河南省创新型试点企业14家
	高新技术企业、省节能减排科技创新示范企业（共142家）	高新技术企业136家，省节能减排科技创新示范企业6家
	知识产权优势企业（共19家）	国家知识产权示范企业2家，国家知识产权优势企业4家，河南省知识产权优势企业13家

续表

项目	类别	详细信息
科技创新载体	可持续发展试验区（共3个）	国家级1个（嵩县），省级2个（嵩县车村镇、偃师市）
	知识产权示范园区（共6个）	国家知识产权示范园区1个（洛阳高新区），省知识产权优势区域5个（洛阳高新区、偃师市、洛龙科技园、涧西区、孟津县）
	高新技术产业基地（共7个）	国家级1个（洛阳国家硅材料及光伏高新技术产业化基地），省级6个（洛阳精密轴承特色产业基地、洛阳市先进制造高新技术特色产业基地等）
	科技企业孵化器（共6个）	国家级1个（洛阳国家高新技术创业服务中心），省级5个（洛阳大学科技园孵化器等）
	产业技术创新战略联盟（共13个）	国家级1个（国家滚动轴承产业技术创新战略联盟），省级3个（省耐火材料产业技术创新战略联盟等）

（2）科技资金投入情况

为促进科技不断进步，洛阳市采取多种措施保证对科技的资金投入。2015年，市财政安排项目资金4125万元，23家科技项目承担单位跟进配套研发投入超过4亿元。项目完成后，将解决一批制约产业发展的关键共性技术难题，形成一批具有自主知识产权的专利和标准，开发一批具有高科技含量的特色优势新产品，培养一批高层次创新人才及团队，产业化将实现销售收入20.56亿元、利税4.2亿元。

（3）科技活动经费结构情况

长期以来，洛阳市产业结构中都是工业一枝独秀，自2005年以来，洛阳市工业增加值占GDP比重都维持在50%以上，这种特点也在一定程度上通过科技活动经费的结构体现出来，以2012年为例，洛阳市科技活动经费筹集总额138378.6万元，其中工程与技术科学经费94564.2万元，占比达到68.3%。从经费的来源情况看，科技经费主要来源为自筹资金（93.9%）、政府资金（5%），银行贷款占比相对很少（0.02%）。这说明企业已经成为洛阳市科研经费投入的主体，且企业投资多元化局面正逐步形成。

（4）科技创新活动产出情况

专利申请授权量与技术市场成交额是衡量科技创新产出的重要指标。洛阳市专利申请受理量和授权量仍然保持增长态势，与其大力实施国家知识产权战略密切相关。随着企业知识产权意识不断提升，寻求专利保护的观念已被越来越多的企业管理者所接受，大量的专利申请量必然带来高授权量。

表2　　　　　　　　洛阳市专利申请及授权情况表

年份	申请总量	发明申请量	授权总量	发明授权量
2009	2398	733	1538	162
2010	3398	929	2163	287
2011	4752	1498	2772	474
2012	6027	2229	4429	636
2013	7937	3268	4184	704
合计	24512	8657	15086	2263

2013年全市专利申请量7937件，较2008年的2176件增长了3.65倍；2013年全市专利授权量4184件，较2008年的926件增长4.5倍。在科技创新活动中，洛阳市专利申请和授权量持续增长，进一步激发了企业的创新活力。

技术市场合同交易总额是指技术合同成交项目的总金额。合同交易总额中的技术交易额可以反映技术转移和科技成果转化的总体规模。2009—2013年，洛阳市技术市场合同交易总额整体呈现出上涨态势。2013年全市技术合同成交额12.27亿元，较2008年的4.2亿元增长了近3倍。洛阳市科技成果转化总量的不断上升与其对科技创新的重视程度以及科技投入强度等密切相关。

表3　　　　　　　　洛阳市技术市场合同交易情况表

年份	技术合同交易额（亿元）
2008	4.2
2009	5.38
2010	4.91
2011	5.99
2012	9.59
2013	12.27

（5）高科技产业发展情况

高技术含量高的产业是国民经济的战略性先导产业，发展高技术产业对于加强科技财经支撑作用，推进产业结构调整和转变经济发展方式意义重大。2011年以来，在国家加快培育战略性新兴产业政策的引导下，我国高技术产业得到快速发展。截至2013年底，我市共有高新技术企业136家，2013年全市高新技术企业产值1210亿元，增加值306亿元，分别较2008年320亿元、95亿元增长3.8倍、3.2倍，年均增速分别达到30.93%、26.92%。

表4　2009—2013年洛阳市高新技术企业、产值、增加值对照情况表

年份	当年高新技术企业数（家）	高新技术企业产值（亿元）	高新技术企业产值增速（%）	高新技术企业增加值（亿元）	高新技术企业增加值增速（%）
2009	93	475	48.4	110	15.8
2010	109	670	41.05	140	27.3
2011	116	860	28	195	39
2012	116	1023	18.9	273.1	40
2013	136	1210	18.28	306	12.5

2. 洛阳市金融支持科技发展现状

（1）政府高度重视，促进金融与科技企业结合的政策文件，相继出台

洛阳市政府高度重视科技创新和高新技术产业发展，相继出台了《洛阳市专利保护条例》、《洛阳市知识产权专业资金管理办法（暂行)》、《洛阳市推进产业转型发展创新型经济的意见》等一系列政策法规及配套措施，为保障洛阳市科技创新和高新技术产业健康发展夯实了政策基础。人民银行洛阳市中心支行为推进金融与科技紧密结合，支持洛阳市科技创新和高新技术产业发展，针对科技型企业融资特点，相继出台了《金融支持小微企业的指导意见》、《金融支持实体经济发展的指导意见》等文件，成功引导了银行信贷资金投入科技企业，并

通过建立科技领域信贷监测及通报制度等多种手段，保障了金融与科技有效对接。

（2）政、银、企合作，搭建科技金融专业化服务平台，初见成效

一是积极推进银企合作。2015年，洛阳市高新区管委会和中国工商银行、中国建设银行、交通银行、洛阳银行签订了战略合作协议，金融机构计划将65亿元用于企业科技创新建设。二是建设科技金融服务中心。在洛阳市知识产权大厦建设集评估、咨询、法律、财务、融资、担保、培训等功能为一体的科技金融服务中心，截至2014年，有20多家银行、担保公司、风险投资公司、小额贷款公司、知识产权代理和评估机构进驻。三是成立由洛阳市科技、金融、科技型企业、投资、担保及保险等机构共同组成的科技金融合作联盟。截至2014年末，通过该联盟的推介，金融机构向23家科技型企业发放2.96亿元贷款。

（3）科技企业融资方式逐步多元化

随着科技金融的创新发展，洛阳市科技型企业的融资渠道不断拓宽，信贷、股票、债券等融资工具不断增多，科技融资方式日益多元化。

表5　　　　　　　　洛阳市股票市场融资一览表

证券代码	证券简称	募集类型	日期	首发募集资金（亿元）
600876. SH	洛阳玻璃	首发	1995 - 10 - 31	2.52
002046. SZ	轴研科技	首发	2005 - 05 - 26	1.60
002179. SZ	中航光电	首发	2007 - 11 - 01	4.86
002560. SZ	通达股份	首发	2011 - 03 - 03	5.76
002613. SZ	北玻股份	首发	2011 - 08 - 30	9.05
300263. SZ	隆华节能	首发	2011 - 09 - 16	6.60
601038. SH	一拖股份	首发	2012 - 08 - 08	8.10
601608. SH	中信重工	首发	2012 - 07 - 06	31.99
603993. SH	洛阳钼业	首发	2012 - 10 - 09	6.00
002560. SZ	通达股份	增发	2014 - 01 - 27	4.60
002046. SZ	轴研科技	配股	2014 - 08 - 11	2.51

一是银行业金融机构积极推动符合科技企业"轻资产"特点的金融产品创新,逐步扩大仓单、订单、应收账款以及知识产权和股权质押贷款的规模。

二是大力支持科技企业上市融资。采取科技企业上市知识培训、建立上市企业后备企业库、科技项目优先支持、上市中介服务补贴、企业上市奖励等措施支持科技企业上市融资。2014 年 8 月,洛阳市共有 9 家企业在主板上市,3 家企业在新三板上市。

三是鼓励企业在债券市场融资,支持科技型企业通过发行企业债、公司债、短期融资券、中期票据、中下企业集合票据、中小企业私募债等产品进行融资。截至 2013 年底,洛阳市共发行各类企业债券 23 笔,为企业筹集资金 154.5 亿元。

表6 　　　　　　　　洛阳市企业发债情况一览表　　　　单位:亿元、年

债券简称	规模	发行人	期限	债券类型
07 一拖 CP01	6.00	中国一拖集团有限公司	1.00	一般短期融资券
09 一拖 CP01	6.00	中国一拖集团有限公司	0.74	一般短期融资券
09 一拖 CP02	3.00	中国一拖集团有限公司	1.00	一般短期融资券
10 一拖 CP01	5.00	中国一拖集团有限公司	1.00	一般短期融资券
11 铁十五 CP01	2.50	中铁十五局集团有限公司	1.00	一般短期融资券
11 洛钼 CP01	20.00	洛阳栾川钼业集团股份有限公司	1.00	一般短期融资券
11 万基债	8.00	河南万基铝业股份有限公司	7.00	一般企业债
12 铁十五 CP001	2.50	中铁十五局集团有限公司	1.00	一般短期融资券
12 洛矿 MTN1	5.00	洛阳矿业集团有限公司	3.00	一般中期票据
12 洛矿 CP001	2.00	洛阳矿业集团有限公司	1.00	一般短期融资券
12 洛钼 MTN1	20.00	洛阳栾川钼业集团股份有限公司	5.00	一般中期票据
12 铁十五 CP002	2.50	中铁十五局集团有限公司	1.00	一般短期融资券
12 洛矿 MTN2	5.00	洛阳矿业集团有限公司	3.00	一般中期票据
12 铁十五 PPN001	4.00	中铁十五局集团有限公司	3.00	定向工具

续表

债券简称	规模	发行人	期限	债券类型
12 洛城投债	12.00	洛阳城市发展投资集团有限公司	7.00	一般企业债
12 重工 02	6.00	中信重工机械股份有限公司	7.00	一般公司债
12 重工 01	12.00	中信重工机械股份有限公司	5.00	一般公司债
12 光电债	5.00	中航光电科技股份有限公司	5.00	一般公司债
12 一拖 01	8.00	第一拖拉机股份有限公司	5.00	一般公司债
13 铁十五 PPN001	4.00	中铁十五局集团有限公司	3.00	定向工具
13 洛高新债	4.00	洛阳高新实业总公司	7.00	一般企业债
12 一拖 02	7.00	第一拖拉机股份有限公司	5.00	一般公司债
13 洛矿 PPN001	5.00	洛阳矿业集团有限公司	3.00	定向工具

（4）支持机构建设，鼓励新型金融机构发展

一是出台优惠政策，奖励在高新区设立风险投资公司和小额信贷公司，对投资科技企业的股权的风险投资公司在一定期限内进行补贴；二是高新区管委会出资 800 万元与深圳创投公司合资设立红土地科技投资有限公司，对高新区科技企业进行股权投资。三是设立担保公司，创新担保方式支持科技型中小企业发展。高新区财政出资 3000 万元成立洛阳高新区担保公司，为科技型中小企业提供贷款担保。

（二）洛阳市科技金融实践

1. 科技金融服务平台建设探索——以洛阳市科技金融合作联盟为例

（1）洛阳市科技金融合作联盟简介

2013 年 7 月 19 日，洛阳高新技术产业开发区管委会、洛阳市科技局、人行洛阳市中心支行三方签订了洛阳市科技金融结合示范区共建合作协议，宣告洛阳市科技金融合作联盟正式成立。洛阳市科技金融合作联盟由洛阳市科技、金融、科技型企业、投资、担保及保险等机构组成，首批联盟成员包括 17 家金融机构、2 家投资机构、28 家科技

型中小企业。联盟旨在推进科技型企业与金融机构的战略合作，以提高企业自主创新能力、培育发展战略新兴产业为目标，是自愿组成的非营利性合作组织。

（2）洛阳市科技金融合作联盟工作机制

① 强化组织领导

一是建立相关制度，指导推动工作开展。为确保科技金融合作的顺利、有序开展，洛阳市科技金融合作联盟框架协议中明确了联盟的主要工作任务以及联盟成员享有的权利和应履行的义务。二是加强督促指导，推动工作持续、有效开展。联盟秘书处通过定期和不定期举办座谈会、分析会、对接会、融资培训会、经验交流会，通过走进企业实地考察调研等多种方式推动科技金融合作工作深入开展。截至2014年底，共召开各类工作会8次，走访企业12次，全面了解科技金融合作工作进展情况，及时总结经验，研究解决科技金融合作中存在的问题。

② 创新工作方法，不断推进工作开展

一是组建科技金融合作联络员小组。为给科技型中小企业提供针对性的、个性化的金融服务，联盟组织全市各金融机构推荐了15名熟悉项目评估调查、融资方案策划、业务管理及营销工作的骨干人员组成科技金融合作联络员小组。二是对银行金融创新产品进行整理汇编，方便科技型企业选择。三是举办银行间债券市场融资后备企业培训会。四是定期督导银企合作进展情况。为确保科技金融合作工作落到实处，科技金融合作联盟定期对银企合作进展情况进行督导，设计了"科技金融合作进展情况反馈表"，每两个月进行统计，统计内容包括金融机构在经过调查对接后，发放贷款的企业名称、放贷日期、贷款金额，以及授信企业、授信日期、授信金额。

（3）取得的成效

在洛阳市科技金融合作联盟的引导和推动下，各金融机构不断增强对科技型企业的关注，持续投入，积极为科技型企业提供方便、快捷的金融服务。根据科技金融合作联络员的统计，自联盟成立以来，截至2015年10月末，工商银行、农业银行、中国银行、建设银行、中信银行、民生银行、浦发银行、光大银行、邮储银行、洛阳银行、农信社等11家金融机构已向23家科技型企业发放贷款2.96亿元。其中：洛阳市科技金融合作联盟内的5家科技型企业共获贷款3450万元，盟外的18家科技型企业共获贷款26150万元。同时，招商银行、邮储银行等2家金融机构向2家联盟外科技型企业授信3300万元。洛阳市科技金融合作联盟的工作取得了显著成效，不仅联盟内的科技型企业获得了便捷的金融服务，同时，联盟的示范、引导和辐射作用也得到了很好的发挥，使得盟外更多的科技型企业也获得了金融机构的关注和服务。

（三）洛阳市科技金融发展中存在的问题

1. 科技金融机构不足

一是科技银行建设迟迟没有突破。实践证明科技支行不断创新运行机制、业务模式和科技融资产品，较好地适应了科技型创新型企业的融资需求。截至2014年8月底，仍没有一家科技银行支行成立，甚至全河南省也没有一家科技支行。

二是风险投资机构尤其是天使投资缺乏。近些年，洛阳市相继成立部分风险投资公司，如高新区管委会出资800万元与深圳创投公司合资设立红土地科技投资有限公司，洛阳市创业投资有限公司、洛阳市星火投资有限公司等，但由于公司处于起步阶段，知名度有限等原因，远不能满足洛阳市科技型中小企业发展的需求。

三是科技小额贷款公司发展缓慢。截至2014年8月底，洛阳市共有小额贷款公司41家，覆盖洛阳市9县6区，贷款余额逾32.5亿元。但没有一家是专门针对科技型企业的科技小额贷款公司。

四是科技担保机构发展缓慢。作为科技创新的主力军，科技企业处于技术开发和产业发展的前沿，具有轻资产的特点，发展潜力巨大同时也意味着更高的风险，普遍的观点认为担保是科技金融中非常重要的环节。为此，2011 年，洛阳市高新区财政出资 3000 万元成立洛阳高新区担保公司，为科技型中小企业提供贷款担保。截至 2014 年，高新区担保公司累计为 30 家企业担保科技贷款 2.45 亿元，占洛阳市高新区科技企业比例不到 5%，担保覆盖面有待进一步提高。

2. 科技金融产品创新不足

具体表现在：一是科技贷款、科技债券、股票、科技保险和科技担保等科技金融产品还不能适应不同生命周期的科技型企业融资需求。二是科技金融产品创新步伐较慢。以应收账款质押业务为例，虽然辖内中国银行、交通银行等金融机构都已经开展此项业务，但是银行业金融机构在开展此项业务时除要求应收账款质押外，还要求必须有其他固定资产作为质押物。

3. 资本市场筹资困难

由于我国资本市场还不完善，多层次的资本市场体系还不发达，导致主板市场主要针对大型企业。目前洛阳市在主板市场上市的企业仅有 9 家，且都是大型国有企业。中小板和创业板针对中小企业和科技型企业设立，但对初创期的科技型小微企业而言门槛仍然较高，目前中小企业板和创业板呈现出"大多、中少、小无"状况。而三板市场仍处于起步阶段，对科技型企业的作用有待进一步发挥，债券融资由于受到发行条件的严格限制，致使大多数科技型小微企业因其规模和业绩而很难挤进资本市场的大门。因此，当前洛阳市能够在资本市场上获得融资的小微科技企业微乎其微。

4. 政府扶持资金有限

以洛阳市 2014 年科技局科技金融三项重点工作为例，一是设立科技金融中小企业资金池，计划总金额 3000 万元，每年市财政出资 500 万元，分六年完成；二是设立天使引导资金，计划 2000 万元，初步出资 300 万元，分五年完成出资；三是学习焦作、宿迁等地的做法设立科技创新券。而面对洛阳市 2000 家左右的科技型企业这些扶持资金就显得相当有限。

四、制约洛阳市科技金融发展的原因分析

（一）科技金融发展制约因素——定性分析

1. 制度制约——科技金融发展的相关政策不够完善

从 1985 年我国发布《关于科学技术体制改革的决定》提出要以风险投资的方式支持高科技产业发展，到 2014 年六部委联合发布《关于大力推进体制机制创新 扎实做好科技金融服务的意见》对金融服务科技工作做出部署，我国为充分发挥科技金融整合优势助推科技型中小企业发展出台了一系列政策措施，基本涉及了创业投资、科技担保、科技保险、科技信托、科技债券、创业板市场、引导基金等方面，但可以看出这些文件基本上是以零散的形式出现，相互之间孤立存在，缺乏整体衔接性。国家层面的科技金融缺乏整体的顶层设计，规划不清、规范不力直接导致了洛阳市科技金融管理工作归口不清，缺乏统筹协调、责任难以落实。

2. 基础薄弱——科技金融服务体系不健全

从理论层面来看，任何国家或地区，其科技金融体系一般都包括政府科技金融支持（财政）、科技贷款市场、科技资本（投资）市场、科技保险和科技担保市场等。结合一般科技金融体系，不难发现科技金融服务体系不健全也是制约洛阳市科技金融发展的重要原因。

一是大型商业银行开展科技金融服务不足。目前我国的银行体系中，大型商业银行占据主导地位。这些银行一方面，面临管理和考核上的制约，内部都建立了严格的风险控制和绩效考核机制，银监会等监管机构则对资本充足率、不良贷款率等都有明显的监管要求；另一方面由于科技型中小企业规模小、获得担保能力弱，使得银行对中小企业信贷业务成本高、缺乏风险分担，普遍不经济，这就导致了其缺乏为中小科技型企业服务的积极性。二是专门为中小型科技企业服务的中小银行、民营银行发育严重不足，对早期科技企业的服务很难到

位。三是资本市场门槛过高。对于绝大多数早期科技企业来说，不仅主板上市绝无可能，中小板、创业板上市也是困难重重。四是债券市场不发达。在交易所上市的公司债规模太小，能在银行间市场发行企业债、中期票据、短期融资券的，基本上是信用等级很高的大中型国有企业。五是股权投资发展面临诸多限制，目前我国股权投资机构多为投资于拟上市企业的私募股权投资（PE），缺乏以早期企业为主要投资对象的创业投资（VC）及天使投资。同时，股权退出机制仍不完善，私募股权资产交易市场不活跃、退出方式仍以上市为主，投资人很难通过转让股权获益。

3. 科技金融配套服务体系不完善

（1）科技金融中介机构发展滞后，配套服务体系不完善

中介机构是金融机构和科技型企业的桥梁和纽带，科技金融中介服务机构的缺乏，将严重影响科技与金融结合的深度推进。一是服务于科技成果发现、定价、评估、转移的专业化中介机构不仅少、质量也不高。当前，在针对科技企业无形资产评估方面，各地区均存在评估机构参差不齐、评估人才缺乏等缺陷。以知识产权质押为例，相关政策文件规定零散、冲突，知识产权登记机构存在多个部门，同时，登记程序、期限也不尽相同，这必然导致产权质押设立效率降低，不利于贷款的实际操作，导致金融机构对出质的知识产权难以控制，也制约了科技企业融资效率。二是技术产权市场不健全，交易结算、财务顾问、融资及投资等服务功能缺乏，导致技术交易不够活跃。三是科技金融信息服务平台建设滞后，信息渠道不畅已经制约了科技资源与金融资源的有效对接。四是"新三板"代办系统、科技企业股权柜台交易等股权转移平台建设缓慢，致使创投风险退出渠道狭窄，影响了社会资本支持科技创新的积极性。

（2）科技型企业担保融资服务体系亟待健全

一是专业担保机构少。由于法律、法规没有相关专为科技型企业

提供担保的担保机构设立的规定，导致我市针对科技型企业的担保机构尤其是针对科技型中小企业的担保机构不仅数量少，且总体规模较小，实力也较弱，难以形成有效供给和竞争。二是担保不畅。由于缺少银企合作平台和担保物，无形资产抵押不畅，科技企业流动资金不足要获得银行贷款十分困难。三是管理体制衔接不紧密。当前，全国性的大型金融机构集中和控制了绝大部分的金融资源，而其分支机构的信贷管理体制却不能适应和满足科技与金融创新融合的现实需求，主要表现是各分支行在业务创新、贷款授信等方面的权限不够、创新动力也不足，因此，难以满足科技企业的特殊性需求。

4. 体制机制不完善——科技金融信息共享、创新、激励机制缺失

（1）科技金融信息共享缺失

现实中，由于高新技术企业科技含量高，且大多是新能源、新服务、新材料、新商业模式等新兴产业，金融机构缺乏熟悉这类企业运作规律的专业人才，对高科技企业的技术以及应用前景不了解，导致银行仍坚守普通的信贷模式，贷款品种少，无形资产质押不通畅，贷款期限短，与科技型企业发展的特点不相适应，不能满足企业的信贷需求，直接导致信贷资金难以投向高新技术企业。而企业对金融机构的融资要求、程序等也不清楚，导致信息不透明。

（2）科技金融创新、激励机制不健全

科技型企业一般是新兴产业、产品和服务，具有高风险的特征，显然，在放贷时，事前事后的成本均较大。但是，目前多数金融机构并没有针对科技企业贷款的明确标准和实施细则，这无疑会影响科技企业的贷款可获得性。

一是金融创新机制不足。《商业银行法》和《证券法》等金融法，其立法动机和着眼点都是以保证金融系统的安全性，提高金融系统抗击体系性风险为原则的。这一原则与科技创新活动与生俱来的高风险性和不确定性的属性是冲突的。同样地，在《担保法》、《公司法》等法

律中，针对高科技企业的创新型金融产品的规定也缺乏，主要体现在还没有为无形资产质押融资提供质押物备案、评估、科技与管理科技金融发展的保障机制交易、股权转让的交易平台，知识产权保护及相关权利的合法行使也存在障碍。风险投资的法律制度也很不完善，限制了科技企业融资，对金融机构经营产生影响。在资本市场方面，因为科技型企业尤其是中小企业尚不具备良好的公司治理机制，经营管理不规范，加之主板、中小板、创业板上市门槛高，直接上市融资存在一定障碍。

二是激励机制不完善。近年来，围绕引导和激励金融机构支持科技企业发展，省市级均设立了一系列风险奖励、补偿资金。从运作的情况看，普遍存在政府科技金融引导资金投入规模偏小、支持范围窄、补偿和奖励手段单一、针对性不够强等问题，未能形成政府、企业、金融机构风险分散和共担机制，尚不能有效激励银行加大科技企业的信贷投放。目前，洛阳财政针对激励科技企业上市、保险、担保、科技金融服务还没有设立专门扶持资金。而中关村科技园区，2010年科技金融专项经费投入超过2亿元，占其科技经费比例超过30%，资助范围涵盖了银行、创投、保险、担保、上市等融资性补贴，还包括对创新金融产品的支持，如：专利质押贷款补贴、科技企业债券发行补贴、科技金融专营机构开办补贴等，不仅种类全，而且较为系统，极大地调动了金融和社会资本支持科技创新的积极性。

结论：科技金融这种服务链的建立是一个从模块到逐步整合的过程。目前的科技金融体系是"三多"和"三少"：要服务的科技型中小企业更多；科技型中小企业的行业、区域及其发展方式更多；能动员的金融机构和中介服务机构也更多。但是，各服务机构之间制度化的协作平台仍较少；将现代信息技术应用于协作效率提升的仍较少；真正把科技型中小企业作为核心客户的金融中介机构仍较少。科技型中小企业只能获得最基本的服务，成本高、额度少。

河南省金融学会重点研究课题（2016） | henansheng jinrong xuehui zhongdian yanjiu keti

（二）科技金融发展制约因素——定量分析

本节利用洛阳市有关高科技产业发展的相关数据，从高科技产业发展的影响因素方面剖析制约科技金融发展的因素。

1. 数据选取

结合前人研究，文章假设高科技产业发展主要取决于政策支持、研发投入、金融市场环境等因素。为避免度量单位影响，所有要素都选取比率指标。

高科技产业发展水平。考虑到数据的可取性，选取高科技产业产值占全省工业总产值的比率（High – tech Production Value，HPV）来表示高科技产业的发展水平，比率越大，说明高科技产业对该省经济发展的贡献度越高。

研发投入。从产业角度来讲，研发投入可以用研发投入占 GDP 的比重（R&D Ratio，RDR）来度量科技投入的水平。政府对高科技产业的各项政策支持是激发高科技产业孵化发展的软环境，普遍认为研发投入是影响高科技产业发展的重要因素。

政策支持。鉴于税收政策、法律措施及设施建设等要素难以量化，我们选择科技拨款占财政支出的比重（Technology Funding Ratio，TFR）来表示政府的支持力度和导向。

金融市场环境。金融市场环境可以用不同的指标来衡量，考虑到高科技产业需要从金融市场获得大量的资金支持，这些投融资渠道包括风险投资、资本市场和银行信贷等多种途径，但是由于高科技产业的高风险、高投入等特点，使得许多科技企业特别是中小科技企业很难达到主板市场的上市要求，导致能通过证券市场的融资数额较少不能从资本市场获得有效的直接融资。同时，尽管近年来国内社会资金投资高科技产业的热情有所提高，但处在发展进程中的中国高科技产业依然没有形成高度市场化的投融资渠道。银行信贷仍是高科技产业获得资金支持的主要途径，所以，我们选择金融机构贷款余额与 GDP 的比率（Credit and Loan Ratio，CLR）来体现金融市场环境水平。

理论上来说，时间序列越长，样本数越多，计量分析效果会越好。但是由于早期统计数据不全，洛阳高科技产业也是近 20 年才获得高速发展的，因此选取 2003—2011 年的数据进行分析。高科技产业产值占全省工业总产值的比率、研发投入占 GDP 的比率、科技拨款占财政支出的比率、金融机构贷款余额与 GDP 的比率的原始样本数据来自历年《河南省科技统计年鉴》、《河南统计年鉴》和《中国经济普查年鉴》。

2. 模型建立

模型设定假设为线性回归模型，以高科技产业发展为因变量，以研发投入、政策支持和金融市场环境为自变量，检验后者与前者有显著稳定的关系。

$$\ln(\text{HPV}) = a + \alpha^* \ln(\text{RDR}) + \beta^* \ln(\text{TFR}) + \gamma^* \ln(\text{CLR}) + u$$

其中，u 为残差，表示上述三个因素之外的所有因素的综合影响。

选择对变量取对数构建模型的主要原因在于变量对数的差分近似地等于该变量的变化率，且经济变量的变化率常常是稳定序列。

3. 模型检验

（1）ADF 检验。在具体应用协整理论进行分析时，首先需要对各个时间序列进行平稳性检验，即是否有单位根，从而检验各时间序列的单整性。

表 7   各变量单位根检验结果

变量	ADF	1% level	5% level	10% level	结论
log（HPV）	0.4580	-2.8861	-1.9959	-1.5991	不平稳
△log（HPV）	-2.9867	-2.9372	-2.0063	-1.5981	不平稳
$\triangle^2$ log（HPV）	-7.3234	-3.0074	-2.0211	-1.5973	平稳

续表

变量	ADF	1% level	5% level	10% level	结论
RDR	-2.4846	-2.8861	-1.9959	-1.5991	不平稳
△RDR	-1.7834	-2.9372	-2.0063	-1.5981	不平稳
$\triangle^2 \log$（RDR）	-9.4803	-3.1096	-2.0439	-1.5973	平稳
$\log$（TFR）	0.2905	-2.8861	-1.9959	-1.5991	不平稳
$\triangle \log$（TFR）	-4.0286	-2.9372	-2.0063	-1.5981	平稳
$\triangle^2 \log$（TFR）	-4.6876	-3.0074	-2.0212	-1.5973	平稳
$\log$（CLR）	0.3533	-2.8861	-1.9959	-1.5991	不平稳
$\triangle \log$（CLR）	-2.2649	-2.9372	-2.0063	-1.5981	不平稳
$\triangle^2 \log$（CLR）	-3.3450	-3.1096	-2.0440	-1.5973	平稳

ADF 检验结果表明，上述 4 个时间序列及其一阶差分序列均不能拒绝原假设，即存在单位根，是非平稳的，而对四个时间序列的二阶差分检验，在 1%、5%、10% 三个检验水平下，各个变量二阶差分的 ADF 的 t 统计量都比单位根检验的临界值大，因此拒绝原假设。由此可以确定，上述 4 个时间序列均是二阶单整变量，它们之间有可能存在协整关系。

（2）协整分析。协整检验通过 E - G 两步法来进行。首先建立序列之间的回归模型，采用普通最小二乘法进行估算；然后对回归的残差进行平稳性检验，如果残差序列是平稳的，则说明它们之间存在一种长期的趋势，即协整关系。

$$\ln（HPV）=1.852929-0.375659\ln（RDR）+1.301025\ln（TFR）+3.116841\ln（CLR）+u$$

t 值 （-0.729256） （3.041653） （0.472700）

$R^2 = 0.797703$ 调整后的 $R^2 = 0.676325$ DW = 2.494914

通过单位根的检验发现，当滞后阶数为 2，不含常数项和截距项的模型最合适，ADF 检验的结果如表 8 所示：

表8 残差序列的单位根检验

变量	ADF 值	临界值（a=5%）	结论
u	-3.5924	-2.0823	平稳

由表8可得，ADF的绝对值为3.5924，大于显著水平为5%的临界绝对值2.0823，认为残差序列为平稳序列。因此，变量间长期稳定的均衡关系可表示为：

$$\ln（HPV）=1.852929-0.375659\ln（RDR）+1.301025\ln（TFR）+3.116841\ln（CLR）$$

从回归结果看，研发投入 RDR 与高科技产业呈负相关关系，但这种负相关不显著；政策支持 TFR 与高科技产业发展呈正相关关系，且这种正相关关系显著；金融环境与高科技产业发展呈正相关关系，但其正相关关系不显著。

4. 结论

（1）研发投入并未对河南省高科技产业的发展起到有效的促进作用

在其他要素不变的前提下，研发投入占 GDP 的比率每增加1%，将会使高科技产业产值占全市工业总产值的比率降低0.3757%。这个实际的经济意义是增加研发投入能够带动的高科技产业产值，不足以提高高科技产业产值占全省工业总产值的比重。事实上，洛阳研发投入占 GDP 的比率逐年提高，但是研发投入的成果并不能较好地转化为高科技产业生产力，因此，寻求促进 R&D 与产业相结合的路径，对于洛阳而言仍然是很大的问题。

（2）财政科技拨款促进了高科技产业的发展

在其他要素不变的前提下，财政科技拨款占财政支出的比率每增加1%，将会使高科技产业产值占全省工业总产值的比率增加1.30%。实证结果显示，财政科技拨款对高科技产业发展还是有较显著的作用。

（3）金融环境促进了与高科技产业发展，但作用并不显著

从回归结果来看，金融环境与高科技产业发展呈正相关关系，但其正相关关系不显著。究其原因，主要高科技企业多为中小民营科技企业，具有高投入、高风险和高收益的特征，可用于抵押的实物资产较少，而商业银行追求安全性、流动性和营利性，因此向民营中小科技企业提供贷款的积极性不高。

通过实证分析，可以看出，目前洛阳高科技产业发展中需要亟待解决的两个问题是：（1）研发投入产生的科研成果难以转化为高科技产业产值；（2）金融市场不能对高科技产业提供有效的融资环境和途径。

五、国内外科技金融发展经验与启示

（一）国外科技金融发展的经验与启示

1. 国外发展科技金融的经验

表9 国外科技金融发展经验一览表

	美国	日本	德国	以色列
政府推动政策	一是完善法律环境。出台《小企业法》、《小企业研发加强法》、《中小企业投资法》、《小企业创新研究计划》等法规；二是设立政策性金融机构。如SBA、SBIC等机构。	一是1999年颁布《中小企业基本法》；二是出台税收减免政策和提高税收起征点等政策；三是政策性金融机构主要包括商工组合中央金库、中小企业金融公库、国民金融公库等；四是成立风险开发银行等机构。	一是将以前实施的相关中小企业创新资助政策进行整合，推出了中小企业创新核心计划（ZIM）。二是政策性银行发挥主力军作用，对中小企业提供融资支持。如德国复兴银行（KfW）。三是充分考虑其非物质资本，努力发展无形资产评估体系。	一是设立独具特色的孵化器，政府直接参与企业孵化的全过程。二是形成由以色列中小企业局和地方小企业发展中心组成的中小企业管理和服务体系。

	美国	日本	德国	以色列
风险投资市场	1971 年建立美国 NASDAQ 市场；1972 年成立美国最大风投公司红杉资本；1973 年全美风险协会成立。	风险投资公司大多附属于大金融机构、大企业集团，投资方向比较分散。	一是由联邦经济技术部（BMWi）与德国复兴信贷银行（KfW），巴斯夫（BASF）、博世等若干德国知名企业共同出资组建高科技创业基金。二是欧洲投资基金（EIF）和 ERP（special fund）联合设立了 7000 万元的欧洲天使基金（EAF）。	以色列于 1993 年出资 1 亿美元启动了 YOZMA 计划。通过 YOZMA 的成功运作与实施，以色列的风险投资市场实现了快速发展。
信用担保和信贷市场	一是由 SBA 直接操作的全国企业信用担保体系；二是区域性专业信用担保体系；三是社区性担保体系。	在中央设立了中小企业信用保险公库，在地方按行政区设立了 52 家信用保证协会，形成了世界上最完善的信用担保体系。	联邦政府和各州都设立担保银行，最高提供贷款总额 80% 的担保。	一是中央银行放开对利率和银行收费的管制；二是设立国家担保基金，由议会授权给中小企业贷款作担保。
资本市场	纽约证券交易所、美国证券交易所、全国证券经纪商协会自动报价系统、场外交易市场共同构成美国完善的资本市场。	与美国类似，日本证券市场体系比较完善，上下市场之间都有上下通道。	多层次的资本市场。	只有一个证券交易市场即特拉维夫证券交易市场，没有创业板市场。

一国科技金融的发展是由多种因素影响和决定的，其中就包括了政府对科技金融的重视程度、政策环境以及金融体系和金融系统的成熟程度等，

本部分从政府推动政策、风险投资市场、信贷市场和资本市场四个方面总结了美国、日本、德国、以色列的科技金融发展经验，详见表9。由表9我们不难发现这几个国家在科技金融发展方面各有特色，如美国的风险投资市场和资本市场比较发达，日本的信用担保制度功不可没，德国的全能型银行，银行主导特色明显，以色列的风险投资市场成效卓著。

2. 国外科技金融实践的启示

（1）完善的法律环境和政策性金融配套设施的支撑。不管是政府主导的国家还是市场主导的国家，政府政策的支持是发展科技金融的必要条件。综合四个国家的情况，政府政策支持主要有两个方面。一是完善法律环境，包括：立法，即制定法律和政策来保护和鼓励中小企业发展和科技创新；依法设立专门机构来执行上述政策，并提供信息和培训服务等；对中小企业特别是高科技企业提供税收优惠和财政补贴。二是提供政策性金融支持，政策性金融机构有三种服务模式：直接对企业提供融资；对企业进行信用担保；作为风险投资基金进行投资。

（2）信贷担保制度和信贷市场的支撑。中小企业，特别是高科技中小企业的风险相对较高，往往会出现市场失灵现象，因此就需要政府的介入，建立一个完善的信贷担保制度。各国的信贷担保制度一般分为三个层面，包括全国性的担保机构和政策、区域性的担保机构和政策、社区性的担保机构和政策。其中担保机构包括政府设立的政策性金融机构、政府和金融机构合作设立的担保机构以及在政策指导下设立的民营性担保机构等。

（3）风险投资市场的支撑。由于各国经济文化差异以及金融系统的差异，风险投资市场模式也具有多样性，如美国是以私人风险投资为主体，日、德是以金融机构、企业集团的风险投资机构为主体、以色列是以政府和外资风险投资基金为主体。从上述四个国家风险投资的发展历程中，可以发现其风险投资市场快速发展的原因主要有三点：一是政府直接或间接支持。例如美国政府立法支持、日德政府制订计划推动、以色列政府主导，另外，各国政府还制定税收优惠政策和其他政策鼓励风险投资。二是技术创新潮。美国、日本和德国的风险投资在信息技术革命和生物技术革命领域都出现了大幅增长，而以色列在国际分工中科技产业迅速崛起，也与其风险投资市场的发展相互促进。三是畅通的退出机制。

（4）多层次资本市场的兴起

四个国家中，除以色列之外，美国、日本、德国都有多层级的资本市场。多层次的资本市场一般包括主板市场、创业板市场以及其他的场外市场，主板市场和创业板市场在满足一定的标准后有升降通道。这种设计一方面保证了主办市场上市公司的质量，另一方面也给快速发展的高科技公司提供融资渠道，为风险投资提供退出机制。

（5）科技园模式的推动

自 1951 年美国出现第一个科技园后，科技园成为推动科技发展、促进科技与金融结合的重要组织方式。通过科技园这种集群模式，政府可以对其制定灵活的优惠政策、招商引资政策、融资政策以及提供其他支持，园内易于形成创新氛围和协同效应，形成产学研一体的模式，从而加速科技成果的转化。

（二）国内科技金融发展的经验与启示

1. 国内发展科技金融的经验

2010 年，科技部会同"一行三会"确定中关村国家自主创新示范区、天津市、上海市、江苏省、浙江省"杭温湖甬"地区、安徽省合芜蚌自主创新试验区、武汉市、长沙高新区、广东省"广佛莞"地区、重庆市、成都高新区、绵阳市、关中—天水经济区（陕西）、大连市、青岛市、深圳市等 16 个地区为首批促进科技和金融试点地区。本文选取成都、苏州、中关村和武汉就科技金融发展过程中政府政策支持、科技金融体系建设、科技金融产品创新以及科技金融服务平台建设等方面进行总结。如表 10 所示，通过分析成都、苏州、中关村、武汉四个地区的科技金融发展经验后，发现在科技金融发展方面各地区有很多相似之处。

2. 国内科技金融实践的启示

（1）地方政府支持科技金融的发展

在国家"十二五"规划支持战略新兴产业发展的指导下，各地方政府贯彻落实并制定相应的市、区、县政府科技金融文件，在人才引进、创业环境、厂房及住房租金优惠、为企业提供税收优惠政策等各方面创造条件，吸引国内外创新性人才入驻创业。同时，政府还出台各类风险补偿、知识产权、中小企业信用担保、股权投资市场等方面的相关文件，意在建立多层次、全方位的保障体系，为企业提供良好的政策环境。

表10　我国部分首批科技和金融结合试点地区科技金融经验一览表

	成都	苏州	中关村	武汉
政府出台政策	《成都高新区创业天使投资基金管理办法》、《成都高新区加快股权投资产业发展工作方案》等	《苏州市科技型中小企业信贷风险补偿专项资金管理办法》、《苏州市科技保险费补贴资金使用管理办法》、《苏州市知识产权质押贷款管理暂行办法》、《苏州市科技型企业上市融资资助暂行办法》等	国务院在《关于同意支持中关村科技园区建设国家自主创新示范区的批复》中明确指出中关村的战略定位是"国家自主创新示范区"	武汉市政府及相关部门、东湖开发区以及湖北省政府及相关部门、"一行三局"等针对科技金融结合出台了30余项规划、意见、办法等有关政策
科技金融体系建设情况	"梯形融资模式"；多层次股权投资服务体系；多层次上市融资服务体系	成立科技金融专营机构（科技小额贷款公司；科技支行）；科技保险试点园区；"国创母基金"	"一个基础、六项机制、十条渠道"的科技金融体系，跨部门、跨系统的科技金融联动工作机制；中关村信用体系建设；"五个一批"的企业上市培育工作体系	中小企业融资补偿机制；相关贷款贴息政策

续表

	成都	苏州	中关村	武汉
科技金融服务产品的创新	知识产权质押贷款及联合保理的"成都模式";速贷通、"桥隧式"、"统借统贷"、"联保互保";科技保险试点	科技保险试点;中国银行"苏州流程";交通银行科技金融产学研一体化基地,江苏银行"技之星"贷款	"一个平台、八大产品";中关村企业信用促进会;信贷专营机构和特色支行;中国科技担保业第一品牌;高新技术中小企业集合票据;信用贷款试点;信用保险及贸易融资试点;中小企业私募债试点;知识产权投融资试点;企业联保贷款、认股权贷款、股权质押贷款、并购贷款等创新试点	高新技术企业短期出口信用保险;中小企业"集合贷款";汉口银行科技金融服务中心;阶段参股形式的科技创业引导基金;"两台一会"的贷款模式
科技金融服务平台建设	创业企业投融资增值服务平台——ICON盈创动力;成都股权投资服务中心	科技金融服务中心	中关村科技金融服务平台;创业金融服务平台;中关村科技金融信用综合服务平台;中关村天使投资联盟化运作;中关村信用保险及贸易融资服务联盟、中关村代办系统股份报价转让试点金融服务联盟、中关村科技金融创新联盟等	光谷资本大厦;武汉金融超市、武汉科技金融公共服务平台;武汉科技金融创新俱乐部

（2）结合地区产业结构特征，发展战略新兴产业

各地区政府根据地区产业特征扶持行业发展，创新产品和服务模

式，以金融创新助推科技发展。如北京依靠其政策优势和人才优势、苏州依靠打造金融产业链等自身特点引领区域科技金融发展。

（3）以银行为核心的金融机构服务科技型中小企业

无论政策性银行、五大行还是地方性商业银行均抓住国家支持中小企业尤其是科技型中小企业发展的战略机遇，通过创新金融产品、审批流程、服务模式等为企业提供全方位、覆盖整个生命周期的金融服务。

（4）构建保障服务体系，创新服务模式

在政府政策鼓励以及政府引导基金主导下，建成以银行为中心，创投、担保、保险融入的金融服务体系，共担风险，为科技型中小企业提供金融服务。科技型中小企业存在无抵押物、风险大等先天不足，银行为分散风险，将政府、担保、保险等非金融机构纳入融资体系，在政府引导基金的主导下，不断创新盈利模式，以及与担保、创投、保险等非金融机构的合作模式、风险承担比例，为科技型中小企业生命周期不同阶段提供相应的产品和服务。

六、推动科技金融发展的着力点、路径及对策建议

经济发展源于科技，成于金融。只有将科技与金融二者有机结合，才能实现以金融促科技、以科技促发展的良好局面。要实现科技与金融有效融合，首先必须厘清科技金融融合的障碍所在。研究表明，当前制约科技金融融合创新的障碍主要在体制机制和风险两个方面。我们认为，科技金融工作也是分阶段的：第一阶段是政府不同部门建立沟通合作机制；第二阶段是以正式启动科技金融试点为标志，探索科技金融发展路径和风险控制模式创新；第三阶段是在总结试点成功经验的基础上，进一步深化科技体制改革，建立完善的科技金融体系和机制。从政府协调机制、交叉学习机制、信息共享机制和环境保障机制四个方面构建区域科技创新与科技金融协同发展机制，为推动科技金融机制的构建提供科学依据。从企业的生命周期理论和金融资源整

合理论的角度，提出科技金融是金融资源供给者依托政府科技与金融结合的创新平台，通过对创投、保险、证券、担保及其他金融机构主体等在内的金融资源进行全方位的整合创新，为科技型企业提供贯穿其整个生命周期的创新性、高效性、系统性的金融资源配置、金融产品设计和金融服务安排。

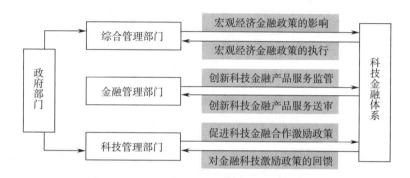

图 13　科技金融与政府部门的交互示意图

（一）推动科技金融发展的着力点

加强科技与金融融合创新是提升国家科技软实力、实现经济发展的现实选择。如何才能使科技与金融实现大提速、大跨越、大发展，创新体制机制是关键。因此，科技金融体制机制建设和风险控制模式创新是科技金融创新的两个主要着力点。

1. 推动科技金融发展着力点之一：体制机制建设

（1）建立科技金融组织协同互动机制，完善组织保障

一是不断优化科技金融的政策环境，加强科技与金融结合、加快科技成果转化、促进战略性新兴产业发展；二是强化部门协调，实现科技和金融的协同配合互动机制；三是加大科技与金融结合的示范效应，利用科技金融服务平台为科技型中小企业提供政策、产权、法制等方面的统一保障；四是不断创新财政科技的投入方式，发挥财政资金的放大效应，如建立引导资金、补偿资金等；五是建立和完善科技

金融的服务体系，为投资者与科技型中小企业搭建起合作的桥梁。

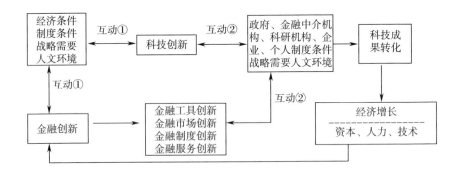

图 14　科技金融协同互动机制

（2）通过建立区域性科技金融例会制度，发挥组织领导力，建立健全行政组织协调机制

一是进一步强化"科技金融创新试点"建设，进行积极尝试。以信用园区建设、科技金融博览会等为平台载体，加大对科技金融宣传力度，通过开展多种多样的科技金融推介活动，引导和激发市场主体参与度。

二是发挥财政和信贷资金引导作用，激发市场力量。尝试建立科技企业贷款风险补偿基金、实行"拨改补"等多种方式，创新和优化财政科技资金的投入方式，引导金融机构和社会资本对科技企业的信贷支持。

三是针对科技企业融资不同需求特征，可以利用多层次市场。金融机构要加快创立服务科技型企业的专门组织，制定相关管理制度和实施细则，开发适合科技企业的信贷产品。努力探索企业境内外 IPO 融资，支持已经上市的科技企业再融资。

（3）降低科技金融有效融合成本，完善配套服务

一是政府部门应积极创立科技金融专家组织，参与到科技企业贷款项目的评估工作之中。二是加快培育科技型企业的财务外包、法律

咨询、技术认证、资产评估等服务平台。金融机构应继续完善知识产权质押等科技企业融资登记系统，提高针对科技企业的服务水平。

（4）推进"贷＋投＋贴"模式，引导性科技金融政策体系的构建

一是引导轻资产贷款，创新财政科技资金使用方式，发挥财政科技资金放大作用，构建科技企业债权融资补偿机制；二是引导天使投资，加快创新财政科技投入方式，完善科技金融服务体系，发挥财政资金杠杆效应，吸引社会资本参与支持处于初创期、种子期的科技型企业；三是通过天使投资补助、债权融资补助、"新三板"挂牌补贴、科技与专利保险补贴等手段来降低科技型中小企业的融资成本。

2. 推动科技金融发展着力点之二：风险控制模式创新

我国金融体系下，银行系统仍然在很长一段时间是科技金融的最重要部分，通过金融创新分散银行风险是另一个重点。研究表明，银行信贷是中国资本供给的主要渠道，风险控制模式创新是科技金融创新的主要着力点。利率市场化有限的情况下，科技中小企业风险可能超出银行承受范围。银行科技金融创新必须要从降低信贷风险的角度考虑。银行科技金融实践主要是建立科技银行，从贷款审批和管理的角度增加专业性，以及以风险控制为导向的产品创新。国外硅谷银行经验和国内科技银行实践证明，高风险的中小企业贷款，其风险也是可以有效控制的。降低科技信贷风险的方法，一方面是政府和银行合作，通过"风险池"的制度安排，承担一部分银行风险，这本质上是政府信用嵌入到银行贷款的交易结构，改变了"风险—收益"的匹配关系，从而使商业银行能够贷款给风险较大的初创期科技型企业，如交通银行的"科贷通"项目，政府优先偿还贷款损失；另一方面，银行创新产品，是通过多种渠道配合，将一部分风险分散出去。如交通银行配合履约保证保险的"雏鹰贷"，配合租金等其他收益的"租金宝"，华夏银行建立的多种金融机构合作的综合服务平台等；政府的资金支持力度仍是一个重要制约，科技贷款的发展取决于政府的"风险

池"基金的规模，承诺补偿银行的比例，以及风险基金的放大倍数。

（二）推动科技金融发展路径

1. 创造一个统一开放、竞争有序的金融体系

科技金融服务体系要完成两个任务，第一是解决企业融资难、融资贵的问题；第二是打通科技成果市场化、商业化、产业化这个通道。当前发展科技金融，应考虑四个导向：需求导向——项目引导资金；市场导向——公共金融；产业导向——技术创新＋成果转化＋产业化；竞争导向——产业链分拆＋产业集群。我们认为，如何通过金融改革推动科技金融发展？关键在于创造一个统一开放、竞争有序的金融体系。

要放开市场准入，增强银行体系内的竞争，唯有如此才会有具有商业可持续的科技信贷、科技银行。随着科技型中小企业的发展，科技银行呈现出多元化的发展业态，科技银行主要是为科技型中小企业提供科技贷款等金融服务的专业性、职能型商业银行类金融机构的统称。从角色定位、商业模式、经营性质以及具体功能等方面入手，科技银行应首先定位为科技贷款的创新者和引导示范者。通过在金融产品、商业模式以及治理机制等方面持续的创新，引导示范占据银行业绝大部分金融资源的国有商业银行、股份制银行和城市商业银行向科技型中小企业提供贷款、补缺科技贷款市场，乘数级增加科技金融资源。此外，基于持续创新性和风险控制性，科技银行的运营模式基本等同于商业银行而非政策性银行，主要体现在持续创新所带来的外溢效应上。

科技银行投融资服务模式主要有以下六个特点：一是坚持服务特定领域高科技企业发展的模式；二是为不同成长阶段高科技企业提供多样化的融资服务；三是与创业风险投资公司合作，提高项目选择和评估能力；四是建立专门的专家服务团队，提高服务质量；五是开展适应高科技企业特点的知识产权质押贷款业务；六是具有独特的产品

设计理念和风险控制措施，如设立区域性的科技创业发展银行、培养科技和金融的复合型人才、鼓励银行和 VC 机构合作。

2. 发展多层次资本市场

完善多层次资本市场，建立以资本市场为核心的科技金融体系是当前我国科技金融发展的核心内容。科技创新的产业化需要资本市场支撑，同时会推动资本市场的创新与发展。我国证券市场多层次化分层可从四个维度展开，一是以企业亚群体特性作为分层的主要标准，重点考虑的应该是企业的规模、成长阶段、成长模式、产业属性等；二是"自上而下"逐步推动证券市场分层化，优先发展统一管理的全国性市场和集中交易的交易所市场；三是充分利用现有资源，尤其是深沪两个交易所在交易系统和一线监管方面的现有资源，既避免重复建设，也不乏有国际成功经验借鉴。沪、深交所可尝试按照行业来搭建科技型企业交流平台，科技企业可通过该平台进行上市、并购等活动。四是发行上市标准的多层次化，也是资本市场在操作层面实施多层次发展战略的主要内涵。低门槛的创业板缩短了新兴企业从创业到上市的时间，激励风险资本的繁荣和活跃，使那些具有高成长潜力和能力的创新企业可以尽早利用预期高成长价值融资，为新兴企业尽早脱颖而出、独立发展创造了宝贵的时间。

3. 着力打造科技与金融结合的创新平台，强化银行体系与多层次资本市场的竞争，实现金融资源向创新部门的优化配置

在科技金融发展中，政府的职能主要是通过完善科技金融基础设施、社会信用体系和以公共金融的方式将财政嵌入金融交易结构，从而改善科技金融的风险收益结构，为发挥市场的决定性作用创造条件。中国要成为创新型国家，需要建立与商业银行评价标准不同的新金融机制，形成包括创业金融体系在内的多层次资本市场。以银行等金融中介为主导力量，完善间接融资市场的软环境，整合直接融资渠道和间接融资渠道；二是活跃多层次资本市场，完善阶梯式融资机制。

政府要通过对政策性金融、商业银行、创投、保险、证券、担保及其他金融机构主体等在内的金融资源进行全方位的整合创新，为科技型企业提供贯穿其整个生命周期的创新性、高效性、系统性的金融资源配置、金融产品设计和金融服务安排。科技金融未来发展中要实现以下重点，一是在融资理论创新、融资模型创新以及实务检验的发展；二是如知识产权融资如何适应全球化的趋势、知识产权体系不断扩大对融资的影响、基于融资的知识产权价值评估理论、知识产权与公司价值结构的关系以及知识产权价值最大化与融资风险问题；三是企业创新主要围绕技术创新而展开，以管理、制度以及市场等方面的创新作保障；管理、制度以及市场等方面的创新能促使生产过程中的各种要素得以合理配置，使企业技术创新得以持续有效进行。

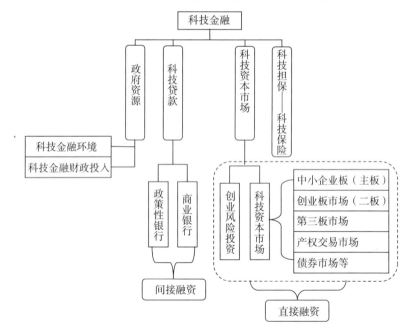

图 15　科技金融服务体系直接融资与间接融资图

政府要推动科技金融运用"互联网＋"，在线上与线下不断创新探索，一是互联网金融科技实践，为科技型中小企业提供一系列的配套体系，如小企业管理系统，与企业进行合作，通过科技金融平台为企业提供金融增值服务；二是建立初创期科技企业的成长估值模式，通过日常不定期走访，来随时更新企业估值，帮助科技型中小企业成长；三是联合担保机构和银行，通过担保公司的信用保障资金撬动银行的科技信贷；四是地方政府、社会投资机构，通过引导社会投资机构存入风险补偿资金来促进信贷融资；五是直接与银行合作，存入风险补偿资金来放大信用贷款。

（三）金融支持科技企业发展的模式选择

与支持传统企业相比还有很大不同，科技企业不同发展阶段有着不同的金融需求，并不是单一金融支持方式能够解决的，而是需要多种金融支持方式相互配合对科技企业的不同发展阶段提供一种或几种金融支持，才能满足科技企业整个发展阶段的金融需求。因此，在金融支持科技企业发展的过程中，各金融机构或者投资者应对自身业务发展情况进行准确定位，根据科技企业不同发展阶段的金融需求，选择进入的时间点和方式，以达到最好的支持效果。一是金融机构和投资者要透彻分析科技企业初创期、成长期、成熟期的特点，包括企业科研水平、产品市场预期、现金流量等情况，确定各阶段的资金需求量及金融服务方式。二是根据科技企业不同阶段的特点和融资需求，创新金融产品和金融服务方式，并选择正确的节点进入科技企业，同时与其他金融支持方式错开进入时间或者分清主次关系，实现利益最大化。

1. 科技企业创业初期，金融支持的主要方式应以政策性金融为主，民间资本＋天使资本为辅

此阶段的金融支持方式主要以政策性金融为主，通过政策性金融的引导、带动效应，吸引其他形式资金，如民间资本和天使资本进入初创期的科技企业，提供强大的资金供给。一是通过相应的科技企业基金和政策性银行为科技企业注入资金。政府应组织相关部门对初创

期的科技企业的管理制度、技术先进性、产品市场前景、创业者的素质进行评估。对于符合要求的企业一方面通过政策性基金注入资金，并派专业人员参与或监督企业的经营管理，防止资金挪作他用；另一方面提供利息较低、期限较长的政策性贷款，并根据科技企业的发展情况追加和补充贷款。二是要充分发挥政府政策引导作用，发挥杠杆效应，引导民间资本和天使资金等方式提高对科技企业的资金投入。一方面，利用民间金融机制灵活，追求高收益的特征，吸引民间资本流入科技企业，解决企业现阶段融资难问题；另一方面，引进高级技术人员或管理人员以天使投资者的身份进入科技型中小企业，既能缓解资金短缺问题，还可以快速提高企业的经营管理水平。

2. 科技企业成长期，金融的主要支持方式应以风险投资为主，商业性金融为辅

处于成长期的科技企业，技术较成熟、产品已研发成功并投入市场，企业的运营风险降低、市场前景回报率也基本确定，所以此阶段的科技企业能获得风险投资机构的青睐和商业性金融的信贷支持。一是促进风险投资机构跟进投资。风险资本的支持，既可以解决科技企业现阶段对巨额资金的需求难题，还可以通过风险投资专业的管理团队完善企业的管理制度，进一步提高科技企业的管理水平，促进企业的快速发展。此阶段政府应搭建平台，促进风险投资机构与科技企业顺利对接，及时向风险投资机构提供科技企业的相关信息，解决信息不对称问题，同时政府还应制定税收优惠和风险补偿措施，提高风险投资机构进入科技企业的积极性。二是引导商业银行信贷资金提前介入科技企业，缓解其成长期的资金需求。此阶段商业性金融虽然不是主要支持方式，但由于科技企业的资金需求加速增长，也要尽量争取信贷资金提前接入，缓解企业压力。此时政策性金融担保机构应及时介入为缺少抵押品的科技企业提供担保，使其能够顺利地获取商业银行的信贷资金。为鼓励科技企业发展，政府可以在税收上给予一定的

优惠政策，如企业的担保费收入免征企业所得税措施。商业银行针对科技企业抵押品不足的情况，应开发适合成长期科技企业的金融产品，如以知识产权或技术、专利等无形资产作抵押，经过中介组织的评估确定无形资产价值，进而发放信贷资金。

3. 科技企业成熟期，金融的主要支持方式主要以商业性金融为主，资本市场为辅

此阶段的科技企业有了稳定的收入来源，企业规模和固定资产以及企业的商业信誉大幅提高，因此企业的融资能力有了明显改善。风险投资已经逐步退出企业，根据企业现阶段的发展特征，目前最主要的融资方式是商业银行的信贷支持，而考虑到科技企业自主能力不足，企业规模较小、经营管理水平较低的发展现状，把企业通过股票市场和债券市场融资作为辅助支持方式。一是创新商业银行服务模式，提升金融和科技结合的紧密性。首先通过专业化分工和制度激励不断创新金融产品、优化业务流程，开发出适用于科技企业发展的信贷品种；其次，要探索和开展多种形式的担保方式，如保单质押、仓单质押和其他权益质押等，满足科技企业的各种金融需求；最后要充分依托各类政银企信息平台，完善银企信息沟通机制，引导企业和信贷资金投入的有机结合。二是政府对具备条件的科技型中小企业进行资本运作方面的培训和辅导，鼓励科技型中小企业到国内创业板、中小企业板上市或国际资本市场上市。同时有序推动洛阳市产权交易市场发展，将产权交易市场发展成为未上市股权转让市场，为科技企业外部融资提供新的渠道。

（四）推动科技金融发展的建议

1. 打破制度瓶颈，不断完善促进科技金融发展的政策法规

一是出台相关条例，保证各执行主体按规定履行职责。目前，可考虑由国务院牵头，组织科技部、中央银行、财政部、"三会"、税务总局等部门科学探讨，以法律法规的方式出台条例，载明相关部门在

促进科技金融发展的职权和责任，并规定相应的实施手段，以便相关主体部门能够加以运用，按规定行使权利和履行职责。二是努力营造发展科技金融的良好政策法律环境。政府应从制定政策入手，制定科技银行、创业投资、科技保险、知识产权等与科技金融发展相关的政策、法规和管理办法，为科技金融发展创造良好的制度、政策环境，使科技金融在创新过程中做到有法可依，逐步建立起由政府调控、市场引导、科技企业和金融机构积极参与等构成的较完整的法律制度框架。三是加大科技投入，创新科技投入方式，积极实行"拨改奖"、"拨改补"、"拨改保"、"拨改投"等新型财政资金奖补方式，发挥财政资金撬动科技资金的使用效果。

2. 夯实基础，不断完善科技金融服务体系

（1）多措并举，促进银行业金融机构支持科技型企业

一是努力扩展现有金融机构的融资功能。地方政府应鼓励地方法人金融机构设立科技支行、科技信贷部、科技金融部等银行内设机构，对于这些科技企业的专营机构给予一定的税收优惠支持，并结合资本金注入、提供风险补偿金等方式，降低这些机构的风险，使其可以持续健康发展，在支持科技企业发展方面发挥更大的作用。二是应逐步放宽政策鼓励商业银行进行股权投资，放宽到商业银行之间的相互参股，进一步鼓励商业银行参股创业投资公司，最终取消商业银行股权投资的限制，使其更好地发挥支持高新技术产业发展的作用。三是大力发展中小型科技金融机构，包括科技政策性银行、科技商业银行和科技融资中介机构。

（2）推动多层次资本市场建设，服务科技型企业资本市场融资

一是积极支持科技型企业上市融资。选择技术先进、市场前景好、发展潜力大的优秀新兴企业，优先培育、辅导、支持其上市。

二是积极发展三板市场。可以借鉴中关村科技园进行股权代办转让试点，为辖内科技含量高、自主创新能力较强的科技型企业利用证

券市场创造有利条件，满足其多元化融资需求，为未上市科技型企业提供新的发展平台。

三是完善科技债券市场。要在总结集合债券发行经验的基础上，进一步调整和优化科技债券发行机制、发行方式、利率水平和发行额度，使债券真正成为科技型企业的重要直接融资产品。

（3）大力促进科技保险发展

一是扩大科技保险的保险标的范围。为了满足分散不同阶段风险的需求，必须拓宽科技保险的保险标的范围。在原有险种的基础上，设计出专利保护、生产安全、市场开发、售后服务保障等多方面的保险内容，相应降低分散研发、转让、生产和销售等多阶段风险。

二是采取灵活的科技风险定价方式。传统的风险定价方式难以适用于科技风险的估算，我们必须采取更加灵活的风险定价方式。例如，在缺乏损失数据，难以衡量风险发生概率时，我们可以采用企业融资成功率、企业研发成功率和研发成果成功转化率等相关的项目数据来间接预测企业创新风险的发生概率。

三是进一步实施科技保险财税支持政策。从总体上加大科技创新的财政补贴力度，适当提高补贴总额上限，并采取根据企业科技创新的层次高低实行不同标准的补贴额度的激励政策，为企业创新提供足够的动力。同时，加大减税支持力度。对保险公司承保科技风险所获得的收益和科技中介进行科技保险服务所获得的收益，可采取所得税优惠政策进行激励，提高保险公司和科技中介参与科技保险的积极性。

（4）鼓励发展天使投资

一是拓宽天使投资人群。随着经济社会的发展，出现了越来越多的潜力天使投资人，包括海外归国的高学历新富阶层、成功商业人士、国内职业经理人等，我们应当将这些人作为发展天使投资的主要人群。

二是加强宣传教育。在众多的潜在天使投资人中，虽然有着充裕的闲置资金，但由于缺乏投资高新科技园区的意识和不了解高新科技产业，往往不敢贸然进入，对此我们可以联系专业机构，比如投资公司，针对他们举办专门的培训和研讨会。

三是发展天使投资人团队。可以通过建立天使投资人团队，加强天使投资人之间的联系，并逐步扩大其规模，拓展其影响力，同时建立相对稳定的管理和投资机制，促进整个天使投资行业稳步成长。

（5）引导促进风险投资发展

一是开辟多渠道资金来源。由于目前我国商业银行法、保险法以及养老基金管理办法等的规定，我国的商业银行、养老基金、保险公司等金融机构参与风险投资存在诸多限制。我国也可以借鉴等国外的做法，在不影响养老基金、保险公司的投资安全性的前提下，放宽法律法规的限制。

二是完善相关法律法规和政策。风险投资的发展与其成长的环境关系密切，一方面要逐步建立和完善风险投资行业的法律法规，另一方面，在政府支持性政策上，比如税收的优惠，要有一定的体现。

3. 优化环境，加快构建科技金融配套服务体系

（1）推动担保与风险投资相结合。将风险投资与银行担保接轨，可以通过两种方式实现：一种方式是高新科技园区内企业在向银行贷款时，申请由风险投资机构担保，即由风险投资机构提供直接担保；另一种方式是银行向风险投资机构授信，再由风险投资机构委托银行对有投资价值的高新技术企业办理委托贷款，即由风险投资机构提供隐性担保。将风险投资与担保相结合，实际上是银行将对高新技术企业的风险评估任务交给了风险投资机构，尤其是在第二种隐性担保中体现得更为明显。这样的结合，可以说是双赢的，既为风险投资找到了发展的新道路，更是确保了银行贷款的安全性，最终为高新科技企业获得银行贷款提供了保障。

（2）促进科技金融中介机构发展

一是提高信用评级能力和水平。应推动政府部门、金融机构、投

资机构、信用评级机构、会计师事务所等机构共同开展对科技企业的综合信用评级。增强信用评级机构的公信力，推动提高评级报告质量，扩大评级报告应用范围。

二是完善产权交易平台。研究和建立知识产权质押登记属地管理制度，探索建立全国统一的知识产权评估信息服务网络，培育知识产权质押物流转市场体系，丰富知识产权质押贷款质权处置，鼓励知识产权中介服务机构快速发展。

4. 创新体制机制，实现科技金融信息共享、推动科技金融创新

为了更好地促进科技金融的有机结合，科技部门应以建设公共服务平台为重点，充分发挥自身的信息资源优势，通过搭建信息网络平台，建立起政府资源与市场运作结合的科技金融服务体制。具体而言，科技、银监、保监、证监等部门可通过编制科技金融内参等形式，为有关各方提供科技与金融的最新动态信息，着力解决科技企业与金融企业之间的信息不对称问题。在政府的支持和引导下，汇集科技和资本的力量，通过建立企业信息库、金融机构信息库、金融专业库等，实现全方位的金融、科技信息资源共享。形成以商业银行、证券公司、保险公司、信托公司、担保公司等金融机构和社会中介服务机构为依托，旨在为科技型企业提供创新资本、银行贷款、融资担保、科技保险和上市辅导等各类金融服务的多层次、多元化、高效率的制度化联动平台，为科技型企业提供多层次、多元化、多渠道的科技金融服务。

河南省保险消费者教育方式研究^①

当前，我国保险行业正进入重要的发展机遇期，要抓住这一机遇破解深层次矛盾，实现转型发展，离不开成熟理性的保险消费者。河南作为我国重要的区域性保险市场，近年来总体保持了良好的发展态势。但由于河南农业和农村人口大省的省情，公众保险意识总体较为淡薄，消费者成熟度亟待培育。因此，结合河南省实际情况，研究保险消费者教育，对于提升保险消费水平，促进保险业持续平稳发展具有重要意义。

一、保险消费者教育的内涵及重要性

（一）保险消费者内涵

随着保险业的快速发展和保险消费的日趋大众化，"保险消费者"一词越来越多地被提及。目前，"保险消费者"概念并没有统一明确具体的定义，笔者认为在考虑其概念范围时应将一般消费者概念在保险领域予以延伸和发展，既要参考一般消费者概念，又要考虑保险消费领域的特殊性，从而得出科学合理的保险消费者概念。

因此，结合我国《消费者权益保护法》的基本原理和保险消费的特殊性，本文认为保险消费者范畴应当广泛，既包括自然人，也包括购买保险产品、接受保险服务的法人和其他组织；既包含已经购买保险的消费者，也包含潜在保险消费者，即准备购买保险以及有意愿购

---

① 主持人：郭晓彤；课题组成员：岳燕　莫亦鸣。

买保险的消费者，这样更能体现我国保险业所面临的实际情况，更有利于保护我国保险消费者的权益，同时也更符合《消费者权益保护法》的立法精神。综上所述，本文的保险消费者是指在保险市场上已经或有意愿购买保险产品或者接受保险服务的自然人、法人和其他组织，包括投保人、被保险人、受益人以及潜在目标消费者。

（二）保险消费者教育内涵

在消费过程中，信息不对称、虚假广告等因素影响消费者的购买决策力，消费者时常遇到商品市场显性或隐性的欺诈问题，导致消费者权益受到损害。于是，有助于消费者在购买决策中作出理性选择的消费者教育应运而生。消费者教育的内涵有广义和狭义之分，就狭义层面而言，消费者教育是指有计划、有组织地向消费者传授消费知识和技能，培养其科学、理性的消费观念，提升维权意识，提高消费者自身素质的一种社会教育活动。

具体到保险行业，本文研究的保险消费者教育也属于狭义层面范畴的，是指向保险消费者有目的、有计划、有组织地传授有关保险消费知识和技能，培养科学、理性保险消费观念，提高保险消费者自身素质和保险消费能力的一种社会活动。

（三）保险消费者教育的重要意义

随着保险业的快速发展，保险消费者的教育问题逐渐引起行业内外的广泛关注。河南作为我国重要的区域性保险市场，近年来总体保持了平稳健康的发展态势。但由于保险市场仍处于初级发展阶段的初创时期，而且河南又是农业和农村人口大省，社会群体保险意识总体淡薄，保险知识相对匮乏，加之保险公司经营管理比较粗放、保险销售人员素质普遍不高等因素，导致消费者难以理性选择适合自身需求的保险产品，销售误导、理赔难等损害保险消费者利益的行为时有发生，保险投诉总量持续较高。因此，认真广泛地开展保险消费者教育工作，对于实现河南保险业的可持续发展具有重要意义。

1. 有利于培育理性成熟的保险消费者

成熟的保险市场离不开成熟的保险消费者，通过开展保险消费者教育，可以帮助消费者更好地掌握保险基本知识，全面了解保险产品特性和投资风险，进一步促进保险消费者树立科学理性的保险消费理念，明确自身保险需求，购买适合自身需要的保险产品，进而预防销售误导，减少或避免矛盾纠纷。

2. 有利于进一步提升保险消费水平

通过开展保险消费者教育，宣传保险风险保障、投资储蓄的功能与作用，推广未雨绸缪的现代风险管理意识，可以帮助公众了解保险风险转移和损失分担的基本功能，促使保险消费者对自身及家庭成员进行合理的保险规划和安排，从而进一步提高保险的消费水平。

3. 有利于进一步增强消费者权益保护意识

通过开展保险消费者教育，向公众普及保险法律法规、监管政策及维权途径等知识，一方面，推动消费者权益保护意识向主动转变，帮助保险消费者强化自我保护能力，合法有效维权；另一方面，督促消费者在保险消费过程中自觉履行应尽的责任和义务，强化消费自律，尊重保险机构的合法权益。

4. 有利于进一步促进行业持续健康发展

保险消费者是保险市场发展的动力源泉，成熟理性的保险消费者是保险市场持续健康发展的约束力量和推动力量。通过开展保险消费者教育，公开保险信息，可以使市场优胜劣汰的机制作用得到充分发挥，倒逼保险机构丰富产品种类、完善服务体系、提高管理能力，推动保险市场逐渐由供给驱动型向需求驱动型转变，进而推进保险业规范平稳可持续发展。

二、河南省消费者保险认知现状

为全面了解当前河南省消费者保险知识水平，课题组在全省 18 个地市就消费者对风险的认识，以及对保险的认知等情况开展了一次问卷调查活动。问卷调查对象在兼顾性别、年龄、收入、区域等因素的基础上，随机进行选择，覆盖了城市消费者和农村消费者。本次调查共发放问卷3500份，回收有效问卷2540份。下面我们对有效问卷中的重点问题进行汇总统计分析。

（一）问卷调查分析

1. 消费者认为自身面临的风险

针对消费者认为自身面临的风险，我们设置了五个选择（可多选）：疾病风险、意外伤害风险、养老风险、财产损失风险、责任风险。调查显示，认为自身面临疾病风险、意外伤害风险、养老风险的受访者分别占比82%、74.5%和58%，认为面临财产损失风险和责任风险的受访者分别占比28%和16%（见图1）。

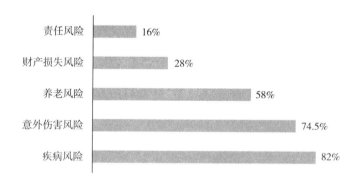

图1　您认为个人或家庭面临哪些风险？

2. 消费者应对未来风险的方式

针对消费者更愿意应对未来面临风险的方式，我们设置了五个选择：储蓄、子女负担、保险、其他投资、亲友互助。调查显示，有52%的受访者更愿意通过储蓄方式承担风险，34.7%的受访者更愿意通过保险分散风险，还有13.3%的受访者希望通过子女负担、其他投资、亲友互助等方式应对风险（见图2）。

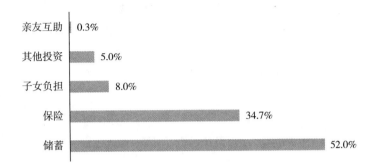

图2 您更愿意用哪种方式应对将来可能面临的

养老、意外或疾病等风险?

3. 消费者购买商业保单的件数

针对消费者及家人购买商业保险产品的份数,我们设置了四个选择:0份、1~3份、4~5份、5份以上。调查显示,52.7%的受访者购买了1~3份保险产品,23.2%的受访者未购买商业保险产品,购买5份以上的受访者占比11.6%(见图3)。

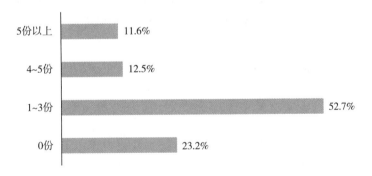

图3 您和家人共购买了几份商业保险?

4. 消费者没有购买保险产品的原因

针对部分消费者没有购买保险产品的原因,我们设置了个选择(可多选):保险产品价格贵、保险产品不能满足需求、现在没风险,没必要买、想买但不懂。调查显示,认为保险产品价格贵的受访者占比85.3%,认为保险产品不能满足需求的受访者占比48.2%，想买但不懂的受访者占比58%，认为现在没有风险没必要买的受访者占比38%（见图4）。

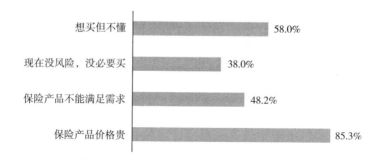

图4　您没有购买保险的主要原因是什么？

5. 消费者购买保险产品的动机

针对消费者购买商业保险产品的动机，我们设置了四个选择（可多选）：看到别人都买、投资理财、应对风险、业务员经常向我推销。调查显示，为了应对不确定性风险需要而购买保险的受访者占比72.5%，看到了保险的投资价值的受访者占比47.7%，基于从众效应购买保险的占比12.3%，还有20%的受访者是因为销售人员经常推销而购买的（见图5）。

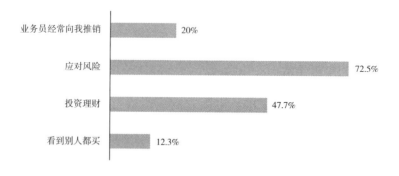

图5　您为什么购买商业保险产品？

6. 消费者购买保险产品的渠道

针对消费者购买保险产品的渠道，我们设置了六个选择（可多选）：保险公司业务员推销、保险公司产品说明会、银行邮政网点、保险公司官方网站、保险公司社区宣传台、其他渠道。调查显示，保险公司业务员推销是受访者购买保险产品的主要渠道，占比83.6%；在保险公司官方网站或其他渠道购买的占比较低（见图6）。

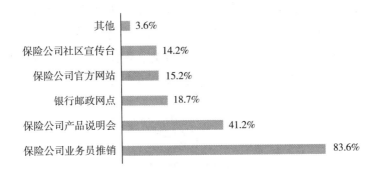

图6　您一般通过哪些途径购买保险产品？

7. 影响消费者购买保险产品的主要因素

针对影响消费者购买保险产品的因素，我们设置了六个选择（可多选）：家庭经济能力、保险产品价格、产品是否适合自己、产品的预期收益、销售人员素质、保险公司的声誉和实力。调查显示，家庭经济能力、产品是否适合自己、保险产品价格、保险公司的声誉和实力是影响消费者购买保险产品的主要因素（见图7）。

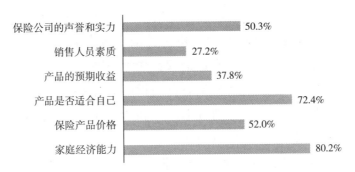

图7　您购买保险产品时主要考虑哪些因素？

8. 消费者了解保险知识的途径

针对消费者了解保险知识的途径，我们设置了九个选择（可多选）：保险公司业务员介绍、产品宣传页、电视或广播、报纸、街道或小区宣传栏、专题讲座、微信或微博等网络平台、手机短信、保监会或保险行业协会或保险公司网站。调查显示，大部分受访者主要通过保险公司业务员介绍、产品宣传页等途径了解保险知识，通过微信、微博等网络平台以及监管部门、行业协会、保险公司网站等网络渠道了解保险知识的受访者占比均约为25%（见图8）。

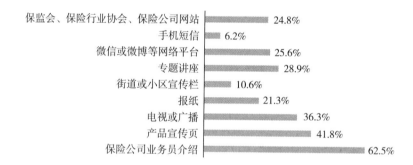

图8 您喜欢通过哪些途径了解保险知识？

9. 消费者选择处理保险纠纷的方式

针对消费者选择处理保险纠纷的方式，我们设置了六个选择（可多选）：向保险公司投诉协商、向消费者协会投诉、向保险行业协会投诉调解、向保险监管机构投诉、申请仲裁、向法院诉讼。调查显示，当消费者购买保险后，认为自己的权益受到损害时，选择向保险公司投诉协商的占64.2%，向保险监管部门投诉的占43.4%，向消费者协会和保险行业协会投诉的分别占37.5%和35.2%，向法院起诉和申请仲裁的分别占32.3%、14%（见图9）。

10. 消费者对保险知识教育的需求

针对消费者对保险知识的教育需求，我们设置了六个选项（可多选）：保险基础知识、保险产品类型及功能、保险典型案例介绍、保险消费者权益宣传、保险维权途径指导、保险监管政策法规解读。调查显示，有72.2%的受访者认为需要了解保险产品的类型及功能，有57%的受访者认为需要了解保险基础知识，需要维权途径指导和消费者权益宣传的受访者分别占比45.2%和44.4%，需要了解典型案例和监管政策法规解读的受访者分别占比37.5%和30.8%（见图10）。

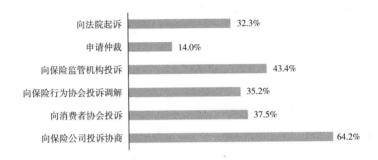

图9　您购买保险后，如果认为自己的权益受到损害，
您一般选择哪些途径维权？

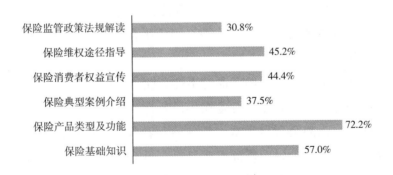

图10　您认为自己想要了解的保险知识有哪些？

（二）河南省消费者保险认知状况分析

1. 消费者对保险认知不足的表现

综合以上对消费者就风险的认识以及对保险的认知等内容的调查

分析，我们可以得出结论，河南省消费者的风险意识总体不强，保险认知水平总体不足，具体表现在：

（1）消费者风险意识不强

本次调查显示，消费者对未来可能面临的风险估计不充分、不全面，甚至仍然有相当比例的消费者没有意识到自身或家庭存在的风险。更愿意通过储蓄方式应对未来风险的消费者占绝对比例，而愿意通过保险公司分散风险的消费者占比不足35%，甚至还有一部分消费者希望通过子女负担或亲友互助的方式应对未来的风险。

（2）消费者基本保险知识比较欠缺

本次调查显示，消费者对保险基础知识、保险产品类型及功能、典型案例介绍、消费者权益宣传、维权途径指导、监管政策法规解读等六大方面的保险知识教育需求均有比较强烈的意愿。这也反映出，河南省消费者对保险的认知还处于浅层次的水平，对相关的保险常识缺乏应有的了解。

（3）消费者获得保险知识的渠道不宽

本次调查显示，消费者获得保险知识的渠道和途径不够丰富，主要集中在保险公司业务员介绍和产品宣传页等传统渠道，而通过网站、微博、微信等各种网络渠道以及手机短信平台等途径了解保险知识的消费者占比不高。

（4）消费者在选择保险产品时不够理性

本次调查显示，部分消费者在作出投保决策时，容易受到销售人员宣传的影响，甚至盲目跟从；部分消费者购买保险产品时，主要考虑产品的预期收益，而不是分析产品是否适合自身风险偏好和经济承受能力；而主动到保险公司咨询购买或通过电话、网上购买保险产品的消费者，占比较低。

（5）消费者对保险消费维权渠道了解不多

本次调查显示，发生了保险纠纷，大多数消费者会选择向保险公司投诉协商，也有部分消费者选择通过成本较高、耗时较长的法院诉讼途径寻求解决，还有部分消费者选择向消费者协会投诉。而保险行业协会调解和仲裁渠道相对简便快捷，但大部分消费者未作选择，说明保险消费者对行业调解、仲裁等途径并不熟悉。

2. 认知不足的原因

（1）传统观念和思维方式根深蒂固

当前，由于社会公众文化程度和思想观念千差万别，对保险的接受、理解和认知能力存在较大差异。部分公众尤其农村居民在观念上仍然习惯于通过养儿防老、亲友互帮互助的方法消极应对风险。还有部分公众认为政府应负责百姓的生老病死，寄希望完全依赖政府保障，认为买保险没用、买保险不如存款。这些传统观念在一定程度上影响了公众接受保险教育的主动性，进而影响了保险意识的提升。

（2）保险行业社会形象不佳

保险业是以诚信为基础的行业，保险产品的无形性和保险消费效用的延后性决定了消费者购买的是对保险公司的信任。当前，保险行业处于发展的初级阶段，增长方式较为粗放、管理和服务水平低下、销售人员素质普遍不高，销售误导、理赔难等损害保险消费者利益的行为时有发生，加之部分媒体不当报道和炒作，导致保险公司诚信透支，行业形象不佳，消费者对保险行业信任程度降低。

（3）保险教育覆盖面不宽

消费者对保险的认知水平很大程度上取决于其文化水平和价值观念，而教育是增强公众文化水平和价值观念的重要手段。目前，保险消费者教育体系尚未完善，中长期教育规划尚未建立，保险知识进社区、进机关、进农村、进学校、进企业活动未形成制度化、常态化。整体而言，河南省消费者保险知识的普及程度不高，保险教育覆盖面不宽，很大程度上影响了公众保险认知水平的提升。

（4）消费者教育未形成合力

随着保险市场主体逐渐增多，市场竞争日益激烈。各保险公司为提高自身的知名度、在市场中争得一席之地，多采取广告方式进行宣传，这些宣传在加强消费者保险认知方面所起的作用不可忽视。但从宣传的内容看，主要集中于公司形象、产品促销等方面，缺少保险知识的普及和行业作用的宣传。与此同时，监管部门和行业协会对于行业整体形象和作用的宣传力度不足，教育活动的安排缺乏系统性和持续性，行业的消费者宣传教育工作未形成合力，导致消费者无法全面深入地了解保险行业。

三、河南省保险消费者教育现状

（一）河南省保险消费者教育工作开展情况

近年来，为提升公众对保险的认知水平，树立保险行业的良好形象，河南保险业积极整合行业资源，构建宣传格局，营造舆论氛围，广泛深入开展保险消费者教育工作，努力提升工作实效。

1. 全面整合教育资源

河南保险业在教育宣传方面努力构建"监管部门统筹规划、社团组织牵头落实、市场主体协同参与、新闻部门密切配合""四位一体"的工作格局。河南保监局负责整体宣传教育工作方案的统筹规划及督促推进。各级保险行业协会在具体落实保监局宣传教育工作方案的基础上，结合辖内实际开展多样的宣传教育活动。各级保险机构根据宣传方案内容，积极响应，参与大型联动宣传，并结合自身实际，妥善安排公司宣传。搭建涵盖《中国保险报》、《河南日报》、《大河报》等省内外7家报纸和河南电视台、电台、大河网、百禾传媒等多家媒体的合作平台，并通过各地市行业协会加强与当地主流媒体合作，将保险宣传教育的触角覆盖到全省各类受众群体。

2. 稳步扩大教育对象

（1）宣传教育面向党政机关，提升各级政府对保险业的关注度和支持力。自2010年起，向省、市、县、乡四级党政领导及其组成部门领导赠送《中国保险报》，赠阅数量达 3600 多份。积极推动保险宣传教育进党校，知识讲座覆盖 4000 多名党员领导干部。不定期组织地方法院、检察院、交警、经侦、司法以及街道办事处等各系统各部门基层干部，开展保险知识及相关法律法规专题讲座，提高并不断深化基层干部和公务人员对保险业的认识与理解。

（2）宣传教育面向在校学生，从源头上提高保险和风险意识。积极推进保险知识、保险读本、保险讲座进校园活动，力求通过学生带动家长，通过学校带动社会，实现整个社会风险和保险意识的提高。目前已覆盖全省 18 个地市 30 多所学校，接受保险知识教育的学生累计过万人。同时，与学校联合开展"中小学生保险知识竞赛"、"保险让生活更美好"少儿书法大赛等保险主题活动，增强学生保险意识。

（3）宣传教育面向社会公众，营造懂保险用保险的良好氛围。连续 3 年编写《保险知识系列读本》，满足群众最关心、最直接、最现实的保险知识需求，累计向消费者赠送 3 万余本。利用河南电视台收视率高、受众广、权威性强的特点，组织制作 110 期"中原保险"专栏在电视台新闻频道连续播出。通过在乡镇刷制墙标、制作板报、送电影下乡、文艺演出等多种形式大力开展农村保险宣传教育，内容覆盖全省所有乡镇和 80% 的行政村。

3. 不断丰富教育方式

（1）在巩固报纸、电台、电视台等传统宣传渠道的基础上，积极适应公众信息消费习惯的转变，充分利用网络、手机等新兴媒体，以及微博、微信等自媒体，传递保险行业正能量，进一步提高公众宣传的精准度。目前河南保监局及省内各保险社团共开通微博、微信公众账号 5 个，合计超过 5000 人长期关注。安阳市行业协会还拍摄了保险行业微电影《我们的责任》，公众可以通过安阳市委门户网站安阳网和安阳协会网站在线观看，优酷网等主流视频网站进行转载，影响面较为广泛。同时，及时响应网友需求，积极开展互动交流，如结合大河网"大河骑友"栏目的网友需求，组织保险机构与网友进行互动座谈，介绍与户外运动相关的保险产品，受到网友欢迎。

（2）河南保监局网站和河南省保险行业协会网站开设保险消费者教育专栏，结合市场特征，及时发布消费提示信息，侧重提示消费者保险消费知识和投资理财风险。目前已累计发布各类保险消费者教育信息 300 余条。

（3）在郑州和安阳两个地区开展人身保险消费提示试点工作。针对分红险和万能险等新型产品误导投诉占比高的特点，重点向购买新型产品的消费者提示保险产品与其他金融产品的区别，引导消费者科学理性地消费保险产品。

（二）河南省保险消费者教育工作存在的问题

近年来，虽然保险消费者教育工作有序推进，但总的来看，仍然还不成熟、不完善。为全面摸清河南省保险消费者教育的真实现状，课题组有针对性地选择安阳、驻马店两个地市及所辖的安阳县、泌阳县两个县区以及三个乡镇开展了实地调研，调研走访地域兼顾市、县、乡三个层面，具有一定的普遍性和代表性。课题组分别与 2 个地市保险行业协会及 24 家保险公司开展座谈，到县乡实地走访，并与部分保险消费者现场访谈。通过此次调研，并结合日常监管工作情况，笔者认为，整体上看，河南省保险消费者教育工作仍然处于初级阶段，还存在一些问题和不足。

1. 保险公司重视程度有待进一步提升

（1）组织架构不合理。多数公司虽然都成立了由"一把手"负责、办公室、客服部及业务部门共同组成的消费者权益保护领导小组，但从实际工作职能看，消费者权益保护工作仅由客服部门负责，其他部门参与不多，而且工作内容侧重于处理客户投诉、解决问题纠纷，没有将消费者教育工作实质性地纳入客户服务体系筹考虑。

（2）思想认识不到位。保险公司普遍对消费者教育工作认识不深、重视不够。上级公司对基层公司基本没有消费者教育专项工作经费或政策支持。保险公司重客户开发、轻知识普及，重产品推介、轻风险提示，重业务规模、轻风险管理，重活动形式、轻实质内容等问题比较突出，一些教育活动带有较强的功利性，过分注重自身企业品牌的公关宣传和相关险种的促销，偏离了普及保险知识、提高风险意识、维护消费者权益的教育目标。

2. 教育工作针对性和有效性有待进一步提高

（1）教育内容和方式未区分受众对象。行业协会和保险公司在开展消费者教育活动时，未区分县域农村居民和城市居民、中青年群体和老年群体、现实客户和潜在客户，一种宣传教育方式或内容普遍适用，导致教育项目针对性不强，重点不突出，效果大打折扣。如通过与消费者访谈得知，目前行业惯用的报纸宣传方式受众范围较小，除机关事业单位订阅报纸外，其他大多数消费者更喜欢通过网络、社区咨询台、专题讲座等形式获取相关知识信息。

（2）教育内容有待丰富完善。当前行业普及保险基础知识、风险提示以及产品宣传等方面内容相对较多，但对保险消费者进行消费提示、维权途径教育等方面内容涉及较少，导致大多数消费者对自身的权利、义务认识不到位，维权途径不清楚。此外，农村墙体广告标语多为口号性的保险宣传语言，大多数老百姓不明白标语的内容含义，宣传效果也不甚理想。

3. 教育工作连贯性和系统性有待进一步增强

（1）教育工作机制不完善。行业消费者教育工作缺乏长远规划，没有形成统一、完善的工作机制和制度体系，没有建立专门的保险消费者教育管理体系，没有科学的消费者教育内容和标准。

（2）教育工作缺乏持久性和规范性。当前消费者教育工作存在阶段性、应急性风险提示多，常规化、经常性知识教育少的问题，一些保险公司往往只是在监管部门或行业协会的要求下，通过"宣传月"、"宣传周"等集中活动时间进行突击性的保险宣传，缺乏统一规划。

（3）教育效果评估反馈机制缺失。目前行业总结消费者教育成效时，重点关注印发了多少份资料、举办了多少期讲座、设置了多少个展板、接受了多少次咨询等，至于消费者对保险知识教育的掌握程度及认知变化，保险消费者教育的内容是否符合实际，还缺乏相应的评价、反馈和改进措施。

四、国内外金融消费者教育经验及借鉴

（一）发达国家和地区金融消费者教育情况

随着资本市场的发展，新的金融产品不断涌现，由于金融产品的特殊性和复杂性，导致金融消费者权益更容易受到侵害，因此越来越多的政府积极采取行动开展金融消费者教育。尤其是 2008 年国际金融危机爆发之后，西方发达国家和地区都加强了对金融消费者保护工作的推动，金融消费者教育工作的开展也呈现如火如荼的态势。

1. 美国

美联储从 20 世纪 30 年代成立以来一直都重视消费者教育工作。近年来，更是不断创新教育的方式方法，拓宽信息传播渠道，增强信息的实用性。

（1）构建金融消费者教育体系。2003 年，美国颁布的《公平交易与信用核准法案》明确提出成立美国金融扫盲与教育委员会，把面向美国国民的金融教育正式纳入国家法案。委员会以美联储和财政部为核心成员，由教育部等 18 家重要机构共同组成，逐渐形成了以政府为组织者，州政府、金融机构、行业组织、教育机构、非营利组织等为实施者，全体国民为参与者的金融教育体系。2010 年 7 月通过了《多德—弗兰克华尔街改革与消费者保护法案》，成立了消费者金融保护局，下设金融认知教育办公室、消费者金融投诉办公室和消费者咨询委员会，以便推动金融消费者教育和开展消费行为研究。

（2）将金融教育纳入国民教育体系。在全国范围的学校内，针对

从幼儿园到高年级的中学生、大学生以及教师进行金融教育。如新泽西等六个州通过立法形式将金融教育列为从启蒙教育至大学教育的12年学校教育的必修课程，并将修习金融课程学分情况列为学生获得贷款的必要条件。

（3）采取多样化的教育途径。建立专门的金融教育网站，提供丰富的信息；向公众免费发放宣传手册或光盘；举办学生、教师培训班；鼓励非营利政府组织、民间教育单位参与消费者教育；开展消费者调查和测试，了解消费者最为关心的问题，制定、补充金融保险教育材料；将每年4月确定为"金融扫盲月"，强化国民的金融教育，还专门成立"总统金融知识咨询委员会"，为从事金融扫盲的志愿者组织提供专业金融知识帮助。

2. 英国

英国高度重视金融消费者教育，于1998年开始启动有目标、有组织、有重点的金融知识普及工作。经过多年投入和努力，英国金融知识普及效果开始逐步显现，消费者金融理解能力得到提高。

（1）设立专门金融教育机构。2000年，英国批准通过了《金融服务与市场法》，根据该法规定成立了金融服务管理局。2003年10月，英国金融服务局专门成立"金融能力指导委员会"，负责研究制定并组织实施国民金融素质培养总体规划，推进金融知识普及工作。2008年金融危机之后，为加强金融消费者教育，2010年，金融服务局专门成立了"消费者金融教育局"，主要负责独立、系统、全面的组织开展消费者教育工作，深化公众对金融事务的了解和认识。同时，为强化统一推动，还设立了专门的金融教育组织协调部门，负责协调教育部、产业部等相关部门参与金融教育。

（2）加强学校金融知识教育。2008年，英国在中学课程中引入金融能力教育内容，并且将有关科目规定为必修课程，或列入普通中等教育证书考试课程的数学科目中。2013年2月公布的《国民教育大纲》将金融知识普及性教学作为 11～16 岁中学阶段的必修课程。

（3）多种方式开展金融教育。2006 年，金融能力指导委员会针对金融知识最为缺乏的群体和承担主要社会责任的群体，推出了 7 个重点突破领域：小学金融知识普及、帮助年轻人树立理财观、工作场所金融知识传授、消费者金融知识普及渠道、在线工具、新婚夫妇理财培训、金融事务咨询等七个方面。金融服务局组织编写刊物、保险产品比较表等发放给消费者，并通过多媒体动画教材，提供多国语言向各年龄层的普通消费者进行金融保险教育。次贷危机后，特别加强了对弱势群体的金融保险教育，扩大金融保险教育惠及面。

（二）我国其他金融行业消费者教育情况

1. 银行业消费者教育主要做法

（1）监管部门不断创新教育形式。开通银监会公众教育网，利用监管部门中立、权威的立场向公众提供金融教育信息支持；建成开放银监会公众教育服务区，扩大消费者教育的社会影响；指导行业做好教育工作，提供相关公共教育资料和手册等；每年组织开展银行业公众教育服务日活动和"金融知识进万家"宣传服务月活动，向公众普及金融知识，引导社会公众科学合理使用银行产品和服务，提高公众识别和防范金融风险的能力，加强金融消费者权益保护。

（2）各银行主体明确教育的重点内容。各银行在宣传贷款、理财等产品的同时，将公众教育工作重点放在传播金融知识、进行风险提示和加强客户投诉处理等方面，向消费者及时发布产品信息、监管要求和风险提示等，重点提高消费者风险防范意识和金融风险识别能力。

2. 证券业消费者教育主要做法

（1）加强组织建设。2007 年 6 月，证监会成立了投资者教育办公室，该办公室由机构部、基金部、期货部、协调部、证券业协会、期货业协会相关人员组成。证监会各派出机构相继成立"投资者教育工作领导小组"，上海证券交易所、深圳证券交易所和中国证券投资者保护基金公司先后于 2008 年 2 月、3 月和 9 月成立了投资者教育中心（部），专门负责本单位的投资者教育工作。2012 年 1 月 10 日，证监会投资者保护局正式挂牌成立，协调推动建立完善投资者服务、教育和保护机制是其一项重要的工作职责，这些工作机构的成立为开展投资者教育工作奠定了相应的组织基础。

（2）加强制度建设。2001 年，证监会就发布了《证券市场各方责任教育纲要》及实施细则方案，对证券期货行业投资者教育工作做出部署；结合证券期货行业各市场主体的不同特点，有针对性地开展投资者教育工作，并逐步构建起全行业齐抓共管的投资者教育工作体系。2007 年 5 月，证监会发布《中国证券业协会会员投资者教育工作指引（试行）》，首次对投资者教育进行了严格、细致的制度性规定，要求包括证券营业部、证券咨询机构和基金管理公司等协会会员，建立以单位主要负责人为组长的工作小组，投入足够的人力、物力和财力，有计划地切实开展投资者教育。2015 年 9 月，证监会又发布《关于加强证券期货投资者教育基地建设的指导意见》（以下简称《意见》），鼓励各类主体积极参与投教基地建设，继续扩大投资者教育覆盖面。

（3）开展丰富多彩的教育活动。监管部门与协会、交易所等自律组织联合报纸、电视、网络等新闻媒体，共同开展投资者教育专栏，制作专题节目，发放各类宣传教育资料，制作投资者教育动画片，向社会公众宣讲证券市场基础知识，提示投资风险。

（4）开展投资者教育专项检查。证监会统一安排各证监局对证券公司、基金管理公司、证券投资咨询机构、期货经营机构和上市公司落实投资者教育、防范市场风险工作情况进行专项现场检查，及时发现和纠正有关机构在推动投资者教育工作中存在的问题，提出整改要求，推动教育工作取得实效。

五、强化河南省保险消费者教育的对策与建议

总体而言，我国保险消费者教育还处于探索阶段，保险消费者教育工作任重道远。近期，国务院办公厅印发了《关于加强金融消费者权益保护工作的指导意见》，提出要进一步强化金融消费者教育，保障金融消费者受教育权，建立金融知识普及长效机制，切实提高国民金融素养。《意见》对于进一步加强保险消费者权益保护，推动保险消费者教育工作深入开展具有重要意义。按照《意见》精神要求，针对河南省保险行业消费者教育的现状和存在的问题，借鉴发达国家和银行、证券业经验做法，课题组认为，应着力构建以保险消费者需求为出发点、符合我省保险行业实际和保险消费者特点的教育模式，努力推动河南省消费者保险意识全面提升，科学理性的保险消费环境初步形成。

（一）构建多方参与的教育组织体系

保险消费者教育工作涉及监管部门、行业组织、保险机构、社会其他组织等多个主体，只有联合社会有关各界，支持更多利益相关方参与保险消费者教育工作，才能将保险消费者教育工作推向深入。

1. 发挥监管部门的主导作用

保险消费者教育是政府的一项重要职责，政府组织担负起对公众进行金融教育服务的重任是国际社会的普遍做法。监管部门应把保险消费者教育工作与保险行业文化及消费者权益保护等工作一并系统性全盘考量，统一制定并牵头组织落实保险消费者教育整体规划，推动促进保险业与其他金融业、教育界的合作。同时，加大监管力度，通过有针对性地查处一批严重侵害消费者权益的违法违规行为，强化消费者保护，引导市场主体改进完善消费者保护措施，落实消费者教育责任。

2. 发挥保险行业协会的协调作用

行业协会应有效发挥公信力、引导力和凝聚力，统一组织开展消费者教育工作，搭建长效机制，形成工作合力。行业协会应成立专门部门

统一推动行业消费者教育工作，构筑保险消费者教育和咨询服务体系；加强与教育部门和基层政府、媒体等方面协调，与消协等部门联合建立保险消费者教育基地，积极开展行业新闻宣传；发挥募集机制的作用，探索建立行业消费者教育专项基金，拓宽消费者教育工作经费来源。

3. 发挥保险公司的主体作用

保险公司直接面对消费者，是保险消费者教育的主体。保险公司应强化保险销售中的教育功能，规范销售宣传，强化风险提示，严格履行说明义务，保障消费者行使了解合同条款和亲笔签署合同的权利，帮助消费者避免因忽略合同义务或缺乏保险知识而利益受损，从而有效且广泛地起到教育消费者的作用。同时，应积极参与行业统一组织的保险消费者教育活动，并结合自身业务特点，自主策划、组织实施保险消费者教育活动，在提升自身品牌影响力的同时，增强行业影响力。

4. 发挥社区等基层政府组织的桥梁作用

平常百姓与居委会、村委会等基层政府组织接触密切，基层政府组织最了解百姓的需求，加强与基层政府组织的沟通合作，有利于保险消费者教育的内容贴近实际。日常工作中，可以考虑将组织能力强、有一定文化水平和沟通技巧的热心群众选作为保险知识传导员，经过专业知识培训和考核后，到社区、机关、乡下进行保险知识的传播，实现保险教育工作服务上门。同时，行业可以定期在社区组织保险知识咨询活动，了解消费者关心的问题，提高保险消费者教育的有效性。

（二）健全务实的教育内容体系

消费者教育的内容应根据消费者实际需要，提供有用的、务实的保险知识。结合河南省保险业发展现状以及问卷调查结果分析，具体来说教育内容应包含四个重点方面和层次。

1. 普及保险基础知识的教育

掌握一定保险基础知识，是消费者进行科学消费的基本前提，主要包括保险与风险的基础知识，如保险的含义、作用、种类以及与风险的关系、风险防范管理等；也包括保险合同基本术语，如投保人、被保险人、保险费、保险金、保险期限、保险责任等订立保险合同、理解保险条款、进行保险索赔必备的基础保险消费知识。普及保险基础知识，属于保险消费者教育内容体系的第一层次。

2. 培养保险消费技能的教育

培养保险消费技能，是消费者进行科学消费的必要保障。这一层次的消费者教育，主要是通过对不同保险产品的保障功能、适用对象、风险情况的介绍，帮助消费者提高辨别分析和评价的能力，以及判断产品与自身需求契合度的能力。此外，通过保险消费提示、风险警示、案例披露等，帮助消费者清楚了解保险的特性、与其他金融产品的区别，自主选择合适的保险产品，避免被误导、欺骗。

3. 培育科学保险消费理念的教育

回顾近年来发生的群体性退保事件，相当数量消费者成为保险销售人员误导的对象。究其原因不难发现，误导虽然是直接因素，但保险消费者消费行为不理性、不成熟的原因也不容忽视。培育科学消费理念的教育，主要是引导消费者对家庭财务进行系统思考、统筹规划，对消费对象、消费行为方式、消费过程等进行总体认识评价和判断，帮助消费者提升规划自身保险需求和投入的能力。

4. 增强消费者维权能力的教育

增强依法维权的意识和能力，是消费者获得自我保护的关键所在，消费者教育重点在于，让消费者知晓其所享有的基本权利和应履行的义务，了解与其关系密切的保险法律法规内容，以及合法维权途径的类型及特点，如何采取合理有效维权方式获得救济。这一方面的教育，可以为保险消费者维护自身正当权益做好知识储备，使其能够在权利受到侵害时，以正当手段保护自己的合法权益。

（三）探索因人制宜的教育方式

保险知识具有较强的专业性，而受众群体的素质参差不齐、需求多样，因此，保险消费者教育要结合不同受众对象的特点，完善教育方式，提高教育针对性。

1. 区分知识层次，对学生分类开展教育

在总结前期工作试点经验的基础上，进一步扩大河南省"保险知识进学校"的覆盖面。对于中小学生保险教育，要突出认知特点，将保险知识融入生活常识，使青少年从小就认识风险、了解保险的功能作用，萌发风险分散和转移意识。对于大学生保险教育，要突出提高金融保险素养，结合大学生可能存在保险消费活动或毕业工作后的保险需求，进行保险专业术语解读和典型案例实践教育，使其可以学以致用，重点培养保险消费技能和科学理性的保险消费观念等。

2. 结合地域特点，加大对农村居民教育力度

结合河南农村人口占比大、农村保费占比高的实际，在农村地区开展的保险消费者教育更要注重找准教育重点。针对农村居民和家庭，保险教育要侧重于从提高生活质量、解决家庭后顾之忧的角度，突出保险的风险保障功能；针对农村企业的经营管理者和投资人，保险教育应侧重于从维护企业平衡运营和投资人利益角度，突出保险的经济损失补偿功能；针对农村中的社会管理者，保险教育要侧重于从维护社会稳定，促进和谐发展的角度，突出保险的社会管理功能，强调保险的"社会稳定器"作用。

3. 区分经济条件，对富裕人群和弱势群体区别教育

低收入群体、老年人等弱势群体，收入水平较低、文化水平不高、辨识能力较差、风险承受能力有限，对这类人群的保险消费教育，重点应放在风险提示、防假防骗意识等方面，比如进行特别简短、醒目的宣传用语提示，提供专门的法律咨询、维权咨询服务，通过信息披露、消费提示、警示教育等提高其识别保险消费"陷阱"的能力和自我维权意识及能力。而富裕人群的保险理财意识、购买力以及奉献承受能力都相对较强，针对这类人群的保险教育应更为全面、专业，除

保险基本知识、消费技能、维权意识教育外，更重要的是提供家庭财务管理、保险需求设计、保险理财、资产安排等服务宣传、咨询，培养科学理性的保险消费理念与行为。

（四）拓宽丰富多样的教育渠道

保险消费者教育工作的效果，很大程度上取决于形式是否丰富，能否为消费者接受并渗透到消费者的日常生活中。因此，增强保险消费者教育的渗透力，既要深入挖掘传统教育方式的潜力，也要充分利用新媒体新途径，不断探索更为广泛的保险消费者教育渠道。

1. 深入挖掘传统教育方式的潜力

保险消费者教育要在户外广告、主题活动、专项展览、知识竞赛等传统方式的基础上不断创新思路。如提炼文字简洁生动、内容通俗易懂、吸引力强、便于记忆的宣传用语，对公众消费最集中的、容易出现误解、误导的险种进行消费提示，在保险机构营业网点的电子屏、宣传视窗滚动播放或醒目张贴，进行长期不间断的告知宣传。根据受众群体保险需求特点、知识结构水平、生活生产实际分类设计编写知识读本，免费发放。如在广大农村地区，读本指南要符合农村人口的知识水平，在市民社区要贴近民众生活符合其基本需求。开展保险进学校、进机关、进社区等活动，要结合最近发生的国内外灾害或重大事故和突发事件，吸引公众对风险防范的关注，提高保险普及程度。

2. 充分利用新媒体新方式

信息化的发展和科技手段的日益更新，为保险消费者教育便捷化、迅速化提供了有力支持。保险消费者教育方式要与时俱进，有效地借助网络、微信、微电影等新兴媒体平台传递保险业正能量。如探索开发通俗易懂、简单生动的多媒体保险教育资料，通过数字移动电视、桌面视窗、微信传播等方式，使公众可以便捷地认识保险、熟悉保险。借鉴其他金融行业自助终端运用经验，开发操作简易、界面清晰、功能齐全的保险自助终端设备或触摸媒体等载体，把传统的保险指南、手册等编入其中，广泛放置于广场、商场、医院等公众场所，供查询体验，为社会公众提供全面、细致、立体的保险消费知识，使保险消费宣传深入渗透人们的日常生活。

3. 探索更为广泛的教育渠道

要把保险消费者教育向纵深推进，要求教育工作必须增强及时性、开放性、专业性和互动性，不断强化信息披露。结合河南省实际，应当进一步发挥河南省保险消费者权益保护服务总站的作用，把承保、保全和理赔等保险信息真实地反馈给消费者，促进消费者更加客观地审视消费行为和服务体验，同时，做好消费提示、风险提示、销售后续提醒和维权咨询等。保险行业组织应加强与教育部门、其他金融业等单位在保险消费者教育合作渠道方面进行新的探索，如开办免费的保险培训课程、组织不同行业代表开展信息交流、派驻义务保险讲师、帮助培训保险教育师资等，积极扩大保险消费者教育的深度和密度。

新形势下加强商业银行
案件风险防控思考①

按照巴塞尔银行有效监管的核心原则，金融风险划分为信用风险等8类，而随着我国社会发展和金融改革的日益加速，这些风险也在不断发生新的变化，特别是案件风险日益凸显。近年来，国有商业银行的改革和发展取得的成绩举世瞩目，但同时，随着社会非法集资、金融诈骗等外部输入型风险的传染扩散，银行业金融机构案件和风险事件持续高发，基层营业机构案件频发的问题却始终没有得到有效控制，内控案防形势日趋严峻，风险防控任务愈加紧迫。这些案件的发生，不仅给商业银行造成了巨大的经济损失，也给其社会形象带来了不利影响。虽然这些问题发生在少数机构、涉及个别员工，但如不及时加以解决和纠正，必将严重阻碍银行业可持续发展，甚至葬送来之不易的经营成果。如何通过剖析案件成因，从源头上防范银行业金融机构案件的发生，是各级银行业金融机构都应该思考的问题。本文作者结合自己在银行多年工作的体会，在创新商业银行案件风险管控体系方面谈一些粗浅的看法。

一、研究案件风险的重要意义

作为经营货币的特殊行业，银行业在经营活动中伴随着多种不确

---

① 主持人：温盛民；课题组成员：李适、王为民、赵从业、马四新、张竞丹。

定的风险，案件风险即是其中之一。银行业案件的发生，不仅直接影响到银行业的声誉和形象，也影响到银行业稳定发展的全局，甚至影响到构建和谐社会的大局。有效防控案件风险是银行业正常经营的基础，也是实现银行业健康可持续发展的前提。我们应该清醒地认识，案件防控是一项长期而又复杂的系统工程，案防形势严峻，任重道远。

案防工作是银行业各级机构按照外部监管和内部控制的规定要求，为防范案件或案件风险事件发生，有效控制或化解案件风险隐患所采取的各项工作措施，不是一般意义上的政工工作，是银行经营管理中实实在在的一项内容、一个重要组成部分，"一手抓业务发展，一手抓案件防控"的说法有一定的道理，实际上国际上的大银行都把防范操作风险作为经营管理的重要组成部分。操作风险很大一块内容就是我们通常所说的银行内部和外部案件。我们不应把操作风险的防控，把案防工作只看成是一种支持和保障性质的工作，而应将其和内控工作有机地结合在一起，看成是银行经营管理、银行内控工作的重要组成部分。只有这样，才有利于各级管理人员更自觉地将其视为银行上下必须共同的负责、上下联动、互相配合的工作，更加自觉地加强这项工作。研究案件风险，开展案件专项治理，对改善银行业声誉和形象，促进银行业稳健经营发展具有十分重要的意义。

二、案件风险的内涵特征及危害研究

"十案九违规"。要谈商业银行案件风险，必须先讲操作风险。银监会《商业银行操作风险管理指引》指出：操作风险是指由不完善或有问题的内部程序、员工和信息科技系统，以及外部事件所造成损失的风险，覆盖了商业银行所有的业务。操作风险损失事件是指由不完善或有问题的内部程序、员工和信息科技系统，以及外部因素所造成财物损失或影响银行声誉、客户和员工的操作事件，具体包括内部欺诈，外部欺诈，就业制度和工作场所安全，客户、产品和业务活动，实物资产的损坏，营业中断和信息技术系统瘫痪，执行、交割和流程管理七种类型。案件风险只是操作风险的一部分。

（一）银行业金融机构案件的概念

案件是指银行业金融机构从业人员独立实施或参与实施的，或外部人员实施的，侵犯银行业金融机构或客户资金或其他财产权益的，涉嫌触犯刑法，已由公安、司法机关立案侦查或按规定应当移送公安、司法机关立案查处的刑事案件。分为内部案件和外部案件。

（二）银行业金融机构案件风险的概念

案件风险是指已被发现，可能演化为案件，但尚未确认案件事实的风险事件。主要包括：银行业金融机构员工非正常原因无故离岗或失踪、被拘禁或被双规；客户反映非自身原因账户资金发生异常；收到重大案件举报线索；媒体披露或在社会某一范围内传播的案件线索；大额授信企业负责人失踪、被拘禁或被双规；银行业金融机构员工可能涉及案件但尚未确认的情况；其他由于认为侵害可能导致银行或客户资金（资产）风险或损失的情况。

（三）案件风险事件的概念

案件风险事件是指已被发现，可能演化为案件，但尚未确认案件事实的风险事件。包括但不限于：员工非正常原因无故离岗或失踪、被拘禁或被双规；客户反映非自身原因账户资金发生异常；重大案件举报线索；媒体披露或在社会某一范围内传播的案件线索；大额授信企业负责人失踪、被拘禁或被双规；员工可能涉及案件但尚未确认的情况；其他由于人为侵害可能导致银行或客户资金（资产）风险或损失的情况。

（四）案件成因分析

1. 案件数据分析

根据监管机构、公开渠道披露、金融机构等渠道收集到的银行业各类案件信息，从案件发生地域看，近年来，银行业案件在地域分布上比较分散，呈现出与区域金融生态环境息息相关的明显特征；从案件发生层级看，县级支行及营业网点（含城区）是银行案件的主要区域，三年来发生案件的数量、涉案金额均占案件总数、涉案总额的80%以上；从案件发生渠道看，服务客户的主要渠道中，柜面服务渠道案件最为突出，其次为对公、对私营销服务渠道。ATM 等自助银行渠道和网上银行等电子银行渠道次之，但增长比率明显；从案件涉案人员岗位看，经办柜面业务的前台柜员、基层机构和营业网点负责人、客户经理、会计主管、二级分行负责人等是内控失效的高风险岗位；从案件涉及业务部位（产品）看，涉案的可售产品中，个人存款、单位存款、支付结算、个人贷款等核心产品是内控失效的集中区域；从案件相关业务环节看，柜员卡保管使用、开销户、内部账户管理、柜面现金收付、会计凭证管理、代客服务、重要单证管理、会计专用章管理等是内控失效的高发环节；从监督环节看，业务检查、岗位分离与制衡、实时监控与预警、稽核、对账、员工行为排查、录像监控、岗位轮换和交流等是案发时失效的监控检查方式。

2. 案件暴露问题分析

一是有章不循、违规操作，制度执行不力。90% 以上案件均不同程度地存在有章不循、违章操作的问题，其中六成以上案件是多个部位、岗位、环节连续或同时不严格执行制度。突出存在的共性问题包括：惯性疲劳、侥幸心理、盲从领导、自我安慰、技能不足、资源紧张、贪欲失德、意识淡薄等。二是监管管理效能不高。涉案机构都设置了很多"关卡"，既有业务流程过程中的岗位分离与制衡、授权控制，又有后台的实时监控、对账、多层次的业务检查、审计，还有起到综合监督效果的岗位轮换、强制休假、行为排查等。但这些门槛存在不同程度的失效。三是"技防"能力有待提高，自动化控制比例较低。风险预警和实时监控能力较弱，还无法从技术上阻止违规操作通过，科技支持业务运行和服务的能力还比较有限，不少风险集中的业务环节还主要依赖手工操作，IT 系统体系还很分散，系统之间自动勾兑能力有限。

3. 案件的危害分析

银行业是保障国民经济改革和发展的关键行业，具有"牵一发而动全身"的影响力，其安全稳定在一定程度上影响着国民经济的平稳较快发展。银行业案件高发、频发，将会产生四大危害：一是破坏社会正常的生产生活秩序和安全稳定的生产环境，破坏正常的金融秩序和社会信用环境，从而危害到整个经济健康运行，甚至危害到国家安全和社会稳定。二是损害国家集体经济利益，影响社会经济的健康发展，破坏市场经济的公平竞争规则，在经济社会中造成消极影响，威胁银行业资金安全，甚至形成重大经济损失。三是损坏党和政府的形象，破坏党风廉政建设，危害一方金融资产的安全，扰乱银行业经营管理，给银行业正常经营管理工作造成重大负面影响和工作被动，损害银行业信誉形象，造成客户的不信任感，弱化银行业核心竞争力。四是严重影响银行员工职业发展和个人生活，作案人轻则受到行政和经济处罚，重则失去工作，甚至遭受牢狱之灾。由此可见，遏制银行业案件高发、频发态势，不仅是银行业稳健发展的迫切需要，更是教育挽救干部职工的社会责任。

三、案件风险监管理论发展历程研究

2002 年 10 月，中国人民银行发布《商业银行内部控制指引》，防范金融风险，保障银行体系安全稳健运行。2005 年初，根据国务院领导同志重要指示精神，银监会组织开展了全国银行业案件专项治理工作，督促银行业金融机构采取有力措施，着力防范操作风险和案件风险。2008 年 7 月，中央机构编制委员会批准在银监会成立案件稽查局，负责银行业金融机构案件调查等工作，全面指导银行业金融机构的案件防控工作。2010 年，银监会组织开展"银行业内控和案防制度执行年"活动，继续将银行业案件专项治理工作引向深入。为规范银行业金融机构及其从业人员行为，有效防范民间借贷、违规担保和非法集资引发的风险向银行体系转移，2012 年，银监会办公厅先后发布了《关于严禁银行业金融机构及其从业人员参与民间融资活动的通知》、《关于银行业金融机构员工参与地下钱庄非法活动的通知》等规范性文件，要求商业银行建立与民间借贷、非法集资等之间的防火墙。2013年，为加强银行业金融机构案防长效机制建设，银监会制定下发了《银行业金融机构案防工作办法》，指出了案防工作目标。印发《银行业金融机构案件问责工作管理暂行办法》，规范银行业金融机构案件问责工作，落实案件风险责任，促进案件风险防控。印发《银行业金融机构案件防控工作考核评价办法》，通过实行银行业金融机构法人自我评估与分支机构自我评估、银行业金融机构自我评估与监管机构监管评价相结合的方式，客观评价银行业金融机构案防工作情况和成效。2014 年，银监会下发修订后的《商业银行内部控制指引》、《关于全面开展银行业金融机构加强内部管控遏制违规经营和违法犯罪专项检查工作的通知》，对银行业金融机构合规经营情况进行全面深入检验。2015 年，银监会印发《关于加强银行业金融机构内控管理有效防范柜面业务操作风险的通知》、《关于开展"两个加强、两个遏制"专项检查"回头看"自查工作的通知》，要求各银行业金融机构对业务流程及制度进行全面梳理，开展风险排查，切实防范内部操作风险和违规经营行为，完善内控体系和内控制度建设，进一步巩固"两个加强、两个遏制"专项检查成果。

四、研究案件风险管控体系的现实意义

当前，我国经济进入以"中高速、优结构、新动力、多挑战"为主要特征的新常态，金融监管环境和市场运行机制在发生深刻变化，既有利于商业银行稳定和健康发展的因素，也面临制约和挑战。从机遇来看，国际产业格局重塑以及我国"一带一路"等新型跨区域互联互通战略的实施，国家对外开放水平不断提升，关键领域金融改革的

全面深化，为银行业提供了良好的投融资业务发展机会和巨大的产品服务创新空间的同时，也为国际化发展和综合化经营创造了新的有利条件，案件风险管控体系将在全行持续发挥保障作用。从挑战来看，国际资本加速转移，大宗商品价格不断波动，加大了银行业全面风险管理难度；国内新常态下经济增速放缓，实体经济去产能、去库存、去杠杆造成部分行业和企业面临较大的发展压力或困境，银行业保持信贷资产质量稳定的压力增大，外部风险不断向银行业务的转移，外部欺诈风险、内部操作风险和道德风险突出显现，对银行业全面风险防控能力提出了更高要求。

利率市场化改革步伐的加快，互联网和大数据等新技术的广泛应用，对商业银行经营管理模式、传统盈利模式构成严峻挑战，互联网金融业务领域风险多发，向银行业体系的渗透和传染呈加速趋势，造成商业银行交易风险冲击快速上升，套贷套现风险防范压力增大。针对激烈竞争导致的优质客户分流以及客户拓展和维护成本增加，需要商业银行在依法合规的基础上，进一步调整和转型经营结构与模式，根据 COSO《内部控制——整合框架》、银监会新版《商业银行内部控制指引》构建起更为完善的内部管理体系。通过加强案件风险管控体系建设，提高业务效率，提升核心竞争力，拓展更大的发展空间。

五、目前商业银行案件风险需关注的问题

经验教训说明，抓不抓案防，抓的松紧效果大不一样，防范风险应如履薄冰，不能掉以轻心。因此，商业银行各级领导和广大员工要树立"不出案件就是质量效益"的观念，思想上时刻绷紧案防弦，实践中坚持常抓不懈，持之以恒，自觉做到居安思危，防微杜渐、防患于未然。

（一）关注案件特点及其突出表现

从有关通报和统计分析情况看，当前银行业案件主要特点从外部看：不法分子利用假汇票、假票据，利用银行 ATM 诈骗信用卡客户资

金的案件时有发生，外部诈骗案件有上升趋势，高科技、高智商犯罪已成为银行业案件防控工作的重点。从内部看，一是信贷领域逐渐成为案件的高发区。二是员工参与民间融资及非法集资风险仍然突出。三是理财业务领域风险突出。四是商业贿赂案件相对突出。五是基层机构负责人案件多发。六是盗窃库款事件和侵占客户资金案件仍有发生。七是个别员工赌博、炒股、博彩诱发案件问题时有发生。突出表现为：银行员工涉嫌违法放贷的案件数量及占比上升，个别员工甚至帮助企业伪造资料骗取银行贷款，从中收受好处，或直接将贷款资金用于个人目的；银行有贷户企业参与民间非法集资、高利贷，导致资金链断裂、企业负责人"跑路"的事件屡有发生，且涉案金额巨大，影响恶劣。个别员工违规参与非法集资、经商办企业或利用为企业融资提供便利而收受商业贿赂；个别基层管理人员违法对外提供担保引发诉讼；甚至极个别管理人员和客户经理同不法分子内外勾结，直接参与犯罪活动，给客户和银行资金带来极大风险；少数基层机构一些重要岗位人员风险意识淡薄，制度观念不强，违规办理业务；有的机构领导班子和领导干部治行不严格，问责不到位，助长了违规行为。究其原因是一些机构经营理念出现偏差，思想认识、内控管理不到位，一些管理人员强调业务发展多，关注风险管理少，没有真正做到"两手抓、两手都要硬"，不同程度地存在"五重五轻"现象：在指导思想上"重业务、轻管理"，在风险管理上"重形式上合规、轻实质风险管控"，在工作推动上"重布置号召、轻措施落地"，在责任落实上"重操作岗位、轻管理岗位"，在案件与重大风险事件处理上"重查案、轻追责"。

（二）关注道德风险

"思想是行为的先导"，"人的问题是最根本的问题"。银行是经营风险的企业，尽管风险来自各个方面，有市场风险、利率风险、操作风险等，但道德风险是最根本的风险，是本源。回想20世纪五六十年代，那时的银行制度与现在比，可以说粗得多、疏得多，但那时银行业经济案件很少发生，主要原因是那时人的思想单纯得多。现在，物欲带给人们的诱惑比以往任何时候都大，高消费享乐已成为某些人的人生追求，人们对实现自身价值的渴望空前强烈。上述追求如果通过劳动去实现倒也无可厚非，但极少数人偏偏采取不正当甚至违法手段去谋取，从而引发案件。随着公司化管理的深入推进，各银行业机构十分重视内控管理和案件防控工作，运行质量普遍得到提高，内控管理水平得到有效提升。但同时，屡查屡犯、同质同类问题屡查不纠现象仍比较突出。究其原因，一是员工素质不高，以经验代替制度，以信任代替制度还不同程度存在。二是个别人员责任心不强，细节管理不到位，相关责任人没有很好履行岗位职责。三是熟人文化盛行，以信任代替制度，以人情代替规定。因此，银行业要把防范道德风险放在非常重要和突出的位置，营造廉洁从业的文化氛围，抓住"人"这个根本，才能有效减少案件的发生。

（三）关注银行从业人员业务素质

银行业金融机构最近几年普遍存在人员断档、年龄结构偏大的情况，学习能力跟不上形势的要求，加上现在新业务、新产品不断推出，对从业人员的能力素质要求越来越高。加上有些单位对员工岗前、岗中学习培训工作跟不上，使他们在上岗前没有得到很好的学习培训，达不到上岗的标准和要求而勉强上岗，留下了违规违章的隐患。

（四）关注员工责任心

应该说，银行业务并不太复杂，单一从事某项业务并不难，关键是要有责任心，需要敬业和勤业。但部分人员缺乏的就是责任心，当一天和尚撞一天钟，甚至不管钟响不响。这类情况尤其在营销队伍中要引起重视。因为他们是松散型的管理，任务就是跑客户、闯市场，需要有较强的责任心和自律精神。缺乏责任心究其原因，一是对工作有畏难情绪，认为反正任务完不成，该混就混。二是这山望着那山高，认为工资低、福利少，不思奉献多少，只想索取多少，怨这怨那。

（五）关注规章制度执行

银行的经营业绩主要靠数字来体现，个别机构负责人从个人仕途上考虑，急于搞政绩工程，急于表现个人的业绩，在业务经营与内控管理发生矛盾时，就要权衡利弊和得失，有时抱着侥幸心理去做违规违纪的事。自己不发挥表率作用，难免给下属起到反面作用。目前，银行一线业务的操作流程很具体、很规范，相比之下，内控检查没有具体规范的操作流程，从而不能确保内控检查的质量。

六、新形势下商业银行案件风险管控体系的创新内涵及架构

（一）案件风险管控体系的创新内涵

随着大零售、大资管、大投行战略的实施，商业银行服务体系快速构建，国际化综合化发展格局的形成，以及一系列新的经营机制、服务模式的建立，商业银行经营架构发生了深刻变化，正在由境内传统商业银行向涵盖投行、基金、保险、租赁等多领域的国际化全功能金融机构转变。集团战略布局和业务创新在逐步培育新的竞争优势和盈利点的同时，也使银行业面临更为复杂多样的风险局面。一方面，境内外、表内外风险相互交织转化，各类风险传染蔓延，风险跨境、跨市场传递和演化，信用风险、市场风险、流动性风险、操作风险、声誉风险、国别风险等风险管理体系，尚需根据变化的经营和监管环境加以检验和优化。另一方面，在加快布局新市场、拓展新客户、推出新产品，不断优化自身业务内容和盈利结构的背后，可能潜藏着巨大的金融风险。为此，商业银行需要把握新形势下风险跨市场、跨行业、跨地域特征，健全适应创新发展需要的风险管理与内部控制体系，为更加深入地推进国际化、综合化发展，满足客户需要，提供支持和保障。通过建立健全案防管理体系，完善案防管理制度和流程，强化法人负责和责任追究，推进案防长效机制建设，实现案防关口前移，及早防范和化解案件风险。商业银行案件防范工作实行"各级机构主

要负责人是案防工作第一责任人，分管副职各负其责，内控合规部门负责人牵头组织，各级专业部门负责人对本专业领域的案防工作承担管理责任，全员履职"的工作机制。

（二）案件风险管控体系创新架构

商业银行各级机构应当建立与本机构风险管理、资产规模和业务复杂程度相适应的案防管理体系，有效监测、预警化解和处置案件风险。按照监管要求，内控合规部门作为商业银行案防工作的牵头部门，发挥组织协调作用，各有关部门履行自身案防工作职责，保持上下联动、协调配合、齐抓共管的案防工作机制，共同推动案防工作取得新的成效。

1. 组织架构和职责分工

高级管理层有效管理本机构案件风险，明确各部门及分支机构案防工作的职责分工，确保专人负责，并研究制订年度案防工作计划。下设案件防范工作领导小组，作为全行案防工作的领导和协调机构，各级机构参照设立本机构案件防范工作领导小组。各级内控合规部门、监察部门、安全保卫部门是本机构案防综合管理部门，各级办公室、人力资源部门、信贷管理部门、风险管理部门、资产负债管理部门、运行管理部门、法律事务部门、信息科技部门、财务会计部门是本机构案防职能控制部门。每位员工应自觉遵守和严格执行案防法律法规以及监管要求，主动接受案防培训和检查监督，切实承担与工作岗位相对应的案防工作职责，在工作中发现内外部人员涉嫌案件或案件风险的交易或行为，应及时、主动地向本机构或上级行案防综合管理部门报告。

2. 制度和流程管理

按照分工负责的原则，由具体业务部门发起制定业务制度和办法。业务制度和办法应当覆盖全部业务流程，明确责任部门，确保员工理解掌握制度并明晰违规应当承担的责任。（1）建立制度后评价体系，对各项制度合规性和有效性进行审查，根据审查结果和业务发展需要及时修订完善，确保制度涵盖所有业务领域和环节。（2）建立并完善统一授信、分级授权制度以及前台、中台、后台职责明确、岗位分离、制约有效的内部管理制度，确保对各部门及分支机构的有效管理和控制。（3）建立和完善信息科技系统，提高通过技术手段防范案件的能力，支持各类管理信息适时、准确生成，对关键业务环节实时监控，确保业务的连续性、系统的安全性和稳定性。（4）建立健全案件风险排查、案件及案件风险事件报告、处置、问责、整改和案防评估、考核、培训等制度。（5）建立健全科学的绩效考核和激励约束机制，将员工案防履职情况纳入其晋升、绩效分配、评先、评优等范畴，确保业务发展与内部控制、风险管理能力相匹配，规范员工行为，防止因考核激励机制不科学诱发员工违法违纪违规行为。

3. 案件风险排查

坚持制度化、常态化、规范化，遵循"统一组织，分级实施，突出重点，滚动覆盖，强化整改，落实责任"的原则。案件风险排查包括全面排查、专项排查和日常排查。各级机构对案件风险排查工作负主体责任，各级机构主要负责人承担本机构案件风险排查的第一责任。

4. 案件及案件风险事件报告

（1）报告模式。报告采取"逐级上报、双线报送"的模式。"逐级上报"指各级机构发现或接报案件和案件风险事件后，逐级向上一级机构报告。"双线报告"指各级部门发生内部案件和案件风险事件后分别向同级监察部门和内控合规部门报告，发生外部案件和案件风险事件后分别向同级安全保卫部门和内控合规部门报告。

（2）报告路径。基层营业机构发现或接报案件和案件风险事件后，内、外部案件和案件风险事件向上一级监察部门（或安全保卫部门）和内控合规部门报告。各级专业部门发现案件和案件风险事件后，要向本机构管理层报告。

（3）监管报送。各级监察室、安全保卫部接报案件和案件风险事件后，经确认符合监管报送要求的，转由同级内控合规部门按照监管要求统一归口向当地监管部门报告。

（4）报告形式。案件和案件风险事件须以书面方式报告，因特殊情况采取电话等方式报告的，需及时补报书面材料。涉密内容要通过保密传真、电子公文系统方式报告。

（5）报告时限。各级机构、各级专业部门要在发现或接报案件和案件风险事件后第一时间按照报告路径进行报告，确保在监管规定的时限内向当地监管部门报告。

（6）报告内容。报告内容包括但不限于事发机构名称、时间及事件概况；涉及金额及风险情况；涉及人员情况；已经或可能造成的影响；本机构或公安、司法机关已采取的措施；下一步应对方案；其他需要说明的情况。各级机构应当建立案件及案件风险事件台账，严禁瞒报、漏报、迟报、错报或不按规定程序报告。

5. 处置和问责

各级机构对案件及案件风险事件处置工作负直接责任，调查审理实行专案负责制，严格遵守保密原则，调查审理报告报送高级管理层。违法、违纪、违规事项由总行、一级（直属）分行、二级分行按照员工管理权限分级审理。建立健全责任追究机制，按照公平、公正原则，建立有效的违规及案件问责制度，严格责任认定与追究，严肃处理违规失职人员，发挥违规惩戒的警示作用。

6. 监督检查

各级机构对各项制度的执行情况、本机构整体案防工作情况进行检查和评价，并加大对案件易发部位、薄弱环节和员工异常行为的监督检查力度，查漏补缺，促进内控管理自我完善，通过多种方式与客户建立独立的信息反馈渠道，实现内部监督和社会监督有机结合。

7. 案防工作自我评估

遵循"统一组织、分级实施"的原则，按照银监会《银行业金融机构案防工作评估办法》的要求，对本机构年度案防工作整体开展情况进行评估，案防工作自我评估情况作为案防工作考核和内控评价的重要依据。

8. 考核和培训

建立案防工作考核机制，定期对本机构的案防工作、相关责任人的履职情况进行考核，结果纳入经营绩效考核。建立完善员工合规及案防培训体系、考核机制，并与员工岗位、待遇、职务晋升等挂钩。加强案防管理队伍建设，确保案防管理人员具备与履行职责相匹配的能力、经验和专业素质。

（三）完善案件风险管控体系途径

1. 构建"纵向到底、横向到边"三级案件风险管控体系

（1）按照银监会《银行业金融机构案防工作办法》的要求，商业银行金融机构是案防工作第一责任主体，董事会和高管层要承担监控案件风险管理有效性的最终责任，董事长为案件风险防范第一责任人。基层营业机构作为案件风险管控体系的末梢，其管控体系薄弱问题必须引起高管层的重视。各级内控管理委员会要及时将董事会和高管层制定的案件风险管理战略和总体政策通过会议、会议纪要和全行公文系统进行全行贯彻，让一线员工了解上级行案件风险防控目标。

（2）完善各级案件风险管理机构的职责、权限及报告制度，特别是基层营业机构的职责、权限及报告制度，确保案件风险管理体系的有效性，并尽可能地确保将本行从事的各项业务面临的案件风险控制在可以承受的范围内。负责案件风险管理的部门应定期向高级管理层和董事会提交全行的案件风险管理报告，基层营业机构应定期向案件风险管理部门报告案件风险管理情况，内容包括案件风险及控制措施的评估结果、主要案件风险事件、已确认或潜在的重大案件风险损失等信息，员工的案件风险控制情况以及对报告中反映的信息采取有效举措等。

（3）形成"纵向到底、横向到边"的案件风险管控体系。基层营业机构应指定部门或专人负责案件风险的管理工作，要落实上级行的

案件风险管控措施，定期评价案件风险措施的有效性，对主要案件风险事件、已确认或潜在的重大案件风险损失等信息及时报告，确保上级行的案件风险管理制度和措施的认真执行。

2. 构建案件风险管理平台

（1）通过构建全行性的案件风险管理平台，将各专业的规章制度、风险动态、相关案例和员工的疑难问答在平台上进行汇总，以应对基层营业机构员工在防范案件风险时，制度执行力较低的问题。

（2）通过构建三级损失事件数据库，将已经发生的案件风险事件通过能够记录和存储与案件风险损失相关的信息，系统性收集、整理、跟踪相关数据，通过定期对损失数据进行风险评估，评估结果纳入案件风险监测和控制，有效控制、缓释风险。

（3）采用银监会对操作风险损失事件的分类思路，基于一个二维矩阵方法来对操作风险事件进行分类。对于矩阵的第一维度，按照事件原因或者说风险因素将操作风险分为七类：它包括内部欺诈、外部欺诈、就业政策和工作场所安全性、客户、产品和业务操作风险、实体经济损坏、业务中断或系统失败、执行、交割和流程管理风险和其他损失事件。选择"产品线"作为矩阵的第二个维度。《商业银行操作风险监管资本计量指引》中对产品线给出的产品是：一是公司金融；二是交易和销售；三是零售银行；四是商业银行；五是支付和清算；六是代理服务；七是资产管理；八是零售经纪；九是其他业务条线。从二维角度出发，就可以获得操作风险分类的 8×9 矩阵，即共 72 类操作风险事件。每一个分析单位是矩阵中的一个单元，它代表一类操作风险事件。现代操作风险管理既需要内部数据也需要外部数据。每一个单元中的数据代表一条产品线中一类事件的损失分布状况。根据操作风险的发生频率和所产生的损失强度，可以将操作风险分为 4 种类型：A类型为低损失频率、低损失强度风险；B 类型为高损失频率、低损失强度风险；C 类型为高损失频率、高损失强度风险；D 类型为低损失频率、高损失强度风险。同时按类别有重点做好风险防范工作：对低频低损事件做好正常的业务指导和检查工作；对高频低损事件对员工要做好岗位技术培训工作，以过硬的技术防范操儿风险；对高频高损事件做好重点岗位、重点人员的操作风险防范工作；对低频高损事件不仅要做好人员、岗位的防范，还要做好控制环境控制，通过风险文化来降低操作风险。防范的效果按季上报本行操作风险管理委员会（见表1）。

表1　　　　　　　　　操作风险损失事件分产品明细表

产品线 分类	公司金融	交易和销售	零售银行	商业银行	支付和清算	代理服务	资产管理	零售经纪	其他业务条线
内部欺诈									
外部欺诈									
劳动合同以及工作场所									
客户、产品税及业务操作									
实体资产损坏									
业务中断和系统失败									
执行、交割及流程管理									
风险占比（%）									

3. 加强构建案件风险预警系统

（1）对运行管理、电子银行可能发生的案件风险事件进行预警，制定应急预案，实现对案件风险的有效预防和控制。用系统进行控制的运行管理、电子银行和IT运行的案件风险事件管理系统要求是：能够记录和存储与案件风险损失相关的数据和案件风险事件信息，支持案件风险及控制措施的自我评估和对关键风险指标的监测，能够对损失事件识别、预警和控制，帮助商业银行有效评估、监测、控制、缓释案件风险。

①针对运行管理的案件风险事件的控制，按照监测、质检、履职、评估功能分别制定了操作流程。以风险事件管理为主线和切入点，通过风险评估指标体系运用，将监测、质检、履职、评估有机关联，促使四

个功能之间的良性循环机制有效运转，形成监测有效果、质检有方向、检查有重点的良好格局，提高监督体系的自我调整和自我优化能力，构建与全行业务运行管理体制相适应的覆盖运行全过程的监管机制。

②针对电子银行业务的案件风险事件进行控制。主要有：网上银行的计算机系统停机、磁盘列阵破坏等不确定因素所致的安全风险；网上银行产品或系统可能受到来自网络内部或外部的数字攻击与威胁风险；网上银行业务系统设计、运行或维护上的不当而产生的系统终端风险。与之对应控制措施必须对其关键账户与风险管理系统的进入、对银行与其他当事方联系信息的获取，以及对其用于防止和监控电子货币假冒伪造的措施等实施安全风险管理，进行有效的控制。

③制定全面的 IT 风险管理策略，防范可能发生的 IT 风险。包括但不限于下列领域：信息分级与保护、信息系统开发、测试和维护、信息科技运行和维护、访问控制、物理安全、人员安全、业务连续性计划与应急处置。建立持续的信息科技风险计量和监测机制，研究建立全国数据大集中后的 IT 风险应急预案。研究和落实计算机系统灾难性风险的防范措施，确保计算机系统的安全稳定运行。

④借助 IT 系统，实现对违规操作行为的硬控制。按照监管要求，对案件风险进行风险预警，借助 IT 系统，用 IT 系统支持各专业部门（包括业务产品线部门和支持保障部门）对案件风险事件进行有效识别和控制，同时还可以通过监测指标的设定，实现对违规操作行为的硬控制。

（2）对 IT 系统以外可能发生的案件风险事件，建立违规问题识别模型，作为防范案件风险的基础，通过加强监测、分析和整改，达到风险控制的目的。识别模型应以描述银行内部规章制度，进行静态数据管理，建立违规问题识别模型和综合评价模型，作为识别案件风险事件的基础。系统应包括如下功能：数据采集、标准数据维护、分析模块维护、分析查询、数据分析、数据输出、风险落实。工作流程：从各类系统数据中筛选出可疑数据，详细跟踪与分析，发现风险后迅速向相关管理部门报告。能够添加或调整监控的对象以及监控依据，对监控内容可以补充和调整，监控的范围可以按要求设定。风险防控平台分析出风险点或疑似风险点后，需要风险业务相关责任人进行落实，填写相应的说明信息，并由上级主管确认后，形成风险最终结论。上级主管部门针对结论，必要时填写处理意见，系统的各级用户都可随时查阅风险结论和处理意见。通过对业务运行风险点的全方位实时监控，实现风险隐患的及时预警，各级案件风险管理部门要加强对内部案件风险事件的监控和评价，保证日常案件风险管理的有效性，以有效地评估、控制风险，推动案件风险管控体系的建设。

4. 完善案件风险管控体系有效性适时评价制度

按照银监会《银行业金融机构案防工作管理办法》的要求，建立案防评价制度，健全责任追究机制，对各级机构案防工作进行考核，并作为经营绩效考核的重要内容。通过对整体案防工作的检查和评价，进一步增强全员内控案防意识，强化对检查发现问题的整改，提高制度执行力，促进内控案防管理自我完善。商业银行开展案件风险管控体系有效性的评价，由总行内审局对一级分行以上机构开展评价，一级、二级分行内控合规部门对基层营业机构开展评价。因此，必须从四个方面完善基层营业机构案件风险管控体系有效性的评价制度。

（1）充实和加强一、二级分行内控合规专业的队伍建设。由于当前基层内控合规队伍人员少，任务重，作为案件风险管控的牵头部门，对案件风险管控体系的实施有效性，必须要有较全面的了解，为此必须充实内控合规队伍，加强内控合规力量，从二级分行到网点，都要有专人负责案件风险的管控工作，建立起"纵向到底、横向到边"，顺畅、反应灵敏的案件风险管控体系。

（2）及时对参加案件风险管控体系评价人员开展技能培训。定期、不定期开展对基层营业机构案件风险管控体系的有效性评价，是强化基层营业机构案件风险管控体系建设的重要途径，参评人员的业务、技术水平非常重要，为此必须对参评人员从评价内容、方法、过程和技巧等方面进行培训，评价基层营业机构的案件风险控制措施是否到位、有效及制度的适用性。

（3）对基层营业机构管控体系有效性评价可以从五个方面来进行，出具独立的内部审计报告。

①控制环境：一是评价基层营业部门制定发展目标和方向的有效性；二是评价完善岗位责任制度和规范岗位管理措施；三是员工的业务操作技能的合规性等。

②风险识别与评估：一是评价构建完整的信息数据库情况；二是评价是否建立有效的预警预报系统；三是是否建立有效的应急措施等。

③控制活动：一是评价营业机构岗位职责的适当分离情况；二是评价营业机构的授权分责情况，要执行"分级分口"管理和"授权有限"的管理制度，各级管理人员要在各自的岗位上，按所授予的权限开展工作情况；三是评价各级管理和操作人员的执行规章制度情况等。

④信息与交流：一是评价上级行的经营方针、工作目标对员工的贯彻落实情况；二是评价对员工的业务培训情况；三是评价执行规章制度过程中，遇到问题及如何解决情况等。

⑤监督与纠正：一是评价营业机构是否对案件风险开展了检查，内容是否全面；二是评价营业机构是否对检查发现的问题落实了整改，整改是否彻底；三是评价是否建立了发生问题的防范机制，机制是否有效等。

（4）落实评价问题整改工作机制。要对评价中发现问题进行督促整改，要严格按照上级行要求，明确具体部门和岗位制订整改方案，建立整改台账，落实发现问题整改工作制度。要逐条、逐项制定整改措施，逐级、逐部门、逐专业、逐岗位落实整改责任，切实把整改工作抓紧抓好。整改工作结束后，要向上级行检查部门报送查出问题整改报告。通过定期、不定期地评价，可以及时地发现制度体系的适用性，存在的问题及漏洞，采取措施加以防范，从而保证防控体系的及时和有效。

5. 加强人员培训和行为管理

（1）强化教育培训。为提高不同岗位员工的风险防范能力，要定期开展有针对性的教育培训，作为案防工作的重要内容，培育"内控创造价值"的合规文化，指导、激励和约束员工的行为。各类风险培训一年不得少于两次，每季度至少下发一期风险提示，让员工及时了解各类业务面临的内外部风险冲击，主动采取措施积极防控风险。各业务管理条线在对本专业员工开展培训时，也要将现场管理、远程授权人员、风险监控、核查管理、运行督导员和业务集中处理中心人员纳入培训范围，以充分发挥中后台员工作业监督和风险防控作用。通过行之有效的警示教育、案例剖析，震慑和消除一些人员思想上存在的麻痹心理和不良意识。

（2）加强员工行为排查。组织各级行、各部门按照监管要求、上级行制度办法，持续开展员工行为风险排查治理工作。一是坚持"从人到事"和"以事找人"相结合，通过内部了解、家庭走访、个别谈话、外部排查、履职评议、信访核查、监督资源共享等方式，重点排查基层机构负责人、客户经理的苗头性问题及异常言行，综合分析判断重要岗位人员的异常行为表现、异常资金往来和异常业务痕迹，增强排查工作的精准度。对排查发现的问题要及时报告上级分行纪委监察室，必要时可直接向上级行监察室报告。发现异常情况不及时报告的，上级行将追究相关人员的失职渎职责任。二要落实排查责任。根据一岗双责和管业务与管人相结合的原则，各级行行长对本行员工行为排查工作负总责，并负责排查本行行级领导、直接管理部室和机构正职管理人员的异常行为；纪委书记协助行长负责本行员工动态排查的组织实施，并对行长、副行长、辖属机构和部室正职管理人员的异常行为进行监督、提醒和报告；各部门主要负责人对本部门员工行为排查负直接责任，负责排查本部门全体员工的异常行为，并对本专业员工行为排查负管理责任；各级纪检监察部门要牵头组织好员工行为排查工作，并对排查责任不落实、异常行为问题突出的进行查处。三要突出排查重点。将管理人员、客户经理和在编不在岗人员作为重点排查对象；将组织或参与非法集资、民间融资、违规担保、经商办企业、私售理财产品等作为重点排查异常行为；将社会人员在我行网点周边非法集资，行内员工亲属、朋友及我行辞离职人员介绍或带领客户办理业务等作为重点关注的异常现象。四要多措并举开展排查。综合运用内部了解、家庭访问、以事查人、信访核查、外部走访、系统监测、监督资源共享等方法，开展异常动态排查，不漏过任何蛛丝马迹。要充分利用业务运营风险监测等系统，排查员工账户是否存在大额资金进出、大额资金流入股市、与客户账户间频繁发生业务往来等异常情况；要开展外围走访，借助总行资讯平台工商注册系统发现的信息，协调当地工商、工信等部门对辖内员工经商办企业和行外兼任职情况进行调查核实，专项治理。要坚持行长分包、党委商议、监察室督导落实的员工动态排查机制，督促各级行和专业部门"一把手"把员工异常行为管理融入日常经营管理，切实管好事、管住人。要畅通异常行为的反映渠道，建立举报奖励和该报不报惩处机制，消除员工心理障碍和顾虑，使员工发现的异常行为能够及时反映上来。五要从严追究责任。本着实事求是原则，对排查发现问题认真进行核实，分类处置。涉嫌经商办企业和案件线索的，要迅速采取应急措施，及时进行核查和报告。凡发现工作不力的，要按照有关规定严肃追究责任。

七、结束语

银行是一个高风险的行业，从一般员工到高级管理人员，都有利用工作和职务之便谋求私利或违法犯罪的条件，防风险、防案件是经营管理的永恒主题。经验教训证明，能否把握好这一主题，既关系到业务的健康发展，又关系到经营的质量效益，还关系到商业银行的声誉形象和员工的切身利益。特别是在竞争日益激烈的新形势下，能否做到安全稳健经营，更关乎银行的生存发展。商业银行要时刻筑牢案件防控的思想防线，始终保持对案件隐患的高度警惕，始终保持对案件风险的高压态势。

国库单一账户制度研究[①]

一、课题背景及意义

为了规范财政收支行为，加强财经纪律，从 2001 年开始，以财政部印发《财政国库管理制度改革试点方案》为标志，建立了以国库单一账户体系为基础、资金缴拨以国库集中收付为主要形式的财政国库管理制度，至今已实施 14 年。这项改革是财税体制改革的重要内容，实践证明，以国库单一账户体系为基础的国库管理制度在规范财政收支行为，加强财政收支管理，提高财政资金的使用效率等方面发挥了显著作用。然而，随着该制度实施时间增长，其中隐含问题逐渐显现，比如财政专户开设过多、财政资金统筹和使用效率不够集中和高效、国库现金管理范围和手段还需丰富等。

随着我国改革逐渐走入深水区，财政体制改革又一次拉开大幕。2014 年 6 月 30 日，中共中央政治局审议通过了《深化财税体制改革总体方案》，将财税体制改革上升到国家治理的层面；2014 年 8 月，全国人大常务委员会审议通过了新的《中华人民共和国预算法》，明确规定了由中国人民银行经理国库的条款；2014 年 9 月，国务院发布《国务院关于深化预算管理制度改革的决定》，包括加强财政收入管理、优化财政支出结构、规范理财行为等内容；2015 年 4 月，李克强总理主持召开

---

① 主持人：王伟；课题组成员：苏云智 冯晓斌 徐文志。

的国务院常务会议上，部署盘活和统筹使用沉淀的存量财政资金，有效支持经济增长。这一系列改革都离不开对财政资金的规范管理，涉及国库管理制度。改善财政管理体制，规范国库资金管理与财政理财行为，强化预算管理与监督，建立与社会主义市场经济发展相适应的公共财政无疑是改革目的与施政需求。在此背景下，认真研究财政资金运转的关键环节，可以有效统筹管理财政资金、强化财政监督的国库单一账户制度，无疑具有较强的时效性。

二、国库单一账户制度理论分析

（一）国库单一账户制度基本含义

1. 国库的基本概念

国库是国家金库的简称，是专门负责办理国家预算资金收纳和支出的机关。这是狭义的国库概念。国际货币基金组织（IMF）认为，国库不单是指国家金库，更重要的是指代表政府控制预算的执行、保管政府资产和负债的一系列管理职能，"现代意义上的国家金库已不再仅仅是政府资金的托管者，而是一个主动的政府现金和财务管理者，并在此基础上凭借全面及时的信息优势，成为对政府财政收支活动进行全方位管理的管理机构"。可见，IMF 给出了广义的国库概念，国库的职能范围也随之扩大，主要包括现金管理、政府银行账户管理、财务规划和现金流量预测、公共债务管理、国外捐赠和国际援助管理、基金、金融资产管理。

国库功能的实现需要国库制度的保障，而实行国库单一账户制度即集中收付制度是国库制度的重要内容，并且国库单一账户制度也是国库功能不断发展的必然要求。

2. 国库单一账户制度的含义

国库单一账户是一种财政国库资金收支管理制度，国际通行的基本含义是：将所有的政府财政性资金集中在一家银行的账户上，全部财政收入由纳税人直接缴入该账户，全部财政支出由该账户直接支付给商品或劳务供应商，这一账户被称做国库单一账户。由于中央银行能确保政府资金安全，有利于货币政策与财政政策协调配合，这一账户通常选择开立在中央银行。世界主要市场经济国家普遍实行国库单一账户制度，集中管理所有政府资金收支。

3. 国库单一账户制度的账户设置

在中央银行国库部门开设国库单一主账户，可设子账户以满足分类核算和数据统计的要求，并与主账户及时进行资金清算，取消了预算单位及其他部门在商业银行开设的预算内外资金账户。

4. 国库单一账户资金收支方式

国库单一账户制度资金收付的显著特征就是"两个直达"：全部预算收入——不论是税收或者非税收收入直接由国库经收处划入国库，国库进行分成、留解、上划后，通过银行清算系统，直接划入各级国库单一账户。全部预算支出通过国库账户直接划入最终收款人账户。最终形成"国库收支一本账"，各级财政的预算收支活动均通过国库报表反映。

（二）国库单一账户制度理论基础

1. 委托代理理论

委托代理理论是研究经济活动中各种委托代理关系的理论，在现代财政国库管理改革中，成为在经济活动实践中的新发展。委托人的意愿是使代理人完全代表委托人的利益行动，但由于委托人和代理人各有其独立的经济利益，在经济活动中，委托人和代理人都以自身利益最大化为目标。并且委托人不能直接观测到代理人选择了什么行动，得到的只是不完全的信息和变量，即委托人对代理人执行规定职责的信息不完全掌握。

根据委托—代理理论，财政部门代表政府履行受托责任，主要实现三方面的功能：一是控制预算执行；二是高效管理国库现金和债务；

三是全面、准确反馈政府收支信息。只有建立国库单一账户制度，才能充分发挥国库的监督和服务职能。

2. 博弈理论

博弈论也被称为"对策论"，基本元素包括人、行动、信息约束、策略、收益（效用）、结果和均衡等。其中，参与人、策略和收益是描述一个博弈的基本要素。博弈论在多个领域有着广泛的应用，是研究决策主体（个人或单位）的行为发生直接相互作用时候的决策，以及这种决策的均衡问题的理论。

在财政国库管理制度改革的过程中，各方的博弈广泛存在。各方站在不同角度，有着各种改革和利益诉求。预算单位希望经费支出灵活和自由，满足部门全部需要；财政部门强调要符合国家法律政策以及财经纪律，注重预算安排的合理和约束。地方政府要保证自己的利益，以充分促进本地发展；中央政府要考虑全局，统筹兼顾。社会公众要求财政收支公开、透明，充分享有知情监督权。各参与人在不同的预期收益基础上，提出了各种策略组合，这就产生了相互博弈关系。博弈结果，形成了新的财政资金运行机制，2001 年国务院决定实施国库单一账户制度，随后发布的改革试点方案中又在充分考虑了当前的国情下，决定先推行国库单一账户体系制度，这就是通过博弈实现多方利益的均衡，即"纳什均衡"。博弈论之于国库单一账户制度改革的理论指导在于：在建立完善国库单一账户制度的过程中，要充分尊重和考虑各方意见，追寻"纳什均衡"，并且由于"纳什均衡"并不是唯一的，因此在大方向一致的前提下，要实事求是，在具体的环节上要符合当地实际情况。

3. 制度创新理论

制度创新是指能够使创新者获得追加或额外利益、对现存制度的变革。促成制度创新的因素有三种：市场规模的变化；生产技术的发展，以及由此引起的一定社会集团或个人对自己收入预期的变化。

这些理论解释了制度创新的原因及演变过程，相对于以往的财政国库管理体制，国库单一账户制度绝对是一项重大制度创新变革，制度创新理论之于国库单一账户制度改革的理论指导意义在于以下两个方面：

一是国库单一账户制度是党中央、国务院深化财税体制改革决心和我国技术发展、信息系统建设和改革需求的有机结合。现代信息技术的快速发展，使财政、银行、税务、预算部门、税费纳缴义务人的信息互联互通，安全性、快捷性大力提升。为国库资金的直收入库、直达最终收款人创造了客观条件。与社会公众关注财政资金收支情况，建立公共财政的呼声一并成为实施国库单一账户制度改革的需求推动力。党中央、国务院高瞻远瞩，十分重视财政制度改革，自 2001 年起要求全国逐步开始推进国库单一账户制度，建立起与社会主义市场经济发展相适应的公共财政体制。同时，由于国库单一账户制度增加了财政收支的效率和透明度，方便了社会公众，也得到了社会各界的广泛赞同和支持。

二是创新收益远大于创新成本是建立国库单一账户制度的关键。制度创新是在预期收益高于变化成本时产生的，这说明要想成功建立国库单一账户制度，必须预先增强制度设计的科学性、不断总结经验和优化业务流程、提高与其他配套制度的协调性、丰富国库单一账户制度功能，争取实现改革效益最大化。同时，要注重宣传，取得社会各界的认同和支持，减少改革阻力；广泛听取各方建议，增加制度设计的科学性，减少由于制度设计缺陷导致的不合理成本支出；引入适当和必要的内部监督和外部审计手段，避免改革进程中的不必要浪费。

4. 监督管理理论

"监督是管理中的重要内容和环节"是管理学专家的共识。可以说凡是组织就有管理，而凡有管理就有监督。监督是指通过监察，发现问题并督促纠正以保证组织顺利实现目标和使命，是管理的重要环节。

监督的宗旨是提高组织的效率。效率是组织的根本问题，是生存依据，也是监督的依据。这就是说，监督与指挥、协调等，都是人们为提高组织效率而设定的管理环节。应当指出，效率是监督制度建设的灵魂。

财政管理需要科学的监督制度，应该完善预算收支的事前、事中和事后监督体系，强化国库的监督职能。

事实上，我国实行的是中国人民银行经理国库体制。《国库条例》赋予人民银行经理国库之责，其主要考量之一就是要加强预算执行的监督机制。因此，监督职能是国库职能的重要部分，负责资金收入过程财政、税务和下级国库行为的监督，对财政支出是否符合预算、国家财政金融政策进行监督。由于人民银行国库部门是连接税收和财政的中介，其业务流程涉及国库资金的收纳和支付，通过在日常业务中对国库资金的收纳、划分、报解、支拨、退库等核算和控制，能够实现对国库资金使用的事中监督，弥补其他监督渠道的不足。

总之，实行国库单一账户制度是加强国库监督功能的基础，有利于实现对财政部门、预算单位、代理商业银行等的监督工作。

三、国际国库单一账户制度研究与启示

（一）发达国家国库单一账户制度实践研究

目前，包括美、日、英、法在内的经济合作与发展组织（OECD）国家都采用了国库单一账户制度。我国台湾地区于 1971 年开始正式推行国库单一账户制度。随后，巴西、意大利、挪威、希腊等国也相继实行了国库单一账户制度，一些发展中国家也正在研究和试行。总体情况是，世界上大多数国家都建立了国库单一账户制度（Allen，2009；Tandberg 和 Skerlep，2010）。

1. 国库单一账户制度的起源

国库单一账户制度的产生有着特定的历史背景，即西方国家政府

经济职能的不断强化。事实上，近现代西方政府经济职能的发展经历了三个阶段：第一阶段是自由竞争时期，占主导地位的经济理论是亚当·斯密的"看不见的手"的自由经济理论，政府只是充当"守夜人"的角色，经济职能非常有限。第二阶段是从 20 世纪 30 年代的经济大萧条到 70 年代的经济滞胀时期，这一时期，以凯恩斯的国家干预理论占主导地位，强调政府可以通过干预手段来弥补市场失灵，政府的功能大大增强。第三阶段是从 20 世纪 70 年代至今，由于政府对社会经济活动的全面干预，引发了"政府失灵"，各种新自由主义经济理论广泛复兴，逐渐取代了凯恩斯的干预理论，从而西方各国政府普遍推行以市场为主导、政府宏观调控为辅的"混合型"的管理经济模式。

总之，现代政府的职能有了重大变化，开始重视管理、服务职能，经济职能更是不断被强化。这就出现了政府财政资金多头账户管理，大量滞留在各预算部门的账户上，致使财政资金使用效率低下的现象。而国库单一账户制度能有效地管好政府收支，从制度上保证政府收付按预算的要求规范进行。

2. 国外国库单一账户制度的经验总结

根据国际实践情况来看，国库单一账户制度的运行积累了以下成功经验：

（1）国库单一账户基本设立在中央银行

根据前文的分析可知，发达国家的国库单一账户都开设在中央银行，所有财政性资金都通过国库单一账户核算，并且取得了较好的效果。

国库单一账户一般由主账户和分类账户组成。国库单一账户是财政部门设置在中央银行的用来管理所有政府资金，反映收支状况和余额的账户。同时，预算单位不能在中央银行或商业银行开立自己的账户，国库为所有政府支出单位在国库单一账户下设置了多层面的分类账户。分类账户用于识别持有人的预算支出权限，反映、监督支出单位预算执行情况，并每日结清，保持"零余额"。国库资金的运用有两种情况：一是国库资金的最终付款，这会使国库单一账户总额减少，也会使分类账户中的相应预算支出权限减少；二是国库资金在不同用途中的转移，在这种情况下，不会引起国库单一账户资金余额的变动，但分类账户中的相应预算支出权限发生变化。国库单一账户的开设扩大了国库控制的范围，增强了预算控制的力度。而分类账户的设置便于财政对预算单位的预算权限和实际资金使用情况进行监督，从而使财政对支付周期全部阶段实施控制成为可能。

（2）实行财政资金集权式管理

即实行严格的国库集中收付制度，这主要表现在两个方面：一是国库资金范围的集权。所有财政收入均纳入国库单一账户进行统筹管理，所有财政支出，均根据预算从财政的国库账户中直接支付给商品或劳务供应商。二是国库资金使用过程的集权。财政直接参与了从财政资金分配到资金拨付、使用、银行清算，到资金到达商品或劳务供应商账户全过程，即财政直接管理和监督财政资金支出和使用的全过程。

（3）坚持支出管理的决策者与支出办理者相分离原则

支出管理决策权与支出实际办理权的分离是指支出的办理者即预算单位获得的预算是一个可用的财政资金指标，而不是资金，而资金统一集中于国库单一账户，并根据单位的指标直接向商品或劳务供应商支付款项。如英国和法国的公共支出管理和决策者均为政府部门及其公共机构，支出的办理者为公共会计出纳署。

（4）财政政策与货币政策的协调配合

实行国库单一账户后，国库存款成为各国中央银行调控社会货币供应量的基础货币的重要组成部分。同时，由于国库收入和支出在一年中一般是不平衡的，总会出现收大于支或收不抵支的情况。为避免财政收大于支或收不抵支造成货币量波动，大多数国家的国库管理部门联合中央银行，负责对财政收入、财政支出的资金流量进行预测，监视政府账户现金余额的变化情况，制订合理的货币政策和融资计划，实施科学的宏观经济调控。

（5）现代化的电子信息网络和支付系统

发达的电子信息网络和支付系统是保证国库单一账户制度与政府支付系统正常运行的必要条件和手段。对各级预算的执行和管理，都使用先进的计算机网络系统，并在预算执行的各部门之间建立了政府财务信息网络系统，不仅有利于实现财政资金的使用效益最大化，而且更易于对每一项财政收支进行监督和控制，使预算的执行和管理达到先进、科学、现代化的水平。这为强化预算资金管理，发挥预算资金的最大效益提供了基本保证。

（6）严格的监管体系和明确的责任机制

这是实现国库资金管理规范、有序运作的基本保障。各国和地区在有关国库资金的使用、支付和监督过程中各部门负担的责任和权利都有明细的规定，并用法律形式制定规范的监督程序和严厉的惩罚措施。各国议会除对预算进行严格审查外，对预算执行过程控制也很严密。大多数国家还设有专门的监督机构，对预算执行状况实行内部控制和外部监督相结合的双重监控体系。特别是法国，其财政监督体系相当完备，税务总署、公共会计司、国库司都有自己的监督系统，三者之间又相互监督。此外，财政部还设有财政监察官，派往全国各地实施财政监督。全国的最高监察机构是审计法庭，它有权监督政府财务。

（二）国际国库单一账户制度的启示

结合前文的叙述，可以将典型国家的单一账户制度与我国现行国库账户制度从账户设置、收入程序、支出程序和国库现金管理几个方面做个简单的比较，见表1。

表 1   典型国家单一账户制度与我国的比较分析

	典型国家					中国
	美国	英国	澳大利亚	法国	日本	
账户设置	账户设置在联邦储备银行（央行）。	国库账户由统一基金和国民贷款基金构成，开设在英格兰银行（央行），每个工作日结束时集中到统一基金账户。	国库单一账户（又称公共账户）开设在联邦储备银行（央行），部门的项目支出账户和基本支出账户开设在商业银行。	在法兰西银行开设国库特别账户，中央政府的所有资金和各层级地方政府以及具有半官方性质的公共机构或团体的资金都纳入国库单一账户。	国库单一账户开设在日本银行（央行），国库资金全部存入日本银行。	在中国人民银行（央行）开设国库单一账户，在商业银行开设大量财政专户。
收入程序	所有的收入都进入联邦储备银行的国库总账户。	收入都直接纳入开在英格兰银行的财政部账户。	收入上划到政府公共账户。	财政收入由公共会计汇总、记账、组织入库。	收入汇总到国库单一账户。	收缴分为直接缴库和集中汇缴。
支出程序	所有的支出都通过国库总账户集中支付。	通过公共支出支付，皇家总支付办公室内部转账或商业银行电子清算系统支票转账实现。	基本支出由财政拨付到部门基本账户，项目支出由财政按照部门申请拨付。	公共支出实行控制实际支出资金的方式。	以日本银行为支付人，通过开具支票，办理国库资金支付。	主要资金支出方式是通过商业银行代理完成。

	典型国家					中国
	美国	英国	澳大利亚	法国	日本	
国库现金管理	主要管理机构有联邦储备银行、财政管理局和预算管理办公室。主要是分析、预测和改善现金流，对现金余额进行投资。	管理机构是债务管理局。寻求国库现金余额最小化，减少政府借债。	主要管理机构有金融管理局和联邦储备银行，以国库单一账户制度为依托，进行国库现金预测与管理，确保联邦政府各部门的现金需求，在可承受风险范围内，追求长期融资成本最小化。	管理机构是国库署和法兰西银行。国库资金实时集中管理，地方政府并不单独开展国库现金管理操作。	缺少相关资料。	现金管理由财政部和人民银行共同完成，分别设立了相对独立的国库现金管理部门。中央国库实行国库现金管理，地方国库处于试点阶段。

通过认真对比，可以发现我国现行的国库单一账户制度与典型国家的国库单一账户制度存在差别，研究这些国家的国库单一账户制度可以得到以下几点启示。

1. 健全法制，强化国库职能

制定和修改国库管理的相关法律法规，制定新的《国库管理法》，并制定或修改与之相关的法律法规，如《预算法实施条例》、《国家金库条例》等，以法律的形式对国库职能进行重新定位，为国库单一账户的实现提供保障。

2. 国库单一账户制度设计合理

根据国际经验，一般国库单一账户都开设在中央银行，除单一账户外，由于不同类型的收入、支出需要从一个机构划转到另一个机构，因此，可设立国库分类账户。政府财政资金银行账户管理，是国库管理的内在要求和体现。

3. 加快建设电子信息网络

加快国库信息化建设，建立财政、人行、预算单位、征收机关等部门互联互通的计算机信息系统，实现纳税人可以通过任何一家商业银行将应纳税款直接缴入中央银行国库单一账户；国库也可以根据用款单位的要求，将应付款项直接支付给任何地点的单位和个人，实现国库直接收付。

4. 坚持预算决策权与预算资金拨付权相分离的原则

支出管理决策权与支出实际办理者相分离可以加强两者之间的相互监督，从而提高财政资金的使用效率。在我国应坚持实行央行经理国库制度，有利于加强国库的监督职能。加强国库对现金流动的控制，可以有效避免可能发生的少数部门或个人谋取局部或个人利益的腐败行为。

5. 改进国库现金管理的方式和手段

单一账户制度要求国库建立高效的现金管理机制，而现金管理机制又是建立在科学合理的财政资金收支预测基础之上的。发达国家国库在管理国库现金操作中，一般是根据预测收支状况在年度内的季节性变化规律，并结合分析经济运行态势对当前及未来一段时间的预算收支状况进行科学预测后，决定资金投资额度、期限和投资品种，或决定短期债券的发行时机和发现数量，相机决定如何有效地管理国库现金。因此，必须大力加强对国库资金余额与结构的数据分析、历史经验总结和今后变动趋势的预测和数量化研究，并以预测分析为基础条件，积极探索把国库资金数量调控到较均衡状态的手段和方式。

四、国库单一账户体系的现存问题与改革的必要性分析

（一）我国现行国库单一账户制度的出台背景和账户设置

1. 我国出台国库单一账户制度的历史背景

国库单一账户制度是对财政国库管理制度的根本性变革，在我国的发展具有深刻的历史背景。20 世纪 90 年代，财政改革的主要目标为建立适应社会主义市场经济体制的分税制财政体制，构造公共财政框架体系，但一直未对预算执行管理制度作大的变革，收入收缴和支出拨付通过征收机关和预算单位设立多重账户分散进行。在传统的预算执行管理制度下，财政收支缴拨环节多，资金运行效率和效益偏低，透明度不高，不仅缺乏有效监管，而且收支信息反馈迟缓，难以为预算编制、执行分析、政策实施和宏观调控提供准确依据。这种管理方式已经不能适应财政工作与财政改革的要求，客观上要求从根本上进行变革。在 2000 年对中央粮库建设资金和车辆购置税交通专项资金实行财政直接拨付试点基础上，2001 年 2 月 28 日，国务院第 95 次总理办公会批准财政国库管理制度改革方案。2001 年 3 月 15 日国务院办公厅向财政部、人民银行发出《国务院办公厅关于财政国库管理制度改革方案有关问题的通知》（国办函〔2001〕18 号）中明确提出："建立以国库单一账户为基础、资金缴拨国库集中收付为主要形式的财政国库管理制度"。但受改革试点初期各种客观条件限制，2001 年 3 月 16 日公布的《财政国库管理制度改革试点方案》中将"以国库单一账户为基础"修改为"以国库单一账户体系为基础"，允许财政部门开设预算外专户来满足当时需要，但同时也提出"在建立健全现代化银行支付系统和财政管理信息系统的基础上，逐步实现由国库单一账户核算所有财政资金的收入和支出"。由此可见，我国国库单一账户制度改革并不是一蹴而就，是总体规划、逐步发展。国库单一账户体系是在当时的国情下采取的一种过渡做法，国库单一账户既是国家当时进行改

革的初衷，也是最终目的。

2. 我国现行国库单一账户体系的账户设置

国库单一账户体系是指在人民银行国库或商业银行开设的各类财政性资金账户的集合，所有财政性资金的收入、支付、存储及资金清算活动均在该账户体系运行的财政资金管理制度。

我国现行国库单一账户体系由 5 类账户构成（图 1）。

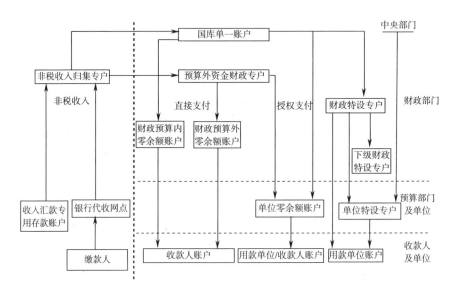

图 1　国库单一账户体系设置

（1）财政部门在中国人民银行开设国库单一账户，用于记录、核算和反映纳入预算管理的财政收入和支出活动，并用于与财政部门在商业银行开设的零余额账户进行清算，实现支付。

（2）财政部门按资金使用性质在商业银行开设零余额账户，用于财政直接支付和与国库单一账户支出清算；在商业银行为预算单位开设零余额账户，用于财政授权支付和清算。

（3）财政部门在商业银行开设其他财政性资金专户，用于记录、核算和反映其他财政性资金的收支活动，以及每日与财政零余额账户和预算单位零余额账户进行资金的清算。其他财政性资金专户指的是原预算外资金专户，因预算外资金已纳入预算管理，现在该专户核算的内容为教育收费、彩票发行费等其他财政性资金。

（4）财政部门在商业银行为预算单位开设小额现金账户，用于记录、核算和反映预算单位的零星支出活动，并用于与国库单一账户清算。

（5）经国务院和省级人民政府批准或授权财政部门开设特殊过渡性专户（以下简称特设专户），用于记录、核算和反映预算单位的特殊专项支出活动，并用于国库单一账户清算。

3. 国库单一账户体系的资金收支方式

（1）收入方式：财政收入的收缴分为直接缴库和集中汇缴。直接缴库是由缴款单位或缴款人按有关法律法规规定，直接将应缴收入缴入国库单一账户或预算外资金财政专户。集中汇缴是由征收机关（有关法定单位）按有关法律法规规定，将所收的应缴收入汇总缴入国库单一账户或预算外资金财政专户。

（2）支出方式：以商业银行代理的国库集中支付为主要形式的资金支出方式，包括财政直接支付、财政授权支付。直接支付和授权支付需先由代理银行垫付资金，并划拨至最终收款人账户，当日再和国库单一账户进行资金清算，日终各零余额账户余额保持为零。

（二）国库单一账户制度在我国的发展

自 2001 年《财政国库管理制度改革试点方案》制定以来，我国的财政国库管理制度改革主要采取的都是以国库单一账户体系为基础的集中支付制度，截至目前，改革取得了巨大成效，2009 年底，中央171 家预算部门及所属 12000 多个基层预算单位，全国 36 个省本级、320 多个地市、2100 多个县（区）、超过 31 万个基层预算单位实施了改革。在大力发展以上制度的同时，近年来，一些地方人民银行和财政部门结合本地实际情况，在完善现有制度的基础上，在某些环节上向加快建立国库单一账户制度的进程做了一些有益的探索和尝试，也取得了不错的效果。

1. 浙江省开化县实现政府非税收入电子化直接缴库

传统模式下非税收入征缴工作采取手工开票方式，由开票到非税资金流入国库需要经过"执收单位开票→缴款人持票到代理银行缴款→代理银行与财政部门手工核对票款一致→代理银行将非税收入转入非税收入归集专户→财政部门汇总开具缴款书→银行依据缴款书将专户非税资金上划国库"六个环节，人工成本高、资金在途时间长、核算征缴效率低。

在此背景下，位于浙江省的人民银行开化县支行、财政部门、非税执收单位等相关部门积极配合，在当地政府的大力支持下，共同推动完成了非税收入电子化直接缴库工作，将手工开票模式升级为"电子开票、刷卡缴款、实时对账、网上核销"的电子化流程。以金额小、笔数多，核算过程中极易出错的交通罚没收入为例，只需要缴款人持任一银行银联卡在违章处理现场通过 POS 机刷卡缴款，其余流程则由各部门共同建立的信息系统自动完成，包括：非税信息传递、资金流转、银行与财政部门对账、票据核销等环节，非税资金在当日即可由国库通过系统直接导出非税收入入库流水和明细，与代理银行上划的资金信息核对一致后作数据导入入库处理。在提高非税征缴效率的同时，也为非税缴款群众提供了极大的便利。

非税收入电子化直接缴库充分利用信息系统自动化处理，最大限度地降低了人为因素，有效防止了非税收入征缴过程中延缴、占压、挪用等现象，提高了非税收入征缴的合理性、透明性、安全性，与新《预算法》中"对政府全部收入和支出实行国库集中收付管理"的要求一致，财政资金集中在国库单一账户内，避免了财政资金分散管理、使用效益低下的弊端，有利于政府统筹安排财政资金，切实提高了资金的使用效率，有效推进了国库单一账户制度建设。

2. 部分地市开展人民银行直接办理国库集中支付业务探索

目前，国库集中支付制度有两种模式，一种是由人民银行国库部门直接办理的集中支付模式，另一种是商业银行代理的集中支付模式。人民银行直接办理的国库集中支付是财政部门在人民银行开设国库存款账户，取消预算单位在金融机构开设的各类结算账户，财政部门和预算单位也不在代理银行开设零余额账户，预算单位的预算内收支全部由财政部门通过人民银行的国库存款账户直接办理，人民银行将款项直接划转商品或劳务供应商账户。商业银行代理的集中支付模式是财政部门和预算单位在代理银行开设零余额账户，取消预算单位在金融机构开设的各类结算账户，预算内资金的支付业务先由商业银行从财政部门的零余额账户直接支付给商品或劳务供应者账户，然后商业银行定时向人民银行国库部门进行资金清算，其清算资金不得突破财政部门额度限制。

近年，部分地市在结合当地实际情况的基础上，开始尝试人民银行国库直接办理国库集中支付业务，取得了很好的社会效益和经济效益。如山西省吕梁市自从推行人民银行直接办理的国库集中支付改革以后，将涉农惠农资金由国库直接拨付到农民手中，减少了中间支付环节，缩短了资金在途时间，使最底层老百姓享受到了国库制度改革的好处。同时，对财政资金拨付使用的监督更加完整有力，强化了财政预算的约束力和执行力，财政资金管理更加规范透明。在经济效益方面，相比改革前，每笔财政资金从财政到用户由 3—5 天缩短为几分钟，大力提升了财政资金的运转速度；据调查，实行国库直接支付模式后，2005—2012 年，吕梁市财政减少向商业银行支付代办手续费用 4000 万元，减少向商业银行垫付资金利息支出达 1000 多万元，大大减少了财政支付成本；同时也提高了财政资金使用效益和统筹能力，2012 年，吕梁市财政存款利息收入达 4054.26 万元，比改革前增加 3131.98 万元，增长了三倍多，国库存款余额 832994.73 万元，较改革前 2005 年末国库存款余额 93895.69 万元，增长了 7 倍多。另外，人民银行鞍山市中心支行以"国库集中支付业务核算中心"的名义在商业银行开立基本账户，对有提现需求的预算单位签发支票的做法，也对探索当前由人民银行直接办理国库集中支付进程中，解决预算单位的现金需求具有较好的操作性和借鉴意义。

（三）我国国库单一账户体系存在的问题

自 2001 年，财政部、中国人民银行印发《财政国库管理制度改革试点方案》，宣告在全国正式推行"以国库单一账户体系为基础、资金缴拨以国库集中收付为主要形式的财政国库管理制度"以来，我国现行国库管理制度实施发展 14 年。其间对于规范财政收支行为，加强财政收支管理监督，提高财政资金的使用效率，从制度上防范腐败现象的发生等各个方面发挥了积极的促进作用，取得了巨大的成绩。但结合我国实际情况以及与国际先进经验也应看到，以国库单一账户体系为基础建立的国库管理制度还不够健全和完善，在建立健全真正国库单一账户制度进程中尚存在一些亟待改进和完善的问题。

1. 财政专户大量存在，弊端逐步显现

（1）财政专户数量过多，缺乏外部监督

近年，国家层面加强了对财政专户的约束力度，2013 年颁布实施的《财政专户管理办法》、2014 年重新修订的《预算法》都对财政专户开设设定了严格的条件，同时财政部门也加大了财政专户的清理力度。但由于以往财政专户开设不够规范，专户数量基数太大，导致现存财政专户数量仍然十分可观。2014 年 10 月 8 日，财政部有关负责人就深化预算管理制度答记者问时称，2011 年以来，财政部连续 3 年组织开展清理整顿地方财政专户工作，累计撤并地方财政专户 7.4 万多个，撤户率达 32.4%。据此测算，目前地方财政专户大约仍有 15.4 万个。这些财政专户资金支拨过程完全游离于人行国库部门监督之外，商业银行由于行业利益需要，处于天然的弱势一方，又没有国库资金监督权限，使这部分资金在事中监督环节基本处于"真空"。

（2）资金闲置严重，风险隐患较大

商业银行在绩效考核压力下，作为来源稳定、规模较大的财政资金往往成为商业银行追逐的对象，商业银行为财政专户计付的利息远远高于人行国库部门为财政资金计付的单位活期存款利息，在利益驱动下，地方财政部门采取各种方法，将国库资金从人行国库拨出，存放在专户里闲置不用，以换取高额回报。据山西某县调查，2012年末，财政专户资金余额3.9亿元，占财政库存余额的79.1%。在商业银行竞争性拉财政存款过程中，还极易滋生腐败现象。同时，地方政府出于对地方金融机构的扶持，以及为了换取地方金融机构对当地开发的资金支持，往往将增量专户资金向当地农信社、农商行、城商行等地方金融机构倾斜。然而，由于地方性中小金融机构资金规模小，抗风险能力较弱，一旦发生流动性风险，势必会殃及地方财政资金。

（3）大量财政资金游离于央行视角之外，影响货币政策制定实施效果

由于财政资金规模大，其运动方向势必会影响货币政策实施。在前文中，我们可以看到国际发达国家在制定执行货币政策时，都要考量财政资金运动规律。目前情况下，我国大量财政资金分散于各商业银行的财政专户中，其存量规模和运动方向完全在人民银行的视角之外，人民银行在制定执行货币政策时，难以准确把握和计量，这无疑会影响到货币政策制定的科学性和实施的有效性。

2.非税收入未实现直接缴库，降低了非税资金的使用效率

目前，非税收入除了由税务部门代征的教育费附加、文化建设费等寥寥几种属于直接缴库，其余90%以上非税收入采取集中缴库流程：执收单位开票→银行代收→资金直接缴入或集中汇缴至财政非税专户→财政部门集中划缴至人行国库。根据2002年印发的《预算外资金收入收缴管理制度改革方案》规定，非税收入由财政部门按规定在10

日内划转国库单一账户。因此，非税收入最长可在专户合规滞留10个工作日，在银行清算手段日趋快捷丰富、计算机信息系统日渐完备的今天，这个时间无疑是缓慢的，不利于政府及时统筹以及科学高效使用非税资金。并且由于对非税收缴的各部门的监督权限并不明确，人民银行在此过程中仅具备非税收入代理行的资格认定职权，在非税及时性缴库方面缺乏强制性措施，为有关部门利用非税缴库的时差调节预算收入进度提供了可能性。因此，非税收入延缴、迟缴等违规行为时有出现，2012年末某市一个非税收入财政专户尚有4508万元未缴入国库，2014年12月底，中国银行、邮政储蓄银行、财富银行3家银行非税收入账户余额仍有近1亿元非税收入滞留在账面上。

3. 商业银行代理国库集中支付业务违背银行支付清算原则，弱化央行国库事中监督职能

（1）弱化人民银行国库部门监督职能

商业银行代理国库集中支付业务的流程为：预算单位按照批准的预算向财政提出直接支付和授权支付额度申请，财政审查批准后，将直接支付和授权支付额度发送至人民银行国库部门和商业银行，商业银行依据财政部门开具的直接支付指令或预算单位的授权支付指令，通过先行垫款的方式将资金发送至商品、劳务供应商或者用款人，日终前，商业银行按照规定到当地人民银行国库部门汇总申请清算资金。在此过程中，人民银行由事中监督变为被动的事后资金清算，实质上由商业银行代替人民银行履行财政拨款的事中监督职能，由于人民银行不经手财政资金拨款凭证及相关资料，拨款是否合规、凭证要素是否齐全等情况人民银行完全不掌握，即使清算资金时人民银行国库部门发现财政拨款存在瑕疵，资金也已经由商业银行形成了事实上的拨出，造成人民银行国库权限被架空，监督乏力，保障财政资金安全的屏障作用难以有效发挥。这与《中国人民银行法》、新修订的《预算法》赋予人民银行经理国库权限，强化预算

的管理和监督的初衷是相悖的。

（2）集中支付代理银行垫款违反支付结算原则

集中支付代理银行"先垫款，后清算"的支付清算方式，与《支付结算办法》第十六条规定："银行不垫款"相悖。在整个集中收付代理业务环节中，代理银行受财政委托代理付款，银行在其中充当"资金中介"角色，在这种情况下，银行应遵从"银行不垫款"原则。在实际工作中，由于财政国库存款余额不足、清算文件有误等原因，致使当日不能及时完成集中支付代理银行资金清算行为的情况时有发生，事实对银行的自有资金形成了占用。

4. 单一账户体系的分散式账户管理降低了公共财政管理效率

国际货币基金组织（IMF）研究发现，分散式账户主要存在以下几个问题：首先，银行账户中的闲散资金不能得到充分利用，无法获取市场收益。其次，政府无法对闲散资金做到有效统计，会进行不必要的借款操作，招致额外的借款成本。最后，闲散资金在商业银行系统会形成额外的信贷，中央银行需借助公开市场操作吸收流动性，这也会产生一定的成本。

（四）国库单一账户制度的优越性

前文中已经描述了国库单一账户制度和国库单一账户体系的账户设置、收支程序等相关内容，两者的对比分析如表 2 所示。

表 2 国库单一账户和国库单一账户体系对比分析表

类别 项目	国库单一账户制度	国库单一账户体系制度	优劣分析
账户设置	所有账户统一设置在中央银行：由主账户和分类账户组成。	账户分散设置在中央银行和各商业银行：由开设在央行的国库单一账户、开设在各商业银行的财政专户、零余额账户、小额现金账户、特殊过渡性专户组成。	国库单一账户的账户设置更集中，更有利于国库资金的统筹、计量和分析。

续表

项目 ＼ 类别	国库单一账户制度	国库单一账户体系制度	优劣分析
收入程序	所有税收收入和非税收收入当天直接缴入国库。	税收收入和小部分非税收收入当日入库，大部分未实现直接缴库的非税收入在 10 个工作日内缴入国库。	国库单一账户资金在途时间更短，收缴效率更高。
支出程序	所有支出由国库直达最终收款人。	由集中支付代理银行先行垫付资金划拨至最终收款人，然后集中支付代理银行再与国库进行资金清算。	国库单一账户资金划拨环节更少、更有利于央行发挥经理国库的监督职责。

根据前文的制度理论可知，设计合适的制度对于保障公共资金安全和有效运行是至关重要的。相比于现行的国库单一账户体系，国库单一账户制度的优越性，具体体现在以下几个方面。

1. 有利于加强财政监督，促进公共财政建设

国库单一账户制度实现了国库资金的"两个直达"，最大限度地减少了收支的中间环节和不必要的手续，同时缩短了国库资金的入库和支拨在途时间，提升了财政的运转过程，减少了职能部门在延伸环节对公共财权的"寻租"机会，从源头上切断了腐败根源。由于实现了财政资金收支一本账，消除了数据统计过程中部门之间的相互牵扯，使财政资金的记录、统计更为准确规范，也更加公开透明，为人大、审计、财政等部门和社会公众提供了全面的政府收支运行记录和监督依据，有利于促进公共财政建设和树立阳光政府良好形象。国库作为垂直部门，如果将整个财政资金的收支过程置于国库之下，将更有利于发挥预算的约束力，并促进国家财经纪律的贯彻实施。

2. 有利于统筹协调财政存量资金，符合现阶段施政方向

国库单一账户制度防止了财政资金在其他环节的闲置和挪用，可以盘活财政资金存量，增加国库库款的规模。全面、及时的政府现金资源信息反馈，有助于提升政府对财政资金的统筹协调能力，发挥财

政的资源配置职能作用。完整规范的财政资金库存、收支统计可以使各级财政对财政的库款余额、收支规律有更加清晰的认识，促进预算预测和安排的科学性，减少资源浪费；同时，对预算执行的全程监控有助于提高预算执行的效率、透明度和可靠性。同时准确连续的数据统计也是从事科学国库现金管理的基础，提升财政资金的使用效益，促进社会主义市场经济又好又快地发展。这些优点对目前李克强总理不断要求盘活财政存量资金，提升财政资金使用效率具有重要的促进作用。

3. 有利于降低国库资金风险和改革成本

作为政府的银行，人民银行并不以追求利益最大化为最终目标，相比商业银行将财政资金放置在人民银行国库安全性更有保障。人民银行经理国库已经有30年，建立了符合中国国情的现代国库管理法律制度体系、安全高效以及跨部门互联互通的国库管理信息平台、准确规范的国库资金运行分析信息分享体系、业务熟练的人员队伍以及科学高效的国债发行和国库现金管理机制。完善改革国库管理制度的进程中，不需要在诸多环节进行改革成本投入，可以充分利用现有资源，大幅节约改革成本。

4. 有利于加强预算管理

国家预算是一国政府编制的每一个预算年度内财政收入、支出和平衡的计划。国家预算是财政管理的基础和依据，同时也是国库管理的基础和法律依据。在传统体制下，由于大量预算外资金游离于国库直接监管之外，财政资金收付两个环节存在大量的中间过渡账户，分散滞留了预算内资金；在财政资金分散收付管理方式下，传统国库采用提前预付资金给一级预算单位，由一级预算单位再负责进行资金实际支付的管理方式，预算计划的分类是否科学和编制是否细致等对传统国库的支出监督管理影响不大。因此，传统国库很难全面掌握财政资金的运行全貌，也就很难对预算计划的编制产生影响，传统国库本身也没有参与预算计划编制的内在动力。

在国库单一账户制度下，国家预算对国库管理和运行具有重要的影响。因此，国库作为与国家预算具有紧密联系的政府财政资金管理重要组成部分，必须充分发挥国库在国家预算计划编制中的参与作用。通过国库对以前年度国家预算执行中形成和掌握的全面准确的财政资金收付和在库期间的信息数据、国家对政府负债的记录管理等相关情况的提供和参考，促使国家预算计划更符合实际、促使国家预算的分类逐渐细致科学、促使国家预算编制时间和批准时间更有利于预算计划的依法执行、促使国家预算的编制时间由一年计划逐步发展到提前两年到三年编制等。

5. 有利于财政政策与货币政策的协调

在传统体制下，由于央行无法通过国库掌握财政资金收支过程和收支状况的全方面情况，因此影响央行有效制订货币政策和采取相关的调控手段。另外，由于财政资金余额不能集中化，就无法进行短期国债的发行，这样也影响央行的公开市场操作。国库单一账户制度保证了国库资金的集中，显然，这一制度有利于财政政策与货币政策的协调，保证国库现金管理操作与中央银行公开市场操作等货币政策建立密切的配合机制，确保政府各项政策协调执行。

（五）对现行国库单一账户体系进行改革的必要性

结合我国现行国库单一账户体系存在的问题以及规范的国库单一账户制度的优越性，集中反映出对现行国库单一账户体系进行改革的必要性，即由国库单一账户体系改为国库单一账户制度，这是深化财政体制改革的必然要求，也是国库职能不断发展的内在需要。因此，本课题接下来运用 SWOT 分析方法，对如何进行深化改革进行全面综合的分析，并提出相应的改革建议。

五、我国实行国库单一账户制度改革的 SWOT 分析

（一）SWOT 分析法简介

SWOT 分析法即态势分析法，是战略管理的常用分析方法，由 4 个

英文单词 Strength，Weakness，Opportunity，Threat 即优势、劣势、机会与威胁的首个字母组成。其中，SW 部分主要是用来分析内部条件；OT 部分主要用来分析外部条件。该方法主要通过对研究对象内部资源及外部环境的相关评估，整理获得内部资源中的优势和劣势，分析获得外部环境中的机遇和挑战，并将它们依照矩阵形式排列，再根据系统分析的思想将各种因素相互匹配起来进行分析，从中得出一系列相应的有一定指导意义的决策性结论（图2）。

图2 SWOT 分析方法图示

（二）我国实行国库单一账户制度改革的 SWOT 分析

1. 优势分析

（1）制度本身的优越性

相对于国库单一账户体系，国库单一账户制度财政账户和资金管理更集中，可以最大限度地消除现行国库管理制度中存在的弊端。有助于进一步统筹财政资金存量，提高财政资金的使用效率；进一步强化预算约束力，加强财政监督，促进公共财政建设，确保国家财政政策和财经纪律的贯彻实施。可以促进政府及时、准确掌握财政资金运行全过程，增强政府对经济运行情况和财政资金使用情况的宏观调控能力，有效协调财政政策和货币政策，减轻国家债务负担，为实现统一的宏观经济管理目标提供可靠依据。

（2）国库管理的信息化水平不断提高

我国一直高度重视利用信息技术支持和促进财政改革和管理，将信息化作为财政改革与管理的重要手段和方法。经过多年努力，信息技术较快融入了财政核心业务中，为加强财政管理的科学化、精细化提供了有力的技术支撑，为各项财政改革的顺利完成提供了重要保障。目前中国人民银行国库部门已经拥有比较完备的信息管理系统，如纵向使用的业务系统——国库会计数据集中系统、国库管理信息系统、国债管理兑付系统等，横向使用的业务系统——财税库银横向联网系统及各地自主开发或选择购买的横向联网系统，这些为国库单一账户制度改革提供了现实技术条件。

（3）可资借鉴的国际实践经验

国库单一账户制度是市场经济国家普遍采用的一种财政资金管理制度。作为公共财政预算执行的关键性制度，美国、英国、法国、德国等发达国家都实行了以集权化的国库管理运作机制、透明化的国库资金使用原则、货币化的国库管理模式、可控化的国库监督控制系统为主要特点的国库单一账户制度。这些为我国开展国库单一制度改革提供了丰富的国际实践经验。

2. 劣势分析

（1）信息系统需进一步完善

尽管我国国库信息系统建设已经取得了一定的成效，但还不全面，如未全面推行国库集中支付无纸化办公系统，预算单位、财政、国库的联网系统尚未形成，一旦全面推行国库单一账户制度改革，各方面的工作量将会大幅度增加，需要更全面的信息化系统来保障。

（2）国库人员数量不足

国库单一账户制度一旦实施，国库服务对象、业务数量将会大量增加，给国库带来更大的工作压力，现在配置的人员是与现在国库业务量相适应的，无法有效应对改革实施后激增的业务量。

（3）国库无法满足预算单位提现需求

《中华人民共和国国家金库条例》规定："各级国库的支拨，必须在同级财政存款余额内支付,只办理转账,不支付现金"。并且,实际工作中人民银行国库部门也不具备办理现金支付的条件。因此,人民银行直接办理国库集中支付业务,难以满足预算单位提取小额零散现金的需求。

(4)人民银行机构地域设置唯一

国家金库按财政体制设置,原则上一级财政设立一级国库。由于人民银行机构地域设置具有唯一性,缺乏商业银行营业网点地域分布广泛,预算单位可以就近选择代理银行的区位便捷优势。在目前仍需手工传递纸质凭证的情况下,人民银行直接办理国库集中支付业务,会存在距离较远的预算单位凭证传递不够及时、纸质凭证发现有误不能及时更换,进而影响财政资金拨付及时性的问题。

3. 机会分析

(1)深化改革的有利时代背景

当前,党中央、国务院多次提出要深化财税体制改革。2014年6月30日,中共中央政治局审议通过了《深化财税体制改革总体方案》,将财税体制改革上升到国家治理基础的层面;2014年8月,全国人大常委会审议通过了《中华人民共和国预算法》(以下简称新预算法),明确规定了由中国人民银行经理国库;2014年9月,国务院发布《国务院关于深化预算管理制度改革的决定》,包括加强财政收入管理、优化财政支出结构、规范理财行为等内容;2015年4月,李克强总理主持召开国务院常务会议,再次部署盘活和统筹使用沉淀的存量财政资金,有效支持经济增长。这一系列改革都离不开对财政资金的规范管理,这样的时代背景有利于推进国库单一账户制度改革。

(2)公共财政建设的需要

随着社会的发展,公众参政议政的意识不断增强,公共财政、阳光财政的社会呼声日渐高涨。同时,党中央多次强调要依法治国,要把"权力关在制度的笼子里"。这就要求国库管理活动必须在社会主义市场经济的法律规范下运行，必须在公共监督下运行。推进国库单一账户改革，加强财政监督，提升财政资金运行透明度，成为公共财政建设的必然要求。

（3）国库现金管理的需要

随着我国经济的快速增长，财政收入大幅度增加，国库现金与日俱增，国库现金管理需求随之增强。科学的国库现金管理需要精确的财政收支预测，全面连续的收支数据统计分析，而这一切必须以"国库收支一本账"为前提，这使国库单一账户改革成为现实需求。

（4）宏观经济调控的需要

在市场经济条件下，国家的宏观经济调控越来越重要，而国库资金是一项重要的经济指标，涉及财政政策和货币政策，要精确掌握国库资金的存量和流量，前提条件是要有严格的国库单一账户制度。

4. 威胁分析

（1）改革认识不一致

账户是存放资金的载体，是现代国库四要素的第一要素，因此，国库账户制度是国库管理制度的重要甚至是核心内容。但事实上，关于应该建立什么样的国库账户制度，有关部门存在重大分歧，比如，人民银行有关领导多次强调要尽快建立完善国库单一账户制度，全面清理整顿财政专户，实现政府收支"国库资金一本账"，而新预算法将财政专户写入法律，2015年6月24日公布的由财政部主导起草的《中华人民共和国预算法实施条例（修订草案征求意见稿)》再次规定了"国库单一账户体系"。认识上的不统一，无疑将成为建立完善国库单一账户制度的障碍。

（2）缺乏法律保障

尽管各界关于国库单一账户制度的讨论日趋热烈，但是国库单一账户制度至今没有取得应有的法律地位。2001年在《国务院办公厅关于财政国库管理制度改革方案有关问题的通知》（国办函〔2001〕18

号）中提出"建立国库单一账户制度为基础、资金缴拨国库集中收付为主要形式的财政国库管理制度"，但在随后由财政部、人民银行印发的《财政国库管理制度改革试点方案》中，出于多方考量，选择了建立国库单一账户体系为基础的过渡性国库管理制度，虽然在试点方案中也明确提出了"在建立健全现代化银行支付系统和财政管理信息系统的基础上，逐步实现由国库单一账户核算所有财政性资金的收入和支出"，但全国目前实际上采用的都是国库单一账户体系模式。除了在以上两个正式文件中，至今国库单一账户制度未在任何法律法规中明确。

（3）相关的配套改革滞后

国库单一账户制度是一项庞大的、复杂的系统工程，牵涉到方方面面，并要求有一套相应的制度框架、程序和联动机制与之配套。从我国的具体情况来看，国库单一账户制度面临着配套改革滞后等方面的阻力，如政府采购制度、国债管理制度等。

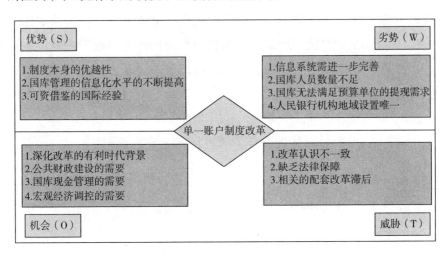

图3　国库单一账户制度改革的SWOT分析

经过以上分析（图3和表3），我国实施改革的战略选择上，可以采取利用机会，克服劣势的W－O型战略。

表3   SWOT 矩阵

	优势 – S	劣势 – W
机会 – O	S – O 战略发挥优势，利用机会	W – O 战略利用机会，克服劣势
威胁 – T	S – T 战略发挥优势，回避威胁	W – T 战略减少弱点，回避威胁

（三）对策建议

1. 先易后难，有序推进

根据我国国情，要成功推行国库单一账户制度改革，必须尊重实际，先易后难，循序渐进。单一账户制度改革的主要内容涉及三个方面：优化集中支付流程、改革财政专户和开展地方国库现金管理。由于包含的内容不同，面临的实际情况不同，因此应该采取不同的改革策略。商业银行代理集中支付业务，由于一些原因会造成清算不及时，形成隔日或多日垫款，对银行正常经营形成负担，同时财政还需向代理银行支付数额不小的手续费，因此，将集中支付业务纳入人民银行直接办理，能够对多方带来便利，改革阻力较小。财政专户存在的情况比较复杂，应分层次、有区别地实施针对性改革。同时，财政专户开设在商业银行，有利于财政资金的增值保值。所以改革财政专户的前提，是首先要在各级国库广泛开展国库现金管理，满足各方合理的利益诉求。而以上改革的实现，必须达成共识，在国家的强力支持才能够实施。

参照上文分析，总体的改革步骤可作如下尝试（图4）：

图4 单一账户总体改革步骤流程

2. 统一改革意见，形成改革合力

一是遵循党中央、国务院深化财税体制改革的要求，力争设立国库单一账户制度改革试点，以实践检验国库单一账户制度的优越性，以事实促成改革共识，形成改革合力。二是广泛宣传，让社会各界了解支持国库单一账户制度改革。三是加强参与各方的沟通协调，在充分论证的基础上达成思想共识，减缓改革阻力。

3. 明确国库单一账户制度法律地位

所谓纲举目张，完备的法律制度是建立国库单一账户制度的保障，国库单一账户制度是现代国库制度的核心，在建立完善的过程中不能没有法律支撑，只有在法律的约束下，才能保证国库单一账户制度的有力推行。然而，在我国关于单一账户制度的共识尚未达成，也缺少基于我国国情的实践，在这样的情况下，修订或制定专门法律来明确单一账户制度的法律地位，无疑是极其艰难的。鉴于实践是检验真理的唯一标准，在制定法律之前，可争取由国务院出台改革试点意见，由参与部门共同商榷制订试点方案，在开展国库单一账户试点改革的过程中积累经验、反馈问题、优化措施、检验理论，对比国库单一账户体系进行分析、比较、验证、考量的基础上，再综合提出法律的修订建议更具有可行性。

4. 依法整顿，逐步撤销开立在商业银行的财政专户

一是严格遵照《中华人民共和国预算法》、《国务院关于深化预算管理制度改革的决定》、《财政专户管理办法》等要求，取消不合规财政专户，严审新增财政专户，相关部门各负其责，依法依规控制增量削减存量。二是扩大国库现金管理范围，采取科学的形式满足地方合规理财和合理利益需求，在此基础上，采取合适的形式逐步将财政专户归拢于人民银行国库部门，实现"国库收支一本账"。三是在以上基础上，再进一步考虑财政专户改革方向。

5. 科学有序推进人民银行直接办理国库集中支付业务

一是建立健全相关制度，为人民银行办理集中支付业务提供制度依据。二是积极向政府部门和社会公众宣传人民银行直接办理集中支付业务的优越性，取得政府与公众支持。三是加快集中支付业务信息化建设，

推广集中支付无纸化办公系统，提升业务自动处理水平和效率。四是全面推行预算单位公务卡改革，实行公务卡改革全覆盖，强化预算约束，规范财务管理，解决人民银行办理国库集中支付业务中预算单位提现不方便的问题。五是优先考虑将金额大、不涉及现金的直接支付业务交由人民银行直接办理，并在此过程中逐步积累经验，完善措施，待夯实基础，优化环境后，再将授权支付逐步纳入人民银行办理。

6. 实施科学合理的国库现金管理

一是财政部门和人民银行加强配合，实现财政资金收支数据完整连续统计，强化国库资金余额与结构的数据分析、历史经验总结和今后变动趋势的预测和数量化研究，科学测定国库库存余额，建立完善的国库现金管理数据基础，降低财政资金的管理成本。二是充分考虑地方需求，不断扩大地方国库现金管理试点，逐步将国库现金管理涵盖至各级财政。三是逐步丰富国库现金管理手段。

玉米期货市场定价机制研究[①]

一、期货市场定价机制概述

(一) 期货价格本质特征

期货价格是在公开的环境下，以说明商品归属权为目的，经过参与者竞价的方式最终形成的价格。总体来说，它具有以下四个特征：第一，作为一种合约价格，期货价格与实际商品价格有着根本的区别，它具有很大的抽象性。但是实际商品价格是期货价格的基础，二者具有趋合的形式；第二，期货价格是实际商品价格的一种预期，并不代表现实价格；第三，期货价格是动态的序列价格，具有连续性；第四，期货价格是公正的，期货市场独特的竞争机制决定了这一特性。期货交易的供求集中，市场流动性较高，信息量大，竞争激烈，这些特点有利于形成具有代表性的、可以反映供求趋势的价格，同时期货交易市场具有高度透明的特点，避免了现货交易中的欺诈等行为，使得期货的价格公正并且权威。

(二) 期货市场定价机制

在期货市场中，商品定价机制是该商品在制定价格时所需要遵循的制度与原则。这是一个不断变化的系统，相较于其他市场价格的形成机制，具有普遍性，同样具有其特殊性。在相应的市场经济体制和

宏观经济环境下，建立起期货市场的定价机制，以期货市场作为竞争主体，标的商品价值为基础，应用在供求规律方面，采用公开竞价的方式，对交易客体，即期货合约形成期货价格这一运行过程产生作用。许多因素都会影响期货价格的形成，正因为如此，才会使得期货价格具有公正、有效和权威性。一般来说，两个方面对期货价格的形成产生影响：一方面是期货市场自身的制度和合约的设计，这些是期货价格形成的保障也是前提；另一方面就是影响期货价格的众多因素，在这些因素的共同影响下才形成了统一的期货价格。本文在论述过程中，假定市场交易制度是完善成熟的，并且玉米期货的合约设计是合理的，不会对玉米期货的价格有效性产生影响。因此，本文主要是针对这些因素进行研究。

二、我国玉米期货价格形成机制

（一）我国玉米期货介绍及特征分析

自 2004 年 9 月玉米期货在我国推出，至今已有十年历史。在期货价格走势方面，我国的玉米期货自上市以来，总体呈现出上升的趋势，由 2004 年 9 月的 1125 元/吨的低价到现在的 2375 元/吨，涨幅大于100%。由此可以看出，我国玉米供需关系日益紧张。此外，从玉米的交易数量来看，自 2006 年 10 月开始，玉米地交易呈现出爆发式的增长，一跃成为我国期货的龙头商品，交易极其活跃。

（二）我国玉米期货市场定价机制

我国玉米期货的价格，是市场交易者在大连交易所集中交易、公开竞价形成的，是大多交易者在没有附加条件下自愿接受而产生的。在统一的交易时间内，交易者对市场形势进行判断，在此基础上根据自身判断及投机能力，进行报盘，大连交易所按照价格优先，时间优先的方式，在计算机上自动完成交易。不同的交易者把自己对该商品的供求信息和变动趋势都上传到交易市场，对这些因素进行权衡后产生了期货价格。期货交易就把众多对商品供求产生影响的因素集中起来，公平竞争，最终融入期货价格。与此同时，大连交易所还建立了一系列规范的监管制度，以确保期货合约的顺利进行和期货价格的权威公正性。由此可知，这些因素对于期货市场玉米的价格确实起到重要的作用。因此，这些因素也是本文重点研究的方向。

三、影响玉米期货价格因素及问题分析

从某些方面来看，对于期货这栋"高楼大厦"来说，现货无异于是这栋大楼的根基。而期货市场反过来是为现货市场服务的。如果现货市场能够平稳地运行，期货就可以实现顺利发展。因此，就玉米期货而言，任何对现货市场价格的趋势发生改变的因素，都会影响其价格的变化。本文分析的因素，在玉米期货方面有期货市场及其供需，在玉米现货方面有生产成本、库存，在客观因素方面有气候、相关商品价格以及经济周期，还包括国家政策及货币汇率等。

除此之外，期货市场具有开发性，国际市场对其也有明显的影响，诸如将玉米作为原料生产乙醇这种新兴市场，对玉米期货价格的影响也是不可忽视的。

（一）玉米的供求情况

价格主要是通过供求平衡关系决定的。当供给大于需求时，价格下跌；供应不足时，价格则上涨。因此，根据供需情况来分析玉米的期货价格，有助于把握价格的上涨与下跌的趋势。

2015 年，根据在美国相关部门的网站上发布的报告可知，2015 年至 2016 年，玉米的总产量预估为 8.49 亿吨，相比去年多了近 7000 吨。11/12 年度市场需求量预计为 8.66 亿吨，略高于当年的玉米产量。库存消费比为 13.6%，较上一年下降了 1.6%，且低于粮食安全警戒线，可见玉米的安全存在隐患。这是因为高温和干旱使得美国的玉米产出低于预期，因此消费者存在一种玉米价格可能上涨的心理预期。

预计 2015—2016 年玉米全国总产量约 2.08 亿吨，同比增长 7.89%，消费量为 2.09 亿吨，同比增长 11.17%，库存消费比为 28.7%，较上一年度下降 2.79 个百分点，供需相对宽松，有助于稳定国内玉米价格。

在国内玉米消费结构方面，随着我国经济的迅猛发展，已经逐步实现我国经济从农业向工业化的发展，因此对于玉米的消费需求，从食用、种用向工业、饲料用途发展。2010 年至今，国内食用、种用消费量稳定，工业、饲料需求迅速增加，虽然近几年增长速度有所下降，但总体而言仍呈现增长趋势，这符合了我国玉米消费的长期趋势。伴随我国城镇化进程的推进，人口的增长、经济水平的提高，人们收入的提高带来膳食结构的变化，使得玉米的消费更多，这促进了玉米价格的上涨。

随着玉米深加工的不断发展，特别是近几年玉米酒精的飞速发展，使得我国已成为巴西、美国之后的第三大乙醇生产国，因此我国玉米的需求更是进一步加强，但是在供求方面的问题也随之出现。目前生产的玉米慢慢开始不能满足我国的需求，我国就要开始从玉米进口非常少逐渐变成玉米净进口国，2013—2014 年度我国玉米进口量已达到 500 亿吨，并且进口量呈现不断上涨趋势。

（二）物价水平

这对于价格而言是非常重要的参照物。随着经济的发展，城乡人民的生活水平不断提高，人们越来越重视养生，加大了奶、蛋、肉禽等的购买力，从而刺激了畜牧、养殖业的发展，带动了饲料的种植。作为主要饲料之一的玉米，消费需求显著增长。与此同时，我国的玉米加工业发展迅猛。市场的需求、政策的导向、行业的发展、利益的驱使，进一步刺激了玉米数量的猛增，从而提高了玉米价格。

（三）气候

农作物无论在种植还是生产收割方面都会受到气候的影响。作为主要农作物之一的玉米，如果正值播种季节雨水过多或者是生长环节降水不足，这些因素都会大大影响玉米的产量，使其降低，因而引起玉米价格的上涨；反之，如果恰逢播种生长期间雨水充沛，风调雨顺，那么玉米将会大丰收，则导致价格的下跌。

除了受我国天气影响，对于玉米期货价格而言，其第一生产、出产国——美国的气候的变化同样会产生一定程度的影响。除此之外，还受到南美等国家天气变化的影响。因为美国和我国处于同一纬度，因此两国种植玉米的时间以及生长期都是基本相同的，即每年的四月至九月，南美则是十月至次年三月，这两个时期的天气情况都是玉米期货市场重点关注的要素之一。一般而言，当玉米收获季节收割量达到最高时，价格开始下跌，到了来年春天至初夏时，库存供应紧张而当年作物产量无法确定时价格上涨。盛夏至夏末，玉米的产量逐渐明朗，但这时也是受天气影响最为严重的时刻。因此，在这个时间段，对主产国的气候要重点关注，直至收割期，在这之前的玉米价格会下跌。市场总体的供需情况决定了玉米价格受天气变化的影响程度。

但是随着工业的飞速发展与经济的不断推进，世界环境污染越来越严重，温室效应等造成的气候异常，夏季最高温度不断刷新纪录，冬季各地出现暴雪、雪灾等极端天气，都严重影响了玉米的生长与产量，特别是近几年气候对玉米的影响越来越严重，已经成为一个急需关注与解决的问题。

表 1   **2005—2014 年我国受灾、成灾面积表**

年份	受灾面积（万公顷）	成灾面积（万公顷）	成灾面积占受灾面积比重（%）	水灾（万公顷）		旱灾（万公顷）	
				受灾面积	成灾面积	受灾面积	成灾面积
2005	5451	3252	59.7	773	414	934	351
2006	3711	1630	43.9	686	284	1630	660
2007	3882	1997	51.4	1752	702	1326	899
2008	4109	2463	59.9	761	316	2926	1320

续表

年份	受灾面积（万公顷）	成灾面积（万公顷）	成灾面积占受灾面积比重（%）	水灾（万公顷）		旱灾（万公顷）	
				受灾面积	成灾面积	受灾面积	成灾面积
2009	4899	2506	51.2	648	366	1214	680
2010	3999	2228	55.7	1046	510	2939	1617
2011	4721	2123	45	800	457	2074	1341
2012	3743	1854	49.5	1093	605	1603	848
2013	3247	1244	38.3	731	375	1725	219
2014	2496	1147	46	1921	1229	2485	293

我国近十年的受灾、成灾情况如表 1 所示。表中数据可以看出我国旱灾成灾面积高于水灾成灾面积，并且一旦出现受灾情况，那么大多数受灾地区最终都会成灾。

（四）期货市场

期货市场多空双方都有大笔的资金参与，若出现异常的资金变动，则会导致玉米期货价格的异常变动，这种短期变动会与市场的供需情况不符。长期来看，期货价格对现货价格的变化形式具有一定的指示作用。

（五）库存

当商品供给满足市场需求时，商品库存就多；当供给欠缺时，库存就少。这就说明库存数量的多少是同时期商品供给与所需情况的指示，同时库存的变化趋势也反映了该商品在供需上的格局变动。不仅如此，商品库存既可以缓解因价格剧烈波动造成的供给紧张，又可以保证商品的基本消费水平。一般而言，当玉米库存增大时，供给宽松，价格将会下降；而当玉米库存减少时，供应紧张，价格将会上升。

我国玉米的库存在 2000 年前呈现逐年上涨趋势，然而近几年，库存下降非常快，库存使用比也是越来越低，这就使得我国玉米期货价格不断升高。

（六）相关商品价格

玉米、小麦作为世界主要经济作物，两者之间有着千丝万缕的联系，由历史数据分析评估可知，这二者的需求数量及供给关系是可以进行一定程度替换。当两者的数量的比值大大超出 0.9 时，就会出现小麦与玉米的相互取代。因而，小麦的价格是影响玉米价格走势的重要因素。

在东北地区，玉米和大豆具有明显的竞争关系，农民会比较两者的经济收益从而决定大豆和玉米地种植面积，近几年随着玉米工业化发展对玉米需求越来越多，玉米期货价格逐年升高，农民种植玉米的热情也随之增加，但是为了不失去基本的种植面积，大豆也随着玉米期货的价格不断上涨，因此，大豆和玉米存在着共同增长、一起下跌的关系。

除此之外，豆粕对玉米期货价格的影响也是不容忽视的。这两者在饲料的构成上分担着同等重要的职责，但是随着玉米深加工的发展，玉米的副产品已经具有了可以替代豆粕的能力，因此，这两者在价格上是一种互补与替代并存的关系。

（七）经济周期

任何事物的发展都是具有周期性的，与人们息息相关的经济则是在发展与衰败的轮换中有周期地进行着。经济周期是现代经济的基本特征之一，一般由复苏、繁荣、衰退与萧条这四个阶段构成，受经济周期影响，玉米也就会随之出现相应的波动。

（八）货币汇率

货币的实际币值会影响到玉米现货价格，因而对期货价格产生影响。金融资产和商品期货间是有一定的联动性的。总体来说，当货币贬值，玉米期货价格上涨；相应地，当其升值，情况相反。21 世纪初，美元贬值，随之 CBOT 玉米期货价格下跌，更是证实了以上说法。因此，货币汇率也是一个影响玉米期货的因素。

（九）国家相关政策

玉米期货价格，与玉米的生产，流入市场还有消费者在进行购买时享有的特权等方面的改变都有关系。一直以来，国家对"三农"问题高度重视，2005 年，推出了免征农业税政策，以及各种补贴等，同时加大了对土地的保护和农业开发的力度，这些重大措施将大大提高农民对农作物种植的积极性，玉米种植也受益于此，这些年，我国玉米的种植面积和产量都将保持稳定。

但是对于玉米这种既可以作为口粮，又可以作为饲料，还可以用作能源原料的作物，对于我国这样一个不但需要大量的粮食满足人民基本需求，还要保证充足能源的人口大国来说，是一种十分重要的作物，因此国家在提倡种植玉米、出台相关政策大力调动农民种植玉米积极性方面还是有待加强的。

四、数据和分析

（一）数据

这里主要选取两种玉米价格进行分析，即玉米现货和期货的价格。影响价格的因素众多，用量化的方法一一进行衡量是不实际的。因此，只能将期货市场这一最易量化的因素选择出来单独进行分析。其中，对于期货市场这一因素来说，本文选定玉米期货价格作为指标进行分析研究。因此，这里验证的数据代表中国玉米期货价格来自大连，美国则选取 CBOT 玉米价格。

对于玉米期货价格，主要针对 2009—2013 年大连交易所每个交易日玉米的连续收盘价和 CBOT 交易价格的分析比较，研究出我国玉米连续价格受 CBOT 玉米交易价格的影响程度。

每个交易日我国玉米期货数据来源于 2011—2013 年大连交易所的价格，美国的则是相对应时期的成交价格；同时选取与所选期货价格相对应时期的市场交易的实际商品价格作为玉米现货的价格。对于这些数据，不具有代表性、没有成交量的，不符合可作为数据规定的价格都进行了删除，剩余数据一共有 550 组。

（二）相关性分析

对上述选取对象采用线性回归的方法，对玉米期货与现货以及我国与美国期货的价格之间的关系进行论证，研究出其是否具有相关性。

1. 我国与美国玉米期货价格相关性分析

首先进行玉米期货、现货的相关性分析。从表2所示数据可以看出，两种期货玉米的检验结果为 0.960，当相关系数大于 0.8 时，就表示两者具有极强的相关性，因此，分析结果表明期货价格间相互关联，并且是极强相关。

表 2　　　　　　　　　　　　期货价格间相关性检验

	玉米连续价格	CBOT 玉米价格
玉米连续价格	1	0.960
CBOT 玉米价格	0.960	1

2. 我国玉米期货与现货价格相关性分析

观察近几年玉米期货与现货价格可以看出一直呈现上涨趋势，通过计算得到内地玉米期货价格和现货价格的相关系数为 0.829，说明我国玉米期货与现货之间具有一定的关联性。

表 3　　　　　　　　　　　　期货、现货价格相关性检验

	期货价格	现货价格
期货价格	1	0.829
现货价格	0.829	1

（三）Granger 因果关系检验

Granger（1969）为了证明设定作为变量的两个因素之间，究竟是哪个引导另一个，还是提出相互引导，又或是没有引导关系，从而提出了因果检验的论证方法。Granger 检验模型如下：

$$P_t = \sum_{i=1}^{k} \alpha_{1i} F_{t-i} + \sum_{i=1}^{k} \alpha_{2i} P_{t-1} + \varepsilon_{1t}$$

$$F_t = \sum_{i=1}^{k} \beta_{1i} P_{t-i} + \sum_{i=1}^{k} \beta_{2i} F_{t-i} + \varepsilon_{2i}$$

式中：P_t——玉米现货市场价格；

F_t——玉米期货市场价格。

上式中，对于β来说，若其中的某一β_{1i}不为零，则表示F_t引领P_t，也就是说玉米期货价格对现货价格起到主导作用；若某一$\alpha_{2i} \neq 0$，则玉米现货价格P_t引导期货的价格F_t；如果$\beta_{1i} \neq 0$与$\alpha_{2i} \neq 0$同时满足，则称二者相互引导。

1. 我国与美国玉米期货价格的因果关系检验

本文在进行相关性分析时，已经明确了国内玉米期货价格与CBOT玉米价格之前具有十分密切的关系，因此这里将进一步用格兰杰因果关系检验法来检验国内和海外玉米期货价格之间的影响关系，主要是为了得出玉米连续价格受到CBOT玉米价格的影响程度或者是后者对前者的影响程度，检验结果如表4所示。

表4　　　　　　　　　　　期货价格间的因果关系检验

零假设	F 值	P 值	结论
CBOT 玉米不是大连玉米连续价格变化原因	2.70059	0.03941	拒绝
大连玉米不是 CBOT 玉米连续价格变化原因	2.26035	0.05675	接受

由表4可以看出，在5%置信水平下，零假设"CBOT玉米不是大连玉米连续价格变化原因"这一事件是拒绝接受的，说明CBOT玉米是大连玉米连续价格变化的原因，即美国CBOT玉米价格的变动先于国内玉米期货价格变动，我国玉米价格变动滞后于CBOT玉米。也就是说，CBOT玉米对我国玉米期货市场的价格具有导向作用，而国内玉米期货市场不能够引领海外玉米价格。

2. 我国玉米期货与现货价格间的因果关系检验

除此之外，本文还对内地玉米期货与现货之间的因果关系进行检验考察，检验结果如表5所示。

表5 内地现货与期货因果关系检验

零假设	F 值	P 值	结论
现货市场不是期货市场变化的原因	8.70525	0.003	拒绝
期货市场不是现货市场变化的原因	17.8278	0	拒绝

　　根据表5可以看出，"现货市场价格不是期货市场变化的格兰杰原因"事件发生的概率为 0.003，小于 5% 的显著性水平，因而拒绝接受零假设；同样，"期货市场价格不是现货市场价格变化的格兰杰原因"事件发生的概率为 0，即不可能发生该事件，因此结论是拒绝，也就是说期货市场价格是现货市场价格变化的格兰杰原因。因此，玉米的期货价格和现货价格相互之间存在着格兰杰因果关系，两者彼此指示对方的变化趋势，是一种相互存在的引领关系。从 F 值来看，期货市场的 F 值大于现货市场的 F 值，而且大得多，因此可以得出结论，玉米期货市场价格对现货市场价格的作用程度要大于玉米现货市场价格对期货市场价格的作用。所以，玉米期货市场价格的变动是现货市场玉米价格的主要影响因素。

保险公司内部控制体系再造研究^①

一、引言

(一) 研究背景和意义

新中国成立 60 年来, 随着我国经济社会的快速发展, 保险业的行业面貌和服务经济社会的能力发生了巨大的变化。保险行业由小到大, 从一个可有可无、基础薄弱的行业逐步发展成为关系到国计民生的重要行业。保险市场由封闭走向开放, 逐步发展成为全球最重要的新兴保险市场之一。保险业目前的现状是: 市场主体不断增加, 市场竞争日益加剧, 各保险公司利润空间不断减小, 我国保险业形成了以国有保险公司为主体, 中外保险公司并存, 多家保险公司竞争发展的市场格局; 由于保险市场与货币市场、资本市场的结合越来越紧密, 保险公司面临的风险也越来越复杂, 不仅涉及意外事故、自然灾害, 而且日益受到货币政策、投资环境等风险因素的影响, 保险公司面临着如何提高自身风险控制能力的问题。保险公司由于忽视风险管理和内部控制导致违规操作和受到监管处罚的案例层出不穷, 2011 年, 中国人保、中国人寿两大保险集团被审计署查出 30 亿元资金违规。防范风险是企业永恒的主题, 企业越是快速发展, 越要重视风险防范, 而内部控制是企业稳健发展的预警和防护系统, 它是现代企业管理的

---

① 主持人: 郭丹丹; 课题组成员: 邓云伟　赵志辉　雷淑琴　刘畅。

重要手段和重要组成部分，只要有经营管理活动，就需要有相应的内部控制体系，科学高效的内部控制可以为企业经营目标的实现保驾护航。作为保险公司，本身就有客户的广泛性、风险的集中性及双重性、管理的复杂性等特点，所以保险公司必须将风险管理工作摆在突出重要的位置，而加强保险内部控制体系建设，提高内部控制合理性、有效性和健全性又是防范风险最直接、最有效的手段。为此，内部控制作为企业管理中的重要问题得到国际和国内越来越多的企业管理者和专家的广泛关注。而内部控制正是保险公司防范风险的第一道防线，可以从两方面来讲：一是有利于防范和化解金融风险，二是有利于深化保险的体制改革，促进我国保险公司经营观念、经营机制的转变，进一步规范保险市场的经营运作。具体地说：

1. 内部控制是影响单位成功与否的关键因素

任何单位都有人员、任务、管理三个基本组成部分。一个单位的人员素质、任务目标、组织管理当然是影响其发展的基本因素。但具体到某一个单位，影响其发展的因素远不止这三个方面。就企业而言，影响因素就包括政策与目标；组织系统；产品与生产；市场与销售；资金与财务；研究与发展和控制制度等七个方面。控制制度不仅渗透于各要素，而且可以促进或削弱各要素对单位发展的影响。因此，它是影响单位成功与否的关键因素。

2. 内部控制是进行现代化管理的需要

内部控制是现代化管理的客观要求和可靠保证。现代化的生产对企业经营活动的计划、组织和管理提出了越来越高的要求。现代企业管理者要想提高经营效率、提高竞争能力，避免风险实现目标，势必要建立一套有效的内部控制制度，对单位各职能部门的经营活动进行组织、制约、考核与调节。宏观控制只能解决共性问题，只有内部控制才能解决单位个性问题，尤其是效率问题。因为内部控制不仅强调措施的经济性，而且强调各环节和各部门之间的相互联系与相互衔接。

即每项业务处理均要按规定的程序进行，要求每个岗位及时处理，防止拖拉，以提高效率。

3. 内部控制是防范风险、纠正不正当行为的需要

保险公司经营管理中面临着各种风险，加强内部控制是防范风险的重要措施。单位管理中存在着法制观念淡薄、风险管理意识不足、权力过于集中、办事不按规定、监督机制不健全、缺乏有效问责制等，导致错误与舞弊行为的发生。只有加强内部控制，才能有利于责任明确、权力制衡、办事透明；才能确保财产安全、信息可靠、法规遵循，有利于监督机制作用的发挥；才能加强管理的责任性及建立有效的问责制。内部控制可以通过其预防性控制和检查控制，以检查、发现差错，追究责任所在并提出纠正、改善措施。

（二）研究现状

在国外，相关的研究主要集中在公司内部控制程序、特点、影响因素以及企业如何更好地利用外部监管和内部控制等方面。比如：弗兰克·J. 法博齐和帕梅拉·彼得森·德雷克（2008）指出，外部监管虽发挥了重要作用，但外部监管并不能取代内部控制，所以通过外部进行监管的同时，仍需加强内部控制。

在我国，也有不少学者对保险公司内部控制进行研究。比如：简洁（2009）指出我国保险公司现行的内部控制体制缺乏系统性，没有专职机构负责，缺乏有效的组织保障和科学的运行程序是一种模糊低效的运作方式。晋晓琴（2011）指出保险基本准则是基本规范在保险业的具体应用，对全面提升保险公司内部控制水平具有重要意义。王沁莹（2011）指出加强保险公司内部控制建设，一方面有利于防范和化解金融风险，另一方面也有利于深化保险的体制改革，促进我国保险公司经营观念、经营机制的转变，进一步规范保险市场的经营运作。余益龙（2010）指出目前我国保险行业正处于迅速发展的关键时期，各种管理问题和矛盾层出不穷，保险公司内部控制水平也参差不齐，

如何建立有效的内部控制已成为保险公司及监管部门不可回避的重要课题。相比较国外而言，我国保险公司内部控制现状还远不能适应发展形势的需要，这也制约了保险业的快速协调发展。杨悦（2013）指出目前我国财产保险公司内部控制存在很多问题，比如内部控制构建动力不够，职工分工不明确，缺乏健全的绩效考核制度等，并在此基础上提出了改进建议。

（三）研究思路

本文在前人研究的基础上，进一步对我国保险公司内部控制相关问题进行研究，全文分为四个部分，第一部分主要介绍研究背景和意义、研究现状、研究思路；第二部分主要介绍保险公司内部控制的相关概述；第三部分从多个方面分析目前保险公司内部控制存在的问题；第四部分主要是提出优化我国保险公司内部控制的建议。

二、保险公司内部控制相关概述

（一）内部控制

内部控制是单位为了提高经营管理效率，保证信息质量真实可靠、保护资产安全完整、促进法律法规有效遵循和发展战略得以实现等有单位管理层及其员工共同实施的一个权责明确、制衡有利、动态改进的过程。企业内部控制包括五个相互关联的要素：

1. 内部环境

内部环境是影响、制约企业内部控制建立与执行的各种内部因素的总称，是实施内部控制的基础。它主要包括治理结构、组织机构设置与权责分配、企业文化、人力资源政策、内部审计机构设置、反舞弊机制等。

2. 风险评估

风险评估是及时识别、科学分析和评价影响企业内部控制目标实现的各种不确定因素并采取应对策略的过程，是实施内部控制的重要环节。主要包括目标设定、风险识别、风险分析和风险应对。

3. 控制活动

控制活动是根据风险评估结果、结合风险应对策略所采取的确保企业内部控制目标得以实现的方法和手段，是实施内部控制的具体方式。主要包括职责分工控制、授权控制、审核批准控制、预算控制、财产保护控制、会计系统控制、内部报告控制、经济活动分析控制、绩效考评控制、信息技术控制等。

4. 信息与沟通

信息与沟通是及时、准确、完整地收集与企业经营管理相关的各种信息，并使这些信息以适当的方式在企业有关层级之间进行及时传递、有效沟通和正确应用的过程，是实施内部控制的重要条件。信息与沟通主要包括信息的收集机制及在企业内部和与企业外部有关方面的沟通机制等。

5. 对控制的监督

监督检查是企业对其内部控制的健全性、合理性和有效性进行监督检查与评估，形成书面报告并作出相应处理的过程，是实施内部控制的重要保证。监督检查主要包括对建立并执行内部控制的整体情况进行持续性监督检查，对内部控制的某一方面或者某些方面进行专项监督检查，以及提交相应的检查报告、提出有针对性的改进措施等。企业内部控制自我评估是内部控制监督检查的一项重要内容。

（二）保险公司内部控制活动

保险是针对风险进行投资，即是对未来的不确定性作出的最大限度减少风险带来危害的投资。保险包括社会保险和商业保险，保险公司是商业保险发展的载体，也是它的运营机构。保险公司作为经营风险、服务社会、保障经济发展的金融服务机构，控制、管理风险是其永恒的主题。其内部控制也可以说是一种自律行为，是为了实现经营目标，控制经营风险，确保投保人利益，保证经营的合法、合规，对其实行制度化管理和控制的机制、措施和程序的综合。保险公司的内部控制活动，主要包括：

1. 理赔控制

保险公司应当建立标准、清晰的理赔操作流程和高效的理赔机制，规范报案受理、现场查勘、责任认定、损失理算、赔款复核、赔款支付和结案归档等控制事项，确保理赔质量和理赔时效。

2. 收付费控制

保险公司应当建立规范统一的收付费管理制度，明确规定收付费的管理流程、作业要求和岗位职责，防止侵占、挪用及违规支付等行为，确保资金安全。

3. 再保险控制

保险公司应当建立再保险管理制度，规范再保险计划、合同订立、合同执行、再保险人资信跟踪管理等控制事项，完善业务风险分散和保障机制。

4. 会计处理控制

保险公司应当规范会计核算流程，提高会计数据采集、账目和报表生成的自动化水平，实现业务系统和财务系统无缝连接，减少人工干预，确保会计处理的准确性和效率。

5. 承保控制

保险公司应当建立清晰的承保操作流程，规范投保受理、核保、保单缮制和送达等控制事项。

6. 风险控制

保险公司应当针对运营活动的不同环节，制定相应的管理制度，强化操作流程控制，确保业务活动正常运转，防范运营风险。

7. 投资决策控制

保险公司应当制定清晰的投资决策流程，明确权限分配，建立相对集中、分级管理、权责统一的投资决策授权制度，确定授权的标准、方式、时效和程序。

（三）保险内部控制构建原则

1. 合法性原则

公司在建立和设计内部控制制度时，必须严格按照国家的法律、法规的规定和相关政府监管部门的监管要求进行建立和设计，一定要加强经济监督，确保财经法规和经营方针的贯彻执行，不可进行违法经营和从事违法活动。

2. 重要性原则

内部控制是一个庞大的系统，由很多要素和子系统组成，内部控制建设不可能面面俱到，求大求全，而应当在全面控制的基础上，分清主次、关注重要业务事项和高风险领域，根据企业的实际需要选择适合企业现状的要素和子系统，进一步识别关键流程，进而制定关键控制措施，进行重点控制。对次要的事项可简单控制，这样就可以避免时间、人力和财力等各种资源的浪费。

3. 制衡性原则

企业在开展某项工作时，必须经过两个或者两个以上岗位来负责，相互制约，并且必须要保持内控监督部门的独立性。

4. 成本效益原则

内部控制建设是一项大的工程，从构建、制定到执行都要付出成本，但是内部控制对企业活动的错弊和风险只能起到合理保证，所以，对内部控制的建设应当衡量实施成本和预期收益，坚持从实际出发，考虑到资金状况，保险公司在优化其内部控制时要充分考虑效益和成本因素，在优化内部控制的同时尽量降低内部控制成本。如果某项优化措施的实施成本超出了公司的承受能力，那么就应该被放弃，转而寻找另一种成本较低的优化措施，等到公司资金能力达到了再进行完善。

5. 全员参与原则

内部控制的主体不是财务部或审计部这样单个或几个部门，而是企业所有部门的集合。主体是从上而下，既是决策层、执行层，又是管理层的问题，而不单是一个层面的问题。所以说内部控制活动涉及公司各个部门、各个层次，也可以说内部控制活动实质上是各个部门、各个层次的协调活动。所以，各部门之间、各个层次之间要相互配合、相互协调。

6. 过程性原则

内部控制是一个过程，企业所面临的风险不是静止不动的，而是随着企业的发展和内外部环境的变化呈现动态特征。因此，企业要从一个动态管理的过程对内部控制进行全局性把握，把控制的各个因素要点进行系统性链接，这样才能应对不断变化的风险。

7. 独立性原则

内部控制机构行使内控职能时，应独立于公司其他部门并直接向董事会、监事会报告。同时，公司应根据内部控制的需要设置相应的机构、部门和岗位，并保持其相对独立性。

（四）保险公司内部控制的特点

内部控制作为保险公司的一项重要的管理过程，保险公司的经营特点也决定了保险公司内部控制的特点。保险公司经营具有社会性、高风险性、业务管理复杂性、保险期限长期性、会计核算预测性等特性，因此保险公司的内部控制也具有内部控制多样性、内部控制社会性、内部控制费用高额性、内部控制活动复杂性的特点。具体表现为：

1. 内部控制的多样性

由于保险公司经营风险遍布整个经营过程，其控制重点涉及经营管理的各个环节，具有全过程性。保险公司内部控制主要包括财务会计控制业务管理控制，还有资金运用控制、信息技术控制。而每一个过程又包含很多控制过程，这也就决定了内部控制的多样性。

2. 内部控制的社会性

保险公司经营的社会性决定了保险公司的内部控制必须具有社会性的特点。因为保险公司的经营情况和发展情况涉及千家万户的利益，即关系到国计民生。而保险公司的内部控制也明确将市场和客户作为导向，实现保险公司的经济效益。

3. 内部控制费用的高额性

保险公司经营面临大量的内外部风险，其内部控制遍布经营的各个方面，例如保险公司的销售控制、运营控制、基础管理控制和资金运用控制等，从而会使保险公司付出更高的内部控制成本。

4. 内部控制活动的复杂性

由于保险公司经营活动的复杂性和不确定性决定了保险公司内部控制活动的复杂性。保险公司在经营活动中要面对非常繁琐的业务，承包风险的多变性较为明显，而保险公司的财务会计管理、信息技术控制等活动也会很复杂，进而导致保险公司的内部控制活动的复杂性。

三、我国保险公司内部控制所存在的问题

纵观中国保险公司内部控制演进的过程，中国保险公司内部控制建设虽说取得了一定的成效，但还是存在不少问题，总体水平较低，且距离国际水平还有相当大的差距。具体包括以下几个方面：

（一）公司治理结构不完善，内控体系难以发挥作用

保险公司内部控制有效性的重要保证和基础是健全有效的公司治理结构。内部控制作为由管理当局为实施各项管理目标而建立的一系列规则、政策和组织实施的程序，其实施效果不可避免地要受到公司治理结构的影响。

20 世纪 90 年代中期以来，随着市场的不断开放和投资主体的不断多元化，中国保险业出现了多种股份结构并存的混合股权结构，保险公司治理结构的问题越来越受到广泛的关注。我国大部分保险公司都是按行政区域设置，形成金字塔形的组织结构，实行多级管理，结果却造成了对内部控制的敏感度过低。一些高层管理者的专业化水平不高，对选聘公司高级管理人员、公司战略决策、监督公司经营等主要

的职能尚缺乏应有的能力；一些独立董事主要由大公司聘请，这很难代表中小股东利益，也很难站在公正的立场独立发表意见。各职能部门存在职责交叉，分工不明确，以至于总公司对分支结构不能够有效地控制，内部控制也因此存在重叠交叉与盲点。并且我国保险公司还没有建立起符合当代保险业发展的合理有效的公司法人治理结构，且与之相适应的自我约束和自我发展机制也需要进一步完善。

（二）缺乏内部控制文化，内部控制意识薄弱

内部控制依靠每个员工去执行，其执行效果受企业人力资源状况的影响。如果人员素质不高，无论内部控制设计得如何合理，其执行也会流于形式。此外，目前我国保险公司还没有形成真正的内部控制文化，特别是分支机构的工作人员对内部控制和风险管理的具体内容和作用并不十分了解。甚至有的企业负责人为了企业暂时的利益和自己的工作绩效，从而完全无视内部控制以及风险，有时甚至把业务发展和内部控制对立起来，作为两项毫不相干的工作对待，对其缺乏风险防范意识，这也不可避免地造成了内部控制的执行力度大打折扣。

（三）对员工的道德价值观培养不够

在现代经营权和所有权相分离的产权格局下，企业目标、管理者目标和普通员工的目标不尽相同，再加上信息不对称的问题，企业管理者和普通员工都可能存在"不道德"和"逆向选择"的风险。内部控制是由人建立、执行和监督的，那么内部控制是否有效执行肯定会受到人的诚信和道德价值观的影响，企业的诚信和道德价值观的体现就是员工行为准则。但是，在职业道德方面，保险公司对员工诚信和道德价值观的培养不够，公司缺乏各层级人员的员工行为准则和职业道德规范，缺乏职业道德的宣传体系和培训。

（四）内部审计部门没有充分发挥再监督作用

虽然作为保险公司的职能监督部门，但是内部审计部门由于权威性、独立性不足，受公司利益的影响和领导的制约。其查处的问题很

容易"大事化小，小事化了"，达不到严厉处罚违反内部控制制度的目的，从而也使员工缺乏彻底落实内部控制的压力和动力，以至于经常发生违规违纪案件，使内部控制制度流于形式。保险公司的内部检查多为运动式的专项检查，"头痛医头、脚痛医脚"，带有浓厚的行政色彩，缺乏系统，动态、连续的内部监控，屡查屡犯的顽症无法根治。

（五）外部监管体系不够健全，外部监督力度需加强

一般情况下，保监会是通过行政处罚手段实施监管，对于很多违规行为是屡禁不止，保险案件频繁发生。对于内部控制的问题没有从根本环节上分析、研究和解决。加之我国保险监督方面的法律法规建设起步较晚，监管手段、监管方式等需要不断的探索和研究。

（六）风险识别、评估、应对都缺少相应机制

有些保险公司没有实行有效的风险管理，至今没有设置专门的风险评估机构和风险评估体系，既没有专门的部门或人员进行风险的评估，也没有设立相应的风险评估程序和方法。

除此之外，日常经营中也没有建立健全的风险预警系统、专业的防范内、外部风险的制度和反舞弊机制，所以不可能及时识别各种风险发生的可能性，并及时采取应对措施，往往是凭管理经验和感性判断作出决策，而这些会使得公司面临着巨大的潜在经营危险和管理风险。

四、优化保险公司内部控制建设的建议

（一）完善公司内部治理结构

公司治理包括两方面的内容，一是指公司建立的以股东大会、董事会、监事会、高级管理层等责任明确、相互制衡的组织架构；二是指通过一套包括正式或非正式的、内部的或外部的制度或机制来协调公司与所有利害关系者之间的利益，以保证公司决策的科学化，从而最终维护公司各方面利益的一种制度安排。公司治理结构好比人的骨

骼，其重要性不言而喻。对于内部控制，它在制度设计上很有可能存在不合理的条款，而这恰恰需要完善的公司治理来弥补，也可以这样说，只有公司治理结构完善了，才能对公司的经营管理者形成有效的激励约束，使其经营理念更加科学，经营管理更加精细，经营方式更加集约，进而对保险公司的经营更合理。

具体而言，保险公司在公司治理结构上可以采用"三权分立"制度，也即将公司的决策权、经营管理权和监督权分属于公司的股东会、董事会和监事会。通过平衡各方的权力，使各个机关各司其职，保证保险公司的正常运行。

（二）注重企业文化建设

企业文化是企业一股无形的力量，具有很强的凝聚力，能促进保险公司的发展，也能让企业陷入困境。只有健康的企业文化，才能引导员工树立良好的价值观，提高员工对公司制度的理解，遵守公司各项规章制度，在公司制度出现问题的时候也会主动向领导提出，有利于公司制度的完善，增强企业内部控制的效率和效果。保险公司的经营管理者应充分认识企业文化的重要作用，注重对企业文化的培养与优化，发挥企业文化的导向作用，增强员工的团体意识。企业管理者首先要以身作则，积极倡导并率先垂范，自觉遵守企业内部控制制度和价值观念的规范要求，营造良好的控制环境。然后结合保险公司实际情况，制定具有本公司特色的企业文化，将其写入员工行为守则，并且企业文化必须顺应企业战略，有利于企业目标实现，通过组织员工活动和学习等方式，加强对员工进行文化教育和熏陶。建立企业文化评估制度，明确评估范围、目标、程序和方法，同时实行严格的问责制，避免企业文化建设流于形式。同时，保险公司的内部控制可以借助企业文化将有形控制转化为组织中员工的自觉行动，加强员工对内部控制的认识，从而使他们更自觉地、高效地执行内部控制。

（三）完善人力资源政策

要实现企业的经营管理目标，高素质、经验丰富的人才是必需的，那么要留住优秀员工，必须做好招聘、培养和考核等三个方面的工作，才能充分发挥人力资源的潜能，最大限度地提高工作效率，实现企业的战略发展目标。

第一，制定科学的招聘标准。在选拔人才时，应制定科学的选拔人才标准，除了考察应聘者的知识和技能之外，还应考察他们是否具备公司所需要的态度、个性、内驱力等。

第二，加强员工培训。公司员工的素质决定着公司的发展前景，保险公司可以通过定期组织员工学习培训来提高员工的专业素质。企业员工的素质不仅体现在员工的学历和工作效率方面，更体现在其工作态度和道德方面，所以保险公司对员工进行的培训要，不仅要培训业务知识，还涉及职业道德方面的内容。在培训过程中，公司相关培训人员要充分了解员工的现有水平和公司要求之间的差距，以企业经营发展目标去指导培训内容。

第三，建立合理科学的绩效考核机制，公平公正地评价员工业绩。科学有效的绩效考核制度可以激发员工的工作积极性，企业应当结合实际情况确定符合公司业务特点的指标和规定，对员工一定期间内指标的完成情况加以跟踪考核，给予一定的奖罚激励员工，最终实现企业生产经营目的。保险公司首先应当制定一套能反映各个职能岗位的科学的考核指标体系和考核标准。其次，绩效考核结果作为员工晋升、激励及薪酬分配的依据，从而调动员工的积极性。再次，激励的形式要多样化，除了货币形式的奖励以外，还可以通过公开表扬、带薪休假、奖励旅游等方式，使员工产生成就感和自豪感。最后，考核结果和标准应该公开、透明化，以免引起员工的不满情绪，要充分发挥考核结果对员工的客观评价作用，使被考核的员工充分了解自己在工作中所存在的各项优缺点。

（四）完善内部审计体系

保险公司内部控制监督体系主要包括在董事会、审计委员会设一级以及二级审计部门或机构。通常情况下，一级内部审计部门设在母公司，二级审计部门设在子公司。这种体系下建立的内部控制监督体系可以准确地对公司各级实施监督，对各级工作进行不间断的、全面的系统性监管。保险公司应加强对内部审计的管理，尤其是对审计责任人的管理，以达到形成制度明确的内审责任人的任职职责、管理、权利和义务等规范性要求。与此同时，要确保内部审计的独立性，也为了发挥内部审计的监管作用，审计委员会必须确保内部审计规范是遵循国际内部审计标准，同时应加强全过程控制，使得内部控制贯穿公司经营的每一个环节。

内部审计部门应配备数量合理的具有相应从业资格并与工作职责相匹配的专业能力和职业道德的专职审计人员，不能让财务部门人员兼任，这样才能保证其审计的客观性。内部审计部门应对公司审计委员会负责，按规定向审计委员会报告工作。为强化监督与评价，公司应对各单位交叉实时检查，对重要业务部门、重要岗位、重要环节进行突击检查，对重点环节严查严防，并持续开展内部安全管理诊断和内部控制监督与评价，及时发现内部控制缺陷，纠正内部控制偏差，保证内部控制的有效性和可靠性。

此外，还应扩大内部审计的服务领域和作用。内部审计不仅对财务工作的核查和监督，还要对经营管理、内部控制进行评价、分析以及提出管理方面的合理化建议。内部审计的工作范围应该扩展到经营管理的各个环节，向管理评价与咨询方面扩展。另外，目前，保险公司主要采用事后审计的方式，事中审计和事前审计还很少，不能有效防范和控制风险。随着 IT 技术的不断发展和信息系统在公司的应用推广，进行及时审计和事中审计已经具备了可行性。

（五）完善内部控制的外部监督

要想建立完善的内部控制，除了内部监督外，也需要外部监督，双管齐下，才能有保证。外部监督主要靠保险监督管理机构，它拥有双重性质，既是保险业的监管部门又是行政管理部门，监管思路应从纯粹的监管转变到监管与指导相结合。它需要建立行业间的内部控制标准，具有强制性质。现行的内部控制内容层面的规范有《保险公司内部控制制度建设指导原则》和《寿险公司内部控制评价办法（试行)》，这两个规范都有促进和约束作用。但是对保险公司内部控制有一定的局限性，所以，在法律和规定方面，国家要根据保险行业发展尽快制定相应的法律法规，外部监管部门按此监督和指导保险公司，以建设完善的内部控制体系。

（六）建立健全风险管理机制

1. 加强企业风险管理意识

企业风险是企业由于内部控制的疏漏而形成的隐患和威胁，对企业风险长期视而不见，最终会导致企业面临经营危机，所以，保险公司要加强企业的内部控制就必须提高企业内部人员对风险的认识，这样才能使企业的内部控制得到很好的执行。首先企业的管理层要有充分的风险意识，如果管理层高度重视内部控制工作，企业人员就会随之认同并积极遵守内部控制规则，积极参加内部控制建设。所以，保险公司要从高层发起倡导，增强全员内部控制意识。另一方面，要使全体员工树立风险管理的意识并且贯彻于其工作中，企业的员工是内部控制的具体执行者，只有增强员工对风险的敏感性，才能使内部控制制度更好地执行。要提高员工的内部控制意识，保险公司可以通过不断的培训将风险管理的理念灌输到各位员工意识之中，使风险管理意识逐渐融入到员工的工作之中。还可以通过印制风险管理手册等内部刊物宣传风险文化，调动全体员工自主学习风险管理知识，从而增强整个企业的风险意识，提高员工的风险管理素质。

2. 完善风险评估，落实风险管理机制建设

公司应结合公司生产经营目标、行业特点和现实运营情况，全面识别公司面临的各种风险，建立量化指标体系分析风险发生概率及其影响程度，明确组织的风险承受能力，评估风险削减和控制的优先等级。保险公司应结合信息系统建立各项风险管理机制，这样，公司不仅可以对企业整体风险进行监控，还可以对企业突发风险或重大风险以及各业务运行过程中的经营风险进行及时监控和预警。风险管理机制主要有以下三个方面：

第一，风险预警机制。风险预警机制对于到达预警点的风险实现主动性和针对性的处理，将风险控制在发生之前或发生之初。其主要是对建立风险识别和评估措施、关键风险来源、风险控制点、风险类别以及风险危害程度等进行明确规定，并对风险来源、风险性质、风险控制点等内容明确相关的控制责任，并根据不同的风险类型制定预防措施，从而达到实现控制的目的。保险公司应该从公司管理的各层组织出发，结合各种风险因素，自下而上地进行，利用专业的模型预警系统，或者多方面综合的财务指标、专家考察指导等其他方法进行预测和监控。

第二，风险评估机制。风险评估是对风险事件可能性及风险危害程度的估计，是内部控制的重要内容。风险评估有定性和定量两大类，定量评估常见的方法有风险指标分析法、风险价值测量法、风险评级等，定性评估常用的方法是风险地图法，它是用一个或者多个风险的概率和损失用图形表示的方法。

第三，风险应对机制。进行了充分深入的风险评估之后，根据风险评估结果建立风险应对机制，再为后面的风险控制活动提供了依据。保险公司应建立风险应对的相关制度和流程，以保证风险应对策略能够在一定的流程指引、资源支持下得以合理、实事求是地制定，如表1所示。

风险应对策略一般包括四种基本类型：风险规避、风险降低、风险分担和风险承受。风险应对策略选择的原则是成本效益原则重点关

注首要风险区的风险控制。不同风险区域的风险所选择的风险应对策略有所不同，通常情况下其对应关系如表2所示。

表1　　　　　　　　　　　　风险应对流程

工作流程	特点
风险应对方案提出	公司内部相关历史记录
	行业相关风险案例
	产生尽可能多的应对方案
	适当的人员参与
风险应对方案评估	方案成本效益评估
	方案技术和资源可行性评估
	风险应对组合方案技术、成本效益评估
	剩余风险评估
风险应对方案确定	确定最优方案
	确定最优风险应对组合

表2　　　　　　　　　　　　风险应对策略

风险区域	风险应对策略
首要风险区域	规避、转移和减少
次要风险区域	转移和减少
非重点风险区域	接受